박정희
경제신화
해부

박정희 경제신화 해부 : 정책 없는 고도성장

박정희 경제신화 해부

정책 없는 고도성장

박근호 지음
김성칠 옮김

회화나무

한강의 기적은 박정희 때문이 아니다!

손호철(서강대학교 정치외교학과 교수)

그동안 주류세력은 대한민국이 "제2차 세계대전 후 생겨난 신생국 중 경제발전과 민주주의를 동시에 이룬 유일한 나라"라고 자랑해왔다. 그러나 박근혜게이트는 촛불의 외침처럼 "과연 이게 나라이기나 한 것인가?"를 자문하게 만들고 있다. 촛불혁명은 가장 표층인 '사건사' 측면에서는 박근혜게이트로 표출된 박정희체제가, 중간 수준에는 87년 헌정체제가, 심층에는 헬조선, 97년 IMF사태에 따라 생겨난 흙수저에 대한 대중의 분노가 자리 잡고 있다. 따라서 박근혜게이트와 촛불혁명은 나아가 박정희신화와 87년 체제, 그리고 "돈 많은 부모를 만난 것도 실력"인 97년 체제를 넘어설 수 있는 새로운 공화국을 구상하도록 만들고 있다. 2017년 체제는 촛불시위에서 한 여고생의 말대로 "사람을 돈과 이익으로 환산하지 않고 경쟁 속에서 남을 밟고 올라서야만 내가 살아남을 수 있는 것이 아니고, 함께 살아가는" 탈신자유주의체제이어야 한다.

나는 최근 출간한 『촛불혁명과 2017년 체제: 박정희, 87년, 97년 체제를 넘어서』(서강대학교 출판부)의 서문에서 이처럼 쓴 바 있다. 그렇다. 박근혜의 집권이 아버지에 빚지고 있고 이번 게이트 역시 블랙리스트, 정경유착, 공작정치 등 유신적 통치에 기초해 있다는 점에서, 박근혜게이트는 단순히 최순실의 국정농단을 넘어서 박정희 신화, 박정희 체제에 대한 근본적인 재평가를 절실하게 필요로 하고 있다. 나는 책에서 박정희 신화를 '후진국' 소련을 세계 양대 강대국으로 만든 스탈린주의와 비교해 평가하는 한편 우리의 경제발전이 박정희 때문이라는 일반적 인식이 신화에 불과함을 신생국 중 우리와 비슷하거나 더 높은 경제성장을 이룬 대만, 싱가포르, 홍콩과 비교해 보여준 바 있다. 즉 한국(을 포함한 이들 '동아시아 네 마리 용')의 고도성장은 박정희(나 그 같은 개발독재지도자들) 때문이 아니라 ① 산업화를 주도할 수 있는 산업자본가계급의 헤게모니를 가능케 한 농지개혁(한국, 대만) 내지 지주계급의 부재(홍콩, 싱가포르), 그리고 ② 냉전의 첨단지역인 동아시아에서 자본주의의 우위를 증명하기 위한 미국의 전략적 지원이 핵심이었다고 주장한 바 있다.

일본에서 활약 중인 박근호 시즈오카대학교 교수가 이번에 출간한『박정희 경제신화 해부』역시 나와 비슷한 입장에서 박정희 신화에 대한 본격적인 비판을 가하고 있다. 나의 책의 경우 박정희 체제만이 아니라, 87년 민주화 체제, IMF 경제위기에 따른 97년 신자유주의 체제에 대한 평가까지 다루고 있어 상대적으로 박정희 체제 비판이 적은 부분을 차지한다면 이 책은 책 전체를 박정희 신화의 비판에 할애한 중요한 박정희 비판서이다. 구체적으로, 그는 "1965년 이후 한국은 '빈곤의 악순환'에서 탈출하며 기적적인 성장을 이룩하고 급속한 수출지향형 공업화를 달성했다. 또 이 시기 한국에서는 모든 분야에 걸쳐 전면적인 경제정책이 실시되고 있었다. 수출지향형 공업화의 실현과 전면적인 경제정책의 실시라는 이 두 측면을 인과적으로 결합시켜 정부의 역할을 적극적으로 강조한 것이 한국 경제에 대한 그간의 평가"였지만 이는 신화라는 것을 실증분석을 통해 잘 보여주고 있다.

　박 교수는 삼성폰의 신화로 세계적으로 각광을 받고 있는 우리의 전자산업을 그 예로 들고 있다. 저자는 말한다. "한국의 전자산업은 60년대 후반부터 비약적으로 발전해나갔지만 (중략) 제2차 개발계획은 자립경제와 중공업의 기반확립을 기본목표로 삼았을 뿐, 전자산업에 대한 명확한 육성계획 등은 제출되지 않았다. 분명한 것은 제2차 개발계획에 전자산업육성계획이 없었음에도 불구하고 이 기간에 전자산업이 비약적으로 발전했다는 사실이다." 그러면 한국의 전자산업은 박정희 때문이 아니라면 무엇 때문에 발전했는가? 그것은 "미국정부와 '바텔기념연구소(Battelle Memorial Institute)'의 특별한 지원" 때문이라는 것이 박 교수의 주장이다. 즉 "미국정부와 바텔기념연구소가 서로 협력해 한국의 전자산업 로드맵을 작성하고, 외국인 투자유치나 연구기술개발체계 구축계획을 제시한 이후 한국정부가 이를 배경으로 전자산업진흥법이나 전자공업진흥 8개년계획을 수립했다는 것"이다.

　이처럼 박 교수는 내 책과 마찬가지로 박정희가 아니라 냉전과 분단의 현장인 한국을 자본주의 체제의 우월성을 증명할 수 있는 쇼윈도로 만들기 위한 미국의 '쇼윈도전략'이 한국의 경제성장의 주요 원인이라고 주장한다. 구체적으로 미국의 '바이 코리아 정책', '한국원조그룹', 산업진흥이나 연구개발시스템의 구축, 성장의 트라이앵글의 형성 등이 어떻게 한국의 고도성장에 기여했는가를 미국정부의 공간외교문서집, 미국국립공문서관(NARA) 소장 국무성문서(RG59)의 정치국방문서, 경제문서, 극동국의 한국 관련 문서(RECORDS RELATING TO KOREA, 1952~1969), 존슨대통령도서관 소장 국가안전보장회의문서(존슨 파일, 번디 파일, 로스토 파일, 코마 파일), 주제별 파일(정상회담 파일, 대외원조 파일) 등을 분석해 보여주고 있다.

　이 밖에도 이 책은 그동안 박정희 시대를 심층적으로 연구하기에 어려움이 되어온 정부기록의 제약도 어느 정도 넘어서고 있다. 즉 2007년부터 대통령기록물 관리에 관한 법률(제8395호)에 의거하여 비밀문서로부터 해제되어 공개된 박정희대통령기록물의 일부, 한국외교사료관 소장 외교문서 및 베트남전쟁 관련 문서 등을 실증적으로 분석하고 있다.

결론적으로, 이 책은 한강의 기적이 박정희의 뛰어난 리더십 덕분이라는 박정희 신화를 깨기 위해 읽어야 하는 중요한 책이라고 말할 수 있다.

예나 지금이나 '문제는 경제'다. 돌이켜보건대 대한민국은 단 한 번도 '경제위기'를 벗어난 적이 없었다. 진짜 경제위기가 닥쳤을 때가 언제였는지 헷갈릴 정도로 '경제'와 '안보'는 대한민국 정치의 영원한 아젠다였다. 경제발전의 신화를 독점한 보수진영은 기울어진 운동장 위를 일방적으로 내달렸고, 진보진영은 경제신화의 실체를 규명하는 작업을 너무 일찍 포기했다. 그렇게 박정희 경제신화는 신화를 넘어 역사의 도그마가 되었다. 촛불혁명과 대통령 탄핵을 통해 비로소 박정희의 시대를 벗어나기 시작한 지금, 어떠한 객관적 잣대로 그 공과 과를 평가할 것인가 하는 것은 꼭 해결해야 할 숙제가 아닐 수 없다. 그런 의미에서 일체의 선입견을 버리고 객관적인 자료들에 천착하여 박정희 시대의 경제를 분석한 이 책이 갖는 의미가 실로 크다고 생각한다.

_ 원혜영(국회의원, 더불어민주당 인재영입위원장)

박근호 교수는 1960년대 후반 한국경제의 고도성장의 요인으로 베트남전쟁을 분석한 『한국의 경제발전과 베트남전쟁』(오차노미즈쇼보, 1993년)이라는 책을 출간하여, 학계의 큰 반향을 일으켰다. 이후 20여 년 동안 이 문제를 더 깊이 연구하여 한국의 고도성장체계의 형성에 대한 새로운 역사상을 그려낼 수 있어서, 이번에 번역된 『박정희 경제 신화 해부』를 쓰게 되었다. 한국의 고도성장의 역사적 기원을 알고자 하는 모든 분들께 추천한다.

_ 박이택 (고려대 경제연구소 연구교수, 『경제사학』 편집위원장)

역사의 진실을 밝히기 위해 시즈오카에서 현해탄을 오가며 필자가 발로 뛰고 곰국 끓이듯 만든 책입니다. 한국 경제성장에 대한 잘못된 인식을 바로잡는 터닝포인트가 되는 책이라고 생각하여 적극 추천합니다.

_ 김경남(경북대 사학과 교수)

박정희와 그 시대의 경제발전에 대한 연구를 한마디로 평가한다면 '사상 누각'보다 더 적절한 표현은 없을 것이다. 박정희 시대를 돌이켜보면 독재 정권하에서 정책 관련 문서 대부분이 비밀에 붙여져 있었기 때문에 박정희와 그 시대에 관한 연구도 극히 한정된 자료, 즉 정부간행물이나 관료들의 회고록, 그리고 당시의 신문기사 등에 의거할 수밖에 없었다. 그런 의미에서 박정희와 그 시대의 경제발전을 다시 평가한다면 시기적으로 볼 때 '지금'이 가장 적절한 때가 아닌가 싶다.

왜냐하면, 인터넷의 보급과 함께 디지털 도서관의 발전, 그리고 대통령 기록물 관리에 관한 법률의 시행 등으로 박정희와 그 시대의 경제발전에 관한 연구환경이 크게 개선되었기 때문이다. 자료의 디지털화는 서고에 묻혀 있던 산업실태조사보고서 등 많은 자료들을 새롭게 활용할 기회를 제공해주었고, 특히 '대통령기록물 관리에 관한 법률'의 시행은 그동안 베일에 싸였던 경제정책 결정과정 등의 실체를 조금씩 밝혀주기 때문이다.

이러한 연구환경의 개선이 박정희 시대에 대한 기초연구를 활성화시키고, 또 기존 연구의 한계를 지적하고 극복을 시도하는 데 큰 도움이 된다는 사실은 굳이 말할 필요조차 없을 것이다.

이러한 연구환경의 개선에도 불구하고 박정희와 그 시대의 경제발전에 관한 연구가 사실상 제자리걸음을 면치 못하고 있는 가장 큰 원인은 한국사회에 뿌리 깊게 박힌 '박정희 패러다임' 때문이라 생각한다. 역사 국정교과서가 박정희와 그 시대의 경제발전에 관해 오류를 범하고 있는데도 그냥 지나치고 있다는 사실이 그 증거이다. 예를 들어 수출주도 경제개발에 대해 "정부는 수출진흥확대회의를 매달 개최하여 수출목표 달성 여부를 점검하는 등 수출증대를 위해 노력하였다. 그 결과 제1, 2차 경제개발 5개년계획 기간에 수출은 연평균 36%로 급격히 늘어났다"라고 서술되어 있지만, 기존의 단편적인 연구결과로 이 사실을 입증하는 것은 매우 곤란하다. 무엇보다도 수출진흥확대회의가 어떤 역할을 수행했는지를 평가하기 위해서는 최소한 수출목표 달성 여부를 품목별, 수출특화산업별, 국가별 등으로 상세하게 분석할 필요가 있지만 그러한 흔적을 찾아보기가 어렵기 때문이다. 더구나 1965년 박정희 대통령이 매월 수출진흥확대회의를 개최하고, 수출진흥을 위해 '3억 달러 수출계획'(1965~67년)을 수립했는데도, 이 계획에 대한 자세한 갭 분석은 고사하고, '3억 달러 수출계획'이 존재했다는 사실조차 거의 알려지지 않았다. 다행히 대통령기록물 관리에 관한 법률의 시행으로 '3억 달러 수출계획'이라는 수출정책 수립의 기초자료가 공개되었다. '돌다리도 두들겨보고 건너라'는 속담이 있다. 좀 늦은 감이 없지 않으나, '3억 달러 수출계획'에 대해 품목별, 국가별 그리고 특화산업별로 수출목표 달성 여부를 분석하고, 수출정책과 수출실적 간에 어느 정도 인과관계가 인정되는가를 평가해보았다.

'3억 달러 수출계획'의 결과를 올림픽 경기에 비유한다면, "한국정부는 특기인 태권도, 레슬링, 유도, 양궁, 복싱 등의 종목에서 금메달을 기대하며 이들 종목을 집중적으로 육성하는 정책을 실시했지만, 중점적으로 육성한 종목들에서는 금메달을 따지 못하고 오히려 축구나 육상, 수영, 승마, 농구, 요트 등 '예상 밖'의 종목들에서 6개의 금메달을 획득"했다고 말할 수 있다. 그리고 당시 정부는 각종 미디어를 통해 "금메달 5개를 목표했는데 금메달 6개를 획득했다"고 올림픽 경기의 성과를 발표했지만, 어떤 종목에서 금메달을 획득했는지는 밝히지 않았다. 그럼에도 불구하고 한국은 금메달을 목표보다 많이 획득했으니까 스포츠정책의 결실이라고 말할 수 있을까? 아니라고 생각한다. 왜 중점육성종목에서는 메달이 나오지 못하고, 전혀 기대조차 힘든 종목에서 어떻게 많은 금메달을 획득할 수 있었는지를 물어보는 게 당연지사 아닐까? 이에 대한 대답 없이 박정희의 경제정책을 평가한다는 것은 군이 한국식 표현으로 비유를 하자면 '앙꼬 없는 찐빵'이 딱 들어맞을 것이다.

또 한국에서는 그다지 잘 알려지지 않았지만, 1960년대까지만 해도 인도는 '아시아 선진공업국'이라고 불릴 만큼 중공업이 발전했고, 그 때문에 국제적으로 인도의 경제개발정책이 주목을 받았다는 사실이다. 당시 많은 발전도상국의 정부관료나 경제학자들이 인도를 찾은 것도 '인도의 경제개발계획'을 배우기 위해서였는데, 한국의 경우도 예외 없이, 엘리트 공무원들을 인도에 파견시켰다. 다만 한국은 미국의 무상원조에 크게 의존할 정도로 가난한 나라였기 때문에 그에 소요되는 비용을 다름 아닌 인도 정부가 원조해주었다.

주목해야 할 점은 어째서 1960년대 후반 들어, '아시아 선진공업국'이라고 불리던 인도는 경제가 침체된 반면, 아시아에서 가장 가난한 나라 한국은 어떻게 고도성장을 달성하게 되었는가라는 것이다. 왜냐하면 이러한 사실이 역사적 우연의 산물인지, 그렇지 않으면 미국의 대아시아정책이 빚어낸 필연적 귀결인지 중요한 문제이기 때문이다. 세계사적 관점에서 볼 때 1960년대 전반까지만 하더라도 미국은 남아시아를 중요한 전략

지역으로 삼고 있었지만, 베트남전쟁이 확대되면서 전략적으로 가장 중요한 지역을 동아시아로 전환했고, 그와 동시에 동아시아 지역이 경제적으로 급속한 성장을 이룩했다는 사실을 상기할 필요가 있다. 1960년대 후반 들어 한국이 고도성장을 이룩한 반면 인도의 공업화가 정체에 빠진 것은 우연의 일치인가, 아니면 베트남전쟁의 확대와 더불어 미국의 국가안보전략이 크게 변화함으로써 필연적으로 야기된 결과인가? 이에 대한 대답이 '동아시아의 기적'뿐만 아니라 '한강의 기적'을 해명하는 데 있어서도 중요함은 두말할 나위도 없을 것이다.

이러한 궁금증을 풀어주는 데 이 책이 조금이라도 도움이 되기를 바란다. 그리고 이 책이 젊은 독자들에게도 많은 궁금증을 유발하는 계기를 제공하고, 또 그러한 궁금증을 풀기 위해 새로운 연구를 착수하는 데 조금이라도 도움이 되기를 바란다. 마지막으로 가뜩이나 얼어붙은 학술도서시장에도 불구하고 한국의 독자들을 만날 수 있도록 그동안 많은 도움을 주신 김성칠 번역가, 그리고 한국어판이 나오기까지 아낌없는 수고를 해준 도서출판 회화나무 여러분께 진심으로 감사드린다.

봄날을 그리며 시즈오카에서

박근호

필자는 1993년에『한국의 경제발전과 베트남전쟁』이라는 제목의 책을 출판했다. 이 책에서 필자는 베트남파병으로 인해 초래된 한국을 둘러싼 국제경제환경의 변화와 베트남특수가 1960년대 후반 한국경제의 비약을 가능하게 했던 직접적 동인이라는 견해를 제시했다. 즉 한국이 고도성장을 할 수 있었던 출발점은 직접적으로 외자도입, 수출확대, 정부의 개입, 신흥재벌의 형성이라는 네 가지 요인에 의해 마련되었지만, 이 네 가지 요인이 베트남전쟁을 배경으로 형성되었고 상승효과를 일으키게 되었다는 시각이다. 특히 지금까지 한국경제의 발전은 수출지향형 경제정책이나 한·미·일 삼각구조에 의한 것이라는 견해가 정설로 자리 잡고 있었는데, 이 책에서는 이런 정설의 기초를 이루는 실태의 원형이 1965년 이후에 마련되었음을 실증적으로 밝히고자 했다.

　본서는 이 책의 속편에 해당한다. 1993년에『한국의 경제발전과 베트남전쟁』을 출간한 이래, 나의 마음을 짓누르고 있었던 것은 '남아시아에서 동아시아로'라는, 아시아 나라들 간에 일어났던 '경제성장의 중심 이동'을 역사적 현상으로 이해하고 싶다는 생각이었다. 한국경제의 발전 요인 등에 대해 아무리 분석해보아도 그것만 가지고는 충분한 해명을 하기에 무리가 있었고, '나무만 보고 숲을 보지 못하는 우'를 범하지 않을까 하는 염려가 들었다. 이런 문제의식하에서 경제성장의 중심 이동을 해명하려면 비교경제발전론이라는 방법을 동원하지 않을 수 없다는 생각이 들었다.

현재까지 아시아를 다룬 연구 가운데 베트남전쟁과 관련된 것들의 수는 결코 적지 않다. 그러나 대부분은 전쟁사, 정치사와 관련된 것들이고, 경제를 다룬 연구들도 고작 '베트남특수' 혹은 미국경제의 영향을 논한 것이 전부였다. 실제로 베트남전쟁이 아시아경제에 미친 영향은 대단히 컸으나 이제까지 본서에서 시도했던 '성장의 명암'이라는 시각에서 이를 다룬 연구는 찾아보기 어렵다. 이 책은 인도의 공업화 정체와 한국의 경제기적이 같은 시기에 등장했다는 '동시성'에 초점을 맞추어 베트남전쟁이 양국의 공업화의 명암에 어떠한 영향을 미쳤는가라는 과제를 필자 나름대로 학제적으로 분석한 것이다. 인도와의 비교를 중요하게 다루었다는 것이 이 책의 특징이며, 아시아경제론 혹은 개발경제론에 작으나마 '새로운 바람'을 일으키리라 기대해본다.

곰곰이 돌이켜보면 필자가 안고 있던 과제가 출판될 수 있었던 것은 몇 가지 행운이 따른 덕분이었다. 1988년부터 1년 반 동안 근무처인 시즈오카대학교로부터 해외연수를 갈 기회를 얻게 되었던 것도 그 행운 중 하나이다. 이 기간에 미국국립공문서관(NARA) 소장 국무성문서(RG59) 한국관련 문서 외에 린든존슨대통령도서관 소장 국가안전보장회의문서 및 베트남전쟁 관련 문서 등을 차근차근 음미해볼 수 있었다. 연구에 전념할 수 있는 이런 기회가 없었다면 본서를 구상하기 어려웠을 것이다. 또 하나의 행운은 대통령기록물 관리에 관한 법률(제8395호)이 2007년 제정되어 박정희대통령기록물의 일부가 비밀문서에서 해제된 것이었다. 이를 계기로 대통령비서실 문서, 경제기획원 문서, 경제과학심의회 문서, 재무부 문서, 상공부 문서, 총무처 문서 등에서 당시 경제정책의 배경이나 과제를 분석할 수 있었을 뿐만 아니라 한·미정책 협조의 실태 등도 엿볼 수 있었다. 본서에서 특히 중요한 의의를 갖는 것은 '3억 달러 수출계획'이라는 대통령 관련 문서의 비밀해제였다. 이 비밀해제문서 덕분에 수출정책과 수출실적 간에 어느 정도 인과관계가 인정되는가라는 분석이 가능하게 되었고, 그 결과 한국의 고도성장 및 수출지향공업화의 진전과정에서 정부가 수행한 역할에 대해서도 재검토할 수 있었다.

한국 측의 사료와 미국 측의 사료를 짜맞추다 보니 기묘하게도 '새로운 그림'이 그려졌다. '퍼즐게임'이었다. 이 '퍼즐게임'에는 실로 많은 시간과 에너지가 요구되었는데 어쩌면 '끝이 없는 게임'이 될지도 모르겠다. 행운이 따라주어 짜맞추기를 되풀이하는 과정에서 지금까지 상상조차 하지 못했던 '새로운 그림'이 몇 가지 그려지게 되었다. 독자들도 이 '새로운 그림'을 볼 수 있으리라 믿는다.

책을 내기까지 실로 많은 분들이 지도와 지원을 해주었다. 후카와 히사시(布川日佐史) 교수와 야마모토 요시히코(山本義彦, 시즈오카대학교 명예교수) 교수께서 초고를 읽고 귀중한 조언을 해주셨다. 본서의 내용이 초고보다 나아진 것은 모두 두 교수의 조언 덕분이다. 두 교수에게 깊은 감사를 드린다. 또한 연구회 혹은 공동조사 등에서 이영채(게이센여자대학) 씨와 나눈 즐거운 논의도 유익했다. 진심으로 감사의 마음을 전한다. 편집 과정에서 초고를 친절하게 읽어주었고 일본어 교정뿐만 아니라 주의 깊고 신중한 조언을 해주었던 한흥철 군과 츠치야 마사코(土屋昌子) 양에게도 진심으로 감사드린다.

이번에도 본서의 출판을 맡아준 오차노미즈서방(御茶の水書房) 사장 하시모토 세이사쿠(橋本盛作) 씨, 그리고 편집과 제작을 담당해준 고사카이 아키오(小堺章夫) 씨에게도 깊은 감사의 뜻을 표하고 싶다. 학술도서시장이 매우 어려운 상황임에도 거듭되는 필자의 요구를 흔쾌히 받아주신 것에도 감사드린다. 본서는 시즈오카대학인문사회과학부연구총서 No. 50으로 간행될 것이다.

마지막으로 필자가 한국뿐 아니라 아시아 나라들에 대해서도 큰 관심을 갖게 해주신 고(故) 무라이 요시노리(村井吉敬) 선생과 우츠미 아이코(內海愛子) 선생, 이 두 분께 배웠던 것은 둘도 없이 소중한 것들이었다. 한반도 문제에만 흥미가 있었던 내가 아시아에 대해서도 관심을 보이게 되었던 것, 성장우선주의에 집착하고 있었던 내가 다른 시각을 갖게 되었던 것, 자민족우월의식에 빠져 있던 내가 문화의 다양성에 관심을 두게 되었던 것도 모두 두 분을 만나지 못했다면 있을 수 없는 일이었다. 본서의 출판을 마음속 깊이 기다렸지만 본서의 집필 중에 69세로 타계하신 고 무라이 요시노리 선생과 공적·사적으로 언제나 각별한 지도와 따뜻한 격려를 해주신 우츠미 아이코 선생에게 이 책을 바친다.

새로운 패러다임을 찾아서

1. 아시아경제론과 NIES론

한국경제는 1960년대부터 수출지향형 공업화를 달성하기 시작해 NICS(신흥공업국, Newly Industrializing Countries) 혹은 NIES(신흥공업경제지역, Newly Industrializing Economies)로 주목을 받았고, 오늘날에는 선진국 대열로 들어서고 있다.[01] 한국경제는 제2차 세계대전 이후 발전도상국에서 선진국 대열로 들어서는 데 성공한 희귀 케이스라고 할 수 있다. 당연히 지대한 연구 관심이 한국경제의 이 같은 경험에 집중되었을 뿐 아니라 그 발전의 구조가 여러 각도에서 분석되어왔다. 어떻게 한국이 현재와 같은 고도경제성장을 실현시키고 NICS화를 이룰 수 있었는가 하는 물음에 답하는 것이 경제학자들에게, 그리고 한국으로부터 교훈을 얻고자 하는 발전도

---

01 한국은 1989년에 IMF 14조국에서 8조국으로 이행했고, 1996년에는 선진국그룹인 OECD(경제협력개발기구)에 가입했다. 세계은행이나 IMF 같은 국제기관들은 이미 한국을 선진국그룹으로 분류하고 있다. 2009년에 한국은 OECD개발원조위원회(DAC) 회원국 중 하나가 되었고, 2010년 1인당 GDP도 2만 달러를 넘어 명실상부 선진국임에 틀림없다.

상국의 정부관료들이나 재계인사들에게 커다란 과제였기 때문이다.

한국경제에 관한 연구 가운데 가장 주목할 만한 것은 OECD의 『신흥공업국의 도전』이다. 1979년 OECD에서 발표한 『신흥공업국의 도전』이 아시아경제론 혹은 한국경제론에 미친 영향은 헤아리기 어렵다.[02] 당시 발전도상국에 관한 연구의 주류는 발전도상국 경제의 정체 요인을 선진국과의 경제관계로부터 추론하는 데 몰두해 있었다. 그러나 OECD 보고서가 등장하자 문제의 성격이 완전히 달라져 NICS의 성장을 해명하는 일이 커다란 과제로 대두되었다. 이것은 곧 이른바 종속국 문제의 접근방식에 대한 안티테제로 발전했고, 발전도상국 지역의 경제성장 가능성을 비관적으로 평가해온 많은 연구자들이 고도성장의 실체를 인정하기 시작하는 계기가 되기도 했다.[03] 그 결과 NICS라는 개념은 광범위한 파급효과를 낳았고, NICS의 대표 격으로 간주되었던 한국경제의 발전구조가 여러 각도에서 분석되었다.

『신흥공업국의 도전』은 한국을 포함한 NICS와 여타 발전도상국들과의 차이점으로, 특히 외향형 성장정책을 급속한 공업화 촉진방법으로 채용했다는 점을 들고 있다. 외향형 성장정책의 내용은 대외적으로는 무역정책과 환율정책, 대내적으로는 산업정책과 수요관리정책에 있었다. 또한 외향형 성장정책을 실시하는 데 중요한 요소로 사회적·경제적 능력 및 정치적 안정을 제시하고, ① 규율 있고 교육받은 숙련된 도시노동력, ② 적극적이고 유능한 기업가계층, ③ 안정된 정치 체제를 강조했다.

한편 와타나베 도시오(渡辺利夫)는 알렉산더 거센크론(Alexander Gerschenkron)의 모델을 기초로 한 '후발성이익(後發性利益)' 이론을 통해 한국의 급

---

02 OECD(1979), *The Impact of the Newly Industrializing Countries on Production and Trade in Manufactures*, Paris: 오와다 토구로(大和田悳朗) 역(1980), 『OECD 보고서 신흥공업국의 도전 (OECD レポート新興工業国の挑戦)』, 東洋経済新報社.

03 예를 들어 월러스틴(Immanuel Maurice Wallerstein)의 '세계체계론'과 같은 새로운 접근법이 등장하기도 했지만, 이를 계기로 점차 그 영향력이 감소하게 되었다.

속한 공업화를 설명하고자 했다. 와타나베가 특히 주목했던 것은 후발성 이익을 내부화하기 위한 사회적 능력, 즉 ① 정부의 정책전환 능력, ② 기업가의 경영능력, ③ 숙련노동 등이었다. 그중에서도 1960년대 중엽 보호주의적 공업화 정책을 배격하고 이른바 '수출지향형 공업화' 정책으로 전환한 데서 볼 수 있는 정부의 정책전환 능력을 높이 평가했다.[04] 한국이 자원배분을 왜곡하는 종전의 수입대체 공업화 정책을 포기하고 국제분업론적 개발이론에 따라, 요소부존비율(要素賦存比率)의 특질에 적합한 '수출지향형 공업화 정책'으로 과감하게 전환했다는 사실을 지적한 것이다. 보고서는 또한 한국이 선진국을 대상으로 노동집약적 상품의 수출을 증대시켜 고도성장을 추진하고 실현시킬 수 있었던 것은, 이와 같은 대외정책 전환에 맞추어 대내적으로도 '시장자유화정책'으로 과감하게 전환했기 때문이라고 강조하고 있다.

또 하나 주목해야 할 보고서는 세계은행이 1993년에 발표한 『동아시아의 기적—경제성장과 정부의 역할』이다.[05] 이 보고서가 발표된 배경에는 아시아 NIES론의 등장이 있었다. 왜냐하면 NICS 간에도 그 성과에는 커다란 차이가 있어서 그 차이를 해명하는 것이 새로운 과제로 대두되었기 때문이다. NICS라 불리는 라틴아메리카의 두 나라, 브라질과 멕시코가 누적채무위기에 빠졌던 것과 달리 한국과 대만, 싱가포르, 홍콩 등의 아시아 NICS는 지속적인 성장을 이루고 있었고, 발전도상국에서 '졸업'하려는 움직임까지도 보이고 있었다.[06] 라틴아메리카 NICS의 경제적 몰락은

---

04 와타나베 도시오(1982), 「제2장 수출지향공업화의 정책휴계(第2章輸出志向工業化の政策休系)」, 『현대한국경제분석-개발경제학과 현대아시아(現代韓国経済分析-開発経済学と現代アジア)』, 53~82쪽 참조.

05 World Bank(1993), *The East Asian miracle: Economic Growth and Public Policy*, New York; Oxford University Press; 세계은행(1994), 『동아시아의 기적-경제성장과 정부의 역할』, 시라토리 마사키(白鳥正喜)·해외경제협력기금문제연구회 역, 東洋經濟新報社.

06 미국정부는 1989년 1월에 아시아 NIES를 GSP(일반특혜관세) 공여 적용 대상에서 제외할 것을 결정했고, 일본은 1990년을 기준으로 한국을 차관공여대상국에서 제외했다.

바꾸어 말하면 신고전파 이론의 몰락을 의미하기도 했다. 1980년대 이후 신고전파 이론은 라틴아메리카 나라들이 채택한 경제정책의 이론적 배경으로 점차 강력한 영향력을 행사해왔는데, 그 개발이론을 하나의 정책프로그램으로 정리한 것이 IMF·세계은행의 구조개혁프로그램이었다. 그러나 라틴아메리카 나라들을 비롯하여 이 구조개혁프로그램을 도입했던 많은 발전도상국들이 어이없이 경제정체에 빠지고 말았다. 이처럼 대조적인 결과 역시 아시아 NIES 및 한국에 대한 관심을 한층 더 고조시키는 데 일익을 담당했다.

세계은행은 『동아시아의 기적─경제성장과 정부의 역할』에서 '네 마리의 호랑이'라고 불렀던 한국, 대만, 홍콩, 싱가포르뿐 아니라, '신흥공업국(NIES)'이라고 불린 인도네시아, 말레이시아, 태국 및 일본을 새로이 분석대상으로 삼고 그 성장 요인을 분석했다. 경제성장과 정부의 역할이라는 부제에서 알 수 있듯, 세계은행은 동아시아 8개국(High Performing Asian Economies, HPAEs)(아시아 고성장국─편집자)의 경제적 성공과 관련해 무엇보다 정부의 역할이 중요했음을 지적하고 있다. 시장의 기능을 작동시키는 데 필요한 '기본정책', 보다 효율적으로 자원을 배분하고 생산성을 향상시키는 데 유용한 '선택적 개입', 정책의 수립과 실행을 성공적으로 이행하는 데 필요한 '기구 및 제도' 등이 삼위일체가 되어 효율적으로 기능했음을 강조한 것이다.

이 연구가 주목을 받았던 것은 세계은행의 경제학자들 스스로가 신고전파 경제학에 이의를 제기하고 정부의 역할을 중시하는 암스덴(Alice H. Amsden)과 로버트 웨이드(Robert Wade) 등의 견해에 가까워졌기 때문이었다. 이는 시장메커니즘을 중시하는 신고전파까지도 정부의 역할을 인정하는 자세로 변했음을 의미했고, 정책과 함께 '제도·조직'에 대한 관심이 한층 높아지는 계기가 되었다. 정부의 적극적인 역할이나 정부관료조직의 구조, 더 나아가 역사적 배경 등에 관한 관심이 동아시아 연구자들뿐만

아니라 보다 광범위한 분야의 연구자들 사이에서도 일어나 다양한 접근
방식에 기초한 학제적 연구들이 수행되었다. '권위주의체제론'이나 '개발
독재론', '식민지근대화론' 등 연구의 다양화가 진행되었던 것도 바로 이
때부터였다. 특히 '권위주의체제론'이나 '개발독재론'이 주목을 받았던 이
유는 경제·산업정책에서의 정부의 역할을 한국에서 급속한 공업화가 가
능했던 요인으로 중시하는 견해가 관심을 끌었기 때문이었다. '개발독재
론'을 통해 구조적 모순 등을 지적하면서도 공업화·경제성장이 달성될 수
있었다는 사실을 평가할 수 있게 됨으로써, 경제발전 분석에서 새로운 패
러다임의 전환을 기대할 수 있게 되었다. 왜곡되고 어두운 면을 강조한 나
머지 성장과 발전이라는 측면을 놓치고 있지 않았나 하는 문제의식의 전
환과 사실에 입각해 냉정하고 객관적인 분석을 시도하려는 움직임이 본
격화되었다.

　이러한 문제의식은 식민지 시기 조선경제의 연구에도 전파되어 개발·근
대화의 측면을 평가하려는 연구에도 반영되었다. 오늘날 '식민지근대화
론'이라고 불리는 일련의 연구들, 일본의 식민지 지배가 조선경제의 공
업화를 촉진했다는 측면을 적극적으로 평가해야 한다고 주장하는 연구
동향이 그것이다.[07] '식민지근대화론'은 식민지 시기 공업화를 토대로
1960년대의 수출주도형 경제발전이 가능하게 되었다고 강조하고 있다.
다른 한편 미국에서는 포스트식민주의 연구의 진전에 영향을 받은 타니
바로우(Tani. E. Balow)의 '식민지근대성' 개념을 적용하여 식민지 시기 조
선의 경제를 연구하려는 흐름도 생겨났다.[08] 이전까지 식민지 시기 조선
경제에 대한 연구가 '침략과 저항' 혹은 '수탈과 저개발'이라는 정치적 억

---

07 조선의 식민지공업화가 한국의 공업화에서 매우 중요한 역할을 수행했다며 한국 공업화의 식민
　 지적 기원을 강조하고 있다. 예를 들면 나카무라 테츠(中村哲)·안병직 편(1993); 호리 가즈오(堀
　 和生)·나카무라 데츠 편(2004); 안병직(2005) 참조.

08 그 대표자인 카터 J. 에커트(Carter J. Eckert)는 식민지시기의 산업 관련 사회자본에 주목해 그것이
　 60년대 공업화의 발전기반이었다고 주장한다. 에커트(1991); 에커트(1994); 에커트(2009) 등 참조.

압과 경제적 수탈에 의해 조선의 공업화가 철저히 저해되었다는 측면에 초점을 맞추고 있었다는 점을 생각해보면, 급진적인 패러다임의 전환이라고도 할 수 있을 것이다. 이들은 일본의 식민지 지배가 조선경제의 '근대화'를 촉진시켰다며 긍정적으로 평가할 뿐만 아니라, 한국의 경제성장이 식민지 시기 공업화의 '유산'이라는, 식민지 시대와 한국 고도성장기 간의 연속성을 주장한다. 그 대표자이기도 한 카터 J. 에커트(Carter J. Eckert)는 식민지 시기의 공업화로부터 물려받은 유산 덕분에 한국이 공업화를 급속하게 진행시킬 수 있었다고 주장하면서 1930년대의 공업화 발전, 산업 관련 사회자본, 인적자원의 형성에 주목했고, 이러한 것들이 한국의 고도성장의 토대가 되었다고 강조한다.[09] 에커트는 식민지 말기의 10년간을 중점적으로 분석하고 그 유산이 어떻게 형성되었는지를 상세히 논했다. 이는 오늘날 한국의 경제발전을 어떻게 평가할 것인가를 논하는 상당수의 학자들이 공통적으로 염두에 두고 있는 관점이지만 식민지 시기 공업화와 NIES화 간의 연속성과 단절성을 어떻게 평가할 것인가를 둘러싼 논쟁 지점이라고도 할 수 있다.

2. 문제 제기-NIES론의 한계

OECD의 『신흥공업국의 도전』과 세계은행의 『동아시아의 기적—경제성장과 정부의 역할』 등의 연구가 아시아경제 및 한국경제의 연구에 질적·양적으로 지대한 역할을 했던 것은 틀림없다. 반면 다음과 같은 문제도 지적해두어야 한다. 먼저 이제까지의 많은 연구들이 한국이라는 한 나라의 경제성장과정을 분석하는 데 초점을 맞추고 있었다 하더라도, 대

---

09 에커트(1991); 에커트(1994) 등 참조.

부분이 현대 발전도상국의 발전에 관한 일반론을 찾아내려는 경향에 편중되어 있었다. 한국의 경제발전을 다룬 많은 저작과 논문들이 외향형 경제개발전략의 전형을 한국에서 찾으려 하고, 또 한국을 발전도상국의 모델케이스로 삼은 글들이 많은 것은 바로 이 때문이다. 그러나 실증적 방법을 사용하거나 요인을 분석할 때 '공통점'에 눈을 빼앗기게 된다면 편견에 사로잡혀 '진정한 원인'을 보지 못하게 될지도 모른다. 성장률이 높은 나라들은 경제성장이론을 뒷받침해주는 실증적 결과들에 의해 여타의 모든 지표들까지도 양호한 성과를 가리키게 되는 경향이 있기 때문에 이러한 편견에 사로잡히는 순간 어떤 것이 경제성장에 영향을 미친 진정한 요인인지를 밝혀내기 어렵게 되며, 각 나라들 간에 성장률 격차가 매우 크게 벌어지게 된 요인을 해명하기도 쉽지 않게 된다. 한국경제의 발전 도정에서 그냥 지나쳐서는 안 되는 베트남전쟁의 영향을 다룬 연구가 이제까지 그다지 보이지 않았던 이유 역시 경제발전이론에서는 베트남전쟁과 같은 특수한 요인들을 사상해야 한다는 경향에 편승해 있었기 때문이라는 점도 부정하기 어렵다.

또 한 가지 지적해둘 것은 이러한 접근방식들로 인해 많은 연구들이 기초적인 사실에는 눈을 돌리지 않은 채 성급하게 결론을 도출함으로써 기초연구가 거의 실시되지 않았고, 그 때문에 연구의 발전 가능성이 현저하게 제한되었다는 사실이다. 이러한 경향은 정책의 유효성이나 정부의 역할을 중시하는 견해에서 특히 강하게 나타났다. 왜냐하면 정책실적에 대한 평가, 즉 계획의 결과와 정책의 방향에 대한 구체적인 분석이 거의 실시된 적이 없었다고 볼 수 있기 때문이다. 일반적으로 목표의 달성도를 평가할 때는 정책목표마다 실적치와 목표치를 비교하고 그 격차와 괴리도를 분석하는 것이 필수적이다. 그러나 앞서 설명한 연구 경향은 '경제개발 5개년계획'에 대한 평가에서도 예외는 아니었다. 아니 어쩌면 한국의 경우 정책실적 평가방식이 사용되지 않았던 것은, 어째서 목표와 실적 간에 대폭적인 괴리가 발생했는지, 어째서 정책방침의 목표와 실적 사이에 마이너스 상관관계가 나타났는지라는 문제를 회피하고 싶은 유혹에서 비롯되었을지도 모른다.

한국의 경우, 정부의 역할이나 정책의 유효성을 평가하려면 수출지향형 공업화를 실현하는 데 있어 경제정책이 어느 정도 유효했는지를 먼저 검토해야만 한다. 왜냐하면 한국의 수출촉진정책은 수출목표를 달성하는 데 무엇보다 역점을 두고 있었고, 수출기업이나 수출조합에 '수출목표'를 할당하는 등 다른 아시아 나라들과는 완전히 다른 특징을 보이고 있다는 점이 자주 지적되어왔기 때문이다. 정책목표 중에서도 수출 극대화를 최우선 목표로 삼아 수출확대를 위한 포괄적인 조치들을 실시했을 뿐 아니라 수출업자들에게 각양각색의 인센티브를 제공하고, 수출기업의 실적을 감시하며, 대통령 주최로 매월 수출확대회의를 열어 수출에 크게 기여한 기업에게 상장을 수여했던 것 등이 한국의 특징을 보여주는 사례라고 할 수 있다.

그러나 이 같은 적극적인 개입이 과연 합리적이었을까? 합리적이었다면 이 합리성에 관한 설명은 객관적인 경제학적 분석을 통해 뒷받침될 필요가 있다. 피트&갭(Fit&Gap) 분석은 이러한 연구에서 가장 기본적이고 필수적인 분석방법이다. 정부 개입의 합리성을 규명하려면 상품별 및 나라별 수출목표의 적합성과 목표와 실적 사이의 격차를 분석해 수출계획과의 인과관계를 검증하는 것이 무엇보다 중요하기 때문이다. 그러나 대통령 주최의 수출확대회의에서 매월 수출목표의 달성을 평가했다는 사실은 강조되고 있지만, '이러한 사실'은 주로 당시 관료들의 회고록에 의존해 뒷받침된 경우가 대부분이고, 피트&갭 분석을 이용해 수출계획을 구체적이고 체계적으로 분석한 연구는 거의 보이지 않는다.

다른 한편, 1960년대에서 1970년대에 걸쳐 한국정부는 산업을 진흥시키기 위해 적극적인 산업정책시스템을 구축하는 데 성공했지만, 이를 위해서는 산업정책을 수립하고 실행할 수 있는 조직·제도와 우수한 관료가 반드시 필요했다는 사실도 자주 지적되고 있다.[10] 한국이 산업적 성공을 거둘 수 있었던 것은 적극적인 산업정책 덕분이었다는 견해가 뿌리내리고 있는 것도 이 때문이다. 그러나 정책 관련 자료(정부심의회나 관료회의 등)를 근거로 한국의 산업정책이 구체적으로 어떻게 수립되었고, 행정적 결정이 어떠한 절차에 따라 이루어졌는지를 실증적으로 분석한 연구는 거의 존재하지 않는다고 해도 과언이 아니다. 당연히 한국 산업정책의 전체적인 모습을 정확하게 파악하거나 정책형성 절차를 분석하고 의의를 평가하는 작업이 제대로 이루어졌다고도 말하기 어렵다. 지금껏 한국의 산업정책 실태는 대체적으로 단편적인 정보에 기초해 추론되어왔기 때문에 산업정책시스템을 전체적으로 명확하게 파악하기가 쉽지 않았다. 그 내용의 상당 부분이 당시 관료들의 회고록이나 증언 등을 바탕으로 하고 있어 산업정책을 긍정적으로 평가하거나 과대평가하는 경향 역시 다분했다.

특히 한국전자산업의 눈부신 발전에 대해 세계가 보인 관심에 있어 지배적인 견해는 한국정부가 전자산업진흥책을 중요하게 여겼다는 것이었다. 그러나 한국정부의 산업정책이 전자산업의 발전에 정말 유효했는지에 대해서는 약간 의문스러운 점들이 있다. 첫째, 전자산업의 발전 동향과 산업정책 간의 관계를 살펴보면, 산업정책이 반드시 전자산업의 발전에 선행했다고 볼 수 없고 시기에 따라서는 오히려 뒤따르는 경우도 있었다. 전자산업의 발전과정을 연대순으로 살펴보면 다음과 같다. ① 1966년 7월 17일에 공표된 제2차 경제개발계획(1967~71년)에는 '전자'라는 말이 등장

10 예를 들면 세계은행도 『동아시아의 기적』에서는 제도 구축의 가능성을 애매한 상태로 남겨두었는데, 1997년 판 『세계개발보고』에서는 '제도능력'을 전면에 내세우고 있다. "이 같은 엘리트 관료들은 흔히 국가경제가 나아가야 할 길을 결정하는 데 있어서도 대단히 중요한 역할을 한다. 일본의 통상성과 한국의 경제기획원은 국가의 산업정책에 행정지도를 적용한 최초의 고안자로 여겨지고 있다. (중략) 이러한 중앙관청의 관료들은 능력주의에 따라 경쟁이 치열한 시험을 통해 채용된 전문적이고 우수한 인재들로 구성되어 있다." 세계은행(1997), 『세계개발보고 1997-개발에 관한 국가의 역할』, 129쪽.

하지 않는다. ②1966년 12월 5일 박충훈 상공부장관이 기자회견을 통해 한국정부 최초로 전자산업육성방침을 발표한다. ③ 1967년부터 전자산업이 본격적으로 발전하기 시작한다. ④ 1969년 1월 28일 전자공업진흥법을 제정하고 이에 기초해 1969년 6월 19일 '전자공업진흥 8개년계획'을 수립한다. 즉 정부의 육성방침이 발표된 것이 사실이기는 하지만 한국의 전자산업은 정부의 적극적인 지원정책이 실시되기 전에 이미 본격적으로 발전하기 시작했음을 알 수 있다.

둘째, 한국의 전자산업은 완전히 새로운 산업으로서 육성·발전되었지만 전자산업진흥책이 어떤 배경에서 수립되었고, 의사결정이 어떠한 경로를 거쳐 이루어졌는지 등 정부의 실질적인 개입 내막을 근거로 한 실증적 분석은 거의 존재하지 않는다고 보아도 무방하다. 한국의 산업정책과 제도들은 일본과 유사한 점들이 많기 때문에 일본과의 비교가 당연한 것처럼 여겨질 수도 있지만, 구체적인 실태를 분석하는 경우에는 이러한 비교만으로 충분하지 않다. 일본은 중요한 정책을 다룰 때 심의회의를 거친 후 주무대신에게 답신을 받고 그 답신에 따라 정책을 결정하는 '심의회 방식'이 정책결정과정에서 중요한 역할을 하지만, 한국은 그러한 정책결정과정이 명확하게 보이지 않는다. 일본에서는 산업정책을 결정하는 의사구조상 정부 각 성청의 '원국'이나 '부국'이 중심적인 역할을 했고, 한국은 경제기획원이 그와 같은 역할을 수행해온 것으로 알려져 있다. 그러나 전자공업진흥법(1969)이나 전자산업육성방침(1967) 등 전자산업과 관련된 정책을 수립할 때 경제기획원이 어떠한 역할을 했는지는 분명하지 않다.

당시 전자산업은 세계적으로도 최첨단 산업이었는데, 전자산업의 전문가가 전무했던 한국에 전자산업 전반을 책임지는 정부당국이나 전자산업 관련 심의회 혹은 조사회가 있었는지, 만약 정부당국이나 심회의 또는 조사회가 존재하지 않았다면, 그 역할을 담당했던 부처가 어디였는지 등 이와 관련된 문제는 분명하게 밝혀지지 않았다. 그러므로 전자산업진흥책을 고찰할 때는 특히 '제3자'의 개입 가능성을 염두에 두고 그 정책의 배경과 의사결정과정의 실태 등을 검토해야 할 것이다. 이 검토 결과에 따라 산업정책 전반에 대한 평가는 크게 달라질 가능성이 있다.

결론부터 미리 말하자면, 미국정부와 '바텔기념연구소(Battelle Memorial Institute)'의 특별한 지원이 없었다면, 한국의 전자산업육성책은 성공을 기대하지 못했을 것이다. 미국정부와 바텔기념연구소가 서로 협력해 한국의 전자산업 로드맵을 작성하고, 외국인투자유치나 연구기술개발체계 구축계획을 제시한 이후 한국정부가 이를 배경으로 전자공업진흥법이나 전자공업진흥 8개년계획을 수립했다는 것이 필자의 생각이다. 이를 입증하기 위해서라도 한국의 산업발전과 관련된 '한·미정책협조'의 실태와 '보이지 않는 손'으로 작용했던 '바텔기념연구소'의 역할을 명확하게 규명할 필요가 있다. 한국의 전자산업진흥과 '바텔기념연구소'의 역할을 검토하는 일은 한국의 산업발전을 해명하는 데 있어 하나의 커다란 열쇠가 될 것이다.

3. 본서의 의도

한국경제에 대한 연구를 진행할 때는 다음의 두 가지 사실에 유의해야 한다. 첫째, 한국은 고도성장기에 박정희 독재정권의 통제 아래에 있었기 때문에 경제정책의 전체상이나 세세한 증거 등이 '기밀'로 취급되어 오랫동안 베일에 감추어져 있었다는 사실이다. 한국정부가 경제정책 등에 대한 비판을 엄격하게 통제함으로써 '정보의 비대칭성'이 발생하여 경제정책에 대한 객관적인 분석이 대단히 어려웠던 상황이었음을 상기할 필요가 있는 것이다. 정부의 통제하에 존재했던 '정보의 비대칭성'으로 인해 학술연구는 발전하기 어려웠고, 정부간행물이나 당시 정책담당자들의 회고록 등 '일방적인 정보'에 의존할 수밖에 없는 상황을 낳아 정보조작의 올가미에 걸려들기 쉬웠다. 이처럼 실증적 연구에서 무엇보다 중요한 신뢰도 높은 통계 및 자료에 대한 정보가 지극히 제한되어 있었기 때문에 한국경제를 분석하는 연구자들은 심각한 딜레마에 빠져 있었다. 이러한 딜레마에서 벗어나려면 데이터를 뒷받침해주는 문헌과 사료들을 발굴하고, 각종 보조자료들을 활용해야 한다.

둘째, 미국의 대외정책은 소련의 경제적 영향력과 각축을 벌이는 형태로 진행되었고, 미·소 양국의 '개발모델' 경쟁을 매개로 국제관계의 중심에 놓이게 되었기 때문에 아시아의 경제개발 역시 미국의 안보전략에 좌우되기 쉬운 구조적 문제를 안게 되었다는 점이다. 미국의 대외원조정책은 피원조국의 자조노력이나 정책흡수능력을 중시하고 그 결과에 따라 대외원조의 규모와 배분을 결정하는 등 말하자면 '선택과 집중'이라는 방침에 따라 피원조국에 대한 지원을 결정했다. 이로 인해 피원조국에 대한 원조분배에서 상충관계가 발견된다. 미국의 아시아 원조는 남아시아, 특히 인도에 편중되어 있었다. 그러나 베트남전쟁이 확산되면서 대외원조 정책의 중심이 '동아시아'로 옮겨갔고 지원대상도 남아시아에서 동아시아로 전환되었으며, 그중에서도 특히 한국의 비중이 확대되었다. 이 시기 미국의 대외원조정책은 인도를 중시하는 방침에서 벗어나 아시아의 '최빈곤국'인 한국을 중시하는 방향으로 옮겨갔던 것이다.

아시아경제의 성장과 정체라는 문제는 국제정치환경의 관점, 특히 미국의 안보전략이 아시아경제에 어떠한 영향을 미쳤는가라는 관점에서 충분히 해명되지 않았다. 이러한 영향을 해명할 수 있는 정보들이 여전히 블랙박스 안에 잠자고 있기 때문에 이를 정확하게 평가하기란 대단히 어려운 과업이 될 것이다. 그러나 미국국립공문서도서관(NARA)의 비밀해제 외교문서와 한국정부의 공개외교문서, 그리고 최근에 공개된 대통령 관련 공문서 등을 꼼꼼하게 분석한다면, 미국의 안보전략이 아시아의 경제적 성과에 어떠한 영향을 미쳤는지, 각국이 어떻게 개발전략을 채용할 수 있었는지 등을 밝힐 수 있을 것이다.

특히 한국에서는 2007년부터 대통령기록물 관리에 관한 법률(제8395호)에 따라 박정희대통령기록물의 일부가 비밀문서에서 해제되어 공개되고 있다.[11] 이러한 자료들은 당연히 고도성장기 경제정책의 전체상과 실태를 파악하는 데 있어 없어서는 안 되는 것들이다. 본 연구는 한국의 외교사료관이 소장하고 있는 외교문서와 베트남전쟁 관련 문서 이외에 국가기록원대통령기록관에 소장되어 있는 박정희대통령기록물(대통령비서실 문서, 경제과학심의회 문서, 경제기획원 문서, 재무부 문서, 상공부 문서, 총무처 문서) 등 한국의 공문서들을 참조했다. 또한 미국의 공문서로는 미국정부의 공간 외교문서집과 미국국립공문서도서관(NARA) 소장 국무부문서(RG59) 중 정치국방문서, 경제문서, 극동국 한국 관련 기록(RECORDS RELATING TO KOREA, 1952~1969), 그리고 존슨대통령도서관이 소장하고 있는 국가안전보장회의 문서(존슨 파일, 번디 파일, 로스토 파일, 코마 파일), 주제별 문서(정상회담 파일, 대외원조 파일), 기타 나라별 문서(한국 파일, 베트남 파일, 일본 파일, 필리핀 파일, 인도 파일, 태국 파일) 등을 참고했다.

본서는 제1부 아시아 나라들의 발전경로와 공업화, 제2부 정책 없는 고도성장, 제3부 고도성장의 보이지 않은 손 등 3부로 구성되어 있다. 제1부에서는 한국의 개발경험을 이제까지 별로 고찰되지 않았던 다른 아시아 나라들과 비교분석하여 그 특징을 탐구한다. 시기적으로 한국은 1965년을 경계로 고도성장을 실현해나가고 있었던 반면, 아시아의 공업선진국이었던 인도는 장기침체에 빠져들고 있었는데, 이러한 성장의 명암에 초점을 맞추어 동시대사적인 시점에서 분석을 시도한다.

제2부에서는 경제정책의 유효성을 검증한다. '제1차 3개년수출계획'을 피트&갭 방식으로 분석해 목표와 실적 간에 격차가 크고, 정책방침과의

---

11 '대통령기록물 관리에 관한 법률'(제8395호)은 2007년 7월 28일에 시행되었다.

괴리와 수출정책과의 불일치가 비교적 많이 발생했음을 밝히고 있다. 전자산업의 경우에는 진흥정책 수립과정에 초점을 맞추어 전자산업육성관련법과 지원책 등이 실시되기 이전에 수출이 본격적으로 성장할 수 있었던 내막을 파악하고, 시기에 따라서는 산업정책이 산업발전의 뒤를 좇아가는 경우가 빈번했음을 밝히고 있다.

　제3부에서는 미국정부가 한국의 고도성장과 관련해 어떠한 역할을 수행했는지 분석한다. 특히 '바이 코리아 정책', '한국원조그룹', 산업진흥 또는 연구개발시스템 구축, 성장의 트라이앵글 형성 등과 관련한 미국의 역할과 이를 배경으로 미국국가안전보장전략의 일환으로 진행된 '쇼윈도 전략'을 분석한다.

제1부

아시아 나라들의
발전경로와 공업화

제 1 장

1960년대 초기의 아시아경제

제1절 _ 1960년대 초기의 한국경제

1. 한국전쟁과 경제부흥

1945년 한국은 제2차 세계대전의 종전과 함께 일본의 통치에서 해방되었다. 일본 식민지 통치로부터의 해방은 일본 자본주의의 식량·원료공급지, 상품시장, 자본시장이기를 강요당했던 상태로부터의 해방을 의미했다. 그러나 이는 동시에 각 공업부문과 민족 간의 유기적 관련을 거의 갖추지 못했던 '사상누각'의 붕괴를 의미하는 것이기도 했다.[01] 일본의 식민지 통치는 그 유산으로 미성숙한 산업자본과 불균형적인 산업구조 등 취약한 경제적 기반을 남겼다. 다른 한편, 한반도의 해방은 남측이 미국의 군정에, 북측이 실질적으로 소련의 지배에 놓이게 되는 등 남북분단이라는 비극의 시작이기도 했다. 경제적인 측면에서 남북분단은 단순한 국토분단에 그치지 않았는데, 특히 남측에게는 중요한 광물자원의 상실을 넘어 '남농북공'(남은 농업, 북은 공업)이라는 경제구조의 단절을 의미했다. 식

01　허수열(2005); 구라자와 아이코(倉沢愛子) 외 편(2006) 등 참조.

민지 시기의 공업화는 한국 전역에 걸쳐 균형 있게 추진되었던 것이 아니었으며, 화학공업(84.5%), 금속공업(88.5%), 요업(73.6%) 등의 중화학공업은 북측에 집중되어 있었다.[02] 인프라 면에서도 식민지시기에 건설되었던 대규모 발전시설의 대부분이 북측에 위치해 있었기 때문에 발전력의 86%가 북측에 집중되어 있었다. 공업생산에서 가장 중요한 광물자원인 철강과 석탄 등도 북측에 밀집해 있었고, 금은은 79% 이상이 북측에서 산출되고 있었다. 그 결과 남북분단에 의한 광물자원의 상실, 산업활동의 원동력인 발전량의 격감, 공업구조의 불균형 등 경제개발의 조건이 악화되어 그만큼 한국의 자율적인 공업발전 가능성이 현저하게 제한되었다.

1950년에 발발한 한국전쟁은 한반도 전체를 전쟁의 도가니로 몰아넣었고 그 타격으로 한국의 경제적 손실은 모든 경제분야에서 더욱 확대되었다. 공업과 인프라의 대부분이 파괴되어 경제규모는 재차 축소되지 않을 수 없었다. 한국전쟁으로 인해 섬유, 기계, 금속 등 근대적 시설을 갖춘 공장들이 파괴되거나 소실되어 심각한 물적 피해가 초래되었다. 그 중에서 피해가 가장 심각했던 것은 당시 공업부문의 70%를 차지하고 있던 섬유공업으로 전체의 64%가 파괴되었고, 인프라 면에서도 한국에 조금밖에 남아 있지 않던 전력설비의 80%가 파괴되어 전력자원이 대폭 상실되었다.

남북분단이라는 상황과 한국전쟁으로 인해 한국경제의 부흥은 어쩔 수 없이 거의 영점에서 다시 출발해야만 했다. 자력부흥이 대단히 어려워진 결과 한국경제의 재건은 미국의 원조에 전면적으로 의존하면서 진행되었다. 1954년 한·미상호안전보장법이 개정되면서 미국을 중심으로 한 대규모 부흥원조가 시작되었다. 이와 함께 자율성이 결여된 소비재공업의 극단적 비대화가 진행되어 한국경제를 특징지었다. 이른바 '삼백산업'(제분·

---

02 가와이 가즈오(河合和南)·윤명헌(1991), 189쪽.

제당·면방)이라고 불린 소비재공업이 바로 그것이었는데, 외국원조에 대한 과도한 의존이라는 체질이 형성된 것이다. 원조의존형 공업의 전형이었던 면방적공업은 자금, 자원, 설비 등 모든 면에서 미국의 원조를 받아 형성된 부문이었다.

미국의 원조에 의존한 경제재건은 소비재가공부문을 중심으로 진행되었고, 1950년대 후반에 들어서면 이미 국내시장이 포화상태가 되어 한국의 면공업도 상대적인 정체에 빠지게 된다. 이 때문에 한국정부는 해외시장을 개척하고 주한미군에 더 많은 면제품을 납품하고자 했다. 이에 더해 한국정부는 1957년 수출 5개년계획을 수립하고 수출증대에 역점을 둔 각종 지원정책을 실시했다. 수출제품에 사용되는 원면의 수입에는 관세가 면제되었고, 수출품에 대한 물품세도 면제됐다. 면제품은 1957년을 시작으로 홍콩, 미국 등지로 수출되었다. 그러나 미국의 경제원조는 1957년을 정점으로 감소세로 돌아섰다. 이러한 지원 축소는 소비재공업부문만이 아니라 재정과 무역수지 적자의 보전까지도 미국에 전면적으로 의존해온 한국경제에 커다란 충격을 주었고, 이는 곧 경제성장의 둔화로 나타났다. 1957년에는 전년의 성장률이 1.3%로 낮았던 까닭에 8.8%라는 성장률을 달성했지만, 그 이후로는 정체가 지속되어 58년 5.5%, 59년 4.4%, 60년에는 2.3%까지 성장률이 하락했다. 1958년 이후에는 소비재산업의 정체와 농업부문의 부진이 겹치면서 한국경제는 심각한 불황에 빠져들었다.

2. 제1차 경제개발 5개년계획의 파행

이러한 상황 속에서 1961년 집권한 박정희 군사정권은 한국경제의 발전방향을 중화학공업으로 잡고, 62년 제1차 경제개발 5개년계획의 실행에 들어갔다. 제1차 경제개발 5개년계획은 한국경제의 자립적 발전과 공업화 기반의 조성이라는 목표를 기본방침으로 내걸고 1962년부터 66년까지 실시되었다.[03] GNP 목표액은 기준연도 2322억 7000만 원에서 목표연도 3269억 1000만원으로 책정되었고, 계획기간 중 40.7%의 성장을 목표로 삼았다. 이는 50년대 후반부터 지속적으로 정체되어온 경제성장률을 계획 제1년도 5.7%에서 매년 증가시켜 목표연도에는 8.3%를 달성해 자립경제를 실현시킬 수 있는 기반을 마련하려는 것이었다. 제1차 경제개발계획의 성과에 대한 경제개발계획평가교수단의 평가보고서에 따르면, 계획기간 중 경제성장률은 8.5%라는 높은 수준을 기록하며 목표였던 7.1%를 넘어섰다.[04] 산업부문별 성장률을 보면, 제1차 산업의 성장률은 목표였던 5.6%를 밑도는 5.3%의 성장률에 그쳤지만, 제2차 산업은 목표치 14.8%를 웃도는 15%의 성장률을 기록했다. 제3차 산업 역시 목표였던 4.3%를 대폭 상회하는 8.1%의 성장률을 달성했다. 경제성장이라는 면에서만 보면 확실히 제1차 개발계획은 일정한 성과를 거두었다고 할 수 있다.

그러나 여기에서 강조해두어야 할 것은 제1차 경제개발계획이 제2년차부터 파행상태에 빠져버렸고, 그 결과 당초의 목표에서 크게 벗어난 수정계획이 제출되었다는 사실이다. 농산물의 흉작, 자금조달의 정체, 특히 긴급통화조치의 실패 등이 겹치면서 계획기간 도중 계획을 재검토하고 수정하지 않으면 안 되었던 것이다. 1964년 1월 발표된 '하향수정계획'을 보면, 초년도 경제성장률 목표는 5.7%였지만 실적은 2.2%에 그쳤고, 63년의 실적도 마찬가지로 목표 6.4%에 못 미치는 5.8%에 머물러 있었다. 이 때문에 표 1-1에 나타난 대로 당초 계획에서는 64년 7.3%, 65년 7.8%, 66년 8.3%로 잡혀 있던 GNP 목표가 각각 5%로 하향조정되었고, 계획기간 중

---

03 경제개발계획평가교수단 편(1967), 19쪽.

04 경제개발계획평가교수단 편(1967), 43쪽.

표 1-1 산업부문별 성장률(원안목표와 수정목표)

	GNP		1차 산업		2차 산업		3차 산업	
	원안	수정	원안	수정	원안	수정	원안	수정
1964	7.3%	5.0%	5.5%	3.9%	17.0%	11.1%	3.6%	2.9%
1965	7.8%	5.0%	5.7%	3.7%	16.0%	11.1%	4.7%	2.8%
1966	8.3%	5.0%	6.2%	3.8%	16.8%	11.3%	4.6%	2.4%
평균	7.8%	5.0%	5.8%	3.8%	16.8%	11.1%	4.3%	2.7%

* 경제개발계획평가교수단 편(1967), 27쪽.

의 성장률 역시 당초 목표였던 40.7%에서 20.9%로 낮아졌다. 1인당 GNP
도 당초 목표였던 19.0%에서 8.8%로 하향수정되었다. 산업별 성장률을
보면, 특히 제2차 산업의 하향조정이 두드러진다. 제1차 산업의 목표는 연
평균 5.8%에서 3.8%로, 제3차 산업은 4.3%에서 2.7%로 변경되었던 것에
반해, 제2차 산업은 연평균 16.8%에서 11.1%로 대폭 수정되었다. 이러한
사실은 수정계획이 산업구조의 고도화를 의도했던 당초의 방침과는 크게
모순되는 방향으로 하향조정되었음을 보여준다.

또 한 가지 유념해야 할 것은 계획의 파행에는 절대적인 자본부족이 수
반되고 있었다는 점이다. 공업화를 추진하는 과정에서 무엇보다 중요한
과제는 당연히 투자활동을 어떻게 활성화시켜나갈 것인가라는 문제였
다. 한국은 고도성장을 달성하기 위해 특히 기간산업과 인프라를 확충할
수 있는 자금을 대규모로 조달해야 했고, 투자활동을 가능한 한 높은 수
준으로 유지해야 했다. 투자활동의 기반이자 윤활유인 저축수준은 투자
순환시스템이 얼마나 원활하게 작동하는지를 보여주는 지표이다. 애초
의 계획은 계획기간 중 투자율을 기준연도(1960년)의 13.5%에서 목표연도
(1966)에는 22.7%로, 연평균 22.6% 끌어올리는 것이었다. 그러나 계획 초
년도(1962년)부터 일찌감치 자금조달 부진이 계속되었고, 투자활동은 저
조했다. 초년도의 투자율은 12.4%에 그쳐 목표였던 20.1%를 크게 밑돌았
다. 투자율이 이처럼 저조했던 것은 국민저축률이 목표였던 3.7%보다 낮

표 1-2 국내총투자율 및 총저축률(원안목표와 수정목표)

	총투자율		국민저축률		해외저축률	
	원안	수정	원안	수정	원안	수정
1964	24.1%	17.0%	11.3%	6.0%	13.7%	11.3%
1965	23.3%	15.9%	9.5%	7.3%	13.8%	9.7%
1966	22.7%	16.9%	12.7%	8.2%	9.8%	8.7%
평균		17.0%		7.2%		9.9%

* 경제개발계획평가교수단 편(1967), 28쪽.

은 0.8%, 해외저축률은 목표 16.4%에 못 미치는 11.2%에 머물러 자금조
달이 부진했기 때문이었다.[05] 투자계획은 의욕적이었지만 자금조달은 목
표를 충분히 달성하는 데까지 이르지 못했다. 이러한 사정으로 인해 표
1-2에 나타난 대로 투자율 연평균 17.0%, 국민저축률 7.2%, 해외저축률
9.9%로 목표를 상당히 하향조정한 수정계획이 작성되었다. 이른바 '빈곤
의 악순환'에 빠져 있던 한국경제는 투자활동과 자금조달이라는 면에서
불균등이 존재할 수밖에 없었고, 그로 인해 어쩔 수 없이 '하향수정계획'
을 제출하지 않으면 안 되었던 것이다.

경제성장의 결과라는 측면에서 보면, 제1차 개발계획에 일정한 성과가
없었던 것은 아니지만 절대적인 자본부족으로 계획이 파행상태에 빠지게
되었다. 여기에는 다음과 같은 사정들이 그 배경에 있었다는 사실을 간과
해서는 안 된다. 1964년 고도성장 이전의 한국경제는 안으로는 자금조달
부진에 따른 투자활동의 위축과 경제계획의 실패, 밖으로는 외국원조의
감소에 따른 국제수지 악화라는 문제를 안고 있었고, 이 때문에 고도성장
이 결코 쉽지 않았다. 1960년대 초기의 한국은 국내자원이 빈약하고, 농업
부문은 여전히 기상조건에 좌우되는 상황에 놓여 있었다. 또한 대단히 낮
은 국민저축률에 외자도입 부족마저 더해져 이상할 정도의 자금조달 부

---

05 경제개발계획평가교수단 편(1967), 26쪽.

진이 초래되는 등 '빈곤의 악순환'에 빠져 있었는데, 이러한 사정들도 한국경제의 초기조건으로 주목해야 한다.

3. 북한과의 경제 격차

1950년부터 53년까지 계속된 한국전쟁은 한반도 전체를 전쟁터로 만들었고 한국만이 아니라 북한의 경제에도 결정적인 타격을 주었다. 대조적인 것은 한국전쟁 이후 나타난 공업화의 진행과정이었다. 미국의 원조에 전면적으로 의존하면서 진행된 한국경제의 부흥과정은 이른바 '삼백산업'으로 대표되는 소비재공업의 비대화를 초래했다. 이에 반해 북한은 사회주의 나라들로부터 받은 거액의 원조를 기반으로 산업고도화정책을 적극적으로 추진해 철강, 기계, 화학 및 비료, 전력의 생산설비를 확대해나간 결과, 기계공업을 비롯한 중화학공업의 기반이 구축되고 공업생산력 또한 높아졌다.

1960년대 초반에 들어서면, 한국과 북한의 공업생산은 상당히 큰 격차를 보이게 된다. 먼저 철 및 철강의 생산능력을 보면, 1965년 한국의 생산능력은 선철 8만 톤, 철강 32만 톤, 압연철강 56만 톤에 불과했지만 같은 해 북한의 생산능력은 선철 147만 톤, 제강 213만 톤, 압연철강 159만 톤에 달하고 있었다.[06] 한국의 경제개발계획에서 철강산업은 화학비료와 함께 최우선순위를 차지하고 있었지만 북한에 크게 뒤처지고 있었다.

북한의 경우 화학비료공업도 상당히 발전해 있었다는 점을 지적해두어야 한다. 1963년 북한의 화학비료생산은 85만 3000톤에 달했는데, 이

---

06 통계청(2004), 『남북한경제사회상비교 2004』, 58쪽.

는 같은 해 한국의 생산 4만 4900톤보다 약 20배가량 큰 규모였다.[07] 한국과 같이 식량이 부족한 나라에서 화학비료공업은 경제정책에서 무엇보다 우선순위가 높은 부문이었다. 이는 한국의 제1차 개발계획에서도 농업과 공업의 접점에 위치해 있는 화학비료공업이 최우선 프로젝트로 자리매김되고 있었다는 사실에서 이미 확인할 수 있다. 한국경제에서 농업부문은 GNP의 4할 이상, 취업인구의 6할을 차지하는 등 가장 중요한 산업이었다. 이처럼 농업생산에 기반을 둔 한국이 경제정책의 중심을 식량증산, 비료증산에 두고 있었던 것은 당연했다. 그러나 한국은 현저한 인구증가에도 불구하고 식량자급 달성이 어려웠을 뿐만 아니라 전 농가의 3할이 이른바 '춘궁농가'였다. 그러므로 농업생산력을 향상시키고 농촌소득을 증대시켜 자립경제의 달성을 뒷받침하기 위해, 그리고 무엇보다 식량자급을 달성하기 위해서라도 화학비료공업을 발전시키는 것이 급선무였다.

화학비료공업이 최우선 프로젝트로 자리매김되었던 또 하나의 이유는 화학비료수요의 증가를 국내공급이 따라가지 못해 연간 5000만 달러 이상의 외화를 비료 구입에 충당해야 했다는 사실에 있었다. 예를 들어 1964년의 국내수요는 36만 4100톤(질소비료)이었는데 국내생산은 그것의 18%에 지나지 않았고, 그 부족분을 수입하는 데 약 5600만 달러를 써야 했다.[08] 게다가 식량의 자급도 불가능했기 때문에 64년에만 해도 약 6100만 달러의 곡물을 수입해야 했다. 1964년 화학비료와 곡물의 수입액을 합하면, 1억 1700만 달러 정도의 귀중한 외화를 화학비료와 곡물을 수입하는 데 지불해야 했던 것이다. 이는 64년의 수출액 1억 1900만 달러에 맞먹는 규모였고, 외화사정의 악화가 심각했던 한국경제에는 결코 가벼

---

07 기무라 미츠히코(木村光彦)(1999), 206쪽.

08 경제개발계획평가교수단 편(1967), 419쪽.

운 부담이 아니었다. 당연히 그만큼 공업화에 필요한 기계설비를 수입할 수 없게 되어 공업화가 늦어지는 데도 한몫했다. 1964년 1월 발표된 수정 계획에서 화학비료공업도 예외는 아니었다. 화학비료공업의 육성이 가장 중요한 위치를 차지하고 있었던 것은 사실이지만 국내자금조달의 부진과 외화부족이 겹치면서 계획 자체가 곤란에 직면해 있었기 때문이다. 질소비료는 1966년의 생산목표가 약 10만 9500톤에서 7만 톤으로 감소되었는데, 이는 호남비료의 완공이 늦어지는 등의 이유와 함께 1964년의 생산실적이 6만 4900톤으로 대폭 하락했기 때문이었다. 그러나 1966년 질소비료의 생산이 목표치인 10만 9500톤에 도달했다 하더라도, 이는 같은 해의 수요 41만 6300톤의 4분의 1에 지나지 않는다. 이를 1963년 북한의 생산량 85만 3000톤과 비교하면 한국경제가 얼마나 뒤처지고 있었는지 단적으로 짐작할 수 있다.

제2절 _ 아시아 나라들의 발전경로와 공업화

1. 한국경제의 초기조건 : 아시아 나라들과의 비교

한국은 '빈곤의 악순환'으로부터 탈출할 수 없었고, 아시아에서 가장 가난한 나라 가운데 하나였다. 여기에서는 다른 아시아 나라들과의 비교를 통해 한국경제의 초기조건들에서 나타나는 특징들을 기술하고자 한다. 첫째, 낮은 소득이 특징인 아시아 나라들 중에서도 한국의 소득수준은 눈에 띄게 낮았다. 아시아 나라들의 1인당국민소득(1964년)을 나타낸 그

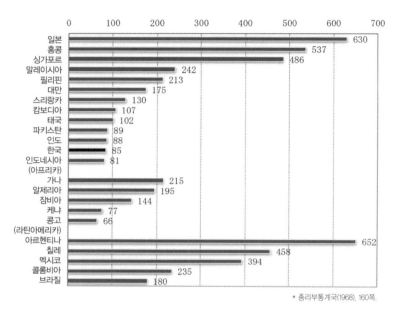

그래프1-1 아시아 나라들의 1인당국민소득(1964년, 달러)

* 총리부통계국(1968), 160쪽.

래프 1-1을 보면, 한국의 국민소득은 85달러에 지나지 않았다.[09] 이는 인
도네시아(81달러), 인도(88달러), 파키스탄(89달러) 등과 어깨를 나란히 할
만큼 아시아에서도 가장 낮은 수준이었고, 필리핀이나 말레이시아의 절
반에도 못 미치는 수준이었다. 아시아의 다른 NIES 나라인 대만 175달러,
싱가포르 486달러, 홍콩 537달러 등과 비교해보면 대단히 낮은 수준이었
다. 싱가포르와 홍콩의 1인당국민소득은 한국의 6배에 달했고, 이미 일본
과 비슷한 수준에 도달해 있었다. 한국의 소득수준을 전 세계 각국과 비교
해보면, 아프리카 지역의 콩고(66달러)나 케냐(77달러)보다는 높았을지라
도 잠비아(144달러), 알제리(195달러), 가나(215달러) 등보다는 낮았음을 알

---

09 단 경제기획원 통계에 따르면 1964년 국민소득은 91달러, 같은 해 1인당GNP는 102달러였다. 경
제기획원(1975), 『주요경제지표』.

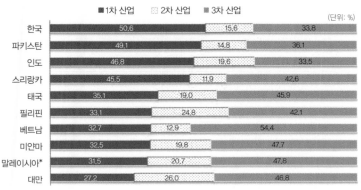

그래프 1 – 2 아시아 나라들의 생산활동별 국민소득(1964년)

■1차 산업　▨2차 산업　■3차 산업

(단위: %)

	1차 산업	2차 산업	3차 산업
한국	50.6	15.6	33.8
파키스탄	49.1	14.8	36.1
인도	46.8	19.6	33.5
스리랑카	45.5	11.9	42.6
태국	35.1	19.0	45.9
필리핀	33.1	24.8	42.1
베트남	32.7	12.9	54.4
미얀마	32.5	19.8	47.7
말레이시아*	31.5	20.7	47.8
대만	27.2	26.0	46.8

* 일본은행통계국(1967), 『아시아·대양주 주요국의 국제비교통계』, 3쪽: 국제연합 편(1967),
『아시아경제연보 1966년』, 301쪽: 한국은행(1973), 『경제통계연보 1973』, 268～269쪽.

수 있다. 경제성장이 순조로웠던 라틴아메리카 나라들의 소득수준은 브라질 180달러, 콜롬비아 235달러, 멕시코 394달러, 칠레 458달러, 아르헨티나 652달러 등에 달해 이들 나라들과 비교해도 한국이 낮은 수준에 머물러 있음을 알 수 있다. 한국의 소득수준은 세계적으로 보더라도 상당히 낮았던 것이다.

둘째, 한국경제의 특징은 산업별 국민소득에서 농업부문의 비율이 높고 제조업부문이 상대적으로 낮은 지위를 차지하고 있었다는 것이다. 먼저 산업별 국민소득의 동향을 보면, 제1차 산업은 1962년부터 64년까지 45.4%에서 48.0%로 확대되고 있었던 데 반해 제3차 산업의 구성비는 42.9%에서 39.9%로 감소했다. 제2차 산업은 11.7%에서 12.1%로 거의 변함이 없었는데, 이는 제조업이 10.0%에서 10.5%로 거의 변동하지 않았기 때문이었다.[10] 다음으로 아시아 나라들의 산업별 국민소득 구성(1964년)을 보기로 하자. 그래프 1-2에서 볼 수 있는 바와 같이 한국은 제1차 산업

---

10 한국은행(1973), 『경제통계연보』, 268～269쪽.

의 비중이 50.6%로 대단히 높았고, 이어서 파키스탄 49.1%, 인도 46.8%, 스리랑카 45.5%, 태국 35.1%, 필리핀 33.1%, 베트남 32.7%, 미얀마 32.5%, 말레이시아 31.5%, 대만 27.2%의 순이었다. 한국은 같은 NIES 나라인 대만과 비교해도 제1차 산업의 비율이 두드러지게 높았고, 열대농산물 수출이 특징인 동남아시아 나라들조차 넘어서고 있었다. 한국이 정책의 중점을 공업화에 두고 있었으면서도 제조업의 성장률이 비교적 낮은 수준에 머물러 있었다는 사실에도 주목해야 한다. 예를 들어 대만은 제2차 산업의 구성비가 26.0%인 데 반해, 한국은 15.6%로 현저하게 낮아 대만과의 격차가 상당했음을 알 수 있다.

세 번째 특징은 한국의 노동분배율 수준이 상당히 낮았을 뿐만 아니라 하향의 경향을 나타내고 있었다는 점이다. 1964년의 노동분배율을 다른 아시아 나라들과 비교해보면, 스리랑카 48.1%, 대만 44.9%, 필리핀 41.6% 등에 비해 한국은 겨우 28.4%에 지나지 않았을 정도로 그 수준이 낮았다. 특히 노동분배율이 저하경향을 보이고 있었다는 사실도 잊어서는 안 된다. 제1차 개발계획에서 한국정부는 노동소득분배율을 기준연도(1960년)의 38.5%에서 64년에 41.0%로 끌어올릴 계획이었지만, 64년의 실적은 28.4%로 감소했다. 10.1%포인트 이상의 대폭적인 저하가 불가피했던 것은 도리어 농업소득이 크게 증가했기 때문이었다. 1964년의 국민소득은 6301억 원이었는데, 그 내역은 농업소득이 2684억 원(전체의 42.7%), 고용자소득이 1790억 원(28.4%), 개인기업이 919억 원(14.6%), 재산소득이 633억 원(10.0%)이었다. 이같이 한국의 국민소득에서 많은 부분을 농업소득이 차지하고 있었다. 농업소득비율은 1960년 34.2%에서 64년 42.7%로 크게 증가했다.[11] 이 시기 국민소득의 농업소득에 대한 의존도가 높아지고 있음을 알 수 있다.

---

11 한국은행(1973), 『경제통계연보』, 270~271쪽.

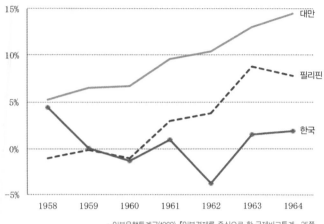

그래프 1-3 아시아 나라들의 평균저축성향 추이(1964년)

* 일본은행통계국(1968), 『일본경제를 중심으로 한 국제비교통계』, 25쪽.

넷째, 한국은 소비성향이 현저하게 높고 저축성향은 낮았으며, 생활 및 소비수준도 극히 낮았다. 1964년 한국의 평균소비성향은 98.2%로 높았던 반면, 평균저축성향은 1.9%에 지나지 않았다. 한국의 평균저축성향은 다른 아시아 나라들 중에서도 가장 낮은 편에 속했다. 1964년에 대만이 14.5%, 필리핀은 7.8%였던 반면, 한국의 절대수준은 눈에 띄게 낮았다. 그래프 1-3에서와 같이 1960년대 초기의 평균저축성향을 시기적으로 살펴보면, 60년대 들어 대만과 필리핀은 상승 경향을 보이고 있는 반면, 한국은 마이너스 4%에서 2%까지의 범위에서 떠돌고 있음을 알 수 있다.

다섯째, 높은 소비성향에 반해 한국의 소비수준은 대단히 낮았다. 일반적으로 아시아 나라들은 높은 소비율과 낮은 저축률을 특징으로 하고 있었는데, 한국이라고 예외는 아니었다. 하지만 1964년 92%를 기록한 한국의 소비율은 스리랑카 90%, 파키스탄 89%, 태국과 필리핀 82%, 대만 81%, 말레이시아 80%, 미얀마 79%와 비교하여 아시아에서 가장 높은 수준을 보이고 있었다. 한국정부는 저축을 강화하기 위해 소비지출을 억제할 방침을

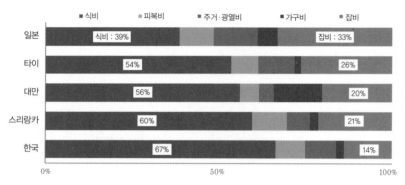

그래프 1-4 아시아 나라들의 개인소비지출 구성(1964년)

■ 식비　■ 피복비　■ 주거·광열비　■ 가구비　■ 잡비

일본	식비 : 39%	잡비 : 33%
타이	54%	26%
대만	56%	20%
스리랑카	60%	21%
한국	67%	14%

0%　　　　　　　　　　　　　50%　　　　　　　　　　　　　100%

* 일본은행통계국(1968), 『일본경제를 중심으로 한 국제비교통계』, 26~27쪽; 한국은행(1973), 『경제통계연보』, 282~283쪽.

세웠고, 기본목표인 '자립경제 달성'을 반영해 국민저축을 증가시키는 데 무게를 두고 있었다. 62년에서 64년까지 소비율을 92%에서 87%까지 내리려는 목표를 세웠으나 64년의 실적은 92%로 변하지 않았고, 1962년에서 64년까지의 기간 동안 국민저축률을 GNP의 3.7%에서 10.3%으로 끌어올리려던 계획은 국민저축률이 0.8%에서 6.5%로 증대되기는 했지만 목표에는 크게 미치지 못했다. 목표를 충분히 달성할 수 없었다는 것은 그만큼 자본형성 가능성이 낮아졌음을 의미한다. 이 문제는 국제적으로 보아 한국경제가 안고 있는 가장 커다란 문제였다고 할 수 있다.

여섯째, 한국은 엥겔지수가 상대적으로 높아 잠재적 공업제품시장의 확대 가능성이 낮았고, 결과적으로 낮은 생활수준과 내수부진이 초래되었다. 1964년의 개인소비지출 내역을 보면, 그래프 1-4에서 알 수 있는 것처럼 아시아 각 나라들의 식료품구성비(엥겔지수)가 일본에 비해 상대적으로 높았던 것은 사실이지만 한국이 기록한 67%는 다른 아시아 나라들과 비교해 보더라도 상당히 높은 수준이었다. 엥겔지수는 일반적으로 소비생활이 풍요로워질수록 낮아지는 경향을 보이지만, 한국의 경우에는 반드시 그렇다고 말할 수 없었다. 왜냐하면 1956년 67%였던 엥겔지수가 이후 서서히 낮

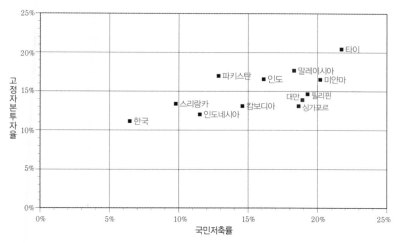

그래프 1-5 아시아 나라들의 총고정자본 투자율과 국민저축률(1964년)

＊ UN(1978), *Economic Survey of Asia and the Far East*, p.20;
국제연합 편(1968), 『아시아경제연보 1967년』, 19쪽과 24쪽; 미조구치 도시유키(溝口敏行) 편(2008), 393쪽.

아지는 경향을 보이며 60년 58%까지 내려가기는 했지만, 60년대 초에는
다시 높아져갔기 때문이다.[12] 바꾸어 말하면 1960년대 초기의 한국은 엥겔
지수가 높았고, 그만큼 다른 분야의 소비를 상대적으로 축소시키지 않을
수 없었다고 할 수 있다. 실제 식료품비 이외의 구성비를 살펴보면, 잡비의
지출에서 상대적인 격차가 나타난다. 잡비는 의료, 교통·통신, 교양·오락
이 세 가지가 그 대부분을 차지하고 있었지만 아시아의 다른 나라들과 비
교하면 한국의 비율이 가장 낮은 수준이었다. 이는 당시 한국의 소비가 생
존을 위한 식료품 소비라는 단계를 넘어서지 못했고 다른 문화적 소비에는
손을 넓히지 못했음을 시사한다. 즉 한국은 가계가 소비재, 서비스재 등을
구입할 수 있는 여력이 턱없이 적었고, 그것이 낮은 국민생활수준과 저조
한 국내수요에 반영되고 있었다고 해도 과언이 아닐 것이다.

---

12 한국은행(1973), 『경제통계연보』, 282~283쪽 참조.

일곱째, 공업화의 자금원이던 외국원조가 축소되고 국내자금조달이 난항을 겪으면서 공업화 및 사회간접자본부문의 고정자본을 형성하는 데 필요한 기계설비의 수입재원 확보가 난관에 봉착해 있었다. 그래프 1-5는 GNP 대비 고정자본투자율과 국민저축률(1964년)을 보여주는 것이다. 먼저 1964년의 국민저축률을 다른 아시아 나라들과 비교해보면, 태국의 21.7%를 선두로 미얀마 20.2%, 필리핀 19.3%, 대만 19.0%, 싱가포르 18.8%, 말레이시아 18.3%, 인도 16.1%, 캄보디아 14.6%, 파키스탄 13.0%, 인도네시아 11.5%, 스리랑카 9.7% 순이었고, 한국은 6.5%로 최저였다. 아시아 나라들 중에서도 한국의 낮은 비율은 두드러져 10%에도 크게 못 미쳤다. 이에 대응해 고정자본투자율도 매우 낮았다. 한국이 11%였던 데 반해 20.4%의 태국을 선두로 말레이시아 17.6%, 파키스탄 17.0%, 인도 16.6%, 미얀마 16.5%, 필리핀 14.7%, 대만 14.0%, 스리랑카 13.4%, 캄보디아 13.1%, 인도네시아 12.0%를 기록하고 있다. 공업화의 진전과 고정자본의 투자규모 사이에는 밀접한 관계가 있다. 실제로 한국은 제1차 개발계획 기간에 고정자본투자율을 기준연도(1960년)의 10.5%에서 목표연도(1966년)에는 16.9%로 끌어올릴 계획이었다. 연차적인 고정자본투자율 계획은 62년 13.8%, 63년 16.9%, 64년 17.6%, 65년 16.3%, 66년 16.9%였다. 1964년을 정점으로 해서 후반으로 가면 16%대의 수준을 유지한다는 계획인 셈이다. 이는 계획 전반기에는 경제성장을 위한 기반 쌓기에 중점을 두고 기간산업의 건설이나 사회간접자본을 확충하는 데 투자를 집중할 계획이었음을 의미한다. 그러나 62년에 13.9%였던 실적은 63년에도 13.9%로 성장이 멈추어 있었고, 64년에는 거꾸로 11.6%로 후퇴하였다.[13] 이러한 저축률과 고정자본투자의 지체야말로 한국이 놓여 있는 상황을 여실히 보여주고 있다. 말하자면, 한국에서는 극

---

13 한국은행(1973), 『경제통계연보』, 258~259쪽 참조.

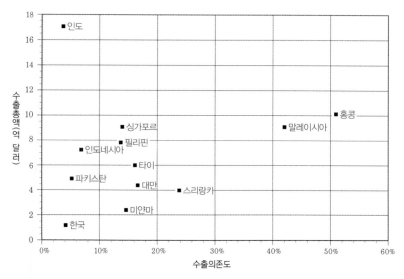

그래프 1-6 아시아 나라들의 수출규모와 수출의존도(1964년)

* UN(1967), *Economic Survey of Asia and the Far East*, p.117;
일본은행통계국(1967), 「아시아 · 대양주 주요국의 국제비교통계」, 16~17쪽.

히 낮은 저축률로 인해 고정자본에 대한 투자가 제대로 이루어지지 못
했고, 절대적인 설비투자의 부진이 계속되는 등 이것이 공업화의 진전을
크게 지체시키고 있었던 주요한 원인이었던 것이다. 바로 '빈곤의 악순
환'이었다.

마지막 여덟 번째로 들 수 있는 특징은 한국의 수출규모가 다른 아시아
나라들에 비해 현저하게 작았다는 점이다. 그래프 1-6은 아시아 나라들의
수출총액과 수출의존도(1964년)를 비교한 것이다. 먼저 1964년의 수출총액
을 보면, 인도의 17억 1000만 달러를 선두로 홍콩이 10억 1000만 달러, 말
레이시아와 싱가포르 9억 1000만 달러, 필리핀 7억 7000만 달러, 인도네시
아 7억 2000만 달러, 태국 5억 9000만 달러, 파키스탄 4억 9000만 달러, 대
만 4억 3000만 달러, 스리랑카 3억 9000만 달러, 미얀마가 2억 4000만 달러
였고, 어느 나라나 한국의 1억 2000만 달러를 능가하고 있었다. 한국의 수

출규모는 미얀마의 2분의 1, 스리랑카의 3분의 1에 불과해 아시아 나라들 중에서도 가장 작았다. 수입의존도 또한 극히 낮아 인도의 3.9%보다도 낮은 수준에 머물고 있었다. 한편 가장 높은 수출의존도를 보였던 곳은 홍콩과 말레이시아로 각각 50.9%, 42.2%였다. 홍콩은 물론 말레이시아도 비교적 수출공업화율이 높았고 수출주도형 공업화의 진전이 현저했다. 아시아에서 수출주도형 공업화의 전형은 홍콩과 말레이시아였던 것이다.

이상과 같이 1960년대 초기의 한국은 농업 이외의 산업이 거의 존재하지 않았고 천연자원도 빈궁한 전형적인 농업국이었다. 국민의 대다수를 차지하는 농민의 소득수준은 절대적으로 낮아서 1인당 소득이 100달러에도 미치지 못했고 저축은 거의 없었다. 투자도 극히 적었고 그중 절반은 미국의 경제원조에 의해서 조달되고 있었다. 또한 엥겔지수가 매우 높아 공업제품의 잠재적 시장으로서의 확대 가능성을 낮게 만들어 국내시장의 왜소화가 초래되었다. 수출은 지극히 적었고 국제수지는 만성적인 적자상태에 빠져 있었으며, 1961년 말에 2억 500만 달러였던 외화보유고는 1964년 말 1억 3000만 달러까지 감소하여 외환위기에 빠지고 말았다. 아시아에서 가장 가난한 나라인 한국에게는 더할 나위 없는 '빈곤의 악순환'이었다. 이 때문에 1960년대 초까지 세계은행을 비롯한 많은 외국 연구자들에게 한국경제는 '거의 절망적'이고 '자기 자신들의 자원만으로는 높은 성장률을 달성할 가능성이 없으므로 외국원조에 영구히 의존하지 않을 수 없는 운명을 지고 있는 것'으로 간주되었다.[14]

수출지향형 공업화의 출발점에서 한국경제의 소득수준이 현저하게 낮았다는 사실, 투자활동과 자금조달이라는 면에서도 부진이 계속되고 있었다는 사실은 한국의 고도성장을 고찰할 때 가장 먼저 염두에 두어야 할 것들이다. 말할 것도 없이 '빈곤의 악순환'이라는 문제를 해결하지 않고서

---

14 구리모토 히로시(栗本弘)(1970), 1~2쪽.

는 한국경제의 수출지향 공업화도 생각하기 어렵기 때문이다. 그러므로 한국경제가 60년대 전반의 이러한 '빈곤의 악순환'으로부터 어떻게 탈출할 수 있었는지를 해명하는 것이 1960년대 후반의 수출지향공업화가 어떤 방식으로 추진될 수 있었는지를 추론하는 데 무엇보다 중요한 문제가될 것이다.

2. 아시아 나라들의 발전경로와 공업화

(1) 압축된 공업발전 : 한국과 인도의 비교

여기서 주목해야 할 점은 로스토(Walt Whitman Rostow)의 '경제성장단계론'이다. 로스토는 공업화에 성공했던 서구 선진국의 경험을 바탕으로 경제발전을 다음의 다섯 단계로 구분했다. ① 전통사회, ② 도약준비기, ③ 도약기, ④ 성숙기, ⑤ 고도대중소비기(대량소비시대). 로스토에 의하면, 경제발전을 실현하는 데 있어 결정적인 의미를 갖는 것은 도약의 단계이다. 발전도상국들 중에서 도약을 개시하고 있었던 곳은 1960년 당시 아르헨티나(1935년~), 터키(1937년~), 인도(1952년~), 중국(1952년~), 이 네 나라뿐이었다.[15] 인도는 중국과 나란히 1950년대에 이미 도약기에 진입한 것으로 여겨지고 있었는데, 말할 것도 없이 아시아에서 가장 빨랐다.

산업구조의 변화를 각 나라들의 경제발전단계 차이에 따라 유형화했던 시도로는 아카마츠 가나메(赤松要)의 안행형태적(雁行形態的) 발전론을 들 수 있는데, 최근 이런 입장에서 아시아의 경제발전을 이해하려는 노력이 늘고 있다. 이 이론에 따르면, 발전도상국의 공업화과정은 소비재 공업제품의 수입이 점차 국내생산으로 대체되고 다시 수출로 이행하는 경로

---

15 로스토(1961), 『경제성장의 제단계』, 다이아몬드社.

를 밟는다. 다음 단계에서도 마찬가지로 생산재 공업제품에 대한 수입에서 시작해 결국에는 국내생산을 거쳐 수출단계로 진행된다. 요컨대 수출확대 이전에 반드시 국내투자가 선행되며 발전도상국은 선진국을 따라가는 형태를 취하게 된다는 것이다. 결과적으로 이 이론이 주장하는 바는 아시아 경제발전의 역동성이 일본에서 시작되어 아시아 NIES, 동남아시아 국가연합(ASEAN), 중국, 인도차이나 나라들, 그리고 인도의 순으로 '구조전환연쇄'를 일으키고 궁극적으로 아시아 전체가 경제발전의 파도에 올라타게 된다는 것이다.

그러나 아시아 경제발전의 역동성을 되돌아보면, 1960년대 초까지 아시아 발전도상국들 중 공업이 가장 발전했고 세계의 주목을 받았던 나라는 인도였다. 예를 들어 아시아경제연구소는 『아시아경제의 20년 전망』(1967)에서 "인도는 동남아시아 나라들 중 공업생산의 선진국이다. 그 국민성으로 보아 상술이 뛰어나고 인도상인들은 세계 각지에서 활약을 펼치고 있다. 과거 찬란했던 인도문명의 영광이 여기에 있다"면서 아시아 나라들 가운데 중공업화가 가장 빨리 진행되고 있음을 지적하고 있다.[16] 주목해야 할 또 하나의 문헌은 아시아경제연구소의 시리즈 『동남아시아 경제의 장래 구조』이다. 이 문서는 아시아의 경제발전을 안행형태적 발전론의 입장에서 파악한 것으로 아시아의 공업화단계를 무역구조와 관련시켜 제1단계 제1차 산업품 생산국, 제2단계 경공업화과정의 국가, 제3단계 경공업품생산국, 제4단계 중공업화과정의 국가, 제5단계 중공업품생산국 등 다섯 단계로 구분하고 있다. 이 문서에 따르면, 공업화의 마지막 단계인 제5단계 중공업품생산국에 해당하는 아시아 국가는 당시에 아직 존재하지 않았고, 제4단계 중공업화과정의 범주에 속하는 나라

---

16 야노 세이야(矢野誠也)(1967), 149쪽.

로는 인도만을 꼽을 수 있다.[17] 아시아의 경제발전의 역동성이 인도→파키스탄·필리핀→태국·인도네시아의 순서로 이행한다고 지적하고 있는 점도 흥미롭다.

또한 독일의 경제학자 G. 호프만(G. Hoffmann)은 한 나라 안의 생산재 생산부문 순생산액 대 소비재부문 순생산액의 비율을 기준으로 산업구조의 고도화 수준을 제시했는데, 이 호프만비율을 국제적으로 비교해보면, 인도는 중화학공업화가 뚜렷하게 진전되고 있음을 알 수 있다. 와타나베 토시오는 호프만비율을 근거로 한국의 공업화를 '압축된 공업발전'이라고 강조했는데, 주목해야 할 점은 인도가 한국보다 빠른 속도로 '압축된 공업발전'을 진전시켜나갔다는 사실이다. 나카무라 헤이지(中村平治)의 『인도현대사의 전망』은 "공업구조의 고도화를 앞의 호프만지수로 살펴보면, 47년 3.47, 55년 2.0이었던 것이 64년에는 0.9로 저하해 급속한 공업화가 진행됐음을 알 수 있다. 덧붙여 말하자면 66년의 0.8은 1927년 미국, 35년 독일, 40년 영국의 공업구조에 상응한다. 이러한 공업구성의 변화만 보면, 55년부터 66년까지 인도의 11년은 1860년에서 1927년까지 미국의 60년에 해당"한다고 지적하고 있는데, 이를 보더라도 미국과 유럽의 나라들보다 인도가 훨씬 짧은 기간에 중화학공업화를 이룩했음을 알 수 있다.[18] 한국이 호프만비율 2.0에 도달한 것은 1965년의 일이었다. 인도보다 10년이 뒤처진 것이다. 또한 인도의 호프만비율이 2.0에서 0.8로 내려가는 데는 1955년에서 66년까지 11년이 걸렸지만, 한국은 1965년에서 80년까지 15년에 걸쳐 달성되어 인도가 더 짧은 기간에 이 같은 발전을 이루어냈음을 알 수 있다.

인도는 1950년대 후반부터 적극적인 산업구조 고도화 정책을 채택해

---

17 고지마 기요시(小島淸)(1962), 170~173쪽.
18 나카무라 헤이지 편(1972), 120~121쪽.

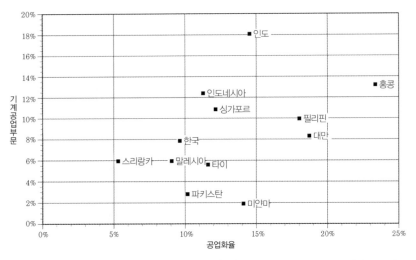

그래프 1-7 아시아 나라들의 공업화율과 기계산업의 비중(1963년)

* UN(1967), *Economic Survey of Asia and the Far East*, p.114.

추진했고, 철강, 전력, 기계, 화학 및 비료의 생산설비 확충에 나선 결과, 중화학공업화가 가장 발전한 나라로 세계의 주목을 받고 있었다. 그래프 1-7은 1963년을 기점으로 아시아 나라들의 공업화율과 기계부문의 비중을 나타낸 것인데, 인도와 한국의 격차가 크게 벌어져 있음을 알 수 있다. 기계부문의 비중은 인도가 18.1%로 가장 높고, 홍콩과 싱가포르가 각각 13.2%와 12.5%로 그 뒤를 잇고 있으며, 한국의 8.0%는 인도네시아(10.8%)나 필리핀(10.0%)을 밑도는 수준이었다.[19] 기계공업부문이 차지하는 비율이 아시아에서 가장 높다는 점만 보더라도 인도의 중화학공업이 이미 상당한 발전을 이룩하고 있었음을 알 수 있다.

　한국과 인도의 부가가치생산에서 제조업이 차지하는 비율은 그래프

19　단 인도네시아는 1960년, 대만, 홍콩, 미얀마 등은 1961년, 인도, 파키스탄, 필리핀 등은 1962년, 싱가포르는 1964년의 실적이다.

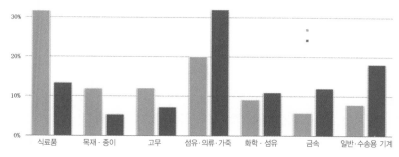

* UN(1968), *Economic Survey of Asia and the Far East 1967*, p.114.

1-8에서 알 수 있다. 1963년 한국의 제조업에서 가장 높은 비중을 차지하고 있었던 것은 식품산업(31.6%)이었고, 그다음으로 섬유·의류·가죽 20.0%, 고무 12.0%, 목재·종이 11.9% 순이었다. 경공업부문이 전체 산업의 약 76%을 점하고 있어 이 시기의 공업생산의 주된 담당자였음을 알 수 있다. 이에 반해 인도는 섬유·의류·가죽이 32.0%로 가장 큰 비중을 차지했고, 다음으로 일반기계·수송용 기계 18.1%, 식료품 13.4%, 금속제품 12.0%, 화학·석유제품 10.9%로 이어졌다. 섬유·의류·가죽공업이 인도경제를 견인하고 있었다 하더라도 일반기계·수송용 기계, 금속제품, 화학·석유제품의 비중 역시 모두 합쳐 40.0%를 넘어서고 있음을 알 수 있다. 이처럼 인도는 섬유·의류·가죽공업이 큰 비중을 차지하는 경제구조를 가지고 있으면서도 중화학공업 또한 급속하게 추진해가고 있던 나라들 중 하나였다고 보아도 무방할 것이다.

일본을 제외하면, 인도는 19세기 후반부터 면직, 황마 등 섬유산업을 중심으로 공업화가 아시아에서 가장 일찍 진행되어 60년대 전반에 이미 다른 아시아 나라들에 비해 공업생산력이 월등하게 높았다. 면직물, 황마 등의 섬유제품은 물론이고 철강, 자동차, 화학제품을 비롯한 중화

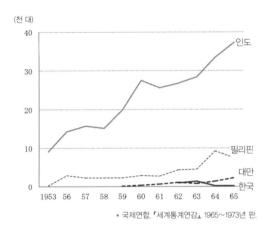

그래프 1-9 아시아 주요 나라들의 승용차 생산 추이

(천 대)

인도
필리핀
대만
한국

1953 56 57 58 59 60 61 62 63 64 65

* 국제연합, 「세계통계연감」, 1965~1973년 판.

학공업제품에 이르기까지 아시아에서 인도가 최대의 생산량을 자랑하는 품목은 다양했다. 특히 자동차 생산능력은 다른 아시아 나라들 중 단연 우수했다. 더구나 다른 아시아 나라들이 부품 수입을 통한 조립생산에 주력했던 것과 달리 인도는 자동차를 국내에서 자체생산하고 있었다는 점에도 주목해야 한다. 인도의 자동차 국산화 움직임은 1954년에 시작되었고, 인도정부가 자동차산업 보호·육성 정책을 다방면으로 강구하여 수입대체화가 급속하게 진행되었다. 국제연합아시아극동경제위원회의 특집 「수입대체와 수출다각화」에 따르면, 인도는 "자동차생산이 150% 성장하여 수입이 96% 감소했고 1962년에는 거의 자급 가능한 수준에 도달"했으며, 1962년 당시 자급률이 99%에 이르렀다.[20] 수입차 대수는 49년 3만 9000대에서 50년대 말에는 수천 대의 규모로 감소했던 반면 국내생산은 1953년 1만 3900대에서 65년에는 7만 2600대에 달했다.[21]

---

20 국제연합 편(1964), 67~68쪽.

21 자동차 생산실적을 용도별로 살펴보면, 승용차는 1953년 9000대에서 65년에는 3만 7300대로,

이 같은 수입대체는 자동차부품산업의 발전에 힘입은 바가 컸고, 자동차 부품의 생산액은 62년 180만 루피(Rupee)에서 65년에는 400만 루피로 급증했다.[22]

아시아 주요 나라들의 승용차 생산실적을 보면, 그래프 1-9에 나타난 대로, 인도는 65년에 3만 7300대를 생산하여 그 규모가 아시아 나라들 가운데 가장 컸다. 이어서 필리핀, 대만, 한국의 순으로 생산량이 컸는데, 이들 나라에서는 모두 수입부품에 의한 조립생산이 이루어지고 있었다. 특기할 만한 사실은 62년 일본의 자동차제조사와 공동으로 조립생산을 개시한 한국이 외화사정의 악화로 부품 수입이 중단되어 생산이 거의 불가능한 상태에 빠졌다는 점이다. 한국의 자동차 생산량은 62년 1000대에서 63년 1400대로 증가했지만 64년과 65년에는 200대 수준으로 떨어졌다. 이러한 사실은 한국에서 기계산업의 발전이 지체되고 있었음은 물론, 외환사정의 악화가 한국의 공업화를 가로막는 족쇄가 되고 있었음을 보여준다.

(2) 아시아의 공업화와 무역구조

표 1-3에서 64년 한국의 수출공업화율을 다른 아시아 나라들과 비교해보면, 홍콩의 84.5%에는 미치지 못하지만 인도 43.8%, 싱가포르 36.8%, 대만 34.4%, 말레이시아 32.1%, 파키스탄 21.5%, 필리핀 5.4%를 능가해 아시아 나라들 가운데서는 비교적 높은 수준이었음을 알 수 있다. 여기에 다음의 두 가지 사정을 덧붙여두고자 한다. 하나는 홍콩의 수준이 월등히 높았다는 사실이다. 홍콩은 일본 91.1%, 독일 88.7%, 영국 83.1%, 이탈리아 78.3% 프랑스 72.0%, 미국 63.7% 등 선진국들과 비교해도 상당

상용차는 53년 4900대에서 65년 3만 5300대로 증가하고 있었다. 국제연합, 『세계통계연감』, 1965~1973년 판 참조.

22 야마오카 키쿠오(山岡喜久男)(1971), 267쪽.

표 1-3 아시아 나라들의 공산품 수출비중

	60년	64년
홍콩	89.6%	84.8%
한국	14.4%	48.5%
인도	45.1%	43.8%
싱가포르	21.0%	36.8%
대만	33.9%	34.4%
말레이시아	4.2%	32.1%
파키스탄	27.1%	21.5%
필리핀	3.2%	5.4%
미얀마	2.4%	2.8%
태국	1.4%	1.7%
스리랑카	0.9%	0.6%
인도네시아	0.7%	0.1%

* UN(1968), *Economic Survey of Asia and the Far East 1967*, p.117 ;
총리부통계국 편(1967), 「국제통계요람 '66」, 126쪽.

히 높은 수치를 보이고 있다. 두 번째로 주목해야 할 점은 인도의 수출공업화율이 아시아 나라들 중 비교적 높았다는 것이다. 인도의 수출공업화율은 태국이나 필리핀 등 동남아시아 나라들보다 훨씬 높았을 뿐만 아니라, 아시아 NIES인 싱가포르나 대만조차 능가하고 있었다. 특히 1960년 인도의 수출공업화율은 45.1%로 홍콩을 제외한 다른 아시아 나라들에 비해 현저하게 높았다. 이러한 측면에서 보면, 홍콩과 인도는 1950년대부터 수출지향형 산업을 통해 비교적 고도의 경제성장을 이끌어왔다고 할 수 있다.

한국과 인도의 상품별 수출(1964년) 현황은 그래프 1-10을 보면 알 수 있다. 양국 모두 식료품, 비식용 원료, 원료별 공업제품이 수출의 주력을 이루고 있다는 점에는 변함이 없지만 그 규모면에서는 인도가 압도적으로 컸다. 또 공업제품의 수출규모는 한국이 5830만 달러였던 것에 비해 인

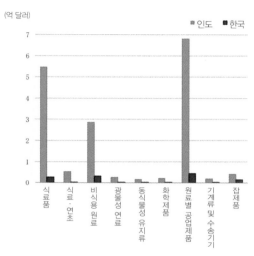

그래프 1-10 한국과 인도의 수출상품의 구조(1964년)

(억 달러)

■인도 ■한국

식료품 / 식료·연초 / 비식용원료 / 광물성 연료 / 동식물성 유지류 / 화학제품 / 원료별 공업제품 / 기계류 및 수송기기 / 잡제품

• UN(1970), *Statistical Yearbook for Asia and The Far East 1970.*

도는 7억 7000만 달러로 한국의 13배 규모에 달했다. 한국은 정부의 두터운 보호정책에 힘입어 섬유제품, 합판, 잡화 등 노동집약적 공업제품을 중심으로 수출을 확대했다. 그러나 노동집약적 공업제품은 수출규모가 작았을 뿐 아니라 원재료의 거의 전부를 수입에 의존하지 않을 수 없었기 때문에, 수입의존도 또한 지극히 높았고 수출채산성의 개선도 기대하기 어려웠다.[23] 특히 섬유제품의 경우 수입원면의 대부분을 미국의 원조에 의존한 결과, 양질의 원면을 자유롭게 선택하고 사용할 수 없었기 때문에 제품의 품질이 국제수준에 도달할 수 없었을 뿐만 아니라 비용 면에서도 싼 가격이라고 할 수 없었다.

---

23 예를 들면 한국의 면사류 수입액은 64년 4970만 달러였지만, 섬유제품 및 의류의 수출액은 2525만 달러였다. 목재 역시 수입은 1850만 달러인 반면, 합판 수출은 1135만 달러에 그쳤다. 원자재의 수입액에는 국내소비용도 포함되어 있었는데, 바꾸어 말하면 소비재공업의 경우, 내수 및 외수 모두 외국 원료에 의존할 수밖에 없는 상황이었던 것이다.

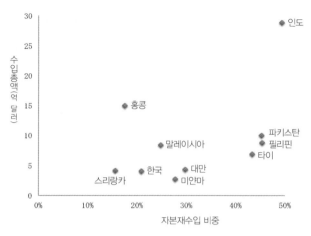

그래프 1-11 아시아 나라들의 수입규모와 자본재 수입비중(1964년)

* 일본은행통계국(1967), 「아시아·대양주 주요국의 국제비교통계」, 20~21쪽.

인도에서는 황마 등의 섬유제품 이외에 의약품이나 철강·기계 등의 중화학공업제품이 수출상품으로 대두하고 있었다는 점에도 주목해야 한다. 인도는 다른 아시아 나라들에 비해 자급화단계에 근접해 있던 중화학공업품이 많았던 만큼, 수출확대가 가능한 기술집약적 공업제품의 종류도 상당히 다양했다.[24] 예를 들어 일반기계류인 제당기계, 디젤엔진, 동력펌프, 재봉틀, 전기기기인 전동 모터, 변압기, 라디오, 냉난방장치, 수송기계인 자전거, 오토바이, 자동차 등의 수입은 급감한 반면, 수출은 확대되고 있었다. 그 결과 기계류 및 수송기기의 수출은 1959년 500만 달러에서 64년 1700만 달러로 증가했는데, 이 기간 중 연평균증가율은 28.7%에 달해 같은 기간 중에 달성된 공업제품의 증가율 6.6%를 크게 능가했다. 특히 인도의 자동차산업은 한국이 외환사정의 악화로 생산중지상태에

---

24 국제연합아시아극동경제위원회(ECAFE)의 특집 「수입대체와 수출의 다각화」에 의하면, 1962년 당시 자급률이 90%를 넘어선 주요 기계류는 제당기계, 타자기, 재봉틀, 냉난방장치, 자동차, 라디오, 전기선풍기, 가정용 냉장고 등이었다. 국제연합 편(1964), 『아시아경제연보 1964』, 67~68쪽.

빠졌던 것과 대조적으로 수출이 59년 37만 달러에서 64년 440만 달러로 증가되었다는 점에 유의해야 한다. 이는 다른 아시아 나라들이 조립생산이라는 단계를 넘어서지 못하고 있었던 동안, 인도는 자동차제조라는 자본 및 기술집약적인 부문에서도 수출확대가 가능한 단계에 도달해 있었음을 의미한다.

그래프 1-11은 아시아 각 나라들의 수입액과 수입액에서 자본재가 차지하는 비중을 나타낸 것이다. 한국의 수입액은 스리랑카 등과 나란히 아시아에서 가장 낮은 수준이었다. 수입액에서 차지하는 자본재의 비중도 비교적 낮아서 스리랑카의 16% 다음으로 낮았다. 한편 비교적 높은 비중을 보인 나라는 인도 49%, 필리핀과 파키스탄 45%, 태국 43%였다. 이러한 사실은 한국의 공업화가 뒤처지고 있었음을 시사한다. 이 점 역시 인도와의 대비에서 강조되어야 할 사항이다.

1960년대 전반은 인도가 자본재생산에 중점을 두고 급속한 공업화를 추진했던 시기에 해당된다. 이 시기 수입의 대부분은 국내시장을 겨냥한 재화나 서비스를 생산하는 데 필요한 자본재 및 인프라를 정비하는 것과 관련이 있었다. 당시 인도의 공업은 다른 아시아 나라들에 비해 상당히 발전해 있었지만, 자본재나 중간재에 대한 수입의존도가 높아 수입수요는 오히려 확대되어가는 추세였다. 특히 제3차 계획(1961년 4월~66년 3월)은 기본적으로 제2차 계획의 정책을 계승하고 있었기 때문에 기계·설비부품을 중심으로 한 자본재의 수입수요가 오히려 증가되고 있었다. 60년대 전반기에 인도는 왕성한 개발투자로 철강, 기계, 설비 등 자본재의 수입이 급증한 데다 식료품 수입도 연간 2억 달러가 넘는 등 수입이 대폭적인 증가세를 나타냈으며, 거액의 적자가 누적되고 있었다. 그러나 이 같은 막대한 무역적자는 대규모 경제원조를 통해 메워지고 있었다.

이와 반대로 60년대 전반기에 한국경제는 국제수지의 위기, 식량부족,

계획의 파행이라는 문제에 직면해 있었고 수출부진도 계속되고 있었다. 1962년에 시작됐던 제1차 경제개발 5개년계획에 따라 63년 5억 6000천 만 달러에 달하는 자본재와 소비재가 수입되었지만, 수출은 겨우 8680만 달러에 머물러 무역적자가 4억 7300만 달러에 이르렀다. 더구나 63년 외화준비는 최저 수준인 1억 300만 달러로 떨어져 외화부족이라는 위기상황에 빠졌다. 이 때문에 자본재 및 자본재원료의 수입도 63년 2억 700만 달러에서 64년에는 1억 900만 달러로 대폭적인 저하가 불가피했다.

　그러나 한국의 자본재 수입 수준이 낮았다는 사정을 고려하기에 앞서 먼저 주목해야 할 점은 외자도입계획이 우호적이지 않은 상황에 놓여 있었다는 사실이다. 외자도입은 단지 국제수지의 균형을 유지한다는 의미로만 국한되는 것이 아니라 자본재 등의 수입을 통해 부족한 국내 공급능력을 보전한다는 의미도 갖는다. 그중에서도 기계 수입의 증가는 수출산업 내지 중점산업의 육성과 확대를 추진하는 데 있어 핵심적인 요소가 된다는 점에서 무엇보다 중요했다. 그러므로 외자도입의 부족으로 인해 공업부문 및 인프라부문의 고정자본을 형성하는 데 필요한 기계설비의 수입자금을 충분히 확보할 수 없었다는 사실은 공업화의 진전에 확실히 부정적인 영향을 주었다. 기계를 비롯한 자본재의 수입계획을 연도별로 살펴보면, 1962년에는 1억 2370만 달러, 63년에는 1억 4320만 달러, 64년에는 1억 4570만 달러로 증가시킬 예정이었다. 그러나 실제 수입실적은 62년 6980만 달러에서 63년에는 1억 1560만 달러로 일단 증가세를 보였지만, 64년에는 6950만 달러로 다시 급감했고, 어느 해에나 목표액을 크게 밑돌았다. 수입총액에서 자본재 수입이 차지하는 비중도 64년에는 29.6%로 전체 수입의 거의 30%를 차지할 것으로 기대되었지만 실제로는 17.2%에 불과해 계획과는 커다란 차이가 있었다. 이는 미국의 원조가 감소하고 차관도입계획이 파행을 겪게 되었던 데 큰 원인이 있었다.

제3절 _ 미국의 대외원조정책과 아시아 중시

1. 남북문제와 미·소 원조경쟁

1960년대는 '국제연합개발 10년'의 시대이자 미국 원조의 황금기이기도
했다. 1961년 국제연합은 제16회 총회에서 케네디(John F. Kennedy) 대통
령의 제안에 따라 1960년대를 '국제연합 개발 10년'으로 만든다는 계획
을 채택했고, 그 기간 중 발전도상국들의 연평균성장률을 5%로 높일 것
을 과제로 제출했다. 이를 위해 선진국들은 발전도상국들에게 다양한 형
태의 원조를 대규모로 제공했다. OECD개발원조위원회(DAC, Development
Assistance Committee) 자료에 따르면, DAC 회원국이 발전도상국에 공여한
공적개발원조(ODA, Official Development Assistance)는 1960년 47억 달러에
서 1969년 67억 달러로 증가했다.[25] 1960~69년 원조 총누계액은 591억 달
러에 달했는데, 이중 331억 달러가 미국이 공여한 원조였다. 미국은 ODA
총액의 절반 이상을 부담했고, DAC 회원국 중 가장 중요한 나라였다. 이
런 점에서 60년대 미국은 아시아 나라들의 경제발전에 지대한 역할을 하
고 있었다. 미국의 아시아 경제원조는 1950년대 후반부터 급속하게 증대
되었고, 60년대 내내 꾸준히 증가했다. 이러한 경제원조의 증가에는 미국
원조정책의 변화가 반영되어 있었다. 미국의 원조정책이 국제사회의 어
떠한 정치경제적 환경 속에서 변하게 되었는지 그 배경을 검토해보고자
한다.

　1955년 봄, 인도네시아 반둥에서 아시아·아프리카회의(반둥회의, Bandung
Conference)가 개최되었다. 반둥회의가 국제사회의 정치·경제에 미친 영향

25　아시아경제연구소경제협력조사실 감역(1973), 249쪽.

은 대단히 컸다. 회의는 미국과 소련의 대외정책에도 막대한 영향을 미쳐 자본주의사회와 사회주의사회가 군사적 경쟁이 아닌 경제적 경쟁을 통해 체제의 우월성을 다투는 시대로 이끌었다. 반둥회의를 계기로 발전도상국 들이 정치적으로 부상하게 된 반면, 경제민족주의(Economic Nationalism)도 점차 고개를 들기 시작했다. 한국전쟁 이후 세계경제는 불황에 빠져 있었 고, 많은 발전도상국들이 심각한 경제부진에 시달리고 있었다. 불황은 발 전도상국들의 주요 수출품이던 1차 산업제품의 가격하락이 주요한 요인으 로 작용하면서 시작되었고, 선진공업국과 발전도상국 간의 경제적 격차가 문제로 대두되었다. 이른바 '남북문제'가 등장하게 된 것이다. 그런 이유로 반둥회의에서는 발전도상국의 '경제개발'이 긴급한 과제로 강조되었고, 국 제경제협력을 호소하는 목소리들이 높아졌다.

실제로 50년대 후반은 국제적으로 '남북문제'에 대한 여론이 활발하게 형성되던 시기였고, 발전도상국들은 상호연대를 강력하게 다져나가고 있 었다. 반둥회의를 시작으로 1958년 제1회 아시아·아프리카경제회의가 이 집트 카이로에서 개최되었다. 발전도상국들은 이러한 연대를 지렛대 삼 아 경제개발 원조만이 아니라 무역특혜 공여 등을 통해 시장을 개방하고 무역을 확대해줄 것을 요구하기 시작했다. 발전도상국에게 불리한 국제 경제체제 자체를 변혁하고자 하는 움직임도 강화되었다. 1958년에는 국 제무역의 불균형과 그 대책의 중요성을 호소한 '하벌러(Gottfried Haberler) 보고서'가 GATT 총회에 제출되는 등, 발전도상국들이 연대해 선진국과 의 교섭에 대응하려는 시도가 거세졌다. '남북문제'라는 용어는 올리버 셰 웰 프랭크(Oliver Shewell Franks) 경이 1959년 미국에서 행한 연설에서 '동서 문제' 대신 사용하면서부터 널리 이용되기 시작한 것으로 알려져 있다.

'남북문제'를 이론적으로 지지했던 인물로는 군나르 뮈르달(Gunnar Myrdal), 사이먼 쿠즈네츠(Simon Smith Kuznets), 앨버트 허시먼(Albert O. Hirschman) 등을 꼽을 수 있다. 뮈르달은 1955년 이집트국립은행에서 '남북문제'에 대한 연설을 했고, 그 내용은 후에 『경제이론과 저개발지역』이라는 제목으로 간행되었다. 뮈르달의 주요 관심사 가운데 하나는 선진국과 발전도상국 간에 존재하는 경제적 불평들을 제거하고 발전도상국의 경제수준을 끌어올릴 수 있는가라는 문제를 해명하는 것이었다.[26] 나아가 그는 남북문제와 발전도상국의 경제정체를 근거로 자유방임론과 국제무역이론 등 종래의 경제이론들이 발전도상국의 경제개발이나 남북문제에 대한 기초이론으로 적합하지 않다고 비판하면서 이를 보완할 수 있는 경제이론의 필요성을 역설했다. '남북문제'의 현실에 조응하는 자신의 이론을 만들어내는 것 역시 뮈르달에게는 또 하나의 중요한 과제였다.

쿠즈네츠는 1956년 수량 데이터를 치밀하게 고증하고 분석해 세계 각 나라의 국민소득을 추계하고 이것으로부터 세계의 소득분배를 추정한 뒤, 선진국은 상당히 빠른 속도로 성장하고 있는 데 반해, 거의 모든 발전도상국들은 정체되어 있음을 검증했다.[27] 주목해야 할 것은 국민소득통계를 이용해 국제적인 비교연구가 가능해지자 남북문제의 실태를 데이터를 통해 입증할 수 있게 되었다는 점이다. 국민소득통계를 통해 비로소 북부의 선진국과 남부의 발전도상국 간의 경제적 격차가 분명하게 드러났다. 이러한 문제의식을 바탕으로 '남'과 '북'이라는 이분법적 개념을 경제학적으로 최초로 제시했던 사람이 허시먼이었다. 그는 자신의 저서 『경제발전 전략』(1958)에서 지리적·국제적으로 경제적 격차가 존재한다는 현실적 문제를 '남'과 '북'이라는 독자적인 개념을 이용해 분석했다.[28]

---

26 뮈르달의 문제의식은 다음과 같다. "국제정세의 특정 측면, 즉 대단히 크고 점점 증대되고 있는 개발국과 저개발국 간의 경제적 불평등에 주의를 집중해야 한다. 경제적 불평등이 증대되고 있는 경향은 공공연한 현실이며 국제적 긴장을 초래하는 기본적인 요인이지만, 저개발이나 개발에 관한 대개의 문헌들은 이를 중심적인 문제로 다루지 않고 있다. 그러나 나는 이런 불평등의 문제를 다루고자 한다. 나의 목적은 이러한 불평등이 어째서, 어떻게 존재하게 되었는지, 그것이 존속되는 이유와 어째서 증대되는 경향을 보이고 있는지를 탐구"하는 것이다. 뮈르달(1959), ii쪽.

27 쿠즈네츠(1956), p.17.

28 허시먼(1958), pp.321~328.

허시먼은 발전도상국의 경제를 발전시키는 데 적합한 전략이 무엇인지를 밝히기 위해 '불균형 발전론'이라는 야심찬 비전을 제시한 것으로도 잘 알려져 있다.

'남북문제'가 크게 부각되는 사이, 소련은 발전도상국의 '경제개발'에 재빠르게 대응했다. 동유럽과 중국도 이에 가세해 동서의 접점에 있는 남아시아를 중심으로 경제·기술원조를 공여하기 시작했다. 인도, 인도네시아, 버마 등과 같은 발전도상국들이 아시아·아프리카회의에서 선언했던 '비동맹 중립주의' 운동은 소련과 미국에 등거리를 유지한다는 독자적인 평화·중립외교를 표방하고 있었기 때문에 소련으로서도 발전도상국들과의 우호를 강화하는 데 공을 들이지 않을 수 없었다. 소련은 발전도상국들이 '미국진영'에 참여하는 것을 막기 위해 이들 나라들과의 우호를 적극적으로 강화해나갔다. 55년 봄, 니키타 흐루쇼프(Nikita S. Khrushchyov)의 아시아·중근동 방문은 이를 상징적으로 보여주는 것이었다. 소련은 "1955년 반둥회의의 '중립 정신'을 받아들여 신흥국가들에게 무차별 원조를 제공할 태도를 취했고"[29] 인도, 인도네시아, 버마 등과 원조협정을 체결하면서 아시아와 중근동에 경제원조의 손길을 뻗었다.

소련은 '사회주의경제 체제' 아래에서 빠른 속도로 경제를 부흥·발전시켰을 뿐 아니라 인공위성 및 원자·수소폭탄을 성공적으로 개발함으로써 자본주의에 대한 사회주의의 우월성을 과시했는데, 대외원조정책은 이를 경제적으로도 재확인하려는 시도였다. 1957년 10월에 쏘아 올린 인류 최초의 인공위성 스푸트니크 1호의 성공으로 냉전의 상대국이었던 미국은 '스푸트니크 쇼크'에 휩싸였다. 미국정부는 스푸트니크에 대항해 1958년 1월 31일 익스플로러 1호를 발사했지만 완전한 실패로 끝이 났다. 이러한 상황은 개발도상국들에게 소련이 과학기술분야에서 최첨단을 달리고 있

---

29 카시마연구소(鹿島研究所) 편(1973), 284쪽.

다는 인식을 심어주기에 더할 나위 없이 좋은 기회였다. 한편, 소련의 경제원조는 동서냉전 체제에서 정치적 목적을 달성하기 위한 원조의 전형으로 비동맹국가의 경제발전을 촉진시키고 그 지위를 향상시키는 데 목적이 있었다. 소련의 원조는 대체로 인도, 인도네시아, 아랍연합 등과 같은 비동맹국가들에 집중되어 있었는데, 특히 발전도상국의 경제발전전략에서 대단히 중요했고, 또 발전도상국들이 원조를 기대했던 공업부문 프로젝트에 주로 공여되었다. 소련의 원조정책은 곧바로 세계의 주목을 끌었고, 화려하게 선전되었으며 정책캠페인으로서도 대단히 큰 정치적 효과를 거두었다. 소련이 발전도상국에 제공한 경제원조는 1954년부터 64년까지 총 38억 달러에 달했다. 지역적으로는 남아시아(14억 달러)와 중근동(14억 달러) 지역의 나라들에 집중되어 있었다.

2. 미국의 원조정책 그리고 선택과 집중

이 같은 국제사회의 정치경제적 환경 속에서 미국 역시 발전도상국의 '경제개발'을 중시하는 방향으로 원조정책을 전환하지 않으면 안 되었다. 1957년 5월, 아이젠하워(Dwight D. Eisenhower) 대통령은 미 의회에 보낸 대외원조특별교서에서 새로운 대외원조정책을 제안했다. 미국의 새로운 원조정책의 기조는 첫째, 기존 1년 단위의 무상원조방식을 장기 유상원조방식으로 바꾸어 증여를 차관형식으로 전환한다. 둘째, 이전의 프로젝트 원조방식 대신 국가개발계획을 지원하는 방식을 도입하고, 피원조국의 발전능력과 자조노력 정도를 중시한다. 셋째, 경제원조의 효율성을 높이기 위해 우선순위 방식으로 원조를 배분하고 대규모 원조를 통해 피원조국의 경제적 자립을 지원한다. 한마디로 '선택과 집중'이라고 부를 만한 방침을 세운 것이다.

아이젠하워 정권 아래에서 점차 확대되었던 경제원조는 케네디 정권의 등장과 함께 한층 강화되었다. 1961년 제정된 '대외원조법(Foreign Assistance Act of 1961)'에 따라 같은 해 9월 국제개발처(AID, Agency for International Development)가 발족되었다. 국제개발처는 당시 국제협력국, 개발차관기금, 국무부, 수출입은행에서 수행하던 업무를 흡수해 경제원조체계를 일원화하고, 지역별·나라별 기능을 크게 강화했다는 데 의의가 있었다. 미국정부는 국내뿐 아니라 국제사회에도 발전도상국의 지역개발에 협력해줄 것을 호소했다. 미국은 1958년 세계은행·IMF 연차총회에서 국제개발협회(IDA, International Development Association)의 창립을 제안하는 등 일련의 원조 다각화 방안들을 추진했다. 미국의 제창에 따라 1960년 1월 유럽경제협력기구(OEEC, Organization for European Economic Cooperation) 산하에 설립된 개발원조그룹(DAG, Development Assistance Group)은 1961년 9월 OECD의 발족과 함께 개발원조위원회(DAC, Development Assistance Committee)로 개편되었다. 미국이 1961년 9월 국제연합총회에서 1960년대를 '국제연합개발 10년'으로 삼아 발전도상국의 경제개발을 위해 각국의 협력을 제안한 것도 이러한 맥락의 일환이었다.

전환된 미국 원조정책의 가장 큰 특징은 발전도상국의 경제개발과 더불어 지리적으로 아시아 지역에 중점을 두고 있었다는 것이다. 먼저 미국의 대외원조(군사원조 포함) 변화를 살펴보면, 정책 변경 전(1951~57년)과 변경 후(1958~65년) 대외원조 누계액은 변경 전이 361억 달러, 변경 후가 372억 달러로 거의 같았다. 그러나 이를 경제원조와 군사원조로 나누어 살펴보면, 경제원조는 변경 전 165억 달러에서 변경 후 226억 달러로 대폭 증가한 반면, 군사원조는 196억 달러에서 140억 달러로 감소했다. 이에 따라 대외원조 누계액에서 차지하는 비중도 경제원조는 46%에서 61%로 확대되었지만, 군사원조는 54%에서 38%로 감소했다. 미국의 대외원조에서 군사원조와 경제원조는 상충관계에 있었고, 원조의 중심이 경제원조

표 1-4 미국 대외경제원조의 지역별 변화

(단위 : 억 달러)

	1951~57년		1958~65년	
	금액	구성비	금액	구성비
아시아	56	34%	125	55%
중근동	23	14%	43	19%
라틴아메리카	12	7%	41	18%
아프리카	3	2%	20	9%
유럽 등	67	40%	−18	−8%
기타	5	3%	15	7%
경제원조 합계	165	100%	226	100%

* 미상무부 편(1986), 「미국역사통계:식민지시대~1970년 〈제2권〉」, 872~875쪽.

로 이동하고 있었음을 알 수 있다.

다음으로 미국의 경제원조 변화를 지역별로 살펴보도록 한다. 표 1-4 는 미국의 원조정책이 변경되기 전과 후의 누계액을 지역별로 나타낸 것 이다. 변경 전 지역배분 비율을 보면, 유럽 지역이 경제원조의 40%를 차 지하고 있었고, 그다음으로 아시아, 중근동, 라틴아메리카, 아프리카 순이 었다. 그러나 변경 후에는 아시아의 비중이 눈에 띄게 증대된 데 반해, 유 럽 지역은 마이너스로 전환되었다. 많은 유럽 나라들이 원조자금을 상환 하고 있어 그만큼 발전도상국 지역의 증가폭이 커진 것이다. 특히 이 시기 아시아 지역에 대한 원조는 규모 면에서 다른 지역과 확연한 차이를 보이 고 있었다. 변경 전 아시아에 대한 원조 누계액은 56억 달러였는데, 변경 후에는 125억 달러로 2배 이상 증가했다. 경제원조 누계액에서 아시아가 차지하는 비중 역시 31%에서 55%로 확대되어 원조총액의 절반 이상을 차지하기에 이르렀다.

아시아 지역에 대한 미국의 경제원조 흐름은 동아시아와 남아시아로 구분해 살펴보아야 하는데, 특히 남아시아에 대한 원조증가를 면밀하게 고찰할 필요가 있다. 동아시아에 대한 원조 누계액은 변경 전 44억 달러

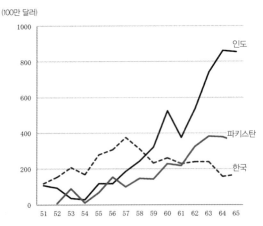

그래프 1-12 미국의 경제원조 공여액 추이(아시아 주요 나라별)

(100만 달러)

* 미상무부 편(1986), 「미국역사통계: 식민지시대~1970년 〈제2권〉」, 872~875쪽.

에서 변경 후 58억 달러로 증가했지만, 남아시아는 11억 달러에서 67억 달러로 6배 이상 증가하여 누계액에서 남아시아가 차지하는 비중 역시 7%에서 30%로 급증했다. 동아시아의 비중이 27%에서 26%로 약간 감소한 것과는 대조적이다. 남아시아의 비중이 큰 폭으로 상승했다는 것은 미국의 대외정책에서 남아시아의 지위가 그만큼 높아졌음을 의미한다.

주목해야 할 것은 인도와 파키스탄에 대한 원조 동향이다. 그래프 1-12에서 알 수 있듯, 미국의 원조정책이 변경된 후 인도와 파키스탄에 대한 원조는 증가하는 경향을 나타내고 있는 반면, 한국의 경우에는 감소하는 경향을 보이고 있다. 특히 56년 이후 인도의 성장세는 주의 깊게 살펴보아야 한다. 인도에 대한 원조액은 50년대 초반부터 지속적으로 증가했지만, 규모는 비교적 작아 1957년 1억 8700만 달러에 지나지 않던 것이 59년 3억 200만 달러, 60년에는 5억 2300만 달러로 급증하다 61년 3억 7300만 달러로 일시적으로 감소했지만 62년부터 다시 증가해 64년에는 8억 6400만 달러까지 빠른 속도로 증가했다. 인도에 미치

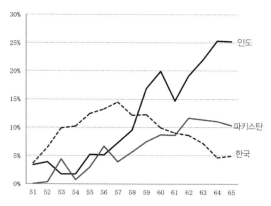

그래프 1-13 미국의 경제원조 공여와 아시아 주요 나라별 비중

* 미상무부 편(1986), 『미국역사통계: 식민지시대~1970년 〈제2권〉』, 872~875쪽.

지는 못했지만, 1957년 1억 달러에 불과했던 파키스탄에 대한 원조액도 64년에는 3억 7700만 달러로 확대되었다. 인도와 파키스탄의 비중은 급속하게 증가한 반면, 한국의 비중은 점차 감소하고 있었다.(그래프 1-13) 이 시기 한국의 지위는 1957년 14.4% 수준에서 64년 4.6%로 눈에 띄게 하락했다. 같은 기간 인도는 1957년 7.2% 수준에서 59년 16.9%, 60년 19.9%로 확대되었다가 61년 14.6%로 일시적으로 하락한 뒤 64년 다시 25.3%로 급속하게 확대되었다. 파키스탄의 비중 역시 57년 3.9%에서 점차 확대되어 62년 11.6%, 63년 11.3% 64년 11.0%에 달했다. 특히 1964년에는 인도와 파키스탄의 비중이 전체의 36.3%를 차지해 이 두 나라에 원조가 크게 집중되어 있었음을 알 수 있다.

이 시기 인도와 파키스탄에 대한 원조규모는 다른 지역에 비해 대단히 컸다. 미국의 원조정책이 전환된 이후인 1958~65년까지 8년 동안의 누계액은, 인도가 44억 5100만 달러, 파키스탄이 21억 6300만 달러로, 두 나라를 합한 금액이 66억 1400만 달러를 넘었다. 이는 같은 기간 동아시아 나라들에 대한 원조 누계액 58억 700만 달러를 훌쩍 뛰어넘는 금액이었다.

또한 같은 기간 라틴아메리카 나라들과 아프리카 나라들에 대한 원조 누계액은 각각 40억 6600만 달러와 20억 700만 달러였는데, 파키스탄 한 나라에 대한 원조액이 아프리카 전체에 대한 원조액보다 컸고, 인도 역시 라틴아메리카 나라들의 원조액을 넘어서고 있었다. 이 시기 미국 경제원조의 흐름은 특정 국가, 즉 인도와 파키스탄에 집중되어 있었다.

3. 로스토노선과 인도중시정책

또 한 가지 고찰해야 할 것은 미국의 원조정책이 인도 중심으로 전환되었다는 점이다. 한국에 대한 원조감소는 단순한 양적 문제가 아니라 미국 대외정책에서의 '지위변화'라는 보다 본질적인 문제로 이해해야 할 필요가 있다. 특히 원조공여의 기준으로 볼 때, 이 문제는 인도의 개발능력이나 자조노력이 우수하다고 평가된 반면, 한국은 '우수하지 못하다'고 여겨지고 있었음을 의미한다.

미국의 인도중시정책을 고찰할 때는 '도약이론'으로 유명한 월트 휘트먼 로스토를 중심으로 하는 매사추세츠 공과대학 국제연구센터의 경제학자들이 원조정책의 기조를 뒷받침했다는 사실도 정책적 배경 가운데 하나로 주목해야 한다. 인도중시정책의 기폭제가 되었던 것이 바로 그 유명한 '밀리컨·로스토 제안'이었기 때문이다.[30] 밀리컨·로스토의 제안에는 '① 군사원조와 경제원조를 분리하고 경제원조 실행기관을 신설한다, ② 정책의 연속성을 도모하기 위해 장기원조를 공여한다, ③ 경제원조의 효과를 높이기 위해 피원조국의 흡수능력을 중시한다' 등과 같은 내용이 원조방침으로 제시되어 있었다. 특히 유념해야 할 것은 원조대상국을 선정할 때 종전의 정

---

30 밀리컨·로스토(1957) 참조.

치·군사적 기준 대신 경제를 기준으로 판단할 것을 제안했다는 사실이다. 미국이 국가개발계획에 대한 평가를 중요하게 여겼던 것은 바로 이 때문이었다. 원조를 국가 간에 배분할 때도 당연히 계획에 대한 종합적인 평가를 근거로 우선순위를 정해 개발원조를 차등적으로 배분했다.

밀리컨·로스토 제안의 핵심은 다음과 같다.

첫째, 발전도상국의 자립적인 경제발전(경제적 도약)은 공산주의의 위협에 효과적으로 대항하고자 하는 미국의 국가이익과 합치한다. 둘째, 미국과 자유세계의 평화와 안전을 보장하려면, 공산주의의 침략 저지가 목적인 군사원조에 의존하는 것만으로는 충분치 않으며, 발전도상국의 경제발전을 적극적으로 지원하고 이들 나라의 국민생활수준을 끌어올려 문제를 근본적으로 해결할 수 있도록 해야 한다. 셋째, '선택과 집중'이라는 방침을 정책 기조로 강조하고 있다. 발전도상국의 경제를 자립경제로 도약시키려면 해당국가의 정부가 계획적인 개발전략을 통해 대규모 투자(Big push), 즉 고도성장이 가능한 제조업부문이나 사회간접자본부문에 대규모 경제원조를 제공하지 않으면 안 된다고 역설했다. 넷째, '선택과 집중'이라는 방침을 강조하면서 동시에 사회주의에 대한 자본주의의 우월성을 경제적으로 내세울 수 있는 원형으로 '인도모델'을 제시했다. 이것이 바로 '로스토노선'이다.

'로스토노선'은 훗날 미국 대외원조의 중요한 포석이 되었다. 케네디 대통령은 인도중시정책론자이자 '로스토노선'의 실행자였다. 그는 밀리컨 (Max F. Millikan)과 로스토를 경제고문단에 참가시켜 '로스토노선'을 적극적으로 실시했다.[31] 밀리컨은 대외경제정책대통령고문, 로스토는 국가안보담당대통령특별차석보좌관을 거쳐 국무부정책기획위원회 의장을 역

---

31 케네디 대통령의 정책수립을 지원했던 사람들은 최고의 인재들(the best and brightest)이라 불렸던 지식인그룹이었다. 중심 멤버로는 밀리컨, 로스토, 갤브레이스, 메이슨(Mason), 로젠스타인-로단 (Rosenstein-Rodan) 등이 있다.

임했다.[32] 미국경제학회 회장을 맡았던 갤브레이스(John Kenneth Galbraith) 역시 케네디 정권의 브레인 중 한 사람으로 1961~63년 인도 대사를 지냈다. 갤브레이스는 자신의 회고록에서 "내가 재임했을 당시, 우리는 식량원조를 포함해 약 8억 달러 상당의 경제원조를 공여하고 있었는데, 이는 다른 어떤 나라보다 큰 금액이었다. 6백만 달러에 조금 못 미치는 홍보계획 역시 최대 규모였다. (중략) 1963년 여름 이임할 당시 AID는 뉴델리에서 106명의 미국인을 고용하고 있었고, 국무부는 40명, USIS는 33명을 거느리고 있었다"고 그 규모를 기록하고 있다. 원조활동에 참여하고 있는 직원의 수가 많았다는 사실은 미국이 인도를 얼마나 중시하고 있었는지를 단적으로 보여준다.[33]

존슨(Lyndon Baines Johnson) 대통령은 기본적으로 케네디 정권의 대외정책을 그대로 답습했고, 로스토 등의 브레인을 재신임해 인도의 경제개발에 깊이 관여했다. 미국의 대인도정책은 인도의 근대화=공업화 추진을 근간으로 삼아 성장을 향한 도약이 어떻게 가능한가를 주요 관심사로 집중적으로 다루었다. 이는 인도의 공업화를 둘러싼 경제개발전략이 세계적으로 주목을 받고 있었다는 사실을 반영한 것이며, 사회주의에 대한 자본주의의 우월성을 경제적인 측면에서 보여주려는 시도이기도 했다. 무엇보다 중요한 점은 인도의 경제발전을 중국의 경제발전과 대비시켜 우월성을 과시함으로써 발전도상국들에게 영향을 미칠 수 있다는 것이었다.

---

32 밀리컨은 아이젠하워 대통령 재임 시절부터 캘커타의 인도통계연구소(당시 소장 마할라노비스)를 자주 방문했고, 소위 마할라노비스(Mahalanobis)모델이라 불리는 인도의 제2차 5개년계획을 수립하는 데도 참여했다. "노르웨이의 라그너 프리슈(Ragnar Anton Kittil Frisch), 폴란드의 오스카 랑게(Oskar R. Lange), 프랑스의 샤를 베틀랭(Charles Bettelheim), 캠브리지대학교의 리차드 M. 굿윈(Richard Murphey Goodwin), 소비에트아카데미 회원 데그타이어(Dmitrii Danilovich Degtiar) 그리고 MIT의 M. 밀리컨 교수가 마할라노비스모델에 협력했고, 그 후 군나르 뮈르달과 일본의 쯔루 시게토(都留重人), 오오키타 사부로(大來佐武郎)가 검토에 참가했다." 하라 가쿠텐(原覺天, 1975), 202쪽.

33 오하라 게이지(小原敬士)·신카와 겐자부로(新川建三郎) 역(1972), 240쪽.

이런 이유로 미국은 선진국들에게 인도개발을 위해 공동으로 노력해줄 것을 호소하고, 1958년 대인도컨소시엄(대인도채권국회의, Aid India Consortium)을 설립했다. 이 회의에는 세계은행을 의장으로 미국, 영국, 캐나다, 서독, 일본 등이 참여했고, 장기간에 걸쳐 개발원조를 공여했다. 처음부터 인도개발이 전제였다는 사실을 감안하면, 이 회의의 발족은 사실상 '로스토노선'의 일환이었음을 짐작할 수 있다. 기시 노부스케(岸信介) 수상이 취임 직후 남아시아 나라들을 방문했던 것도 바로 이 시기였다. 미·일정상회담 개최 직전인 1957년 5월 20일부터 16일간 인도, 파키스탄, 스리랑카, 버마, 대만, 태국 등 아시아 6개 나라를 방문했다는 것은 남아시아를 중시하고 있었음을 분명하게 보여준다. 일본의 이른바 '엔 차관'이 최초로 공여된 나라도 인도였다. 1958년부터 시행된 일본의 대인도차관은 미국의 제안을 계기로 실현되었다고 볼 수 있다.

존슨 대통령 외교문서에 따르면, 개발원조의 핵심은 '전 세계에 분산적으로 실행하기보다 몇 개의 전략국가를 선택해 집중적으로 제공하는 것'이었다. 주요 전략국가에 대한 원조 기조인 '당근과 채찍' 방침은 인도에도 적용되었는데, 인도는 '심각한 빈곤문제를 해결함과 동시에 민주주의 체제를 구축하기 위한 모델'[34]이라는 전략적인 위치를 부여받고 있었다. 이 시기 미국의 대외정책은 이른바 '당근과 채찍'을 기조로 삼고 있었고, 미국과 인도의 관계에서 이러한 기조는 특히 두드러졌다. 「미국의 대인도 지원전략」이라는 외교문서는 대인도 지원을 통해 얻게 될 주요한 전략적 이익으로 ①국가의 분열을 피하고 공산주의로부터 보호, ②공산중국의 확대 저지, ③핵무기 확산 위험성 감소, ④자유세계의 최대 발전도상국이 민주적 제도와 혼합경제를 통해 발전을 이룩했다는 사실을 과시하는 것

---

34 *Cabinet and Review: Summary*, Cabinet Committee on Aid, Files of McGeorge Bundy, Box15, NSF, LBJ Library, November 3. 1965.

등을 들고 있다.[35] 미국이 인도에게 제공한 '당근'이 다른 나라들에 비해 결코 작지 않았다는 사실은 미국에게 인도가 전략적으로 얼마나 중요했는지를 적절하게 보여주는 사례이다.

4. 미국의 한국원조 삭감과 최대 실패 가운데 하나

한국은 대규모 원조의 대부분을 미국으로부터 공여받았기 때문에 미국의 대외원조정책에 크게 영향을 받지 않을 수 없었다. 한국전쟁 이후 폐허에서 다시 일어서기까지 미국의 원조가 한국경제에서 수행했던 역할은 이루 말할 수 없을 정도로 컸다. 경제부흥 기간이라 할 수 있는 1954년에서 58년까지 투입된 총 14억 달러의 원조는 경제를 부흥시키는 데 중추적인 역할을 했다. 미국을 중심으로 한 대규모 원조가 한국전쟁으로 인해 폐허가 된 한국경제를 다시 일으켜 세울 수 있는 밑바탕이 되었던 것은 분명한 사실이었다. 그러나 미국의 정책이 바뀌면서 원조도입액은 1957년을 정점으로 감소세로 돌아섰다. 한국의 원조도입액은 한국전쟁이 발발했던 1950년 5900만 달러에서 1957년 3억 8300만 달러로 급증했지만 그 후 지속적으로 감소해 64년에는 1억 7400만 달러까지 하락했다.

한반도의 긴장상태에도 불구하고 한국에 대한 군사원조 역시 58년을 정점으로 감소세로 전환되었다. 이 같은 더블펀치(double punch)로 인해 이 시기 경제성장은 둔화되었고, 공업화자금 역시 지속적인 불안정상태에 놓이게 되었다.[36] 국내자원이 빈궁했던 한국의 농업부문은 여전히 기상조

---

35 *A UNITED STATES ASSISTANCE STRATEGY FOR INDIA*, AID Meeting "Thursday", Files of McGeorge Bundy, Box 16, NSF, LBJ Library, November 8. 1965.

36 예를 들어, 경제성장률은 57년 7.7%에서 점차 저하되어 58년 5.2%, 59년 3.9%, 60년 1.9%, 61년 4.8%, 62년 3.1%를 기록하고 있다. 50년대 말부터 나타난 성장률 저하에 주목해야 할 것이다. 한국은행(1973), 『경제통계연보』, 264~266쪽 참조.

건에 좌우되는 상황에 처해 있었고, 저축률 또한 매우 낮아 한국경제는 외국원조에 크게 의존하지 않을 수 없었다. 그러나 외국원조의 감소로 인해 한국은 공업부문이나 인프라부문의 고정자본을 형성하는 데 필요한 기계 설비 수입자금 조달에 차질이 생겨 공업화의 진전이 더뎌지게 되었다.

미국의 전환된 원조정책은 한국정부의 경제정책에도 영향을 미치기 시작했다. 국가개발계획을 중시하는 미국의 방침에 따라 한국정부 또한 장기적인 개발계획을 수립하는데 힘을 기울이기 시작했다. 이승만 정권은 1959년 4월 자립경제 기반 형성을 목적으로 하는 '경제개발 3개년계획(60~62년)'을 수립했다. 이 계획은 미국정부의 권고에 따라 구상된 것이었다. 계획의 담당자였던 이기홍(당시 부흥부기획국 기획과장)은 "미국의 원조가 급감할 것으로 예상되는 1957년 중반부터 AID 관리가 한국정부 정책담당자(김현철 부흥부장관)에게 그 대안으로 장기경제개발계획안을 작성해 제출하도록 강력하게 권고"했다고 설명했다.[37] 경제개발 3개년계획은 1958년을 기준연도로 삼고 연평균경제성장률을 5.6%로 전망하고 있었는데, 계획을 실행에 옮기기도 전에 60년 4·19혁명으로 이승만 정권이 붕괴되고 말았다. 1960년 8월에 들어선 장면 내각도 경제개발 5개년계획(62~66년)을 세웠지만, 이 역시 61년 5월 박정희 쿠데타에 의해 실시되지 못했다. 박정희 정권은 61년 제1차 경제개발 5개년계획을 수립하고 62년부터 이를 실행했다. 이는 미국정부에게 쿠데타의 정당성을 입증하고, 특히 지원과 원조를 확보하기 위한 자료로 활용하기 위해 급조된 것이었다.[38] 미국의 반응은 냉담했다. 경제개발계획이 아니라 '쇼핑 목록'에 불과하다는 평가였다.[39]

당시 미국과 세계은행의 권고에 따라 세계 각국이 새로운 경제개발계

---

37 이기홍(1999), 263~272쪽.

38 김흥기(1999), 22쪽과 64쪽.

39 김흥기(1999), 65쪽.

획과 수정계획을 수립하고 점진적으로 실행하고 있었다는 사실도 염두에 두어야 한다. 아시아 나라들은 한결같이 1950년대 후반부터 60년대 초반에 걸쳐 경제개발성, 경제기획원, 경제계획국 등 개발을 담당하는 행정기관을 신설했고, 이러한 기관들은 경제정책을 입안하고 추진하는 데 크나큰 영향력을 행사했다. 강력한 권한을 가진 관료기구였던 이들 행정기관은 하나같이 4~6년을 단위로 목표성장률을 내걸고 '종합개발계획'을 실시했다. 하라 가쿠텐(原覺天)은 이를 단순히 개별 프로젝트를 긁어모았던 종전의 계획방식에서 벗어나 국민소득이나 고용증가 추세, 산업 간의 균형 등을 명확하게 계산해 수립하는 종합적인 방식으로 발전한 것이라고 설명했다.[40] 1960년대에 들어서면서 아시아 나라들의 계획은 대부분 종합적인 형태로 바뀌었다. 하라 가쿠텐은 태국의 사례를 들면서 "태국과 같이 독립을 유지해오던 나라는 계획에 대한 관심이 적었는데, 1957년 세계은행에 의뢰한 조사와 권고에 기초해 6개년계획을 수립하면서부터 개발계획을 정식으로 받아들였다. 이 계획은 1956년 설치된 국가계획청에 의해 1961년부터 실시될 예정이었다"고 지적했다.[41] 역사적으로 필리핀의 개발기구는 미국의 강력한 영향 아래 있었는데, 1946년 독립 직후에는 국가경제위원회(NEC, National Economic Council)가 개발계획의 수립을 담당했다. 1962년에는 계획실행청(PIA, Program Implementation Agency)이 설립되어 1963년부터 사회경제개발 5개년계획(1963~67년)이 실시되었다. 분명한 사실은 1961년 여름 필리핀에 파견된 세계은행이 종합개발계획을 작성할 것과 실행기관을 신설하도록 권고했다는 것이다.[42]

또 한 가지 주목해야 할 점은 한국이 선진국으로부터 경제원조를 받는

---

40 하라 가쿠텐(1967), 164~165쪽.

41 하라 가쿠텐(1975), 184쪽.

42 M.F. 몬테스(Montes)·사카이 히데요시(坂井秀吉) 편(1990), 6쪽; 아라카와 히데오(荒川英) 편(1968), 197쪽.

데 중점을 둔 외자도입촉진책을 내놓기 시작했다는 것이다. 1960년 1월 이승만 정권이 제정한 '외자도입촉진법'은 외국인투자 허용범위, 외자도입촉진위원회 구성, 외국인투자자에 대한 특혜와 이들에 대한 보장과 보호 등을 내용으로 하고 있었다. 이와 함께 '한·미투자보장협정'도 체결되었다. 박정희 정권은 61년 12월 외자의 원활한 도입을 위해, 특히 차관도입의 증대를 목적으로 '외자도입법 전문개정'과 '외자도입운용방침' 등 법개정을 단행했다. 62년에는 '차관에 대한 지불보증에 관한 법률' 및 '장기결제방식에 의한 자본재 도입에 관한 특별조치법'을 제정하여 정부의 지불보증을 규정하고 적극적인 외자도입을 모색했다.

그러나 이렇게 실시된 여러 가지 정책들도 파산 직전에 놓여 있던 한국경제를 구하지는 못했다. 존슨 정권이 한국을 '최대의 실패 가운데 하나'로 평가하고 있었다는 사실만 보더라도 이러한 상황을 짐작할 수 있다. 1964년 4월 존슨 대통령과 최두선 총리가 회담을 갖기 전, 로버트 코머(Robert Komer) 국가안전보장담당대통령차석보좌관은 로버트 맥나마라(Robert McNamara) 국방장관에게 메모를 보내 "한국은 아직 혼돈상태에 있고, 경제개발을 위해 수억 달러의 원조를 공여했지만 최대 실패 가운데 하나가 됐다. 약간의 안전책을 강구하자면 어느 정도의 예산삭감이 가능하겠지만, 여전히 연간 3억 달러가량은 지원해야 할 것"이라고 설명했다.[43] "최대 실패 가운데 하나"라는 이 구절이 당시 한국경제의 모든 것을 말해주고 있었다.

---

43 *Memorandum of Conversation between the President and the Prime Minister Oh Korea*, Korea memos Vol. 1(11/1963-6/1964). Korea, Box 254, NSF, LBJ Library, April 13. 1964.

제 2 장

전환점, 1965년

동아시아 나라들은 제조업의 발전과 공업제품의 활발한 해외수출을 통해 성장을 이룩했다. 이들 나라는 공업부문에 대규모 외자가 도입되었고, 미국 등 주요 선진국들이 수출시장에서 커다란 비중을 차지하고 있었다는 공통된 특징을 지니고 있었다.

이는 1950년에서 60년대 전반, 많은 발전도상국들이 지향했던 수출대체공업화와는 분명히 다른 모습이었다. 처음부터 해외시장을 겨냥한 수출지향공업화였으며, 1960년대 후반 동아시아 나라들이 보여준 공업화의 새로운 방향이었다.

동아시아 나라들의 대외경제관계, 특히 미국과의 관계는 아시아경제의 지각변동을 해명할 수 있는 중요한 열쇠 가운데 하나이다. 이 시기 동아시아경제가 어떠한 변모과정을 거쳤는지, 남아시아 나라들의 변화과정과 비교해 고찰하려는 것은 이 때문이다.

제1절 _ 동아시아경제와 외향형 경제발전

1. 동아시아경제와 수출성장

먼저 경제발전의 생명줄이라 할 수 있는 수출 동향부터 살펴보고자 한다. 그래프 2-1은 1960년대 아시아 나라들의 수출 동향을 동아시아 나라와 남아시아 나라로 구분해 나타낸 것이다.[01] 남아시아와 달리 동아시아의 수출은 1960년대 전반(1961~65년)보다 후반(1966~70년)에 급속하게 증가했다. 1960년대 전반 연평균수출증가율은 동아시아 4.2%, 남아시아 4.1%로 양쪽 다 4%대를 유지하고 있었는데 후반에 들어서면 남아시아는 3.3%로 하락한 반면, 동아시아는 12.8%라는 높은 성장세를 나타냈다. 수출액으로 비교하면, 남아시아의 수출액은 1960년 20억 달러, 64년 26억 달러, 70년 31억 달러로 증가한 데 반해, 동아시아의 수출액은 1960년 48억 달러, 64년 54억 달러, 70년 107억 달러로 크게 증가했다. 아시아의 수출총액에서 두 지역이 차지하는 비중을 보면, 남아시아는 1960년 28.0%에서 64년 29.5%로 높아지다 70년에는 21.4%로 하락한 반면, 동아시아는 1960년 62.5%에서 64년 61.9%로 약간 감소했다가 70년에는 74.4%로 확대되었다.

역사적으로 유럽의 식민지였던 나라들이 많은 아시아는 20세기 전반까지 유럽과의 경제교류가 활발했고, 수출시장에서 유럽이 차지하는 비중도 컸다. 하지만 베트남전쟁과 함께 미국의 영향력이 막강해지면서 대미 수출이 눈에 띄게 증가했다. 60년과 64년 대유럽 수출액은 21억 달러

---

01 동아시아는 태국을 포함해 아시아 동부지역을 지칭하는 명칭이다. 동아시아 나라는 한국, 대만, 홍콩, 싱가포르, 태국, 말레이시아, 필리핀, 인도네시아 등 8개국을 말한다. 남아시아는 인도, 파키스탄, 스리랑카를 가리킨다.

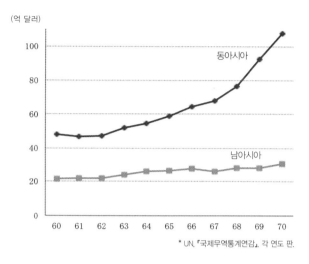

그래프 2-1 동아시아와 남아시아의 수출액규모 추이

(억 달러)

동아시아

남아시아

60 61 62 63 64 65 66 67 68 69 70

* UN, 『국제무역통계연감』, 각 연도 판.

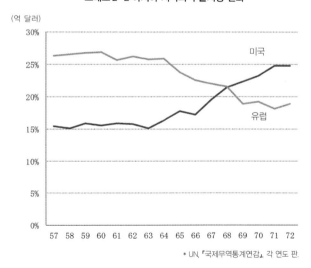

그래프 2-2 아시아 지역의 수출시장 변화

(억 달러)

미국

유럽

57 58 59 60 61 62 63 64 65 66 67 68 69 70 71 72

* UN, 『국제무역통계연감』, 각 연도 판.

에서 23억 달러로, 대미수출액은 12억 달러에서 14억 달러로 약간 증가하는 데 그쳤지만, 1965년 이후에는 대미수출액이 급격하게 증가해 70년에는 34억 달러에 이르렀다. 이에 비해 대유럽수출액은 28억 달러 수준에 머물고 있었다. 그래프 2-2에서 볼 수 있듯, 유럽의 비중은 상대적으로 낮아진 반면, 미국의 비중은 점차적으로 증대되고 있다. 60년대 아시아의 수출시장은 후반으로 갈수록 미국의 수요가 급격하게 커지는 양상을 보이고 있었다.

2. 동아시아경제와 외국원조

다음으로 아시아 나라들에 대한 외국자본의 투자 동향을 살펴보도록 한다. 국제연합은 케네디 대통령의 제안에 따라 1960년대를 '국제연합개발 10년'으로 정하고, 발전도상국 지역의 경제성장률을 연평균 5% 향상시킨다는 목표에 전념했다. OECD개발원조위원회(DAC) 역시 'GNP의 1% 원조'를 목표로 삼아 발전도상국에 거액의 경제원조를 제공했다. 1961년부터 1970년까지 10년 동안 선진국들이 발전도상국에 공여한 원조는 630억 달러에 달했다. 아시아 나라들이 제공받은 원조금액은 61년 22억 달러 수준에서 70년에는 40억 달러로 증가했다. 이에 따라 선진국의 원조총액에서 아시아가 차지하는 비중 또한 61년 45%에서 70년에는 53%로 확대되었다. 이 10년의 기간 동안 남북문제를 배경으로 아시아의 지위가 서서히 높아지고 있었음을 알 수 있다. 선진국의 경제원조 흐름에서 아시아 나라들의 경제원조 수령상황을 '동아시아'와 '남아시아'로 나누어 살펴보면 두 지역 간에 상충관계가 드러난다. 1960년대 동아시아는 전반기 보합상태를 유지하다 후반기에는 상승하는 경향으로 전환되고 있지만, 남아시아의 비중은 급격하게 감소하고 있다는 사실에 특히 유의해야 한다. 남아시

그래프 2-3 아시아 지역별 경제원조 수령액 추이

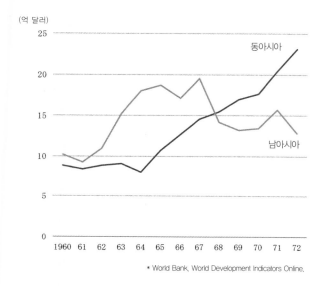

(억 달러)

동아시아

남아시아

* World Bank, World Development Indicators Online.

그래프 2-4 아시아 지역에 대한 미국의 경제원조 추이

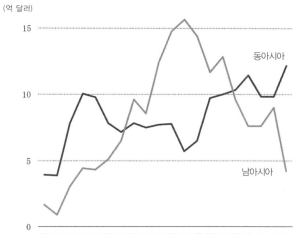

(억 달러)

동아시아

남아시아

* 미상무부 편(1986), 「미국역사통계 : 식민지시대~1970년 〈제2권〉」,
사이토 마코토(斎藤眞)·토리이 야스히로(鳥居泰彦) 감수·번역, 原書房, 872~875쪽.

아의 경제원조 수령규모는 60년대 들어 서서히 증가하다 후반에는 감소하는 경향으로 바뀌었다. 지역배분이 역전된 것이다. 이러한 지역배분의 역전은 미국의 대외원조정책과 일맥상통한다는 점에서 흥미롭다고 할 수 있다.

베트남전쟁이 미국의 대외원조정책에 미친 영향은 대단히 컸다. 베트남전쟁이 본격화되면서 동아시아 지역이 경제원조에서 차지하는 비중이 확대되었다. 그래프 2-4에서 미국의 대아시아 경제원조 동향을 살펴보면, 60년대 후반 들어 남아시아의 비중은 현저하게 감소한 반면, 동아시아 지역의 비중은 확대되고 있다. 베트남전쟁의 확산과 함께 제출된 '동남아시아개발구상'이 원조정책에 반영되었던 것이다.

일본의 경제원조 역시 60년대 후반부터 상당히 큰 변화를 보였다. 1958년 일본은 인도에 5000만 달러 규모의 제1차 엔 차관을 공여했다. 일본은 대인도채권국회의의 일원이기도 했지만 이는 미국의 대외원조정책이 반영된 것이기도 했다. 인도에 대한 원조는 일본의 정부개발원조에서 가장 큰 비중을 차지하고 있었고, 인도는 60년대 전반까지 일본의 최대 원조수혜국이었다. 정부개발원조에서 인도가 차지하는 비중은 60년대 13.4%에서 64년 큰 폭으로 증가해 30.4%에 이르렀다. 이러한 원조는 인도정부가 개발계획을 수행하는 데 필요한 특수강공장이나 비료공장, 발전소 등을 건설하기 위해 일본에서 자본재를 수입하는 데 중점적으로 사용되었다. 파키스탄에 대한 원조 또한 1964년 13.9%를 차지해 남아시아의 이 두 나라가 일본의 정책개발원조의 약 절반가량을 차지했다. 일본의 원조정책 역시 남아시아 중시로 기울어 있었음을 엿볼 수 있다. 그러나 60년대 후반에 들어서면 미국의 원조정책 변화가 반영되어 일본의 정부개발원조에서 남아시아가 차지하는 지위가 낮아지기 시작해 70년에는 15.8%로 하락했다. 이 시기의 가장 큰 특징은 원조규모가 크게 감소했을 뿐만 아니라 남아시아로부터 동아시아로 원조의 중심이 이동했다는

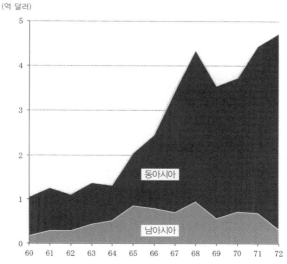

그래프 2-5 아시아 지역에 대한 일본의 경제원조 추이

(억 달러)

동아시아

남아시아

* 통상산업성무역진흥국, 「경제협력의 현상과 문제점」 1958~1975년;
일본은행통계국, 「아시아 · 대양주 주요국의 국제비교통계」 1967~1970년 판.

것이다. 60년대 전반 약 1억 달러였던 원조규모는 65년 2억 달러를 넘어
섰고, 70년대에는 4억 5800만 달러까지 확대되었다. 지역구성 역시 그래
프 2-5에서와 같이, 65년 이후에는 동아시아 지역으로 현저하게 집중되
었다. 일본은 65년을 경계로 동아시아 원조에 주력한 반면, 남아시아에
대한 원조에는 전반적으로 소극적이었고, 그 성격도 긴급조치적인 것으
로 바뀌었다.

베트남전쟁이 확산되면서 아시아로의 편중 경향은 군사원조에서 더욱
뚜렷하게 나타났다. 미국의 대아시아 군사원조액을 그래프 2-6에서 살펴
보면, 동아시아에 대한 군사원조 누계액은 60년대 전반(1961~65년) 약 39
억 달러에서 후반(1966~70년)에는 107억 달러로 증가했음을 알 수 있다.
군사원조에서 차지하는 비중도 전반기 49%에서 후반기에는 거의 82%까
지 확대되었다. 동아시아 나라들은 이러한 대규모 군사원조를 통해 군사

그래프 2-6 아시아 지역에 대한 미국의 군사원조액 추이

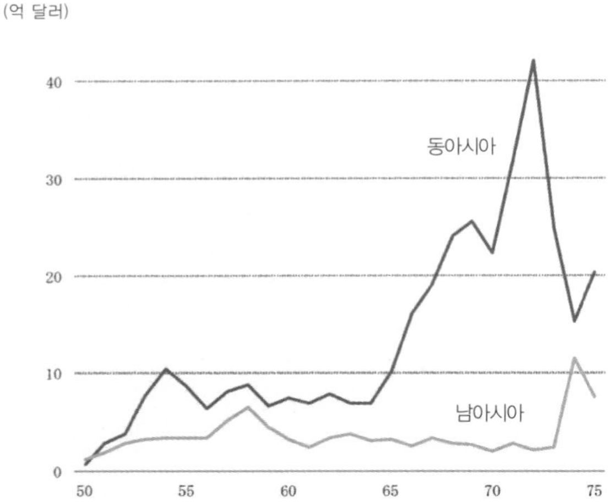

(억 달러)

동아시아

남아시아

* U.S. Department of Commerce, *Statistical Abstract of the United States*, 각 연도 판.

비 부담을 줄이고, 재정상황을 개선할 수 있게 되어 이를 경제개발자금으로 활용할 수 있었다. 이러한 점에서 대규모 군사원조가 동아시아의 경제개발과 밀접한 관련이 있다는 점에 주목해야 한다.

3. 동아시아경제와 베트남특수

베트남전쟁이 본격적으로 확산되기 시작한 것은 1965년 이후였다. 베트남전쟁은 1965년 2월 미국이 북베트남을 공격하면서 단계적으로 확대되다 69년 7월 미군이 철수를 개시하고 파리평화협정이 체결(73년 1월)된 후 75년에 남북이 통일되면서 종결되었다. 장기간에 걸쳐 대규모로 벌어졌던 베트남전쟁이 한국을 비롯한 동아시아 나라들의 경제에 미친 영향을 명확하게 설명하기란 쉽지 않지만, 베트남특수의 유입효과가 장기간에

걸쳐 나타났기 때문에 동아시아경제에 미쳤던 영향은 대단히 컸다.

1961년 말 미국은 1만 5000명의 '군사고문단'을 베트남에 파견하고, 65년 2월 북베트남에 대한 공격을 개시했다. 65년 말 미국은 베트남전쟁에 18만 명의 병력을 파병했는데, 66년 말에는 파병규모가 40만 명을 넘었고, 68년에는 54만 8400명으로 정점에 달했다. 1969년 이후 철수계획이 진행됨에 따라 미군의 수가 지속적으로 감소해 1972년에는 총 3만 명까지 감축되었다. 한국, 태국, 필리핀, 오스트레일리아, 뉴질랜드 등도 파병에 가담했는데, 제3국군의 규모는 급속하게 확대되어 최대 약 7만 명에 이르렀다. 베트남전쟁에 참가한 미군과 제3국군의 수는 총 300만 명이 넘었다. 국지전적 성격이 강한 베트남전쟁이었지만 전투만은 대규모로 수행되었음을 알 수 있다.

베트남전쟁이 대규모로 벌어지면서 미국의 국방비도 '동남아시아특별비'를 중심으로 급속하게 팽창했다. 미국의 국방비지출 추이를 보면, 65년 486억에서 69년 802억 달러로 꾸준히 증가하다 69년 7월 미군이 철수를 개시하면서 70년에는 793억 달러, 72년에는 774억 달러로 감소했다. 이 중 베트남전 전쟁비용, 즉 '동남아시아특별비'는 65년 1억 달러에서 67년 201억 달러, 69년에는 288억 달러로 급격하게 팽창했는데, 이는 각각 국방비지출액의 0.2%, 29.1%, 35.9%에 해당하는 규모였다.[02] 베트남특수는 미국이 베트남전에 전면적으로 개입하면서 편성된 '동남아시아특별비'에 의한 것이었다. '동남아시아특별비' 가운데 미군이 해외에서 재화와 서비스를 직접 구입하는 데 사용한 해외군사비가 베트남특수로 이어진 것이다. 미국이 동아시아 지역에서 지출한 군비는 ① 미군의 지출, ② 베트남 주재 미군의 군수물자조달, ③ 미군 귀휴병의 지출 등을 통해 동아시아 각지로 퍼져나갔다.

---

02 U.S. Department Commerce(1975), *Statistical Abstract of the United States 1975*.

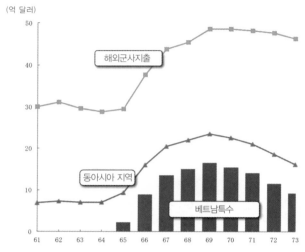

그래프 2-7 미국의 해외군사지출액과 베트남특수 추이

(억 달러)

해외군사지출

동아시아 지역

베트남특수

61 62 63 64 65 66 67 68 69 70 71 72 73

* U.S. DEPARTMENT OF COMMERCE , *SURVEY OF CURRENT BUSINESS*, FEB. 1972, p.26; APR.1975, p.58.

그래프 2-7에서 볼 수 있듯, 미국의 해외군사비 지출은 64년 29억 달러에서 70년 49억 달러로 꾸준히 증가하는 추세였다. 주목해야 할 점은 해외군사비 지출이 동아시아 지역에 집중적으로 분포되어 있었다는 사실이다. 미국의 해외군사비 지출은 베트남전쟁이 본격화되면서 급속하게 팽창했는데, 그 가운데 동아시아 지역에 대한 지출은 64년 7억 달러에서 65년 9.3억 달러, 69년 23.5억 달러로 정점에 달한 뒤 차츰 줄어들기 시작해 70년에는 22.5억 달러로 감소했다. 동아시아 지역에서 지출된 금액은 65~70년 총 114억 달러가 넘었고, 이는 같은 기간 해외군사비 지출액의 약 절반가량을 차지하는 규모였다. 미국이 베트남전쟁에 참전하기 전 동아시아에 투입했던 군사비를 통상적인 수준으로 본다면, 베트남특수의 규모는 65년 2.2억 달러에서 70년 약 15.5억 달러로 추산되며, 1965~1970년 누계총액은 71.5억 달러에 달하는 것으로 평가된다. 이러한 대규모 특수는 장기간에 걸쳐 베트남을 둘러싼 동아시아 나라들에 중

표 2-1 동아시아 나라들의 베트남특수와 GDP 비율

(단위: 백만 달러)

	1965년	1966년	1967년	1968년	1969년	1970년	누계액
태국	22	106	197	266	225	197	1,013
	0.5%	2.0%	3.5%	4.4%	3.4%	2.8%	2.9%
한국	19	80	153	197	257	204	910
	0.6%	2.2%	3.6%	3.8%	4.0%	2.5%	3.0%
싱가포르	14	60	78	98	125	88	463
	1.4%	5.5%	6.3%	6.9%	7.5%	4.6%	5.6%
홍콩	45	50	46	47	50	71	309
	1.8%	2.0%	1.7%	1.7%	1.6%	1.9%	1.8%
대만	6	81	53	27	48	40	255
	0.2%	1.9%	1.1%	0.5%	0.7%	0.5%	0.8%
필리핀	17	33	55	72	36	8	221
	0.3%	0.5%	0.8%	0.9%	0.4%	0.1%	0.5%
소계	123	410	582	707	741	608	3,171
남베트남	108	457	597	505	521	531	2,719
일본(오키나와 포함)	32	234	384	466	557	567	2,240
합계	263	1,101	1,563	1,678	1,819	1,706	8,130

* 일본은행조사국(1973), 115~116쪽; 미조구치 도시유키 편(2008), 393쪽; 통계청(1995), 315쪽;
  World Bank, World Development Indicators Online.

점적으로 배분되었다.

표 2-1에 나타난 바와 같이, 각 나라에 유입된 금액은 규모와 추이 면에
서 제각각이었지만, 동아시아경제를 부양하는 데 필요한 마중물로서 중
요한 역할을 수행했다. 1965~70년까지 태국은 공항, 도로 등 미국의 군사
기지 건설이나 미군의 주둔 또는 귀휴병의 증가로 누계액이 10억 1300만
달러에 달했고, 한국은 국제연합군의 물자조달이나 베트남파병 군인들의
송금 등으로 누계액이 9억 1000만 달러에 이르렀다. 싱가포르에는 남베트
남으로 수출되는 석유정제품에 대한 중계무역 등을 통해 4억 6300만 달
러가, 홍콩에는 미국 귀휴병의 지출과 해운 수입 등으로 3억 900만 달러
이상이 유입되었다. 미군의 지출과 남베트남 수출 등으로 대만에도 2억

5500만 달러가 유입되었으며, 필리핀에는 주둔군과 귀휴병의 지출 등으로 2억 2100만 달러가 넘는 금액이 유입되었다. 장기간에 걸쳐 동아시아 각 나라들에 유입된 거액의 베트남특수는 국제수지를 개선하거나 경제성장을 촉진시키는 데 대단히 큰 기여를 했다. 예를 들어 동아시아 5개국의 외화준비고는 1969년 말 39억 달러로 64년 말과 비교해 23억 달러, 70% 증가했으며, 그만큼 각 나라의 수입여력 또한 대폭 증대되었다.

1965~70년 동아시아 나라들의 GDP 대비 베트남특수 비율은 싱가포르 5.6%, 한국 3.0%, 태국 2.9%, 홍콩 1.8%, 대만 0.8%, 필리핀 0.5%로 싱가포르와 한국, 태국의 경우에는 특수가 경제에서 차지하는 비중이 높았던 반면, 대만과 필리핀은 낮았다. 같은 기간 GDP성장기여율을 보면, 싱가포르 45%, 태국 32%, 홍콩 20%, 한국 18%, 필리핀 16%, 대만 5% 수준이었다. 베트남특수를 누렸던 나라들은 주로 동아시아 지역에 편중되어 있었고, 특히 태국이나 한국과 같이 베트남전쟁에 참전한 협력국에 집중되어 있었다. 나라마다 정도의 차이는 있었지만, 베트남특수가 동아시아 경제에 적지 않은 영향을 미치고 있었던 것만은 틀림없다.

아시아를 둘러싼 국제경제환경이 동아시아 지역에 유리한 방향으로 전환되면서 동아시아의 경제발전이 촉진될 수 있었던 반면, 남아시아 지역에는 불리해져 경제발전의 족쇄가 되었다고 할 수 있다. 베트남전쟁의 확대와 더불어 남아시아 지역과 동아시아 지역의 성장은 그 명암이 뚜렷하게 갈렸다. 동아시아 지역은 60년대 전반에 이미 연평균 6.6%의 성장을 달성하며 남아시아 지역의 성장률 3.9%를 넘어섰다. 60년대 후반 들어 동아시아 지역은 성장률이 9.8%까지 증가해 성장 속도가 빨라진 반면, 남아시아 지역은 2.2%로 감소했다. 동아시아 지역은 베트남특수나 국제경제환경의 호전으로 성장에 박차를 가할 수 있었지만, 남아시아 지역은 베트남특수의 혜택을 받지 못했을 뿐만 아니라 국제경제환경마저 악화되었다. 아시아 나라들의 대외경제에 지대한 영향을 미친 베트남전쟁으로 말미암아 성장의 명암이 엇갈리게 되면서 이른바 '동아시아의 기적'이 탄생했다. 베트남전쟁의 효과였던 경제원조의 확대를 통해 동아시아 나라들은 수입대체공업화에서 수출지향공업화로 전환할 수 있었다. 동아시아 나라들에게 베트남전쟁은 자립적 경제발전에서 외향적 경제발전으로 변모하는 계기가 되었지만, 남아시아 나라들에게는 대외의존형 경제발전 경로에서 '내향적' 전략으로 방향이 전환되는 발판이 되었다는 점에서 중요한 역할을 했다고 볼 수 있다.

제2절 _ 동아시아의 수출지향공업화와 미국시장

동아시아 나라들이 수출촉진에 적극적으로 나섰던 1960년대 후반은 미국 경제가 이상하리만큼 지속적으로 성장했을 뿐 아니라, 베트남전쟁의 단계적 확산으로 인한 군사적 수요가 급격히 증가해 수입수요 또한 왕성했던 시기였다. 표 2-2는 1960년대 미국의 GDP성장률과 수입증가율을 나타낸 것이다. 60~70년까지 미국의 수입은 연평균 10.2%의 증가율을 보이며 크게 확대되었다. 이는 50년대 연평균증가율 5.3%를 훌쩍 뛰어넘는 수준이었고, 수입액은 61년 151억 달러에서 70년 400억 달러로 2.7배 증가했다.[03] 특히 베트남전쟁이 확산된 1965년 이후에는 수입액이 급속하게 증가했다. 60년대 후반의 증가율은 연평균 13.3%로 60년대 전반의 7.3%를 크게 초과하고 있었는데, 미국의 수입이 1965년 이후 눈에 띄게 빠른 속도로 확대되고 있었음을 알 수 있다. 1950년대 수입증가율은 GDP성장

---

03 UN, 『국제무역통계연감 1965~1973』.

표 2-2 미국의 GDP성장률과 수입증가

	1950~60년	1960~70년	(1960~65년)	(1965~70년)
GDP	6.0%	7.0%	6.4%	7.6%
개인소비	5.6%	6.9%	6.0%	7.9%
설비투자	3.8%	6.8%	8.4%	5.2%
정부지출	9.1%	7.7%	6.3%	9.1%
수출	7.2%	8.1%	6.3%	9.9%
수입	5.3%	10.2%	7.3%	13.3%

* 인덱스주식회사(2009), UN, 『국제무역통계연감』, 각 연도 판.

그래프 2-8 1960년대 미국의 수입 추이

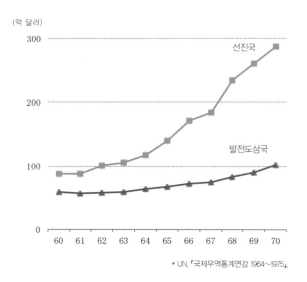

* UN, 『국제무역통계연감 1964~1975』.

률을 밑돌았고 개인적 소비보다 낮은 수준이었지만, 60년대 후반에는 수입증가율이 GDP성장률의 2배로 높아졌다. 1960년 GDP 대비 수입증가율은 2.9%였는데, 1964년에도 2.9%로 변동 없이 유지되다 70년에는 3.9%로 높아졌다. 세계무역에서 미국의 수출입이 차지하는 비중을 보면, 수출은 60년대 내내 감소한 반면, 수입은 65년부터 크게 증가했다. 미국의 수출 비중은 64년 15.5%에서 70년 14.2%로 감소했지만 같은 기간 수입은 10.7%에서 12.5%로 확대되었다.

그래프 2-8에서 미국의 수입을 선진공업국과 발전도상국으로 나누어 살펴보면, 1965년 이후 선진공업국으로부터의 수입은 급격하게 증가한 반면, 발전도상국으로부터의 수입은 천천히 증가하고 있음을 알 수 있다. 선진공업국으로부터의 수입은 65~70년 연평균 15.5%의 증가율을 보이며 64년 118억 달러에서 70년 2.4배인 287억 달러로 증가했다. 이에 따라 수입총액에서 차지하는 비중도 64년 62.9%에서 70년에는 71.8%로 확대되었다. 한편, 65~70년 발전도상국으로부터의 수입은 연평균 8.6%의 증가율을 나타내며 64년 64억 달러에서 70년에는 102억 달러로 1.6배 증가했지만, 수입총액에서 차지하는 비중은 64년 34.0%에서 70년 25.6%로 하락했다. 이처럼 60년대 후반 미국의 수입에서는 선진공업국의 성장과 발전도상국의 후퇴가 뚜렷하게 나타나고 있었다.

그러나 그래프 2-9에서 알 수 있는 것처럼, 발전도상국의 지위가 후퇴하고 있는 와중에서도 아시아 지역은 다른 발전도상국 지역과 달리 높은 성장세를 나타내고 있었다. 미국의 수입에서 발전도상국의 구성 변화를 지역별로 살펴보면, 타 지역에 비해 아시아로부터의 수입이 눈에 띄게 증가하고 있음을 알 수 있다. 특히 65~70년까지의 기간 동안 아시아로부터의 수입은 연평균 15.0% 증가하며 크게 확대되었다. 이는 60년대 전반의 연평균증가율 6.9%를 크게 초과한 것으로 70년 수입액은 64년 14.4억 달러보다 약 2.3배 증가한 33.3억 달러에 달했다. 반면, 라틴아메리카

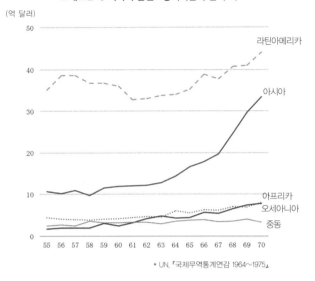

그래프 2-9 미국의 발전도상지역별 수입 추이

(억 달러)

라틴아메리카

아시아

아프리카

오세아니아

중동

55 56 57 58 59 60 61 62 63 64 65 66 67 68 69 70

* UN, 「국제무역통계연감 1964~1975」

로부터의 수입은 평균 4.6% 증가해 64년 34억 달러에서 70년 44.1억 달러로 약 1.3배 증가하는 데 그쳤다. 미국의 수입에서 각 지역이 차지하는 비중을 보면, 아시아 64년 7.7%에서 70년 8.3%, 라틴아메리카 18.1%에서 11.0%, 아프리카 3.3%에서 2.0%, 오세아니아 2.3%에서 2.0%, 중동 1.9%에서 0.8%로, 아시아의 비중은 높아진 반면, 다른 네 지역은 모두 감소했다. 1960년대 후반부터 라틴아메리카, 아프리카, 오세아니아, 중동은 어느 지역이건 지위가 하락할 수밖에 없었지만, 대조적으로 아시아의 지위만은 상승했다는 시기적 특징을 눈여겨볼 필요가 있다.

　1960년대 미국의 대아시아 수입 동향에서 눈여겨봐야 할 점은 같은 아시아 나라라고 해도 지역에 따라 성장패턴이 매우 달랐고, 아시아 지역을 '동아시아'와 '남아시아'로 나누어 살펴보면, 양 지역에서 나타나는 모습이 상당히 대조적이었다는 것이다. 그래프 2-10을 보면, 60년대 후반 들어 '남아시아'로부터의 수입은 침체상태에 있는 반면, '동아시아'로부터

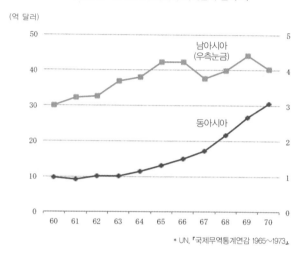

그래프 2-10 미국의 아시아 지역별 수입 추이

(억 달러)

남아시아
(우측눈금)

동아시아

* UN, 「국제무역통계연감 1965~1973」

의 수입은 급속히 확대되고 있어 두 지역의 차이가 뚜렷함을 알 수 있다.
60년대 전반인 60~64년 남아시아에 대한 수입증가율은 평균 6.0%로 동
아시아의 4.0%보다 높았을 뿐 아니라 미국의 수입총액증가율 5.6%보다
도 높았다. 그러나 64~70년에는 남아시아에 대한 수입증가율이 0.9%로
급격하게 하락한 반면, 동아시아는 17.8%라는 높은 증가율을 보이며 미
국의 수입총액증가율 13.4%를 훨씬 웃돌았다. 그 결과, 동아시아로부터
의 수입액은 64년 14.4억 달러에서 70년 30.6억 달러로 약 2.7배 증가했고,
미국 수입에서 차지하는 비중도 64년 6.1%에서 70년 7.7%로 확대되었다.
이러한 사실만 보더라도 남아시아로부터의 수입이 저조한 상태에 접어들
고, '동아시아'로부터의 수입은 상승세로 전환되었던 시기가 1965년 이후
였음을 명확하게 알 수 있다. 흔히 동아시아경제의 최대특징이 뛰어난 수
출실적이라고 지적되곤 하는데, 정말 중요한 것은 수출에 박차가 가해진
시기가 1965년 이후였다는 점이다.

제3절 _ 인도의 공업화 정체와 한강의 기적

1. 외향형 경제성장의 명암

한국경제가 당시 비관적인 경제전망을 완전히 뒤집어엎고 대단히 빠른 속도로 경제성장을 이룩했던 시기 역시 1965년 이후였다는 사실은 앞서 여러 번 설명한 바 있다. 이와 대조적으로 아시아의 공업선진국이었던 인도의 경제성장은 1965년을 기점으로 둔화세를 나타내기 시작했는데, 이 점을 간과해서는 안 된다. 이러한 성장의 명암은 서로 관련이 있는 것으로 여겨지기 때문이다. 아시아 경제발전의 명암을 '한국의 성장'과 '인도의 침체'라는 대조적인 움직임으로 정리, 고찰하는 것은 한국의 고도성장을 해명하는 데 있어서도 중요하다. 단선적인 발전단계사관에 입각하여 1960년대 한국의 성장을 '경제적 성공'으로만 이해할 것이 아니라, 이를 인도경제의 '급격한 발전 속도 저하 및 공업화의 정체'와 동시

그래프 2-11 한국과 인도의 GDP 규모 추이

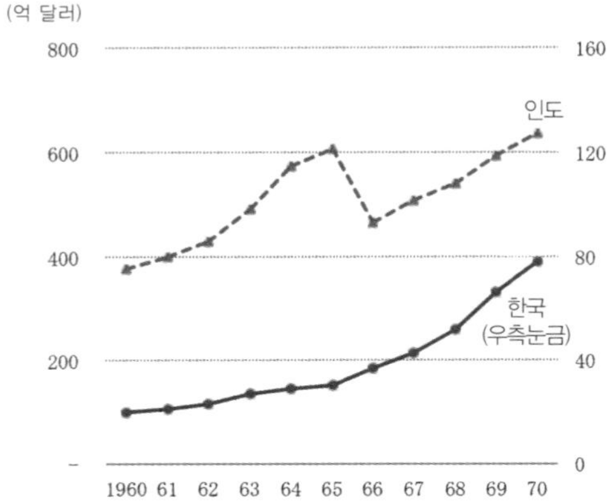

* 통계청(1995); World Bank, World Development Indicators Online.

적으로 나타나는 현상으로 파악해 그 상관관계를 검토할 필요가 있을 것이다.

그래프 2-11은 1965년 이후의 GDP 추이로 그 움직임이 매우 상반됨을 알 수 있다. 한국은 가속적인 상승 경향을 보이고 있는 반면, 인도는 하락세가 뚜렷하게 나타나고 있다. 인도의 GDP는 1970년이 되어서야 65년 수준으로 회복되었는데, 이러한 경제실적의 차이는 결과적으로 1인당 국민소득에도 반영되었다.(그래프 2-12) 한국의 1인당GDP는 1970년 253달러로 65년에 비해 2배 이상 증가했다. 반대로 인도는 60년 84달러에서 65년 122달러로 지속적으로 증가해 같은 해 한국의 105달러보다 높았지만, 70년에는 114달러 수준으로 하락했다.

한국경제의 규모는 제조업부문을 중심으로 현저하게 확대되었다. 특히 60년대 후반의 비약적인 경제성장은 제조업의 발전 덕분이었다. 표 2-3에서 볼 수 있는 바와 같이, 전반기(1960~65년) 한국제조업의 평균성장률은 11.7%였지만, 후반기(1965~70년)에는 22.1%라는 경이적인 기록을 달성했다. 이와 달리 인도는 전반기의 9.1%가 후반기에는 2.6%로 크게 저하되었

그래프 2-12 한국과 인도의 1인당GDP 추이

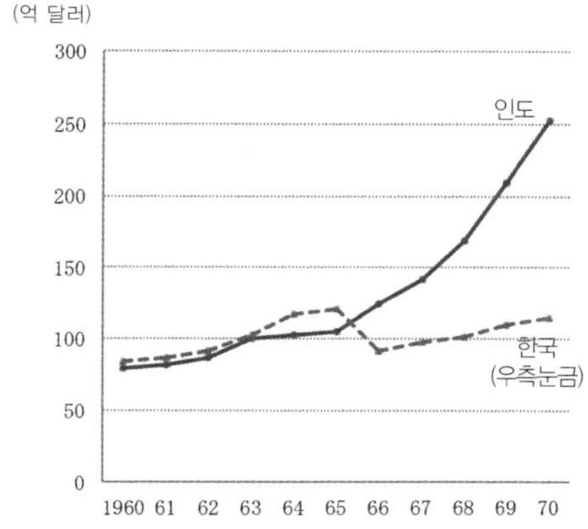

(억 달러)

* 통계청(1995): World Bank, World Development Indicators Online.

표 2-3 1960년대 아시아 나라들의 제조업 평균성장률

	1960~65년	1965~70년
한국	11.7%	22.1%
대만	12.8%	17.7%
싱가포르	10.0%	16.2%
홍콩	–	13.4%
태국	11.2%	10.2%
말레이시아	10.2%	9.7%
필리핀	6.1%	5.1%
인도네시아	2.0%	8.0%
인도	9.1%	2.6%
파키스탄	14.0%	8.7%
스리랑카	5.2%	7.3%
아시아·태평양 지역	7.7%	4.6%

* UN(1979), p.40; 미조구치 도시유키 편(2008), 398쪽.

그래프 2-13 인도 제조업의 기간별 평균성장률

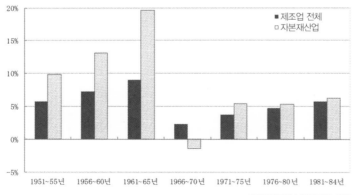

* 코지마 마코토(小島眞)(1993), 22쪽.

다. 중요한 점은 인도의 공업부문성장률이 1965년을 기점으로 하락하기 시작해 그 이후에도 쉽게 회복되지 못하고 장기침체의 올가미에 걸리게 되었다는 사실이다.(그래프 2-13) 무엇보다 염두에 두어야 할 것은 65년을 계기로 특히 부진이 심각했던 부문이 자본재산업이었다는 점이다. 이 부문의 연평균실질성장률은 1961~65년 19.6%에서 1966~70년 마이너스 1.4%로 전락했다. 인도의 자본재산업은 80년대 중반까지 거의 20년간 장기적인 침체를 겪었다.

인도의 공업화가 정체를 맞게 된 원인으로 강조되어온 것은 65년 제2차 인도·파키스탄 분쟁, 2년에 걸친 가뭄으로 인한 농업생산의 정체, 국제수지의 위기였다.[04] 그러나 좀 더 깊이 고찰해보면, 이러한 사정들을 원인으로 다루는 논의들이 수박 겉핥기에 불과하다는 것을 알 수 있다. 베트남전쟁을 둘러싼 미국과의 알력을 다루지 않는 논의들에는 위기의 원인을 '인도정부의 관리책임'으로 돌리려는 의도가 강하게 배어 있다. 베트남전쟁으로 인해 미국과 인도의 관계가 악화되자 미국이 '인도를 방치'했다는 사실을 표면화시키지 않는 것이다. 그러나 1965년을 경계로 인도를 둘러싼 국제정치경제환경의 악화가 인도경제에 미쳤던 영향은 결코 무시할 수 없다. 앞에서 기술했듯, 1960년대 전반까지 인도는 한국과 비교할 수 없을 정도로 수출지향공업화가 진행되고 있었을 뿐 아니라 외국자본을 지렛대 삼아 산업의 고도화를 추진하는 등, 이른바 '외향적 개발전략'의 전형이라 해도 과언이 아니기 때문이다. 이러한 관점에서 본다면 인도를 둘러싼 국제경제환경의 변화를 가볍게 취급해선 안 될 것이며, 이를 한국을 둘러싼 국제환경과 비교해 양국의 명암을 검토해보고자 한다.

---

04 에쇼 히데키(絵所秀紀)(1991), 제2장 참조.

2. 성장의 명암을 나누는 요인

(1) 외자도입

첫째, 인도의 공업성장을 지탱해주는 중요한 요소였던 경제원조 동향을 주의 깊게 살펴보아야 한다. 그래프 2-14에서 선진국이 지원한 경제원조의 수령현황을 보면, 한국과 인도의 극적인 변화가 눈에 띈다. 인도는 60년대 전반 증가 경향에서 후반 감소 경향으로 급격하게 전환된 반면, 한국은 반대로 감소 경향에서 증가 경향으로 바뀌었다. 인도에 대한 경제원조는 60년대 초 상당히 급격하게 증가했지만, 60년대 후반부터 급제동이 걸리면서 70년에는 7억 8000만 달러로 크게 감소했다. 이 때문에 선진국의 원조 총액에서 인도가 차지하는 비중 역시 64년 20%에서 70년에는 10%로 하락했다. 그래프 2-15에서 인도에 대한 원조승인액(1963년 말)을 항목별로 살펴보면, 공업개발에 관한 것이 총액의 57%를 차지해 비중이 가장 높았

그래프 2-14 선진국 경제원조 수령액 추이(한국과 인도 비교)

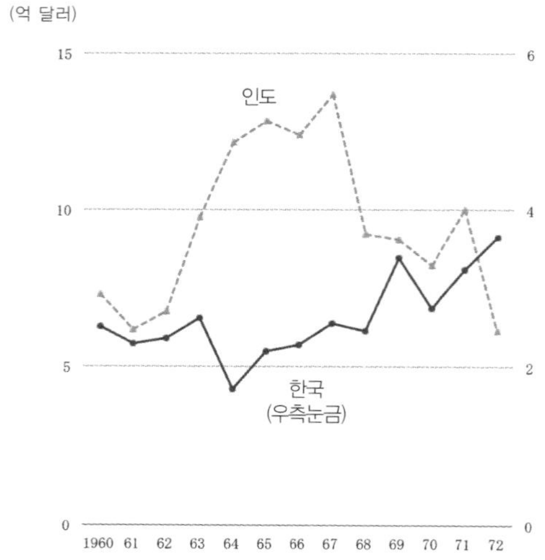

* World Bank, World Development Indicators Online.

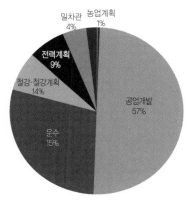

그래프 2-15 인도의 목적별 경제원조 수령액
(1963년 말 승인액, 280억 루피)

밀차관 농업계획
4% 1%

전력계획
9%

철강·철강계획
14%

운수
15%

공업개발
57%

* 하라 가쿠텐 편(1967), 37쪽.

고, 그 뒤를 이어 운수부문 15%, 철강부문 14%, 전력부문 9%, 밀차관 4%, 농업부문이 1%를 차지하고 있다. 농업부문에 대한 원조는 전체의 1%에 불과한 반면, 공업 및 인프라부문에 대한 원조가 거의 대부분을 차지하고 있었다. 그러나 해외차관을 지렛대 삼아 공업구조의 고도화를 추진하던 인도는 원조가 감소하자 공업 및 인프라에 대한 투자가 저조해질 수밖에 없었고, 그 결과 공업생산의 확대에 제동이 걸리게 되었다.

60년대 전반 인도의 대외경제원조 수령액은 총액의 약 60%가 미국의 원조일 정도로 대미의존도가 매우 높았다. 미국의 원조는 주로 공업개발과 인프라, 식량 세 부문에 사용되었는데, 이는 미국-인도 프로젝트를 기초로 한 것이었다. 그러나 60년대 후반부터 감소 경향이 뚜렷하게 나타나면서 1964년 8.6억 달러였던 것이 72년에는 1.1억 달러로 급감했다. 이에 따라 64년 25%를 차지했던 미국의 경제원조 비중은 72년 3.3%로 낮아졌다.(그래프 2-16)

미국이 인도원조를 중단한 이유로 자주 거론되는 파키스탄과의 관계악

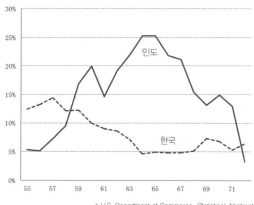

그래프 2-16 미국의 대외경제원조와 인도의 지위

인도

한국

55 57 59 61 63 65 67 69 71

* U.S. Department of Commerce, *Statistical Abstract of the United State*, 1966~1975.

화는 표면적인 것에 불과하다. 첫째, 베트남에서의 지출증대로 안보를 위한 자금의 비율이 높아져 종래와 같이 대량의 개발원조가 공여될 수 없었고 둘째, 동남아시아개발구상으로 인해 남아시아에 원조가 집중될 수 없었으며 셋째, 미국의 안보라는 측면에서 인도의 전략적 위치가 약화되었다는 등의 사정이 중첩되어 미국의 대인도 원조가 소극적으로 바뀔 수밖에 없었기 때문이다. 앞서 설명한 바와 같이, 이 시기 안보상의 요구에서 비롯된 미국의 원조정책 변화에 강력한 영향을 받은 주인공은 인도였다. 미국의 대인도 원조는 인도의 공업화 성공에 함의되어 있는 세계경제적 중요성을 상징하고 있었다는 점에서 이러한 변화는 사실상 '인도모델의 포기'를 의미했다. 이 점에 특히 주목해야 한다.

(2) 생산재 수입

두 번째로 주목해야 할 것은 수입의 동향이다. 그래프 2-17은 한국과 인도의 수입액 추이를 비교한 것으로, 대조적인 움직임이 눈에 띈다. 한국은

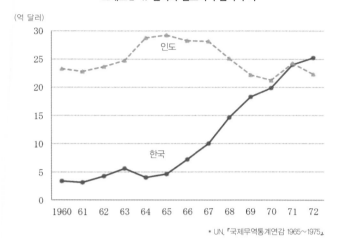

그래프 2-17 한국과 인도의 수입액 추이

(억 달러)

인도

한국

1960 61 62 63 64 65 66 67 68 69 70 71 72

* UN, 「국제무역통계연감 1965~1975」.

거의 변동이 없다가 1965년을 경계로 놀라운 증가 경향을 나타낸 반면, 인도는 증가 경향에서 감소 경향으로 전환되고 있었다.

1960년대 후반 인도의 수입액이 급속히 감소하게 된 이유는 이 시기 선진국으로부터의 원조공여액이 대폭 감소되었기 때문이었다. 인도경제에서 원조가 얼마나 중요했는지는 인도의 수입 중 외국의 원조를 받아 공급되는 부분의 비율만 보아도 알 수 있다. 60년대 전반 인도는 특히 기간산업의 확충, 전력개발을 위한 주요 플랜트 수입, 중기계, 석유정제 등 수입 자본재의 역할이 컸던 중화학산업을 개발하기 위해 연간 10억 달러가 넘는 자본재를 수입하고 있었는데, 이는 대부분 선진국의 원조를 통해 가능했다. 60년대 전반 수입의 원조의존율은 자본재 수입이 급증하면서 61년 29%였던 것이 62년 29%, 63년 39%, 64년 42%, 65년 44%로 증가했고, 65년에는 수입액의 약 절반가량이 외국원조에 의한 것이었다. 1958년 세계은행과 12개 선진국으로 구성된 대인도채권국회의에서 적극적으로 원조를 공여한 덕에 인도는 무역수지 역조현상이 나타났음에도 불구하고 공

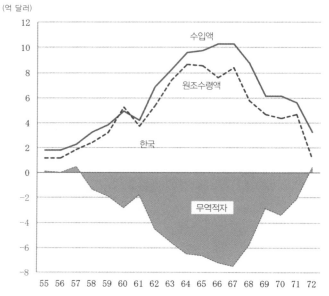

그래프 2-18 인도의 대미수입액, 원조수령액, 무역적자 추이

(억 달러)

* UN, *Statistical Yearbook for Asia and The Far East 1965~1975*; U.S. Department of Commerce, *Statistical Abstract of the United State, 1960~1975*.

업화를 위한 자본재를 무사히 수입할 수 있었다. 그러나 60년대 후반에 들어서면서 대인도채권국회의 회원들의 원조가 대폭적으로 감소하여 자본조달 전망이 밝지 못한 상태가 되자 66년 4월부터 실시될 예정이었던 제4차 5개년계획은 조정을 위해 어쩔 수 없이 3년간 연기되었다.

그래프 2-18은 인도의 대미수입액과 원조수령액, 무역적자 추이를 나타낸 것이다. 1957년 이후 대미수입액이 대폭 증가했음을 알 수 있는데, 특히 제3차 5개년계획(1961년 4월~66년 3월)을 수행하는 과정에서 미국에 대한 의존도가 크게 높아졌다. 미국에 대한 수입의존도는 56년 12%에서 65년 33.3%로 높아져 수입액의 3분의 1에 달했다. 더구나 PL480(미국공법 제480조)에 따라 미국으로부터 공업개발 및 인프라를 강화하는 데 필요한 자본재 수입과 식량 수입은 급증한 반면, 대미수출은 수입수요에 크게 미

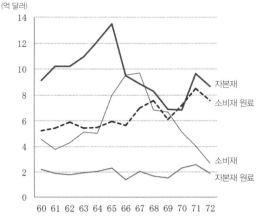

그래프 2-19 인도의 용도별 수입액 추이

(억 달러)

자본재
소비재 원료
소비재
자본재 원료

* UN, *Statistical Yearbook for Asia and The Far East 1970~1975.*

치지 못해 대규모 적자가 누적되고 있었다. 대미수입실적은 61년 4억 달러에서 65년 9억 달러 이상 증가했지만, 수출은 2~3억 달러에 그쳐 무역수지 적자가 약 2억에서 6억 달러 이상으로 확대되었다. 이러한 적자 확대는 당연히 경제원조의 대대적인 증액을 통해 메워져야만 했다.

또 하나 눈여겨보아야 할 것은 선진국의 대인도 원조가 급감하면서 수입능력이 저하되어 자본재의 수입이 감소하는 직접적인 타격을 입게 되었다는 점이다. 60년대 전반 인도는 공업화전략을 추진하면서 자본재생산에 필요한 기술집약적 설비나 공업원료를 수입하기 시작했다. 수입액을 용도별로 살펴보면, 그래프 2-19에서와 같이 자본재 수입액이 가장 많았고, 이어 소비재원료와 소비재 순으로 많았다. 자본재 수입은 순조롭게 확대되어 65년에는 수입총액의 46%인 13억 5000만 달러에 달했다. 이는 적극적인 경제구조 고도화정책을 통해 철강, 전력, 기계, 화학 및 비료 등의 생산설비를 대대적으로 확충한 데 따른 것이었다. 그러나 60년대 후반 들어 선진국의 원조가 감소하면서 자본재 수입은 눈에 띄게 부진해졌다.

인도의 자본재 수입이 급감했던 것과는 반대로 한국은 놀라운 성장세를 보이고 있었다. 1960년대 전반 한국경제는 국제수지 위기, 식량부족, 계획의 파행에 직면해 있었고, 수입도 여전히 부진한 상태에 있었다. 1962년 갓 시작된 제1차 경제개발 5개년계획에 따라 자본재와 소비재 수입은 63년 5억 6000만 달러에 달했지만, 수출은 겨우 8680만 달러에 그쳐 무역적자는 약 4억 7300만 달러를 기록했다. 더구나 63년에는 외화준비고마저 1억 300만 달러의 최저수준으로 감소해 외환부족이라는 위기상황까지 도래했다. 이 때문에 자본재 수입, 그중에서도 기계류 수입은 63년 1억 1560만 달러에서 64년 6950만 달러로 축소되지 않을 수 없었다.(그래프 2-20) 그러나 60년대 후반 들어 외국차관이 급증하면서 기계류의 수입은 경이적인 증가세를 나타냈다. 기계류가 수입총액에서 차지하는 비중은 65년 15.9%에서 70년 29.7%로 크게 확대되었다. 한국의 수입구조는 60년대 전반 소비재 중심에서 60년대 후반 자본재 중심으로 바뀌

그래프 2-20 한국과 인도의 기계류 수입규모 추이

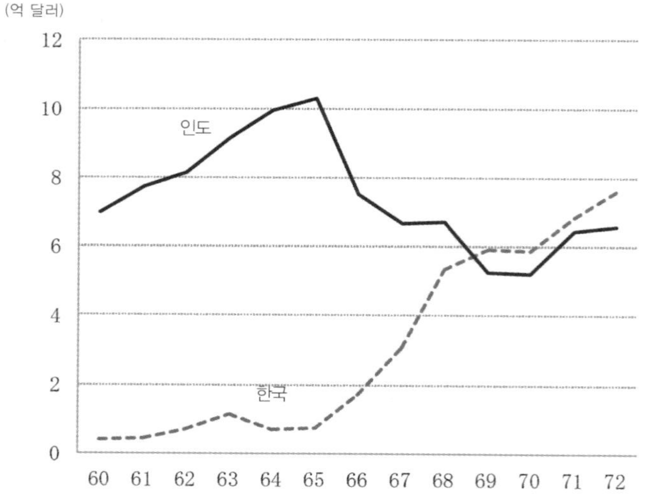

* UN, Statistical Yearbook for Asia and The Far East 1970~1975.

면서 극적인 변화를 맞이했다. 이러한 극적인 변화는 당연히 대규모 외국자본의 제공을 통해 실현된 것이었다.

특별히 지적해둘 것은 양국 모두 수입의 동향과 선진국으로부터의 경제원조 동향이 거의 완전할 정도로 일치하고 있다는 점이다. 다시 말해, 양국의 수입실적은 선진국의 경제원조에 따라 명암이 엇갈리고 있다.

(3) 공업제품 수출

세 번째로 검토해야 할 것은 공업제품의 수출수요 감소 역시 공업화가 정체를 겪게 된 배경이었다는 점이다. 그래프 2-21은 한국과 인도의 수출액 추이를 보여준다. 60년대 후반으로 들어서면 한국의 수출이 경이적으로

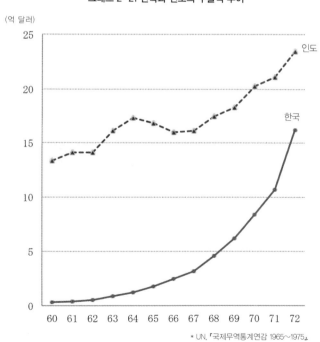

그래프 2-21 한국과 인도의 수출액 추이

(억 달러)

* UN, 「국제무역통계연감 1965~1975」.

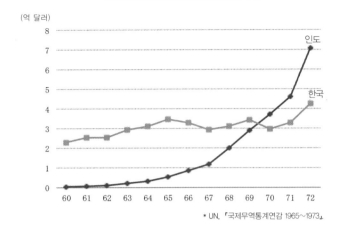

그래프 2-22 미국의 인도와 한국산 수입

(억 달러)

* UN, 「국제무역통계연감 1965~1973」

증가한 반면, 인도는 정체되고 있다는 것이 눈에 띈다. 인도의 수출실적은 황마, 면직물, 의류 등 섬유제품의 수출이 급감하면서 감소되었고, 나라별로는 서유럽 나라들과 미국으로의 수출이 정체되면서 감소되었다. 특히 대미수출은 65년을 계기로 특히 부진해졌는데, 대미수출의 연평균증가율은 61~65년 7.7%에서 66~70년 마이너스 2.4%까지 하락했다.

흥미로운 사실은 미국의 수입시장에서 한국과 인도의 양상이 현저하게 달랐다는 점이다. 그래프 2-22에서 볼 수 있는 바와 같이, 60년대 후반 미국 수입시장의 특징은 한국산 제품의 수입이 비약적으로 증가한 반면, 인도산 제품의 수입은 정체상태에 빠져 있었다는 데 있다. 이를 구체적으로 살펴보면, 60년대 전반 대인도 수입은 상승 추세에 있었고 한국과의 격차도 대단히 컸다. 60년대 전반 한국산 수입은 60년 500만 달러에서 64년 3100만 달러로 연평균 57.8%의 높은 증가율을 보여주었지만, 아시아 나라들 중에서는 여전히 규모가 작았다. 64년 미국이 아시아 나라들로부터 수입한 금액은 스리랑카 3100만 달러, 싱가포르 3800만 달러, 파키스탄 3900만 달러, 대만 7700만 달러, 말레이시아 1억 5900만 달러, 인도네시아

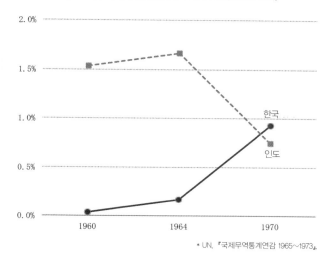

그래프 2-23 미국 수입시장에서의 지위 변동(인도와 한국)

* UN, 「국제무역통계연감 1965~1973」.

1억 6000만 달러, 홍콩 2억 4900만 달러, 필리핀 3억 9600만 달러로 한국
은 스리랑카와 나란히 규모가 가장 작은 나라 가운데 하나였다. 반대로 인
도로부터의 수입액은 60년 2억 3000만 달러에서 64년 3억 1000만 달러로
증가하여 미국시장에서의 점유율도 1.53%에서 1.67%로 확대되었다.(그래
프 2-23) 64년 미국의 대인도 수입액은 아시아 나라들 중에서 필리핀 다음
으로 두 번째로 컸고, 대한국 수입액의 10배가 넘는 규모였다.

그러나 대인도 수입은 64년 이후 지속적으로 감소해 70년 2억 9800만
달러에 그친 반면, 한국으로부터의 수입은 3억 7000만 달러로 급격하게 증
가했다. 이는 인도제품과 한국제품의 수입 속도 차이를 여실히 보여주는
것이다. 70년 한국의 미국시장 점유율은 0.93%로 증가하여 인도의 0.75%
를 추월하면서 존재감을 높였다. 이 시기 한국의 실적은 다른 아시아 나라
들과 분명한 차이를 나타냈다.

70년 미국의 수입실적을 보면, 한국이 3억 7000만 달러를 기록한 데 반해
스리랑카 2400만 달러, 파키스탄 8000만 달러, 태국 1억 달러, 싱가포르 1억

7200만 달러, 인도네시아 1억 8200만 달러, 말레이시아는 2억 7000만 달러에 그쳐 한국이 대단히 짧은 기간에 이들 나라를 앞질렀음을 알 수 있다.

그러나 이보다 중요한 것은 공업화의 정체라는 표면적인 상황보다 미국에 의해 인도의 개발전략이 어떻게 바뀌게 되었는가라는 문제일 것이다. 이미 몇 차례 지적했다시피, 미국은 인도를 중국과 나란히 발전도상국의 경제발전모델로 제시할 가능성이 있는 나라로 판단했고, '로스토노선'에 따라 전략적으로 지원하고 있었기 때문이다. 미국의 대외전략이라는 관점에서 보면, 한국은 1966년 미국을 중심으로 결성된 '한국원조그룹'을 통해 적극적인 원조가 제공되면서 절대적인 외자부족에도 불구하고 자본재 및 수출용 원자재 등의 수입을 급속하게 증가시킬 수 있었다. 반대로 인도는 대인도채권국회의와의 '관계 단절'이 외환부족의 방아쇠가 되어 계획산업을 위한 시설자재나 기계수입이 감소할 수밖에 없었는데, 이로 인한 계획의 파행이 인도경제의 위기를 구조적인 것으로 만들어버렸다고 해도 과언은 아닐 것이다. 이는 아시아경제의 보이지 않는 손, 미국정부의 전략에 의해 성장의 명암이 좌우되고 있었음을 시사한다.

제2부

정책 없는 고도성장

제 3 장

고도성장의 시대로

제1절 _ '정체'에서 '한강의 기적'으로

1. 고도성장을 지탱해주는 것들

60년대 초반 한국경제는 '빈곤의 악순환'에 빠져 투자활동과 자금조달에
어려움을 겪었고, 그로 인해 계획을 '하향수정'하지 않으면 안 되었다는
사실을 상기할 필요가 있다. 한국경제가 정체상태에 빠져 있었다는 것은
이러한 문제들을 해결하지 못하면 공업화를 실현하기 어렵다는 것을 의
미했다. 그러므로 1960년대 전반기에 한국이 '빈곤의 악순환'으로부터 언
제, 어떻게 탈출할 수 있었는가는 60년대 한국이 공업화를 추진할 수 있었
던 동력을 고찰할 때 매우 중요한 사안이 될 것이다. 이를 위해 한국경제
의 변모과정을 시계열적(時系列的)으로 고찰하고자 한다.

먼저 한국의 평균성장률과 기여율 추이를 주요항목별로 살펴보도록 하
자.(표 3-1) 주요항목별 연평균성장률을 60년대 전반기와 후반기로 나누
어 살펴보면, 모든 항목이 전반기보다 후반기에 크게 성장했음을 알 수 있
다. 전반기에서 후반기까지 민간소비지출은 5.0%에서 9.4%, 정부지출은
2.0%에서 9.2%, 총고정자본형성은 15.0%에서 27.2%, 수출은 24.0%에서

표 3-1 지출항목별 성장기여율(1970년 실질가격)

	민간소비	정부지출	총고정자본형성	수출	수입 (−)	GNP
(연평균성장률)						
1961~70	7.2%	5.5%	21.0%	30.1%	18.5%	8.6%
(61~65)	5.0%	2.0%	15.0%	24.0%	4.9%	6.2%
(66~70)	9.4%	9.2%	27.2%	36.6%	33.8%	11.1%
(연평균기여율)						
1961~70	64.5%	8.0%	37.9%	24.2%	36.0%	100.0%
(61~65)	64.6%	4.3%	24.6%	13.2%	8.0%	100.0%
(66~70)	64.5%	9.5%	42.9%	28.4%	46.5%	100.0%

* 한국은행(1973), 「경제통계연보 1973」.

36.6%, 수입은 4.9%에서 33.8%로 증가했다. 모든 항목이 전반기 성장률에 비해 2~6배 성장한 것이다. 그중에서도 총고정자본형성과 수출·수입의 증가폭은 GNP의 증가폭을 훨씬 뛰어넘고 있었다. 총고정자본형성기여율은 전반기 24.6%에서 후반기에 42.9%로 대폭 상승했다. 수출과 수입의 기여율 또한 각각 13.2%에서 28.4%, 8.0%에서 46.5%로 크게 증가했다.

그래프 3-1은 고정자본형성 추이를 나타낸 것이다. 눈여겨보아야 할 점은 60년대 후반 이후 실질금액과 구성비가 현저하게 증가했다는 것이다. 총고정자본은 60년 970억 원에서 63년 1678억 원으로 증가한 후 64년 1551억 원으로 감소했다. 그러나 1965년 이후 급속하게 증가하는 경향으로 돌아서 70년에는 6502억 원으로 급격하게 증가했다. GNP구성비는 60년 8.6%에서 63년 12.6%로 확대된 후 64년 10.8%로 하락하다 65년 이후 급속하게 증가해 66년 17.1%, 68년 23.6%, 70년 25.1%로 확대되었다. 64년까지 정체되어 있었던 상황을 감안하면, 기적적인 성장이라 할 수 있다.

수출은 60년대 내내 가장 눈부신 성장을 달성한 항목이다. 수출액을 연도별로 살펴보면, 60년 274억 원에서 64년 571억 원으로 2배 증가했고,

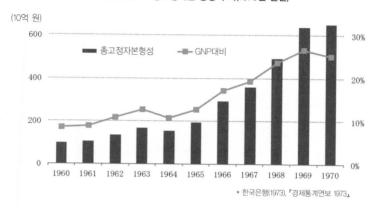

그래프 3-1 총고정자본 형성 추이(1970년 실질)

(10억 원)

■ 총고정자본형성　 ■ GNP대비

* 한국은행(1973), 「경제통계연보 1973」

1965년 이후에는 한층 더 급증해 70년에는 3812억 원으로 증가했다. 이는 64년에 비해 약 7배 증가한 수치이다. GNP 구성비는 60년 2.4%에서 61년 3.2%로 확대된 후 거의 변동 없이 유지되다 64년 4.0%로 증가했다. 그래프 3-2에서 볼 수 있는 것처럼 65년 이후 상황이 급반전되어 68년 11.3%를 기록하며 10%대로 진입했고, 70년에는 14.7%에 이르렀다. GNP기여율은 61년 19.7%에서 62년 13%, 63년 3.0%로 감소하다 64년에 9.6%로 겨우 회복되었지만 61년에는 크게 못 미쳤다. 그러나 65년 이후 대폭 확대되어 65년 26.5%, 66년 22.2%, 67년 32.7%, 68년 29.5%, 69년 23.9%, 70년 37.7%로 65년에서 70년까지 꾸준히 20%대를 넘어서고 있다. 61년부터 65년까지 평균기여율은 13.2%였지만 평균실질성장률 24.0%와는 상당한 격차를 보이고 있다는 점에 유의해야 한다.(표 3-1 참조) 1961년부터 65년까지 수출은 겉으로 보기에 높은 성장세를 나타내고 있었지만 한국경제에 대한 기여도는 상대적으로 낮은 상태에 머물러 있었다. 이는 수출확대가 60년대 후반에 들어서야 한국경제에서 중요한 역할을 수행했음을 의미한다.

1960년대에 나타난 수입의 대폭적인 증가 역시 당연히 주목해서 봐야 할 것이다. 그래프 3-3은 수입 동향을 나타낸 것이다. 수입액은 64년까지 불안정한 성장세를 보이다 65년 이후 급격히 증가했다. 수입은 수출보다 빠른 속도로 증가해 64년 1333억 원에서 70년 6424억 원으로 크게 늘어났다. 수입구성비는 64년 9.2%에서 불과 6년 만인 1970년에 약 3배 증가해 24.8%로 급증했다. 덕분에 무역수지 적자폭은 매년 확대일로를 걷고 있

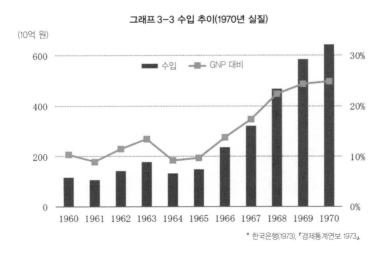

그래프 3-2 수출 추이(1970년 실질)

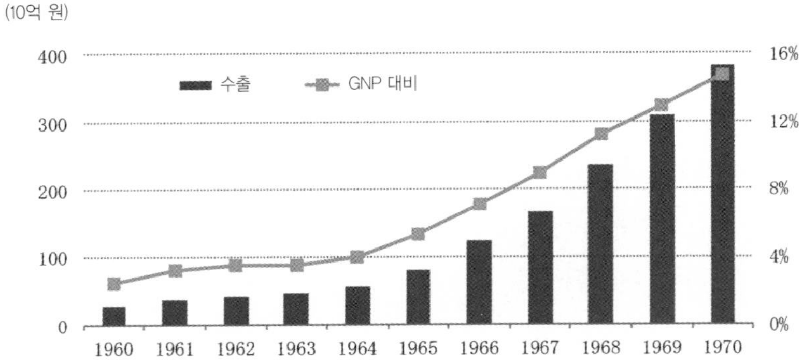

(10억 원)

수출   GNP 대비

* 한국은행(1973), 『경제통계연보 1973』

그래프 3-3 수입 추이(1970년 실질)

(10억 원)

수입   GNP 대비

* 한국은행(1973), 『경제통계연보 1973』

었다. 수출과 수입 사이의 격차는 70년 2610억 원에 달했고, GNP 대비 수출입 격차도 64년 5.3%에서 70년 10.0%로 크게 확대되었다. 이러한 무역수지 악화는 생산설비의 노후화나 관련산업의 미발전이 커다란 요인이었다. 한국경제는 소비재가공산업을 기반으로 하고 있었기 때문에 수출을 확대하기 위해서는 원료나 부품, 기계설비 등을 더 많이 수입해야만 했다. 그러나 다른 한편에서 기계설비나 수출용 원자재의 수입은 한국의 수출지향형 공업화를 촉진시키는 요인이기도 했다. 수입의 증대는 이러한 의미에서 평가되어야 할 것이다.

이상에서 알 수 있듯, 한국경제는 1965년 이후 드라마틱한 변화를 겪었다. 총고정자본의 형성이나 수출과 수입, 산업구조 등의 주요 지표를 보면 1965년 이후의 변화가 얼마나 급격했는지 여실히 알 수 있다. 이는 한국이 '빈곤의 악순환'에서 벗어났던 시기가 1965년 이후였음을 말해준다.

2. 고도성장과 경제구조의 변화

(1) 산업구조의 변화

1960년대 한국경제는 눈부신 발전을 이루었다. 표 3-2에 제시되어 있는 전반기(61~65년)와 후반기의 연평균성장률을 비교해보면, 전반기가 6.2%였던 데 반해, 후반기는 11.1%로 높은 성장률을 나타내고 있다. 60년대 초까지 한국경제는 '빈곤의 악순환'에 빠져 있었고, 그래서 60년대 후반의 고도성장은 '한강의 기적'이라 부를 만큼 놀라운 변화였다.

먼저 주목해야 할 것은 산업구조의 변화이다. 60년대 후반 고도성장을 주도했던 것은 2차 산업과 3차 산업의 발전이었다. 산업별 평균성장률을 보면, 60년대 후반 1차 산업의 평균성장률이 3.8%였던 데 반해, 2차 산업은 20.0%, 3차 산업은 13.1%였다. 제조업 역시 21.3%라는 높은 성장률을 나타냈다. 이러한 실적 차이는 각각의 산업부문이 경제에서 차지하는 비중에도 영향을 미쳐 산업구조의 변화를 초래했다. 그래프 3-4에서 볼 수 있는 바와 같이 60년대 후반 이후 1차 산업의 비중은 상대적으로 하락했고, 2차 산업과 3차 산업의 비중은 상대적으로 커졌다. 1차 산업의 구성비는 1960년부터 64년까지 일정하게 40% 이상을 유지하고 있었지만, 65년부터 급격하게 저하해 70년에는 28%까지 하락했다. 반면, 3차 산업의 구

표 3-2 경제활동별 국민총생산의 평균성장률

	1961~70년	전반 (61~65년)	후반 (66~70년)
GNP	8.6%	6.2%	11.1%
제1차 산업	4.5%	5.3%	3.8%
제2차 산업	15.8%	11.7%	20.0%
(제조업)	16.5%	11.8%	21.3%
제3차 산업	9.2%	5.6%	13.1%

* 1970년 실질가격   * 한국은행(1973), 『경제통계연보 1973』

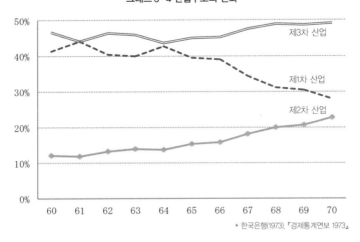

그래프 3-4 산업구조의 변화

* 한국은행(1973), 『경제통계연보 1973』

성비는 64년 44%에서 70년 49%로 증가했다. 2차 산업 또한 64년 14%에서 70년 23%로 크게 증가했는데, 그중에서도 제조업이 12%에서 22%로 두드러진 성장세를 보인 것은 주목할 만하다. 한국의 산업구조가 이렇게 급속하게 전환될 수 있었던 것은 제조업의 비약적인 성장 덕분이었고, 이러한 변화는 65년 이후에 뚜렷하게 나타났다.

(2) 성장의 트라이앵글 형성

한국이 일본에서 수입한 원자재와 중간재, 자본재를 국내의 저임금 노동력을 이용해 조립가공한 후 완제품을 미국시장에 수출하는 이른바 '성장의 트라이앵글'은 1965년 이후에 형성되었다.

당시 한국 수출의 특징은 일본과 미국에 대한 의존도가 높았다는 것이다. 1960년대 일본과 미국으로의 수출은 전체 수출의 60~70%를 차지하고 있었다. 한국의 수출총액에서 대일수출이 차지하는 비중은 1961년 47.4%, 62년 42.9%로 1960년대 초반에는 40%대를 유지하고 있었지만, 65년 이후에는 연이어 20%대로 감소했다. 반면 대미수출이 차지하는 비중은 1962년 21.9%, 63년 28.0%, 64년 29.5%로 1960년대 초반에는 20%대를 유지하고 있었지만, 1965년 이후에는 매년 증가했다. 특히 1968년과 1969년 대미수출의 비중은 각각 51.7%와 50.1%로 한국 수출품의 절반 이상이 미국으로 수출되었다. 60년대 초반에는 일본시장에 대한 의존도가 컸지만, 1965년 이후에는 미국시장에 대한 의존도가 커진 것이다.

한국의 대미수출이 급속히 확대된 것은 공업제품의 수출증가에 따른 것이었다. 1960년대 초 한국의 대미수출은 중석 등 공업용 원료의 수출이 60% 이상을 차지하고 있었지만, 65년 이후로 급격히 감소해 1970년에는 25%로 하락했다. 반면 1960년대 초 의류, 신발, 전자제품 등 공업제품의 수출은 겨우 20%에 불과했지만, 65년 이후부터 지속적으로 증가해 1968년에는 의류, 신발, 합판, 가발, 전자제품 등 5개 품목이 대미수출의 80% 이상

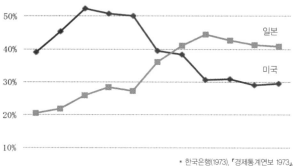

그래프 3-5 수입시장 점유율 추이

일본

미국

＊ 한국은행(1973), 「경제통계연보 1973」

을 차지했다. 이들 제품은 미국시장으로만 수출되었고, 수출량이 증가함에
따라 한국 수출에서 대미수출이 차지하는 비중이 상승하게 되었다.

그래프 3-5에서 수입액을 주요 나라별로 살펴보면, 60년대 전반까지
미국에 대한 의존도가 두드러짐을 알 수 있다. 대미의존도는 1962년부터
64년까지 꾸준히 50%를 넘어서고 있었다. 일본의 점유율은 64년 27.2%
에 불과해 미국의 약 절반 정도 수준에 머물러 있었지만, 65년 이후에는
가파르게 상승해 66년에는 40%를 넘어서 미국을 제치고 1위로 올라섰다.

한국의 대일수입은 65년 이후부터 급격하게 증가했다. 외환위기설이
나돌았던 1964년에는 대일수입이 1억 1000만 달러로 전년도인 63년의
1억 6000만 달러보다 감소했으나, 65년에는 1억 6600만 달러, 66년 2억
9400만 달러, 67년 4억 4300만 달러, 1970년에는 8억 900만 달러로 급격
하게 증가했다.[01] 수입이 증가하자 한국의 수입총액에서 일본이 차지하는
비중도 1960년대 초의 20%대에서 1965년 36.0%, 1966년 41.0%, 1967년
44.5%, 1968년 42.7%, 1969년 41.3%, 1970년 40.3%로 60년대 후반에는
40%를 넘어섰다.

---

01 한국은행(1978), 『경제통계연보 1978년』.

최대 수입상대국이 미국에서 일본으로 전환된 것은 수출이 증가함에 따라 일본에서 수입하던 수출용 원자재와 자본재의 수입량도 함께 증가했기 때문이었다. 한국의 대일수입에서 자본재가 차지하는 비중은 1963~65년 평균 26%였지만, 1966~69년에는 평균 43%로 증가했다.[02] 60년대 초 한국의 원자재 수입은 미국으로부터의 무상원조가 대부분을 차지하고 있었기 때문에 대일의존도가 28%에 불과했지만, 65년 이후 급속도로 증가해 70년대 초에는 58%에 달했다.[03]

그중에서도 수출용 원자재는 절반가량을 대일수입에 의존하고 있었다. 원자재 수입 의존도를 주요 수출상품별로 살펴보면, 의류, 메리야스, 합성수지가 각각 70%, 철강제품 및 합판이 각각 80%, 직물 및 원사, 신발이 각각 60%, 전자부품 60%, 전자기기 50%였다. 합판과 전자부품을 제외하면, 수출용 원자재 수입의 대부분은 압도적으로 일본에 편중되어 있었다. 원자재 수입에서 일본이 차지하는 비중은 의류, 메리야스, 직물 및 원사, 철강제품, 합성수지가 각각 100%, 신발 50%, 전자부품 10%로 전자부품을 제외한 나머지는 일본에 크게 의존하고 있었다.[04] 면제품과 의류의 대미수출이 확대되면서 원재료(화학섬유와 화학섬유원료)와 섬유기계, 재봉틀의 수입이 증가했고 이 원재료와 기계 수입의 거의 대부분은 일본에 편중되어 있었다. 수출용 의류의 원자재는 합성섬유(81%), 인조섬유(14%), 면직물(5%) 등이었다.[05] 1965년 일본에서 수입된 섬유제품의 총액은 3645만 달러로, 전년 대비 66.6% 대폭 증가했다. 이는 합성직물이 161만 달러로 전년 대비 8.6배, 인조직물이 245만 달러로 51.8%, 면직물이 204만 달러로

02 한국은행(1974), 『조사월보』 1월호, 29쪽.

03 한국은행(1974), 『조사월보』 1월호, 29쪽.

04 한국상공회의소(1971), 21~37쪽.

05 전국경제인연합회(1971), 256쪽.

70.6% 증가한 덕분이었다.[06] 섬유기계의 의존도도 매우 높아 90%를 수입에 의존하고 있었다. 1960년대 초 섬유기계의 상당수는 서독에서 수입되었지만 이후에는 일본으로부터의 수입이 증가되어 거의 대부분을 차지했다. 1965년 재봉틀의 수입 총액은 115만 달러로 전년 대비 6.2배, 섬유기계는 664만 달러로 22.1% 증가했다.[07]

한국의 공업화는 일본으로부터의 우수한 기계도입과 고품질의 수출용 원자재 및 중간재 수입 등을 통해 촉진되었고, 그 결과 생산과 수출을 증대시킬 수 있었다. 다시 말해, 생산재 수입을 통해 고정자본을 형성하고 공업화를 촉진시켜 공업제품을 해외시장에 수출한 뒤 이렇게 획득한 외화로 다시 생산재의 수입을 늘린다는 순환메커니즘이 구축되었던 것이다. 이것이 일본에서 수입한 원자재와 중간재, 자본재를 한국의 값싼 노동력을 이용해 조립가공한 후 완제품을 미국시장에 수출하는 이른바 '성장의 트라이앵글'이다. '성장의 트라이앵글'은 수출지향형 공업화의 발전과 일치한다는 점에서 높게 평가되어야 할 것이다.

제2절 _ 고도성장과 정부의 역할: 경제개발계획의 실적을 어떻게 바라볼 것인가

제1장에서 보았듯이, 1965년 이후 한국은 '빈곤의 악순환'에서 탈출하며 기적적인 성장을 이룩하고 급속한 수출지향형 공업화를 달성했다. 또 이

06 일본관세협회(1966), 87쪽; 일본관세협회(1967), 80쪽.
07 아시아경제연구소(1975), 112쪽.(표 35 참조)

시기 한국에서는 모든 분야에 걸쳐 전면적인 경제정책이 실시되고 있었다. 수출지향형 공업화의 실현과 전면적인 경제정책의 실시라는 이 두 측면을 인과적으로 결합시켜 정부의 역할을 적극적으로 강조한 것이 한국경제에 대한 그간의 평가였다. 정부에 대한 이러한 적극적 평가는 경제개발계획의 목표를 상회하는 실적을 달성할 수 있을지도 모른다는 점에서, 계획의 입안자이자 실행자이기도 한 '경제기획원'의 기능을 통제하는 '정부의 능력'에도 또한 관심을 보였다. 그러나 이 같은 평가의 근거가 되고 있는 수출지향형 공업화의 실현과 정부 경제정책 간 인과관계의 내용이 어떤 것이었는지에 대해서는 구체적으로 검토해볼 필요가 있다. 따라서 경제개발계획의 결과를 바탕으로 한국정부의 정책적 개입과 경제실적 사이의 인과관계를 살펴보고자 한다.

표 3-3은 제1·2차 개발계획의 목표와 실적을 요약한 것이다. 제2차 개발계획 기간 동안 경제성장률은 목표였던 7.0%를 초과해 연평균 9.7%를

표 3-3 제1차 개발계획과 제2차 개발계획의 목표와 실적

	제1차 개발계획(62~66)		제2차 개발계획(67~71)	
	목표	실적	목표	실적
경제성장률	7.1%	8.5%	7.0%	9.7%
제1차 산업	5.6%	5.3%	5.0%	2.0%
제2차 산업	14.8%	15.0%	10.7%	20.9%
제3차 산업	4.3%	8.1%	6.6%	13.2%
투자율(GNP대비)	22.6%	15.1%	19.0%	26.4%
국민저축률	9.2%	6.1%	11.6%	13.1%
해외저축률	13.4%	8.8%	7.5%	12.9%
(해외저축률: 억 달러)	14.3	12.1	14.2	37.0
무역규모(억 달러)	6.3	9.3	13.5	33.1
수출(목표연도)	1.4	2.5	5.5	11.3
수입(목표연도)	4.9	6.7	8.0	21.8

* 경제기획원(1982), 360~361쪽; 전국경제인연합회(1986), 75쪽.

기록했다. 산업별로 보면, 1차 산업이 목표성장률 5.0%에 못 미치는 2.0%의 연평균성장률을 나타낸 반면, 2차 산업은 놀랍게도 20.9%의 성장세를 기록하며 목표였던 10.7%를 크게 넘어섰다. 3차 산업 역시 목표성장률 6.6%를 웃도는 13.2%의 성장을 기록했다. 제2차 개발계획에서 특히 주목해야 하는 것은 높은 투자활동이다. 투자율의 목표와 실적을 살펴보면, 계획기간 중 책정된 총투자액은 9800억 원으로, 투자율로 따지면 연평균 GNP의 19.0%라는 높은 수준이었다. 이것은 제1차 개발계획(1962~1966년)의 투자율 실적 15.1%와 비교해도 3.9%포인트 높은 수치였다. 제2차 개발계획 기간 중 실제 총투자액은 1조 9840억 원으로 목표액보다 2.0배나 많았고, GNP의 26.4%를 차지하는 높은 수준으로 목표치인 19.0%를 크게 초과한 규모였다. 제1차 개발계획의 실적과 비교하면 대조적인 결과이다. 제1차 개발계획의 투자율은 22.6%를 목표로 하였으나 실적은 15.1%에 불과했다. 제2차 개발계획의 투자율보다 높은 목표를 내세웠지만 실적은 목표치보다 훨씬 저조했던 것이다. 자금조달이라는 면에서도 제1차 개발계획은 정체에 빠졌던 반면, 제2차 개발계획에서는 급격한 성장을 달성하는 등 그 성과가 대조적이었다는 사실도 명심해야 한다.

1. 자금조달계획

이러한 배경을 고려할 때, 또 한 가지 검토해야 할 사항은 자금조달 문제이다. 제2차 개발계획의 중요한 목표 가운데 하나는 국내 자금조달의 확대였다. 제1차 개발계획에서 제시된 자금계획과의 차이점은 외자도입계획이 무산될 가능성을 고려해 투자재원조달의 자립화라는 정책방침을 강력하게 추진하고 있었다는 점이다. 이에 따라, 국민저축의 비중 확대와 외자의존의 탈피라는 목표가 분명하게 제시되었다. 계획 기간의 총투자액

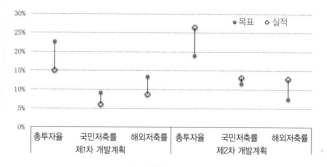

그래프 3-6 투자계획과 실적(GNP 대비)

● 목표 ◇ 실적

총투자율	국민저축률	해외저축률	총투자율	국민저축률	해외저축률
	제1차 개발계획			제2차 개발계획	

* 경제기획원(1982), 360~361쪽: 전국경제인연합회(1986), 75쪽.

9801억 원 중 61.5%에 해당하는 6029억 원은 국민저축으로 조달하고, 나머지 38.5%(3772억 원)는 해외저축에서 충당한다는 계획이 수립되었다. 제1차 개발계획은 총투자액의 60% 이상을 외자가 차지할 정도로 외화의존도가 높았지만, 제2차 개발계획은 외자의존도를 38.8%로 낮추려고 했다. 투자계획을 재원의 측면에서 보면, 국민저축률은 GNP의 11.6%를 목표로 삼았고, 해외저축률 목표는 7.5%였다.(표 3-3) 반면 제1차 개발계획의 국민저축률과 해외저축률 목표는 각각 9.2%와 13.4%였다. 제1차 개발계획과 비교해 제2차 개발계획에서는 해외저축률 목표가 13.4%에서 7.5%로 대폭 하락한 반면 국민저축률 목표는 9.2%에서 11.6%로 상승했다. '자립경제 달성'이라는 기본목표에 따라 국민저축 확대에 역점을 두었고, 외자의존 경향은 약화되었다. 총투자액의 확대와 함께 국민저축을 증대시키고 외국자금의 조달을 자제하려는 것이 정책의 지향점이었다. 이런 점에서 본다면, 외향적 성장전략이었다고 보기 어려울 것이다.

그래프 3-6은 재원별 투자실적을 나타내고 있다. 제2차 개발계획에서 국민저축률의 실적은 13.1%, 해외저축률의 실적은 12.9%로 양자 모두 목표를 상회하고 있다. 그러나 목표와 비교해보면, 국민저축률은 1.5%포인트 증가한 반면, 해외저축률은 5.4%포인트 증가해 해외저축률의 비중이 크게 확대되었음을 알 수 있다. 이는 이 기간 한국경제가 해외저축을 지렛대로 삼고 있었음을 의미한다. 이러한 점에서 본다면, 외자의존으로부터의 탈피라는 정책방침과 현실이 반드시 일치하고 있었던 것은 아님이 드러난다. 제1차 개발계획에서는 해외저축률의 실적이 목표 13.4%에 훨씬 못 미치는 8.8%에 불과했고, 국민저축률은 목표 9.2%보다 낮은 6.1%의 실적을 기록해 해외자금의 정체가 뚜렷했다. 제1차 개발계획이 해외저축에 중점을 두고 있었지만 실적과 정책방침 사이에는 간극이 존재했던 것이다. 자금조달계획의 결과라는 측면에서 보면, 제1차 개발계획의 정책방침과 실적은 조금도 일치하지 않았다. 당연히 경제정책과 투자자금조달 사이의 인과관계에 의문이 제기된다. 결과적으로 보면 자금조달계획에 더 큰 영향을 미치고 있었던 것도 외국자금이었다. 제1차 개발계획에서 투자율이 목표치를 크게 밑돌게 된 주된 이유는 해외저축의 정체였다. 이와 반대로, 제2차 개발계획에서 투자율이 목표치를 크게 상회할 수 있었던 것은 해외저축이 급격하게 증가했기 때문이었다. 자금조달계획의 명암은 외국자금의 도입실적에 크게 좌우되고 있었다고 해도 과언이 아니다.

제2차 개발계획의 투자재원계획에 따르면, 총투자에서 국민저축이 차지하는 비율은 1965년 48.3%에서 71년 72.3%로 확대될 것이었다. 1965년 478억 원이었던 국민저축은 71년 1684억 원으로 3.5배 증가할 것이고, GNP 대비 국민저축률도 1965년 5.8%에서 71년 14.4%로 8.6%포인트 상승할 것이었다. 해외저축은 1965년에서 71년까지 511억 원에서 646억 원으로 26.4% 증가시킬 계획이었다. 국민저축을 3.5배 증가시킨다는 목표에 비해 상당히 낮은 목표였다. 이는 제1차 개발계획 당시 외자도입계획이 좌절되었다고 하는 외부적 요인이 반영된 것이라 볼 수 있다.

그래프 3-7은 해외저축 목표와 실적(GNP 대비)을 나타낸 것이다. 계획은 해외저축률 목표를 1965년 11.3%에서 1971년 5.5%로 대폭 낮추어 대

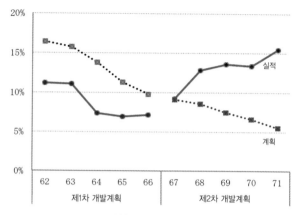

그래프 3-7 해외저축 목표와 실적(GNP 대비)

실적

계획

62   63   64   65   66   67   68   69   70   71

제1차 개발계획   제2차 개발계획

* 경제기획원(1966), 136~137쪽; 전국경제인연합회(1987), 756~759쪽.

외의존도를 점차적으로 감소시켜나간다는 것이었다. 이에 따르면, 1971
년 해외저축률은 국민저축률 14.4%보다 8.9%포인트 낮은 수준으로 감소
하게 되어 외자의존도를 크게 시정시켜줄 것이다. 또한 이 기간에 해외저
축 증가율은 국민저축 증가율에 비해 상당히 낮았기 때문에 총투자율에
서 차지하는 비율도 1965년 51.8%에서 1971년 27.8% 수준으로 감소시키
려고 계획했다. 이러한 계획들은 외자의존 경향의 시정과 투자재원조달
의 자립화라는 목표를 뒷받침하기 위해 제시된 것들이었다. 외자의존의
탈피라는 정책방침이 명확하게 드러나고 있다고 할 수 있다.

그러나 그래프 3-7에서 볼 수 있는 바와 같이, 해외저축 실적은 1965년
6.9%에서 67년 9.2%, 69년 13.6%, 1971년에는 15.4%로 증가해 목표와는
정반대의 방향으로 움직이고 있었다. 이처럼 해외자금 조달계획과 실적만
보면, 정책방침과 실적이 상충적 관계에 있었다는 것을 알 수 있는데, 이 점
에 주목해야 할 것이다. 한국정부가 대외의존적인 체제로부터의 탈피를 목
표로 정책을 실시했음에도 불구하고, 외자의존 경향은 약화되기는커녕 오

히려 심화되었다. 그러나 이러한 사실을 근거로 외향적 성장정책을 강조하는 견해는 결과론에 기초한 주장이라고 보아도 지나치지 않을 것이다.

그래프 3-8은 아시아 나라들의 해외저축률 동향을 나타낸 것이다. 한국의 해외저축률은 다른 아시아 나라들에 비해 상당히 높은 수준이었다. 이는 한국의 해외자금의존도가 얼마나 컸었는지를 보여준다. 더구나 해외자금의존 경향은 더 강해지고 있었다. 이것은 다른 아시아 나라들과 달리 한국에서만 두드러지게 나타나는 특징이기도 했다. 해외자금의존도를 60년대 전반기와 후반기로 나누어 비교해보면, 증가 경향이 후반기에 보다 뚜렷하게 나타나고 있음을 알 수 있다. 해외자금의존도는 전반기 6.0%에서 71년 9.7%로 상승했는데, 이는 다른 나라들에 비해 유난히 높은 수준이었다. 태국을 제외한 다른 아시아 나라들이 60년대 전반에서 후반으로 갈수록 대외의존도가 약화되는 경향을 보인 것과는 대조적인 결과다. 태국도 60년대 후반 대외의존도가 4.4%로 증가했지만 한국에는 미치지 못하는 수준이었다. 아시아의 많은 나라들에서는 자금조달의 대외의존도가 감소되고 있었지만, 한국은 대외의존 체제로부터의 탈피라는 방침과 달리 해외자금에 대한 의존도가 현저하게 강화되었고, 한국의 대외의존 체제는 거스를 수 없는 것이 되었다.

그래프 3-8 아시아 나라들의 해외자본 유입(GNP 대비)

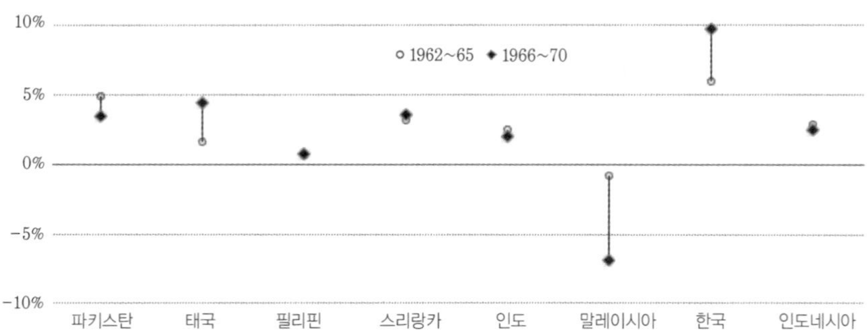

* UN(1975), *Economic Survey of ASIA and the Far East 1974*, 33~35쪽.

2. 외자도입계획

외자도입계획을 연도별로 살펴보면, 그래프 3-9에서와 같이 목표치는 점
차적으로 감소하고 있지만 외자도입금액은 반대로 급증하는 경향을 보이
고 있다. 제2차 개발계획은 14억 2000만 달러의 외자도입을 계획하고 있
었다. 외자도입 목표는 67년 3억 1000만 달러를 정점으로 서서히 감소하
는 경향으로 돌아서 69년 2억 9000만 달러, 71년에는 2억 4000만 달러로
축소되었다. 외자도입계획의 중심은 차관이었다. 차관도입은 매년 약 1
억 6500만 달러로 계획되었고, 계획 기간 중 총 8억 3500만 달러의 차관이
도입될 것으로 기대되었다. 외자도입 목표액이 축소되는 경향을 보이면
서 상대적으로 차관의 비중이 높아졌다. 제2차 개발계획의 자금조달계획
은 국민저축 증대에 중점을 두고 있었기 때문에 외국자금, 즉 차관을 유입

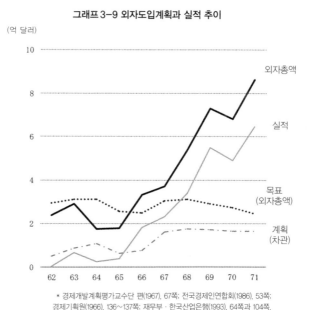

그래프 3-9 외자도입계획과 실적 추이

(억 달러)

* 경제개발계획평가교수단 편(1967), 67쪽; 전국경제인연합회(1986), 53쪽;
경제기획원(1966), 136~137쪽; 재무부 · 한국산업은행(1993), 64쪽과 104쪽.

해 부족분을 보충하고자 했다. 한·일기본조약이 체결되면서 일본으로부터 청구권 자금 및 차관(공공차관과 상업차관 포함)으로 매년 5000만 달러가 도입될 것으로 예상되었는데, 이는 차관도입목표의 3분의 1에 해당하는 금액이었고 일본에 거는 기대가 커졌다. 외화재원에서 가장 큰 비중을 차지하는 차관은 계획기간 중 8억 3500만 달러를 조달한다고 계획되었지만 일본에서 매년 도입될 것으로 예상되는 5000만 달러를 제외하면, 실제 목표액은 매년 약 1억 1500만 달러였다.

제2차 개발계획 기간 중 도입된 외화는 총 31억 8000만 달러로 목표액의 2배를 초과했다. 이러한 급속한 증가는 차관도입에 의한 것이었다. 차관도입액은 목표액의 3배를 넘어 22억 5000만 달러에 달했다. 외자의 70.4%가 차관이었고 한국의 차관의존 체제가 확고해졌다. 차관도입실적을 목표치와 비교해보면, 한국정부가 계획한 규모를 훨씬 웃돌고 있음을 알 수 있는데, 여기에도 주목해야 한다. 차관도입 목표액은 연간 약 1억 6500만 달러였지만 실적은 65년 4000만 달러, 67년 2억 3000만 달러,

그래프 3-10 외자도입 추이

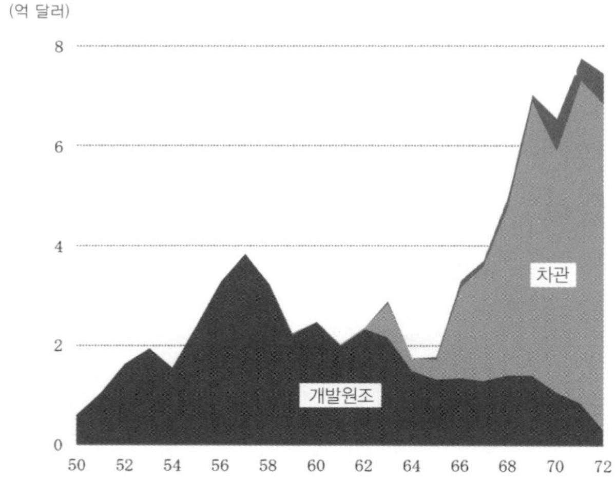

(억 달러)

차관

개발원조

* 재무부 · 한국산업은행(1993), 64쪽과 104쪽; 한국은행, 『경제통계연보』, 각 연도 판.

69년 5억 5000만 달러, 71년 6억 5000만 달러로 그 격차가 점점 크게 벌어졌다. 차관은 국민저축 부족분을 보충하는 데 그치지 않고, 오히려 한국의 투자활동에서 대단히 중요한 역할을 수행했던 것이다. 외자조달계획 역시 외자의존 경향으로부터의 탈피라는 목표 아래 실행되었지만 현실은 반대로 외자의존 체제가 한층 강화되는 것으로 귀결되었다.

외자도입규모는 1965년을 경계로 급속하게 증가했는데, 특히 눈에 띄는 것은 차관형태의 장기자본도입이다.(그래프 3-10) 차관은 미국이 원조정책을 무상원조에서 유상원조로 전환하면서 1959년부터 도입되기 시작했지만, 당시 규모는 비교적 작았다. 예컨대 1959~65년까지 7년간 도입된 차관의 누계액은 1억 3800만 달러로 66년 한 해의 1억 8300만 달러보다도 적었다. 차관도입은 67년 2억 3000만 달러, 68년 3억 7800만 달러, 70년 5억 700만 달러, 72년 6억 7000만 달러로 순조로운 성장세를 나타냈다. 1966~72년의 차관 누계액은 32억 8500만 달러였고, 이는 같은 기간 도입된 외자 누계액 42억 7500만 달러의 약 77%에 해당한다. 원조규모가 1957년을 정점으로 감소세로 돌아섰고, 64년까지 총액도 감소하고 있었다는 사실을 감안하면, 급격한 변화라 할 수 있다.

3. 자본재수입계획

1960년대 후반에 나타난 급격한 수입증대 역시 유념해서 보아야 한다. 무역수지에서 수입증대는 부정적인 측면도 있지만, 1965년 이후 한국의 수출지향형 공업화를 가능하게 한 추진력과 따로 떼어놓고 볼 수는 없다. 왜냐하면 차관 형식으로 도입된 외자와 수출을 통해 획득한 외자를 이용해 공업화에 필요한 설비투자나 원재료를 선진국으로부터 수입해 산업의 고도화를 달성할 수 있었고, 또 수출에 필요한 원재료나 중간재를 일본에서

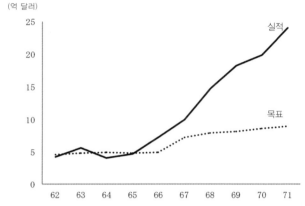

그래프 3-11 연도별 수입목표와 실적 추이

(억 달러)

* 경제개발계획평가교수단 편(1967), 67쪽: 전국경제인연합회(1986), 124쪽: 경제기획원(1966), 158~159쪽:
한국은행(1975), 『경제통계연보 1975』.

수입함으로써 한·미·일 간의 삼각무역구조를 구축할 수 있었기 때문이다.

그래프 3-11은 수입목표와 실적을 나타낸 것이다. 1965년까지 수입액
은 당초 목표에 미치지 못하고 있었지만, 66년부터는 경이적인 성장을 기
록하며 목표를 크게 초과했다. 제2차 개발계획 초년도인 67년에 최종연도
(71년)의 목표가 달성되었다. 71년의 수입목표액은 8억 9350만 달러로 기
준연도(1965년 4억 6344만 달러)의 약 2배였는데, 놀랍게도 67년에 이미 9억
9625만 달러를 기록한 것이다. 71년에는 수입액이 23억 9432만 달러까지
증가해 기준연도의 5배를 넘어섰다.

수입을 재원별로 살펴보면, 정부보유 달러와 차관에 의한 수입은 증가
한 반면, 공공원조에 의한 수입은 대폭 감소했다는 특징이 두드러지게 나
타난다. 공공원조는 1962년 50%를 차지하고 있었지만, 64년에는 35.3%
로 감소했고 71년에는 4.4% 수준까지 대폭 하락했다.[08] 이에 반해, 정부보

---

08 한국은행(1973), 『경제통계연보 1973년』 참조.

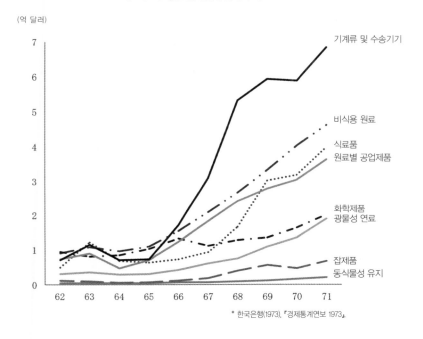

그래프 3-12 상품 품목별 수입액 추이

(억 달러)

기계류 및 수송기기

비식용 원료

식료품
원료별 공업제품

화학제품
광물성 연료

잡제품
동식물성 유지

* 한국은행(1973), 「경제통계연보 1973」

유 달러에 의한 수입은 62년 42.4%에서 64년 45.6%로 약간 증가하다 70
년에는 63.3%로 급격하게 확대되었다. 차관에 의한 수입 역시 62년 1.1%
에서 64년 8.6%로 급증했고 70년에는 20.2%까지 대폭 증가되었다. 이는
한국의 대외의존 체제가 공공원조에서 차관으로 전환되었음을 보여준다.

수입증가를 상품별로 살펴보면, 기계류 및 수송기기, 비식용 원료, 식
료품, 원료별 공업제품 등의 수입이 대폭 증가한 것이 눈에 띈다.(그래프
3-12) 1971년 수입액은 기준연도에 비해 비식용 원료가 4.2배, 원료별 공
업제품이 5.1배, 식료품이 6.3배, 기계류 및 수송기기가 9.3배 증가했다.
1965년부터 71년까지 수입구성비를 보면, 과거 수입의 대부분을 차지하
던 비식용 원료나 화학제품의 비율은 감소하고, 식료품이나 기계류 및 수
송기기의 비율은 큰 폭으로 증가했다. 대조적인 것은 비식용 원료의 비율

이 상대적으로 감소하고 식료품의 비율이 증대되었다는 점이다. 65년부터 71년에 걸친 수입구성비는 비식용 원료가 23.7%에서 19.3%로 저하한 반면, 식료품은 13.7%에서 16.7%로 증대했다. 비식용 원료는 원면을 비롯해 목재, 펄프 등이 주를 이루었는데, 이는 모두 수출산업이나 수출특화산업을 위한 원료들이었다. 식료품은 단연 곡물이 압도적이었다. 이것은 북한이 식량자급화를 거의 달성한 데 반해, 한국은 그렇지 못한 상황을 보여준다. 한국의 농업은 여전히 전근대적인 상황 아래 방치되어 있었고, 가뭄이나 홍수 등 기상에 크게 좌우되고 있었기 때문에 상당량의 곡물을 수입하지 않으면 안 되었다. 1971년에는 2억 6500만 달러의 쌀과 밀이 수입되었고, 이는 전체 수입의 11%를 차지했다.

공업제품 중에서는 원료별 공업제품이 15% 수준을 유지하고 있었다. 원료별 공업제품의 주요 수입품목은 직물, 철강, 금속제품 등이었다. 직물은 완성품 의류의 수출이 확대되어 수입이 증가했고, 철강과 금속제품은 부족한 국내공급능력을 보충하기 위해 수입되었다. 화학제품의 비중은 대폭 감소한 반면, 기계류나 수송기기의 비중은 크게 증가했다. 화학제품의 수입은 22.3%에서 8.4%까지 감소했다. 그중 과거 수입의 대부분을 차지하던 화학비료의 수입감소는 화학비료산업에서 수입대체가 실현되고 있었음을 의미한다. 그러나 반대로 플라스틱의 수입증가는 국내수요의 확대를 반영하고 있다.

기계류 및 수송기기의 수입은 현저하게 증가해 전체의 3할을 차지했는데, 이는 자본재의 수입이 증가했음을 단적으로 보여준다. 그래프 3-13에서 볼 수 있는 바와 같이, 기계류 및 수송기기의 수입은 65년까지 목표에 미달했지만 66년부터 급증해 목표를 초과하고 있다. 수입실적은 1962년 6978만 달러에서 63년 1억 1557만 달러로 증가한 후 64년 6952만 달러로 감소했다가 71년에 다시 6억 8542만 달러로 크게 증가했다. 이는 최종연도의 목표액을 2배 이상 초과한 규모였다. 기계류 및 수송기기의 수입을

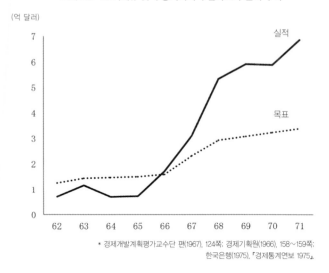

그래프 3-13 기계류 및 수송기기의 수입목표와 실적 추이

(억 달러)

실적

목표

62 63 64 65 66 67 68 69 70 71

* 경제개발계획평가교수단 편(1967), 124쪽: 경제기획원(1966), 158~159쪽:
한국은행(1975), 「경제통계연보 1975」.

재원별로 살펴보면, 1970년 차관에 의한 수입이 2억 8940만 달러, 정부보유달러에 의한 수입이 2억 2940만 달러, 공공원조와 기타 재원에 의한 수입이 6810만 달러였다. 기계류 및 수송기기의 수입에서 차관이 차지하는 비중은 49%였으며, 정부보유 달러는 39%, 공공원조 및 기타 재원은 12%를 차지하고 있었다. 차관이 기계류 및 수송기기 수입재원의 절반가량을 차지하고 있다는 것은 차관을 기둥으로 삼아 자본재가 증가되고 있었음을 의미한다.

수입을 자본재와 수출용 원자재, 소비재로 분류해서 살펴보면, 그래프 3-14에서와 같이 1960년대 전반기에 소비재 수입은 8할을 훨씬 넘어서고 있지만, 1971년에는 48% 수준으로 감소했음을 알 수 있다. 반면, 자본재 혹은 수출용 원자재의 비중은 60년대 후반 급속하게 확대되었다. 자본재는 1962년부터 65년까지 평균점유율이 17%에 불과했지만, 1966년부터 71년에는 평균 30%로 증가했다. 수출용 원자재의 비중도 같은 기간

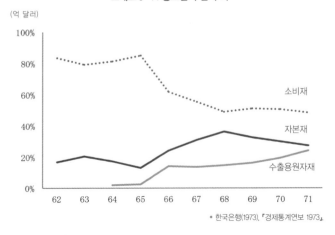

그래프 3-14 용도별 수입 추이

(억 달러)

소비재

자본재

수출용원자재

* 한국은행(1973), 「경제통계연보 1973」

평균 2%에서 17%로 증가했다. 수출용 원자재가 수출총액에서 차지하는 비중은 1964년과 65년에 겨우 6%에 지나지 않았지만, 66년에는 단번에 40%까지 확대되었고 이후 70년까지 꾸준히 40%를 초과하고 있었다. 이는 65년 이후 수출이 확대되어 수출용 원자재의 수입도 증가하게 된 것이라 볼 수 있다. 자본재와 수출용 원자재의 수입은 당연히 한국의 수출지향형 공업화에서 중요한 역할을 수행했다.

그래프 3-15는 고정자본투자 자본재의 수입의존도를 보여준다. 자본재를 수입에 크게 의존했던 것은 자본과 기술의 축적이 충분하지 않았고, 기계산업의 기반이 취약했던 데 따른 것이다. 때문에 한국의 기계산업은 수요의 거의 대부분을 수입에 의존하고 있었다. 산업기계는 90% 가까이가 수입기계였는데, 수입의존도가 서서히 높아져 1966년에 76%였던 것이 69년에는 87%에 달해 자급율은 13%에 불과했다.[09] 기초설비인 공작기계조차 76%(68년)가 수입제품이었다.[10] 한국의 대표적인 수출제품인 섬유제

09 한국산업은행 조사부(1971), 246쪽.
10 한국산업은행 조사부(1971), 213쪽.

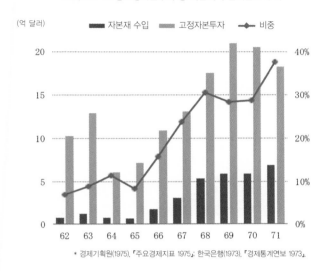

그래프 3-15 총고정자본투자 중 자본재 수입의존도 추이

품의 생산에 사용되는 섬유기계 역시 88%(68년)를 수입에 의존하고 있었다.[11] 인쇄 및 제본기계조차 수요의 76%(68년)를 수입에 의존했다.[12] 산업기계부문의 수입의존도는 전반적으로 높았다. 비교적 수입의존도가 낮은 식품기계도 수입의존도가 36%(68년)를 넘어서고 있었다. 식품기계를 제외하고 한국의 산업기계는 기초적인 기계제품인 공작기계에서 대표산업인 섬유산업을 지탱해주는 섬유기계 그리고 인쇄 및 제본기계에 이르기까지 거의 대부분이 외국에서 수입되고 있었다.

11 한국산업은행 조사부(1971), 246쪽.
12 한국산업은행 조사부(1971), 246쪽.

제 4 장

수출정책의 과대평가
: 수출계획 FIT&GAP 분석

제1절 _ 과감한 수출정책

1. 과감한 수출정책의 배경

한국은 수출지향형 공업화에 성공한 개발도상국 가운데 하나로 주목을
받아왔다. 한국의 수출지향형 공업화가 공업제품의 수출을 통해 본격적
인 궤도에 오르게 된 것은 1965년 이후이다. 이 시기부터 제조업의 수출의
존도가 높아졌고, 그에 따라 공업화율이 증대되기 시작했으며, 수출지향
형 공업화의 속도도 빨라졌다. 일반적으로 한국의 수출이 급속하게 확대
될 수 있었던 요인으로는 ① 비교적 저렴한 양질의 노동력, ② 환율현실화
정책, ③ 우대관세 및 보조금 등의 수출지원, ④ 수출입링크제(수출을 조건
으로 수입을 인정하는 제도)와 관세 등의 보호무역정책, ⑤ 수출회의 등의 수
출촉진정책 등이 꼽힌다.[01]

---

01 그러나 수출확대를 지탱해주었던 이러한 여건들 가운데, 가격 요인인 ①과 ②는, 예컨대 생사나 면
   포 등의 원료제품을 의복 등의 완제품으로 가공하는 방식으로 수출품의 가공도가 높아진 배경으
   로 평가하기에 무리가 있다. 수출유인책이었던 ③과 ④는 정부의 수출방침과 수출실적 사이에 격
   차가 발생하게 된 배경과 모순되기까지 한다.

1961년 성립된 박정희 정권은 외화획득의 중요성을 강조하면서 수출촉진을 위한 여러 가지 조치들을 실시했다. 1961년에는 수출용 중간재 투입 및 수출품에 대한 국내간접세 면제(1961년), 수출소득과 기타 외화획득 활동에 대한 직접세 면제, 수출용 중간재 국내공급자에 대한 관세 및 조세면제(1961년) 등의 수출진흥책이 실시되었다. 1962년에는 수출확대를 가속화하기 위해 수출목표제가 도입되었다.[02] 또 1960년 1달러＝62.5원이었던 환율은 61년 1달러＝127.5원으로 인하되었다. 제1차 경제개발 5개년계획 기간 중 수입은 개발투자 소재인 철강, 기계설비 등 자본재 수입의 급격한 증가와 연평균 5000만 달러를 넘는 식량 수입(63년 약 1억 달러)으로 인해 대폭 증가한 반면, 수출은 수출촉진정책 등에 의해 높은 성장세를 나타내기는 했지만 수입의 15%에 불과해, 무역수지가 막대한 적자를 거듭하고 있었다. 이에 더해 외자도입계획마저 목표를 크게 밑돌아 외화준비금이 더욱 감소했고, 국제수지는 위기를 맞게 되었다.[03]

위기상황에 직면한 한국정부는 1964년에서 65년에 걸쳐 보다 적극적인 수출촉진정책을 수립하게 되는데, 그중에서도 특히 외국환과 관련된 여러 정책들의 도입과 장기적인 수출계획의 실시, 수출특성화산업 육성 등에 주목해야 한다. 먼저 외국환과 관련된 여러 정책들을 살펴보도록 한다. 1964년 5월, 정부는 환율을 달러당 127.5원에서 256.53원으로 인하하고 65년 3월, 환율제를 고정환율제에서 변동환율제로 전환했다. 이러한 외환정책의 도입은 수출확대에 중점을 둔 수출드라이브정책에서 가장 중요한 부분으로 평가되고 있다. 이 같은 평가에는 한국정부가 수입대체 공업화에서 수출지향형 공업화로 정책을 전환했다고 간주해 정부의 정책전환능력을 부각시킨 면이 적지 않았는데, 세계은행 역시 한국

---

02 경제기획원(1982), 40쪽.

03 외화준비고는 외국의 대한원조 감소와 함께 1961년 말 2억 7000만 달러에서 63년에는 1억 3000만 달러로 떨어져 최저수준을 기록했다.

이 발전도상국을 벗어나 성공하게 된 요인의 하나로 이를 강조하고 있다. 그러나 유의해야 할 점은 외국환에 대한 여러 가지 개혁조치들이 한국정부의 의도가 아니라 미국정부와 IMF의 유인책에 의해 실시되었다는 사실이다. 미국과 IMF는 외환정책의 개혁을 담보로 한국에 차관을 공여했다.

1964년 5월 단행된 대폭적인 환율인하 역시 미국에 의해 유도된 바가 컸다. 사실 수출지향형 공업화에서 환율현실화정책이 실시되는 것은 절실하고 중요한 문제였다. 그러나 『파 이스턴 이코노믹 리뷰(Far Eastern Economic Review)』는 그 시행 배경에 미국정부의 "달콤한 시럽"이 놓여 있었다고 지적했다. 이 잡지는 "미국이 한국에 원화의 평가절하와 통화긴축을 충고했고 한국정부는 이 충고를 받아들여 실행에 옮겼다. 5월 3일 시행된 원화가치 재평가는 금년도 미국이 지원하기로 한 총 7500만 달러 중 1000만 달러의 원조금을 통해 이루어진 것"이라고 기록했다.[04] 이는 미국이 환율현실화정책에 개입하고 있었음을 말해준다.

1965년 4월에 시행된 단일변동환율제 역시 IMF에 의해 유도된 것이었다. 국가기록원이 최근 공개한 대통령보고서 「IMF 차관」(65년 2월 22일)에 따르면, 한국정부는 변동환율제 실시를 담보로 IMF로부터 1000만 달러의 차관을 받기로 되어 있었다.[05] IMF와의 사전협의에서 이미 차관공여 등에 합의가 있었음에도 불구하고, 한국정부는 차관계약서의 공식적인 서명에 집착하고 있었다. 보고서에는 "3월 1일경에 재무장관이 도미하여, IMF이사회에서 차관승인이 결정되는 대로 차관계약서에 서명하고 즉시 대통령각하에게 전문을 치고, 대통령각하는 총리 및 부총리에 지시하여 사전에 준비된 단일유동환율제도를 즉시 실시케 한다"고 기록되어 있

---

04 *Far Eastern Economic Review* (1964), 25쪽.

05 대통령비서실(1965), 「IMF 차관」, 국가기록원대통령기록관.

다. 이 문장에 밑줄이 그어져 있는 점을 보면 '순서'가 대단히 중요했음을 짐작할 수 있다. IMF와의 차관계약서 체결은 변동환율제 실시의 중요한 전제조건이었다. 즉 단일변동환율제 실시는 한국정부가 과감하게 실행한 개혁이었다기보다 IMF와의 차관계약 체결을 전제로 단행된 정책개혁이었다고 할 수 있다.

중요한 점은 외국환과 관련된 이러한 개혁조치들이 한국의 수출확대에 실제로 기여를 했는지 여부이다. 단적으로 말하자면, 이러한 개혁조치들은 1965년 이후 수출이 성장하는 데 직접적인 요인이 되지 못했다. 첫째, 한국의 환율은 수출이 확대되기 시작한 1960년대 후반기에 과대평가되고 있었다. 야마자와 잇페이(山澤逸平)와 히라타 아키라(平田章)는 한국의 수출촉진정책과 공업제품의 수출성장에 관한 연구(1987년)에서 70년 이전 한국의 원화가 과대평가되어 있어 수출에 불리하게 작용했다고 주장했다. 이들은 7개 나라(한국, 태국, 필리핀, 말레이시아, 인도네시아, 인도, 브라질)의 실질실효환율을 계산한 뒤 "대만, 홍콩, 인도네시아는 환율이 저평가되어 수출에 유리하게 작용했다. 반대로 필리핀과 한국의 환율정책은 수출에 불리한 작용을 하고 있었다"고 결론을 내렸다.[06] 그리고 "환율이 수출에 불리하게 작용했음에도 수출이 확대될 수 있었던 것은 수출지원정책이 이를 보완해주었기 때문이고, 특히 수출금융이나 수출보조금 등의 정책이 직접적인 유인책이 되었고, 또 수출산업 기반확충이나 수출관련기관 설치 등의 정책은 수출 확대에 간접적인 기여를 했다"[07]고 부연설명했다.

둘째, 외환 관련 개혁조치들은 수출확대를 가져오기는커녕 오히려 수출을 부진에 빠뜨렸다. 당시 한국의 무역 관련 단체들은 단일변동환율제

---

06 야마자와 잇페이·히라타 아키라(1987), 241쪽.

07 야마자와 잇페이·히라타 아키라(1987), 49쪽.

실시로 수출이 부진해질 것을 우려해 한국정부에 대책 마련을 강력하게 요구했다. 한국보세가공수출협회는 「단일변동환율제 실시에 따르는 당면대책 건의」(1965년 5월 1일)를, 한국무역협회는 「변동환율제 실시 이후의 수출부진타개책 건의」(1965년 5월 6일)를 각각 한국정부에 제출했는데, 그 제목만 보아도 수출부진상황을 엿볼 수 있다.[08] 한국무역협회가 제출한 「변동환율제 실시 이후의 수출부진타개책 건의」 내용을 구체적으로 살펴보면, "단일변동환율제도는 수출 진흥을 주목적으로 하고 있음에도 불구하고, 이 제도가 실시된 후 1개월간에 외환율은 현실적인 수출코스트를 반영하지 못하고 (중략) 수출은 도리어 크게 위축될 처지에 있다"고 지적하면서 8가지 수출부진타개책을 건의했다. 한국보세가공수출협회 또한 "3월 22일부터 실시되어 온 변동환율제도는 외환실세율의 저조로 인하여 그 목적한바와는 달리 수출증대에 일대위협을 가하고 있어 이에대한 보완책강구 및 대책수립이 시급하다고 사료되는 바이다"라고 지적하고 조속한 대응을 건의했다. 무역 관련 단체들의 이러한 건의서 내용을 보면, 외국환에 대한 여러 개혁조치들이 수출성장의 직접적인 요인이 되지 못했음을 알 수 있다.

다음으로 주목해야 할 것은 1965년 5월에 제출된 「수출진흥을 위한 보완시책」이다.[09] '수출진흥을 위한 보완시책'의 배경과 목적은 다음과 같다. 첫째, 1965년도의 수출진흥종합시책이 2월 18일에 확정되어 강력히 추진되었지만 단일변동환율제의 실시로 인해 수출이 부진한 상태에 빠지게 되었다. 둘째, 수출진흥종합시책에 이미 반영되어 있는 정책을 보다 구체화하고 적극적으로 추진해야 한다. 셋째, 각계의 건의사항을 반영해 현재의 수출부진을 타개하고, 금년도 수출목표액 1억 7000만 달러를 달성한

---

08 재무부국제금융국국제금융과(1965), 「변동환율제 실시 이후의 수출부진타개책 건의」, 국가기록원대통령기록관.

09 경제기획원총무과(1965), 「수출진흥을 위한 보완시책」, 국가기록원대통령기록관.

다. 구체적인 대책으로는 ① 시도에 수출진흥위원회 설치, ② 해외시장 개척 확대, ③ 국내 수출산업의 육성, ④ 무역제도의 합리적 개선, ⑤ 수출품 임가공업의 면세, ⑥ 임시 특관세법의 개정 등이 제시되었는데, 이는 주로 제도, 금융, 세제 등의 특혜를 통해 실질적으로 수출을 보강하거나 유인책을 제공하기 위해 제안된 것들이었다. 이 가운데 특히, 생사류와 견직물, 모직물, 면직물, 합판, 의류, 가죽류, 라디오 및 전기기기 등을 수출특화산업으로 육성한다는 계획은 이미 국제경쟁력을 갖추고 있거나 앞으로 국제경쟁력을 갖출 수 있을 것으로 전망되는 수출산업의 경쟁력을 강화하고, 수출확대를 도모하고자 한다는 점에서 수출지향형 공업화의 핵심적인 정책이었다.

마지막으로 주목해야 할 것은 '제1차 3개년수출계획'이다. '제1차 3개년수출계획'이 실시된 기간과 수출지향형 공업화가 급속하게 발전한 시기가 완벽하게 일치하고 있기 때문이다. 제1차 3개년수출계획은 수출정책의 실상을 분석할 때 빠뜨려서는 안 되는 중요한 열쇠이지만, 그 내용은 오랫동안 베일에 싸여 있었다. 2007년 7월 28일 '대통령기록물 관리에 관한 법률'이 시행되면서 '제1차 3개년수출계획'도 공개되었는데, 이 문서의 의의는 이루 말할 수 없을 정도로 크다. 이 문서를 통해 제1차 3개년수출계획이 한국의 수출성장에서 어떠한 위치를 차지했고 어떠한 역할을 수행했는지뿐만 아니라, 수출계획의 구체적 내용과 수출성장과정의 발자취를 비교하고 수출계획이 지닌 문제점 등을 다각적으로 검토할 수 있게 되었기 때문이다. 지금까지 한국정부가 '선별해온 정보'에서 벗어나 두터운 베일에 가려져 있던 수출정책의 실체에 메스를 들이대고 수출정책의 진상을 밝혀, 정부가 행해온 역할의 '실상'과 '허상'을 드러낼 수 있게 된 것이다.

2. 제1차 3개년수출계획의 특징

제1차 3개년수출계획은 수출확대를 통한 외화사정 개선이라는 정책의 실현을 목표로, 1965년에서 67년까지 본격적으로 실시된 장기수출계획이다. 그것은 국제수지 위기에 직면해 있던 한국정부로서는 수입에 필요한 외화를 벌어들이기 위해서라도 피할 수 없었던 선택이었다. 또 수출산업을 발전시키고, 외화획득의 증대를 도모해 유용하게 사용하는 것은 자립경제를 확립할 수 있는 기본적인 수단이기도 했다. 제1차 3개년수출계획은 이를 위해 최종년도의 수출목표액을 3억 달러로 설정했는데, 정식 명칭은 이를 강조한 '3억불수출계획'이었다.[10] 그러나 그 뒤 '제2차 5개년수출계획'(1967~71년)이라는 명칭의 계획이 시행된 바 있어 여기서는 일관성을 위해 이를 '제1차 3개년수출계획'이라 칭하기로 한다.

제1차 3개년수출계획의 특징은 다음의 세 가지로 요약할 수 있다. 첫째, 제1차 경제개발 5개년계획과는 별도의 수출확대방책으로 장기적이고 구체적인 수출목표제가 채용되었다. 장기적인 수출목표제의 실행목적은 수출전망과 상관없이 책임을 다해 목표를 달성한다는 것이었다. 수출목표가 곧 실행목표였으므로, 실행 방안 또한 상세하게 조사되었고 각각의 개별 상품마다 상당히 구체적인 방안이 수립되었다. 수출목표는 상품별·나라별로 설정되었다. 산업별 수출조합과 재외대사관에도 수출목표가 할당되었기 때문에 사실상 책임목표제라 할 수 있었다. 또한 매월 대통령 주재로 경제관계장관, 기업, 경제단체장 등으로 구성된 수출진흥확대회의를 개최해 수출목표를 달성하고자 전력을 다했다.

둘째, 수출계획을 실시해 외화사정을 개선한다는 지침을 구체화했다. 제1차 3개년수출계획은 3년간의 수출목표 7억 달러에서 비용 2억 2343만

---

10 총무처(1965), 「3억불수출계획」, 국가기록원 대통령기록관.

달러를 공제한 차액 4억 7657만 달러의 획득을 목표로 한 '외화획득지향형' 정책이었다. 주요 품목별 수출계획에는 수출품목마다 목표와 비용 그리고 외화획득 전망치가 상세히 기록되어 있어, 이른바 '외화획득명세표'라고도 부를 만했다. 원활한 외화도입과 국제수지 개선은 경제개발을 지탱해주는 버팀목이었는데, 이 계획에는 당연히 1964년의 외환위기가 반영되어 있었다.

셋째, 공업제품의 수출확대 촉진에 중점을 두고 수출산업을 육성하고자 했다. 공업제품의 예상수출목표액은 기준연도의 3배인 1억 9000만 달러로, 수출총액의 63%를 차지하고 있었다. 한국정부는 공업제품의 수출확대를 도모하기 위해 수출경쟁력이 있는 산업을 육성한다는 목적을 가지고 수출특화산업을 선정했다. 당시에는 여러 산업분야의 국제경쟁력 강화가 주요 과제였고, 수출특화산업의 육성과 발전이 수출지향형 공업화 정책의 중요한 기둥이었다.

그러나 제1차 3개년수출계획의 수립과 실시가 순조롭게 진행된 것만은 아니었다는 사실에 주목해야 한다. 제1차 3개년수출계획의 입안은 대폭 지연되어 그 시안이 수립된 것은 1964년 12월 30일에 이르러서였다. 1965년 2월 16일에 수정안이 제출되었지만, 재수정을 거듭해 최종 계획안은 1965년 3월 16일에야 확정되었다. 1965년부터 바로 시행하려고 했지만 시기를 맞추지 못한 것이다. 제1차 3개년수출계획이 경제장관회의에서 의결된 것은 1965년 7월 20일이었는데, 이 사실만 보더라도 계획의 실시가 매우 늦어지고 있었음을 알 수 있다. 이러한 모습은 한국의 수출정책을 평가할 때 긍정적으로 지적되곤 하는 과감성과 거리가 먼 것이다.

표 4-1은 제1차 3개년수출계획의 목표와 실적을 보여준다. 1967년의 수출액은 1964년 1억 2000만 달러에서 연평균 39.1% 성장이라는 경이적인 증가율을 나타내며 3억 2000만 달러를 기록해 목표인 3억 달러를 초과

표 4-1 제1차 3개년수출계획의 목표와 실적

	제1차 3개년수출계획(1965~67)	
	목표	실적
수출성장률	36.1%	39.0%
수출액(억 달러)	3.0	3.2
(공업제품)	1.9	2.5
수출공업화율	63.0%	78.5%

* 총무처(1965), 「3억불수출계획」, 국가기록원대통령기록관; 한국은행(1973), 『경제통계연보 1973』.

했다. 대만 13.9%, 홍콩 14.6%, 싱가포르 8.0% 등 다른 NIES와 비교하면, 한국의 수출증가율은 눈에 띄게 높았다.[11] 공업제품의 수출액은 1964년 6200만 달러 정도에 불과했지만, 67년에는 2억 5000만 달러로 증가했다. 연평균 59.1%라는 놀라운 증가율을 보이며 64년에 비해 4배 이상 증가해 목표액 1억 9000만 달러를 훨씬 넘어선 것이다. 그 결과, 수출공업화율도 51.6%에서 78.5%로 크게 증가해 목표인 63.0%를 대폭 초과했다. 일반적으로 발전도상국이 공업제품의 수출을 확대시킨다는 것은 결코 쉬운 일이 아니다. 대다수의 발전도상국들이 공업제품의 수출확대에 몰두했지만 성공적으로 추진해가고 있던 나라는 극히 적었다. 1950년대 후반부터 발전도상국들이 국제연합에서 특혜관세를 과도하게 요구했던 것이 그 증거라 하겠다. 그러나 한국은 불과 3년 만에 수출공업화율이 26.9% 포인트 급증하는 등 현격한 구조변화를 이루어냈다.

---

11 UN, 『국제무역통계연감』, 각 연도 판 참조.

제2절 _ 제1차 3개년수출계획 Fit&Gap 분석

1. 상품 종류별 수출계획 실적

1964년 한국의 수출을 이끌었던 상품품목은 원료별 공업제품, 비식용 원료, 식료품 등으로 당시 수출총액의 84%를 차지하고 있었다. 제1차 3개년 수출계획에서도 이 세 품목은 기대를 한 몸에 받았다. 1967년 상품 종류별 수출계획을 그래프 4-1에서 살펴보면, 원료별 공업제품의 목표액이 1억 1800만 달러, 식료품 6700만 달러, 비식용 원료 5600만 달러로 이 세 상품의 목표액이 전체 목표액의 80%를 차지하고 있음을 알 수 있다. 그중에서도 수출확대에 중점을 두었던 원료별 공업제품의 경우 목표액이 64년 실적보다 약 7600만 달러 높게 책정되어 수출목표 총액에서 차지하는 비중이 39.4%에 이르렀다. 이는 64년의 34.7%보다 4.7%포인트 증가한 것이

그래프 4-1 상품 종류별 수출목표와 실적

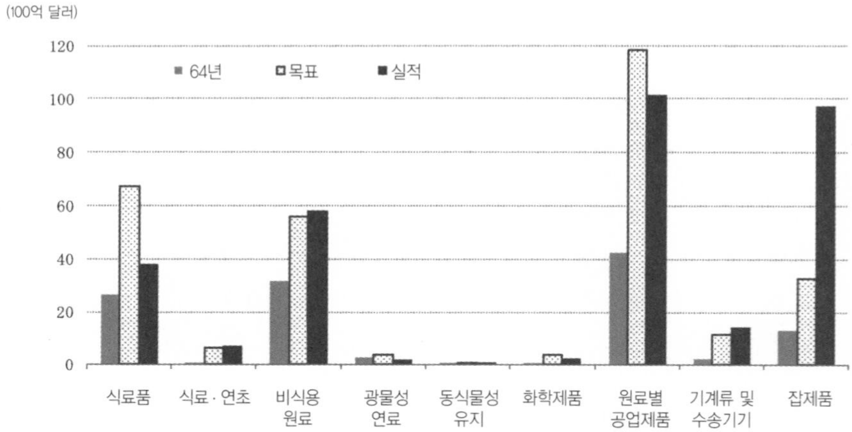

(100억 달러)

* 총무처(1965), 「3억불수출계획」, 국가기록원대통령기록관; 한국은행(1968), 「경제통계연보 1968년」

다. 한국의 공업제품 수출은 1964년까지 원료별 공업제품에 크게 의존하고 있었기 때문에 원료별 공업제품의 수출증가는 수출지향형 공업화의 발전을 좌우하는 중요한 열쇠가 되고 있었다.

다음으로 목표액이 높았던 품목은 잡제품과 기계류 및 수송기기로 각각 3250만 달러와 1170만 달러가 목표로 설정되었다. 이것은 1964년의 실적에 비해 잡제품은 3.2배, 기계류 및 수송기기는 12.3배 증가된 계획이었다. 수출목표의 규모로만 보면 식료품 및 동물, 비식용 원료의 절반에도 미치지 못하지만, 수출목표의 증가율이 높아 잡제품과 기계류 및 수송기기에 대한 기대가 컸음을 알 수 있다. 수출목표총액에서 차지하는 비율은 기계류 및 수송기기가 0.8%에서 3.9%, 잡제품이 8.5%에서 10.8%로 각각 확대될 전망이었다. 이러한 사실은 종전과 마찬가지로 원료별 공업제품의 수입확대와 함께 기계류 및 수송기기나 잡제품의 수출도 증가시킨다는 계획을 보여주고 있지만, 공업제품의 수출다양화와 수출구조의 고도화를 실현하려는 정책의도 또한 드러나고 있다.

그렇다면, 이러한 수출프로그램은 실제로 어떻게 실행되고 있었을까? 그래프 4-1은 상품 종류별 수출목표와 실적을 나타낸 것이다. 식량·연초, 비식용 원료, 기계류 및 수송기기, 잡제품 등 4가지 품목은 실적이 목표를 초과한 반면, 식료품, 광물성 연료, 동식물성 유지, 화학제품, 원료별 공업제품 등의 5가지 품목은 실적이 목표에 미치지 못했다. 원료별 공업제품, 화학제품, 식료품, 광물성 연료, 동식물성 유지 등 반 이상의 품목이 목표를 달성하지 못해 수출의 양극화현상이 나타나고 있었다. 목표액과의 격차를 보면, 식료품 마이너스 2920만 달러, 원료별 공업제품 마이너스 1670만 달러로 목표와 크게 차이가 났다. 이와 대조적으로 잡제품은 목표를 6470만 달러나 초과달성했다. 잡제품의 격차는 다른 상품류와 비교가 안 될 정도로 컸고, 식료품과 원료별 공업제품의 마이너스 격차를 상쇄하고도 남을 정도였다. 식료품 및 동식물성 유지와 원료별 공업제품의

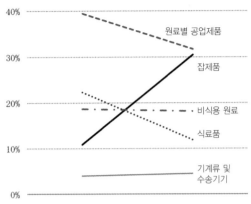

그래프 4-2 상품 종류별 수출구성비(계획과 실적)

40%

원료별 공업제품

30%

잡제품

20%

비식용 원료

식료품

10%

기계류 및
수송기기

0%

* 총무처(1965), 「3억불수출계획」 국가기록원대통령기록관; 한국은행(1973), 『경제통계연보 1973』

마이너스 격차는 총 4590만 달러였는데, 잡제품의 격차가 이보다 컸다. 제
1차 3개년수출계획을 '성공적'이라고 평가할 수 있다면, 이는 잡제품의 높
은 실적 덕분이었다 해도 과언이 아니다.

수출목표와의 괴리 정도는 원료별 공업제품 마이너스 14%, 화학제품 마
이너스 40%, 식료품 마이너스 43%, 광물성 연료 마이너스 56%, 동식물성
유지 마이너스 74%로 상당히 높았다. 이와 반대로, 잡제품은 199%의 괴리
율을 보였는데, 이는 수출부진으로 귀결된 원료별 공업제품 등과는 대조적
인 양상으로, 한국의 수출공업화를 고찰할 때 무엇보다 중요한 요소가 될
것이다.

그래프 4-2에서 주요 상품 종류별 기여율을 살펴보면, 원료별 공업제
품과 식료품의 비중이 낮아진 반면 잡제품은 대폭 증대되었다. 수출총액
의 39.4%를 차지할 것으로 전망된 원료별 공업제품의 실적이 31.7% 수준
에 그친 것과 달리 10.8%로 전망되었던 잡제품의 실적은 30.4%에 달했다.
'예상 밖의 결과'였다. 잡제품이 이룬 예상 밖의 결과는 목표를 달성하는

데 크게 이바지했다는 의미에서뿐 아니라 한국의 고도성장을 이끌어갈 수출주도산업으로 도약하는 계기가 되었다는 점에서도 주목해야 한다.

수출계획과의 격차를 주요 품목별로 살펴보면, 수출의 양극화현상이 뚜렷하게 나타난다. 주요 34개 품목 가운데 목표액을 초과달성한 품목은 15개에 불과한 반면[12] 목표액을 달성하지 못한 품목은 19개에 이르고 있기 때문이다.[13] 이런 경향은 공업제품에서 더욱 분명히 나타난다. 주요 공업제품들의 목표와의 격차를 보면, 면직물 등 10개 품목이 마이너스를 기록해 플러스를 기록한 품목보다 압도적으로 많았다.[14] 플러스를 기록한 품목은 스웨터 등 겨우 6개에 불과했다.[15] 이처럼 16개 공업제품 중 10개 품목이 마이너스를 기록하고 6개 품목만이 플러스를 기록했다는 사실은 수출계획이 충분했다고 평가하기 어렵게 만든다.

수출목표액과의 괴리율을 주요 품목별로 살펴보면, 그래프 4-3에서와 같이 괴리율이 대폭 확대된 품목이 압도적으로 많은 것을 알 수 있다. 주요 34개 품목 중 괴리율이 ±20%를 넘는 품목이 전체 82%(28개 품목)를 차지했다. 공업제품의 경우에는 16개 품목 중 15개 품목이 ±20%를 초

---

12 스웨터(1900만 달러), 합판(1440만 달러), 피복(970만 달러), 생사(640만 달러), 중석(600만 달러), 김(440만 달러), 경편직물(430만 달러), 고무화(360만 달러), 철광석(240만 달러), 연초(140만 달러), 고려인삼(100만 달러), 봉제품(80만 달러), 한천(70만 달러), 활어(50만 달러), 냉동어패류(0달러) 등이 목표를 초과한 품목들이었다.

13 목표를 달성하지 못한 품목들은 오징어(마이너스 40만 달러), 어패류통조림(마이너스 40만 달러), 모직물(마이너스 50만 달러), 라디오(마이너스 60만 달러), 합성수지제품(마이너스 70만 달러), 한방제(마이너스 100만 달러), 돈모(豚毛)(마이너스 100만 달러), 견직물(마이너스 130만 달러), 도자기(마이너스 200만 달러), 다랑어(마이너스 200만 달러), 무연탄(마이너스 230만 달러), 인견직물(마이너스 250만 달러), 기타 모발(마이너스 280만 달러), 선어(마이너스 320만 달러), 철봉(마이너스 330만 달러), 아연철판(마이너스 370만 달러), 시멘트(마이너스 580만 달러), 곡류(마이너스 620만 달러), 면직물(마이너스 1040만 달러) 등이었다.

14 면직물, 시멘트, 아연철판, 철봉, 인견직물, 도자기, 견직물, 합성수지제품, 라디오, 모직물의 10개 품목.

15 스웨터, 합판, 피복, 경편직물, 고무화, 봉제품 등 6개 품목.

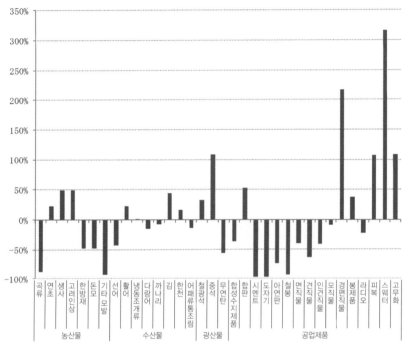

그래프 4-3 수출목표액과의 괴리율(주요 품목별)

* 총무처(1965), 「3억불수출계획」, 국가기록원대통령기록관; 한국은행(1973), 「경제통계연보 1973」.

과해 이 같은 경향이 더욱 분명하게 나타났다.[16] 공업제품 가운데 플러스 20% 이상을 기록한 품목은 6개인 데 반해, 마이너스 20%를 넘는 품목은 9개에 달했다. 모직물을 제외한 모든 공업제품에서 목표와의 격차가 크게 나타났다. 견직물(마이너스 65%), 아연철판(마이너스 75%), 철봉(마이너스 93%), 시멘트(마이너스 97%), 도자기(마이너스 98%) 등은 마이너스 50%를 넘어 수출부진이 뚜렷했다. 반면 스웨터(316%), 경편직물(217%), 고무화

---

16 스웨터(316%), 경편직물(217%), 고무화(109%), 피복(107%), 합판(53%), 봉제품(38%), 모직물(마이너스 9%), 라디오(마이너스 23%), 합성수지제품(마이너스 37%), 면직물(마이너스 40%), 인견직물(마이너스 41%), 견직물(마이너스 65%), 아연철판(마이너스 75%), 철봉(마이너스 93%), 시멘트(마이너스 97%), 도자기(마이너스 98%) 등의 공업제품이다.

(109%), 피복(107%) 등의 품목은 100%를 넘는 실적을 달성했다. 주요 공업제품 16개 가운데 9개 품목이 100%를 초과했거나 마이너스 50%를 초과했다는 이러한 결과는 상당히 '비현실적인' 것이었다. 이러한 점에서 보더라도 수출계획이 순조롭게 추진되었다고 보기 어렵다.

2. 나라별 수출계획 실적

1960년대 전반기 한국의 수출은 일본시장과 미국시장에 대한 의존도가 대단히 높았다. 64년에는 일본과 미국시장이 전체 수출의 62%를 차지하는 등 이 두 나라에 대한 수출집중도가 뚜렷하게 나타났다. 이 때문에 제1차 3개년수출계획은 새로운 시장을 개척한다는 방침을 세우는 등 시장을 다각화하는 데 중점을 두고 있었다. 미국과 일본시장에 수출이 집중된 것은 글로벌시장의 개척이 지연된 결과였기 때문에, 새로운 시장의 개척이 중요한 당면과제로 제기되었다.

표 4-2는 주요 나라별 수출계획을 보여준다.[17] 한국의 2대 수출시장인 미국과 일본에 대한 수출목표액은 각각 9300만 달러와 9100만 달러로 규모가 매우 컸다. 목표연도의 수출점유율 역시 미국이 31.0%, 일본이 30.3%로 여전히 2대 시장의 지위를 차지하고 있었다. 기준연도(1964년)와 비교하면 미국의 목표액은 2.5배, 일본은 2.3배 증가해 두 시장 모두 크게 확대될 것으로 전망하고 있음을 알 수 있다. 그러나 미국과 일본보다 수출이 더 크게 확대될 것으로 전망된 시장은 베트남, 필리핀, 이란 등 아시아 3개 나라와 서독, 네덜란드, 스웨덴, 이탈리아, 벨기에, 프랑스 등 유럽 6개 나라, 그리고 캐나다와 오스트레일리아를 포함한 11개 나라였다. 이들 11개 나라

---

17 주요 18개 나라의 수출비중은 1964년 실적의 98.1%에 달했으며, 1967년에는 목표의 95.6%를 차지하고 있다.(표 4-2 참조)

표 4-2 주요 나라별 수출계획 추이

(단위 : 100만 달러)

	나라명	1964년 실적(A)	1964년 비중(B)	1967년 목표(C)	1967년 비중(D)	배증(C/A)
1	미국	36.9	30.5%	93.0	31.0%	2.5
2	일본	40.0	33.1%	91.0	30.3%	2.3
3	베트남	6.6	5.4%	21.0	7.0%	3.2
4	홍콩	11.5	9.5%	15.0	5.0%	1.3
5	영국	6.8	5.6%	8.0	2.7%	1.2
6	태국	3.0	2.4%	7.0	2.3%	2.4
7	서독	1.8	1.5%	6.0	2.0%	3.3
8	네덜란드	1.8	1.5%	6.0	2.0%	3.3
9	스웨덴	1.3	1.1%	6.0	2.0%	4.7
10	싱가포르	2.7	2.2%	5.5	1.8%	2.1
11	필리핀	1.0	0.8%	5.0	1.7%	5.1
12	이탈리아	0.7	0.6%	4.5	1.5%	6.6
13	캐나다	0.4	0.3%	4.0	1.3%	9.7
14	대만	1.9	1.6%	3.2	1.1%	1.7
15	벨기에	0.7	0.6%	3.0	1.0%	4.3
16	오스트레일리아	0.7	0.6%	3.0	1.0%	4.4
17	프랑스	0.3	0.3%	3.0	1.0%	9.6
18	이란	0.5	0.4%	2.5	0.8%	5.2
	18개국 합계	118.5	98.1%	286.7	95.6%	2.4
	수출 합계	120.9	100.0%	300.0	100.0%	2.5

* 총무처(1965), 「3억불수출계획」, 국가기록원대통령기록관.

는 모두 1964년 수출액에 비해 베트남 3.2배, 캐나다 9.7배 등으로 수출이
크게 확대될 것으로 기대되는 수출중점국이었다. 이들 나라를 '11개 중점
국'이라 부르기로 한다.

'11개 중점국'에 대한 수출목표는 총 6400만 달러였는데, 이는 64년
1570만 달러보다 4.1배 높게 잡은 의욕적인 계획이었다. 1964년의 수출실
적에 비해서도 4830만 달러 증가된 것으로 미국(5610만 달러)과 일본(5100
만)의 증가액에 필적할 만한 규모였다. '11개 중점국'에 대한 기대가 높았

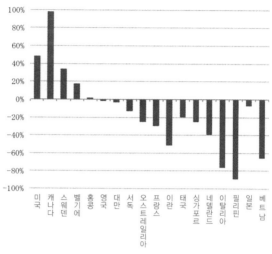

그래프 4-4 나라별 수출목표와의 괴리율

* 총무처(1965), 「3억불수출계획」, 국가기록원대통령기록관;
한국은행(1968), 「경제통계연보 1968」.

음을 알 수 있다. '11개 중점국'이 수출목표에서 차지하는 점유율 역시 64년 13.0%에서 21.3%로 8.3%포인트 상향될 것으로 예상되었다.(표 4-2) 미국, 일본시장과 나란히 '11개 중점국'의 시장확대에도 주력하고 있었던 것이다. 바꾸어 말해 제1차 3개년수출계획의 성패는 바로 이 '11개 중점국'의 시장개척에 달려 있었다 해도 과언이 아니었다.

그러나 나라별 수출계획의 실적을 보면, 시장다각화 수출방침과는 달리 미국시장에 대한 집중이 극단적으로 강화되었음을 알 수 있다.

그래프 4-4에서 볼 수 있는 바와 같이, 목표 달성도는 마이너스 방향을 향하고 있는 나라들이 현저하게 많았다. 목표치를 초과한 나라는 캐나다, 미국, 스웨덴, 벨기에, 홍콩 등 5개 나라에 불과한 반면, 목표치를 밑도는 나라는 일본 등 13개 나라에 이르고 있다. 주요 18개 나라 중 약 4분의 3에 해당하는 나라들에서 목표를 달성하지 못한 것이다. 목표달성에 실패한

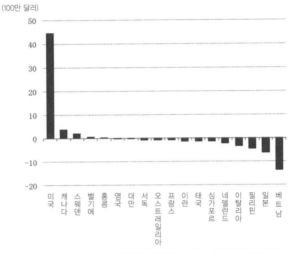

그래프 4-5 나라별 수출목표와의 격차

(100만 달러)

* 총무처(1965), 「3억불수출계획」, 국가기록원대통령기록관;
한국은행(1968), 「경제통계연보 1968」

나라의 거의 대부분이 마이너스 20%를 넘고 있다는 사실도 간과해서는
안 된다. 싱가포르(마이너스 25%), 오스트레일리아(마이너스 25%), 프랑스(마
이너스 29%), 네덜란드(마이너스 39%), 이란(마이너스 51%), 베트남(마이너스
65%), 이탈리아(마이너스 76%), 필리핀(마이너스 89%) 등 8개 나라가 마이너
스 20% 이상의 괴리율을 보였고, 그 가운데 절반은 마이너스 50% 이상을
기록했다. 주요 18개 나라의 약 절반에 해당하는 나라들에 대한 수출계획
은 실패로 끝이 났다.

수출목표와의 격차를 나라별로 살펴보면, 그래프 4-5에서와 같이 미
국의 격차가 컸음을 알 수 있다. 미국의 경우에는 목표와의 실제 차액이
4440만 달러로 매우 컸고, 그다음이 캐나다 390만 달러, 스웨덴 200만 달
러, 벨기에 50만 달러, 홍콩 20만 달러 순으로 미국과의 격차가 대단히 컸
다. 미국의 규모가 다른 나라들에 비해 상당히 컸음을 알 수 있다. 목표와

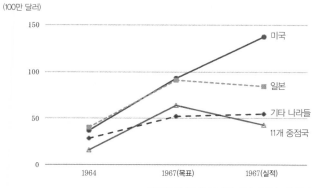

그래프 4-6 주요 나라별 수출목표와 실적

(100만 달러)

- 미국
- 일본
- 기타 나라들
- 11개 중점국

1964　　　　1967(목표)　　　　1967(실적)

* 총무처(1965), 「3억불수출계획」, 국가기록원대통령기록관;
한국은행(1968), 「경제통계연보 1968」.

의 격차가 마이너스를 나타낸 나라는 대만 10만 달러에서 베트남 1370만 달러에 이르기까지 그 폭이 넓었고, 총액은 약 마이너스 3700만 달러에 달했다. 미국이 초과달성한 4440만 달러는 13개 나라의 마이너스 합계 3700만 달러보다 많았다. 미국의 초과달성액이 커서 13개 나라의 미달성액을 상쇄할 수 있었다는 사실에도 유념해야 한다.

그래프 4-6은 주요 나라들에 대한 수출목표와 실적을 나타낸 것이다. 눈여겨보아야 할 것은 제1차 3개년수출계획의 요체라고 할 수 있는 '11개 중점국'의 수출부진으로 인해 시장다각화라는 방침과는 상반되는 결과가 나타났다는 점이다. 대미수출은 목표액 9300만 달러를 웃도는 1억 3740만 달러였고, 대일수출은 8490만 달러로 증가하기는 했지만 목표인 9100만 달러에는 미치지 못했다. 11개 중점국에 대한 수출 역시 4290만 달러로 증가하기는 했지만 목표액인 6400만 달러에는 이르지 못했다. 그로 인해 마이너스 2100만 달러에 달하는 목표와의 격차가 발생했다. 목표액의 67%에 불과한 수치였다. 그 밖의 나라들에 대한 수출은 목표액 5200만 달러를 초과하는 5510만 달러의 실적을 달성했다. '11개 중점국'에 대한 수출실적보다 큰 규모였다. 시장다각화의 일환으로 수출확대에 역점을 두었지만 참담한 결과로 끝이 난 '11개 중점국'의 모습과는 대조적인 양상이었다. '11개 중점국'에 대한 수출이 부진했던 이유는 목표달성률이 저조한 나라들이 많아서였다. '11개 중점국' 가운데 목표치를 초과한 나라는 스웨덴, 캐나다, 벨기에 세 나라뿐이었고, 나머지 8개 나라는 목표치를 밑돌고 있었다. 목표달성률은 눈을 의심할 정도로 대단히 낮았다. 목표달성률은 서독 87%, 오스트레일리아 75%, 프랑스 70%, 네덜란드 61%, 이란 49%, 베트남 35%, 이탈리아 24%, 필리핀 11%의 순으로 낮았고, 그 절반은 목표달성률이 50%에도 미치지 못했다.

또 한 가지 흥미로운 사실은 그래프 4-7에 나타난 것처럼 수출성장기여도가 미국의 경우 예상보다 훨씬 높았던 반면, '11개 중점국'의 경우에는 예상보다 훨씬 낮았다는 점이다. 수출목표에서 수출성장기여율은 미국 31.3%, 일본 28.3%, '11개 중점국' 26.9%, 기타 나라들 13.3%로 전망되었다. 미국과 일본 그리고 '11개 중점국' 모두 기여도가 높을 것으로 예상한 것이다. 그러나 미국의 실제 기여율은 전망치보다 19.1%포인트나 높은 50.4%로 나타났다. 이와 반대로, 역점을 두었던 '11개 중점국'의 기여

그래프 4-7 주요 나라별 수출기여율(목표와 실적)

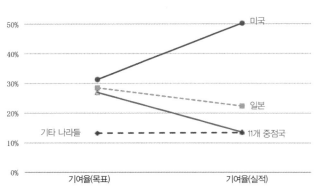

* 총무처(1965), 「3억불수출계획」, 국가기록원대통령기록관;
  한국은행(1968), 「경제통계연보 1968」

율은 전망치보다 13.3%포인트 낮은 13.6%에 불과했다. 미국과 '11개 중점국'에 대한 목표는 모두 의욕적이었지만, '11개 중점국'에 대한 계획은 절망적인 결과로 끝이 난 반면, 미국에 대한 계획은 '전망 이상의 기적적인 결과'로 끝이 났다. 미국에 대한 의존도는 한층 심화되었고, 수출계획의 핵심방침이었던 시장다각화와는 완전히 반대되는 결과를 빚고 말았다.

이상과 같이 목표를 달성할 수 없었던 나라들이 압도적으로 많았는데도 수출총액이 목표를 초과할 수 있었던 것은 결국 미국의 '기적적인 공헌' 덕분이었다. 미국이 단독으로 수행한 '기적적인 공헌'이 결과적으로 3억 달러 수출목표를 달성할 수 있게 한 최대의 요인이었다는 사실은, 목표달성이 정부방침과는 크게 어긋난 결과에 의해 유도되었음을 보여준다. 총체적으로 볼 때 제1차 3개년수출계획은 여러 면에서 실패했지만, 유독미국에 대한 계획에서만은 '기적적인 결과'를 이룩했다. 이처럼 대미수출

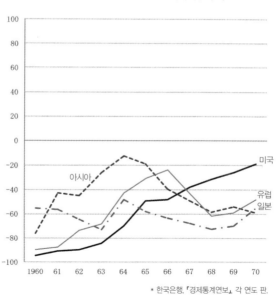

그래프 4-8 주요 나라별 무역특화지수 추이

* 한국은행, 『경제통계연보』, 각 연도 판.

만이 두드러진 성과를 나타냈다는 사실은, 수출정책에 대해 이제까지 이루어진 일반적인 평가에 그쳐서는 안 된다는 것, 미국의 특수성과 관련된 평가가 필요함을 의미하는 것이다.

덧붙여 무역특화지수를 나라별·지역별로 살펴보면, 미국은 1960년 이후 무역특화지수가 일관되게 상승하고 있는 반면, 일본, 아시아, 유럽 등은 급격히 저하하고 있음을 알 수 있다. 그래프 4-8에서 볼 수 있듯, 1960년대 전반 미국은 주요 무역상대국들 가운데 수입특화 정도가 가장 높은 나라였다. 그러나 미국의 수입특화 정도도 다소 느리게 작아지다 60년대 후반 수출경쟁력이 급속하게 향상되어 수평분업상태로 전환되고 있었다. 1960~64년 무역특화지수 추이를 보면, 미국의 경우 마이너스 94.69에서 마이너스 70.07로 개선되기는 했지만, 유럽이 마이너스 89.83에서 마이너스 42.96, 아시아가 마이너스 76.15에서 마이너스 12.84로 대폭 개선되었던 것에 비하면 수출경쟁력이 비교적 약했음을 알 수 있다. 일본은 마이너스 55.45에서 마이너스 48.53으로 약간 개선되었지만 미국보다는 높은 상태를 유지했다. 1960년대 전반기에는 어떤 나라, 어떤 지역을 막론하고 무역특화지수가 높아지는 경향을 볼 수 있는데, 이는 수출이 전체적으로 증가하고 있었음을 의미한다. 다만, 미국은 수출경쟁력이 약했고 1964년 당시에는 무역특화지수 역시 가장 낮았다는 사실에 유의해야 한다.

1960년대 후반에 들어서면, 일본, 아시아, 유럽은 수출경쟁력이 저하되는 경향을 나타낸 반면, 미국은 오히려 강화되고 있었다. 1964~70년 무역특화지수를 살펴보면, 미국은 수출이 급증하면서 무역특화지수가 마이너스 70.07에서 마이너스 19.35로 대폭 상승해 수평분업상태로 바뀌고 있음을 알 수 있다. 이와 대조적으로 일본, 아시아, 유럽 등은 1960년대 전반 수입특화 정도가 급속하게 낮아지고 있었는데, 1960년대 후반에는 수출경쟁력이 떨어져 수입특화 정도가 역으로 높아지는 상황으로 변했다. 특히 60년대 전반 아시아 나라들은 수출경쟁력이 높아져 수입특화상태에서 수평분업상태로 바뀌었지만, 60년대 후반에는 수입특화상태로 역행하는 움직임을 보이고 있었다. 아시아 나라들의 무역특화지수는 마이너스 12.84까지 높아졌지만 65년 마이너스 19.10, 67년 마이너스 49.27, 70년 마이너스 59.19로 크게 낮아져 경쟁력이 급속하게 상실되었다. 일본, 아시아, 유럽과 달리 미국은 무역특화지수가 높아지면서 수출액이 급증했고 나라별 점유율에서도 높은 비중을 차지하게 되었다. 미국이 절대적인 우위에 있었다는 이러한 사실도 염두에 두어야 한다.

3. 수출특화산업별 수출계획 실적

한국정부는 공업제품의 수출을 무엇보다 중요하게 여겼고, 이를 위해 수출산업우대정책을 실시했다. 이는 요소부존상황에 적합한 산업에 자원을 집중시켜 수출경쟁력이 있는 산업으로 육성한다는 특정산업우대정책이기도 했다. 국제경쟁력에서 우위에 있거나 다른 산업으로의 파급효과를 고려해 ① 생사, ② 견직물, ③ 도자기, ④ 고무제품(신발 포함), ⑤ 라디오 및 전기기기, ⑥ 통조림(어패류와 양송이), ⑦ 모직제품(스웨터류), ⑧ 합판, ⑨ 면직물, ⑩ 의류, ⑪ 가죽제품, ⑫ 공예품(갈포벽지 포함), ⑬ 잡화류(금속제 식기 및 가발) 등 13개 업종이 수출특화산업으로 지정되었다.[18] 국제무역에서 비교적 우위를 차지할 수 있는 수출품목을 가능한 한 전문적으로 강화시켜 해당 산업으로 하여금 수출을 전적으로 담당케 하려는 의도였다. 수출특화산업 육성은 이른바 외화획득을 전문적으로 담당하는 산업의 육성을 의미했다.

표 4-3에 나와 있는 수출특화산업부문의 수출계획과 실적을 보면, 총수

---

18 대한무역진흥공사(1965), 74~80쪽 참조.

표 4-3 수출특화산업의 업종별 수출계획과 실적

표 4-3 수출특화산업의 업종별 수출계획과 실적

(단위 : 천 달러)

		1964년	목표(1967년)		실적(1967년)		갭	괴리율
			금액	점유율	금액	점유율		
①	생사	5,838	13,000	4.3%	14,873	4.6%	1,873	14.4%
②	면직물	225	3,000	1.0%	285	0.1%	-2,715	-90.5%
③	도자기	212	3,000	1.0%	52	0.0%	-2,948	-98.3%
④	고무제품(신발 포함)	1,786	6,000	2.0%	10,183	3.2%	4,183	69.7%
⑤	라디오 및 전기기기	1,021	6,325	2.1%	7,364	2.3%	1,039	16.4%
⑥	통조림(어패류와 버섯)	1,518	3,730	1.2%	1,178	0.4%	-2,552	-68.4%
⑦	모직제품(스웨터류)	565	6,000	2.0%	24,979	7.8%	18,979	316.3%
⑧	합판	11,395	27,000	9.0%	36,418	11.4%	9,418	34.9%
⑨	면직물	11,119	26,000	8.7%	12,591	3.9%	-13,409	-51.6%
⑩	의류	5,798	13,000	4.3%	24,213	7.6%	11,213	86.3%
⑪	가죽제품	7	750	0.3%	140	0.0%	-610	-81.3%
⑫	공예품(갈포벽지 포함)	1,929	5,490	1.8%	5,633	1.8%	143	2.6%
⑬	잡화류(금속제 식기 및 가발)	202	1,700	0.6%	23,519	7.3%	21,819	1283.5%
	합계	41,615	114,995	38.3%	161,428	50.4%	46,433	40.4%
	수출 총액	119,058	300,000	100.0%	320,229	100.0%	20,229	6.7%

* 총무처(1965), 「3억불수출계획」, 국가기록원대통령기록관; 대한무역진흥공사(1965), 74~80쪽;
상공부(1971), 「통상백서」, 892~919쪽; 한국은행(1968), 「경제통계연보 1968」.

출목표액은 기준연도(1964년)의 2.8배인 약 1억 1500만 달러로 책정되어 있었고, 수출실적은 기준연도의 3.9배인 약 1억 6000만 달러에 달해 목표액의 약 1.4배를 넘는 규모였다. 계획기간 중 연평균증가율은 57.1%로 대단히 높았으며, 이는 한국 수출총액의 연평균증가율 39.1%를 훨씬 웃도는 수치로 비약적인 성장이 눈에 띈다. 수출특화산업이 수출총액에서 차지하는 비중도 50.4%로 증가해 목표인 38.3%를 크게 넘어섰다.

그러나 수출특화산업이라 해도 업종에 따라 수출실적의 차이가 컸고, 목표를 달성하지 못한 업종도 그 수가 적지 않았다는 사실에 주목해야 한다. 수출목표액과의 격차를 살펴보면, 잡화류(금속제 식기 및 가발), 모직제품(스웨터류), 의류, 합판, 고무제품(신발 포함), 생사, 라디오 및 전기기기, 공예품(갈포벽지 포함) 등 7개 업종은 플러스를 기록했지만 가죽제품, 통조림(어패류와 양송이), 견직물, 도자기, 면직물 등 5개 업종은 마이너스를 기록했다. 수출특화산업 13개 가운데 5개 업종이 목표를 달성하지 못했다. 수출목표와의 괴리율을 보면, 잡화류(금속제 식기 및 가발) 1283.5%, 모직제품(스웨터류) 316.3%, 의류 86.3%, 고무제품(신발 포함) 69.7%로 상당히 높았다. 합판, 라디오 및 전기기기, 생사, 공예품(갈포벽지 포함) 등의 괴리율은 34.9%~2.6%로 나타났는데, 수출특화산업의 평균괴리율 40.4%보다는 낮은 수치였다. 마이너스 괴리율이 두드러지게 높았던 업종은 면직물 마이너스 51.6%, 통조림(어패류와 양송이) 마이너스 68.4%, 가죽제품 마이너스 81.3%, 견직물 마이너스 90.5%, 도자기 마이너스 98.3% 등으로, 보고도 믿기 어려울 정도로 저조한 실적이었다.

같은 수출특화산업이라 해도 업종별로는 성장방식, 수출부진, 목표액 달성 정도에서 차이가 나는 등 매우 대조적인 결과가 나타나고 있었다. 견직물, 도자기, 통조림(어패류와 양송이), 면직물, 가죽제품 등 5개 업종은 목표치를 크게 밑돌았고, 심지어 마이너스 성장을 보인 업종이 있는가 하면, 고무제품(신발 포함), 모직제품(스웨터류), 의류, 잡화류(금속제 식기 및 가발) 등 4개 업종은 높은 성장률을 보이며 목표치를 크게 초과해 수출의 양극화가 극명하게 드러났다. 수출특화산업으로 지정된 5개 업종에서 수출우대정책의 실효성이 전혀 나타나지 않았다는 것은 당시의 수출촉진정책이 반드시 유효한 역할을 수행했다고 볼 수 없음을 의미한다.

그래프 4-9는 수출특화산업을 목표달성률에 따라 세 개의 그룹으로 나눈 것이다. 첫 번째 그룹은 목표달성률이 마이너스인 그룹으로 견직물, 도자기, 통조림(어패류와 양송이), 면직물, 가죽제품 등이 속해 있으며, 두 번째는 목표달성률이 0~40%인 그룹으로 생사, 라디오 및 전기기기, 합판, 공예품(갈포벽지 포함) 등이 포함된다. 세 번째 그룹은 목표달성률이 40% 이상인 그룹으로 고무제품(신발 포함), 모직제품(스웨터류), 의류, 잡화류(금속

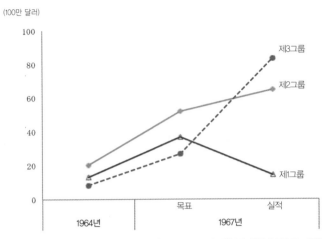

그래프 4-9 수출특화산업의 그룹별 수출계획과 실적

(100만 달러)

제3그룹

제2그룹

제1그룹

목표　실적

1964년　1967년

* 총무처(1965), 「3억불수출계획」, 국가기록원대통령기록관; 대한무역진흥공사(1965), 74~80쪽;
상공부(1971), 「통상백서」, 892~919쪽; 한국은행(1968), 「경제통계연보 1968」

제 식기 및 가발) 등이 해당된다. 수출목표액을 그룹별로 산출해보면, 첫 번째 그룹은 3648만 달러, 두 번째 그룹은 5182만 달러, 세 번째 그룹은 2670만 달러로 두 번째 그룹의 목표액이 가장 크고 세 번째 그룹의 목표액이 가장 작았다. 기준연도(1964년)와 비교하면, 첫 번째 그룹이 2.8배, 두 번째 그룹이 2.6배, 세 번째 그룹이 3.2배 증가한 수치였다. 수출실적을 보면, 첫 번째 그룹이 1425만 달러, 두 번째 그룹이 6429만 달러, 세 번째 그룹이 8289만 달러로 각각 1.1배, 3.2배, 9.9배 증가해 그룹마다 수출성장의 명암이 뚜렷하게 나타났다.

　첫 번째 그룹과 세 번째 그룹의 실적을 비교해보면, 정책방침과는 완전히 반대되는 결과가 발생했는데, 이를 주목해야 한다. 첫 번째 그룹의 목표액은 세 번째 그룹의 목표액보다 높게 계획되었지만, 첫 번째 그룹의 실적이 세 번째 그룹보다 적었기 때문이다. 수출총액에서 차지하는 비중도 첫 번째 그룹은 1964년 11.0%에서 목표연도에는 12.2%까지 증가할 것으로 전망되었지만 실적은 거꾸로 4.4%로 대폭 하락했다. 반면 세 번째 그룹은 그 비중이 1964년 7.0%에서 목표연도에는 8.9%로 증가할 것으로 전망되었는데, 실적은 25.9%로 놀라운 증가세를 기록했다. 두 번째 그룹은 1964년 17.0%에서 17.3%로 전망되었고, 20.1%의 실적을 나타냈다.

지금까지 한국의 수출성장과 관련해 많은 연구들이 이루어졌고 다양한 이론과 분석틀이 제시되었지만, 거의 대부분은 급성장이라는 측면에만 초점을 맞추고 있어 수출부진이라는 '어두운 면'을 근거로 삼은 분석은 전무하다시피 했다. 이제까지 강조되어온 우호적인 국제무역환경, 무역자유화, 수출촉진정책 및 대통령의 리더십, 노동집약적 공업제품과 저임금 등 이러한 다양한 요인들은 모두 급속한 수출확대와 관련해 고찰되어왔으며, 이러한 관점에서 일반론을 추론해내려는 자세에 치우쳐 있었다 해도 지나치지 않다.

중요한 것은 지금까지의 수출성장요인에 대한 분석이 '수출특화산업'의 양극화현상을 해명하는 데 있어 어느 정도 유용했는가 하는 점이다. 일반적으로 양극화현상은, 정책조치의 차이 등으로 말미암아 업종마다 서로 다른 결과가 초래되었기 때문에 발생한다고 해명될 수 있다. 그러나 '수출특화산업'은 수출지향형 공업화의 중핵으로 지정되어 다른 산업과 달리 우대조치가 취해졌고, 각종 특혜가 우선적·중점적으로 제공되었기 때문에 이 같은 설명만으로는 해명이 되지 않는다. 제1차 3개년수출계획의 양대 기둥은 특화산업의 육성과 장기적인 수출목표제였고, 정부는 이를 달성하기 위해 전력을 기울이고 있었다. 수출촉진이 최우선의 목표였고, 수출목표를 정하거나 수출목표제를 실행할 때는 각각의 산업 및 관련 산업조합 그리고 각 시도와 재외대사관 등에게까지도 책임수출제를 적용했다. 이 점에서 수출목표제는 강제적인 조치였다고도 볼 수 있다.

정부는 대통령 주재로 매월 수출진흥확대회의를 개최해 수출목표 달성에 전력을 쏟았다. 확대회의에는 경제관계장관, 주요 은행장, 주요 수출기업의 대표 등이 참석했다. 수출 전반에 관한 문제 해결을 목표로 삼은, 가히 '수출보장국가회의'라고 부를 만한 수준의 회의체였던 것이다. 이 회의가 수출목표와 실적을 점검하고, 제기된 문제들을 신속하게 처리했음에는 두말할 나위가 없다. 그러나 정책적 의사는 강력했지만, 현실적인 효과에서는 명백히 큰 차이가 있었고, '수출특화산업'과 관련해서도 그 한계가 여실히 나타났다. 견직물이나 도자기, 통조림, 면직물, 가죽제품 등 5개 업종에서 수출부진이 뚜렷하게 나타났다는 사실이 이를 입증해준다. 적극적인 수출정책이나 대통령의 강력한 리더십이 반드시 수출확대의 결정적인 요인이었다고 할 수는 없었던 것이다.

제3절 _ 수출주도형 성장의 실상과 허상

1960년대 후반 한국의 가장 눈부신 성과는 수출에서 나타났다. 1965년 이후 한국 수출의 특징은 다음의 네 가지로 지적할 수 있다. 첫째, 수출목표를 크게 초과하는 '기적적인 수출확대', 둘째, 대미수출확대에 의한 수출규모의 대폭적인 증가, 셋째, 합판·직물 등 원료별 공업제품에서 의류·신발 등의 잡제품으로 수출주력상품의 전환, 넷째, 전기기기와 같은 자본·기술집약적 제품의 새로운 수출상품으로의 대두 등이다.

1965년 이후 잡제품과 기계류 및 수송기기의 수출이 '경이적으로 증가'하면서 수출성장산업이 등장하게 되었고, 한국의 수출지향형 공업화가 급속하게 촉진되었다. 잡제품 중에서도 수출성장이 뚜렷했던 것은 가발, 의류, 신발이었고, 전기·전자기기 역시 성장세가 두드러졌다. 표 4-4에서 볼 수 있는 것처럼 이 네 가지 품목은 1960년대 후반에 존재감이 부각

표 4-4 수출 10대 품목의 변천

(단위 : 100만 달러)

	1964년	수출액	수출점유율		1970년	수출액	수출점유율	64년 대비 배증
1	직물류	19.3	16%		의류	213.6	26%	32
2	합판	12.5	10%		가발	100.9	12%	597
3	철광석	6.8	6%		합판	91.7	11%	7
4	의류	6.6	5%		직물류	91.7	11%	5
5	선어	5.9	5%		철광석	49.3	6%	7
6	생사	5.7	5%		전기·전자기기	43.9	5%	43
7	김	5.7	5%		생사	35.8	4%	6
8	까나리	4.8	4%		선어	21.1	3%	4
9	중석	4.7	4%		신발	17.3	2%	24
10	무연탄	2.8	2%		중석	17.2	2%	4
	합계	74.8	62%		합계	682.5	82%	9
	수출총액	120.9	100%		수출총액	835.2	100%	7

* 한국은행(1973), 『경제통계연보 1973년』

되었다.[19] 이 네 가지 품목의 수출세는 10대 수출품목 중에서도 단연 월등했다. 1964년에서 70년까지 5년간 한국의 수출총액은 약 7배 증가했는데, 의류, 신발, 가발, 전기·전자기기와 같은 품목들은 이보다 현저하게 높은 증가세를 나타냈다. 같은 기간 신발 24배, 의류 32배, 전기·전자기기 43배, 가발 597배라는 놀라운 성장을 기록했던 것이다.

이에 따라 이 네 가지 품목의 수출기여도도 급속하게 증가했다. 이 네 가지 품목이 수출총액에서 차지하는 비중은 1964년 모두 합해 7.0%에 불과했지만, 65년 이후 수출이 급격하게 증가하면서 70년에는 45.0%로 크게 확대되었다. 의류가 차지하는 비중은 1964년 5.5%에서 70년 25.6%에 다다라 수출성장의 최대 견인차 노릇을 했다. 가발의 비중은 64년 0.2%에 불과했지만 70년에는 12.1%로 증가해 두 번째로 큰 수출품목이 되었다. 전기·전

---

19 1964년과 1970년의 10대 수출품목을 보면, 공업제품은 64년 4개 품목에서 7개 품목으로 증가했고, 수출총액에서 차지하는 비중도 64년 37.3%에서 63.4%로 대폭 확대되었다.

자기기는 0.8%에서 5.3%로, 신발은 0.6%에서 2.1%로 증대해 10대 품목 안에 새롭게 등장했다. 의류와 신발 그리고 전기·전자기기는 고도성장시대를 통해 수출성장산업으로 비약적인 발전을 이루었고, 한국의 고도성장에서 중요한 역할을 담당했다. 1990년 5대 수출품목에도 1위 전자제품(약 179억 달러, 수출총액의 27%), 2위 의류(76억 달러, 12%), 4위 신발(43억 달러, 7%)이 포함되어 있었는데, 이들 세 개 품목이 수출총액에서 차지하는 비중은 모두 합해 46%에 달했다. 이 품목들이 수출의 견인차로서 막대한 역할을 수행해왔음을 알 수 있다.

지금부터는 한국의 주도적인 산업으로 비약적인 발전을 이룩했던 의류와 신발, 전기·전자기기를 중심으로 한국정부가 이들 수출품목의 급격한 성장과정에서 어떠한 역할을 수행했는지 상세히 검토하고자 한다.

1. 전기·전자산업과 성장의 양극화

전기·전자산업은 한국의 경제발전에서 가장 중요한 전략산업으로, 1960년대 후반부터 비약적인 발전을 거듭했다. 그래프 4-10에서 볼 수 있는 바와 같이, 60년대 후반 전기·전자기기의 수출은 일반기계나 수송용 기계의 수출에 비해 대단히 높은 성장세를 나타냈다. 일반기계나 수송용 기계의 수출은 1965년부터 증가하기 시작해 1970년에는 각각 838만 달러와 920만 달러에 이르렀다. 1964~70년 일반기계와 수송용 기계의 연평균수출증가율은 각각 62%와 53%로 매우 높은 성장세를 나타냈는데, 이는 같은 기간 한국의 수출총액증가율 38%보다 높은 것이다. 여기에서 특히 주목해야 할 것은 급격하게 증가한 전기·전자기기의 수출이다. 전기·전자기기의 수출은 1964년 102만 달러에 불과했지만, 1970년에는 4390만 달러에 달했다. 이는 64년에 비해 43배 비약적으로 증가한 수치로 연평균 87%라는 경이

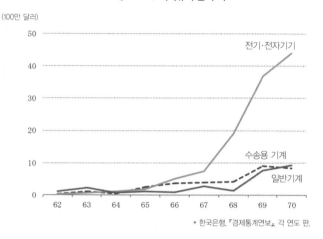

그래프 4-10 기계류 수출 추이

(100만 달러)

전기·전자기기

수송용 기계

일반기계

* 한국은행, 『경제통계연보』 각 연도 판.

적인 증가율을 기록했다.

　기계류 및 수송용 기계의 수출액 증가를 1964년=100을 기준으로 살펴보면, 1970년 일반기계 1820, 전기·전자기기 4300, 수송용 기계 1280으로 전기·전자기기의 증가가 압도적이었음을 알 수 있다. 수출이 급격하게 증가함에 따라 한국의 수출총액에서 전기·전자기기의 존재감도 커졌다. 한국의 수출총액에서 차지하는 비중은 1964~70년 일반기계가 0.4%에서 1.0%, 수송용 기계가 0.6%에서 1.1%로 미미하게 증가한 데 그친 반면, 전기·전자기기의 비중은 0.9%에서 5.3%로 현저하게 확대되었다. 전기·전자기기 중에서도 라디오, 텔레비전 등과 같은 가정용 전자기기보다 트랜지스터, 집적회로(IC), 기억장치(메모리 플레인) 등과 같은 전자부품의 수출 증가율이 훨씬 높았고, 전기·전자기기 수출액의 80%를 전자부품이 차지하고 있었다.[20] 1970년의 수출실적을 수출시장별로 살펴보면, 라디오, 텔

20　한국산업은행조사부(1971), 『한국의 산업(중)』, 13쪽.

레비전, 통신기기 등 전기·전자기기는 미국과 남베트남이 각각 37.7%와 33.2%를 차지해 두 나라의 점유율이 70%를 넘고 있었다. 전자부품의 수출실적에서는 미국이 차지하는 비중이 압도적으로 높았다.[21]

(1) 기계류 수출계획과 실적

1960년대 후반의 전기·전자기기 수출은 주목해서 살펴볼 필요가 있다. 여기에서는 기계류의 수출계획을 바탕으로 한국정부가 지향했던 기계류 수출방침 등을 검토하고자 한다. 표 4-5는 기계류의 수출계획을 나타낸 것으로, 그 특징은 다음의 네 가지로 설명할 수 있다.

첫째, 기계류의 수출품목이 수정안 작성단계에서 대거 갱신되었다. 1965년의 계획을 보면, 시안에는 세 개에 불과했던 기계류의 주요 수출품목이 수정안에는 15개가 새로 추가되어 18개 품목으로 늘어났다. 일반기계 부문의 주요 수출품목이 0개에서 3개로 늘어나는 등 각각의 부문마다 주요 수출품목이 한꺼번에 증가되었다. 수정안 작성단계에서 수출방침이 급격하게 변동한 것이다. 둘째, 수출목표액이 낙관적으로 조정되었다. 1965년 시안에서 목표액은 64년의 수출실적과 같은 수준이었는데, 1965년 수정안에서는 대폭적으로 상향 조정되었다. 64년의 수출실적은 230만 달러로 65년 시안의 목표액 235만 달러와 유사했는데, 수정안에서는 목표액이 643만 달러로 약 2.7배 증가하고 있다. 시안의 목표액과 수정안 목표액을 부문별로 비교해보면, 일반기계는 40만 달러에서 195만 달러, 전기기계는 175만 달러에서 373만 달러, 수송용 기계는 20만 달러에서 75만 달러로 목표액이 각각 4.9배, 2.1배, 3.7배 증가되었다. 1965년 수정안의 목표총액 643만 달러는 1967년 시안의 목표총액인 705만 달러에 필적하는 규모였다. 65년 수정안과 67년 시안의 목표액을 부문별로 살펴보면, 일반기계 195만 달

21 한국산업은행조사부(1971),『한국의 산업(중)』, 14쪽.

표 4-5 기계류의 수출계획

(단위 : 천 달러)

		1964	1965			1966			1967		
		실적	원안	수정안	최종안	원안	수정안	최종안	원안	수정안	최종안
일반기계	발동기	144	0	800	300	0	800	500	0	1,000	800
	농기구		0	150	150	0	250	250	0	280	280
	사무용		0	60	60	0	100	100	0	150	150
	선반	52	0	50	50	0	70	70	0	90	90
	선반잭		0	15	15	0	20	20	0	20	20
	재봉틀	20	300	600	300	500	800	800	1,000	1,000	1,000
	견직기		0	180	180	0	25	25	0	300	300
	면직기	28	0	50	50	0	75	75	0	100	100
	기타	218	100	50	50	400	100	100	1,000	200	200
	합계	462	400	1,955	1,155	900	2,240	1,940	2,000	3,140	2,940
전기기계	변압기		0	50	50	0	100	100	0	150	150
	배선기기		0	50	50	0	100	100	0	200	200
	전선	58	0	940	500	400	1,150	800	1,000	1,300	1,100
	전화기		0	340	340	0	623	625	0	623	625
	라디오	568	1,500	1,500	1,500	1,700	2,000	2,000	2,000	2,500	2,500
	건전지	34	100	168	170	120	200	200	150	250	250
	장식용 전구	38	0	180	180	20	300	300	100	500	500
	기타	323	150	500	300	340	1,000	500	600	1,500	1,000
	합계	1,021	1,750	3,728	3,090	2,580	5,473	4,625	3,850	7,023	6,325
수송용기계	자동차부품	591	0	400	400	0	790	790	0	885	885
	자전거		0	143	145	50	429	430	200	715	715
	자전거부품		0	5	5	0	10	10	0	216	215
	기타	130	200	200	200	600	400	400	1,000	600	600
	합계	721	200	748	750	650	1,629	1,630	1,200	2,416	2,415
기계류 합계		2,304	2,350	6,431	4,995	4,130	9,342	8,195	7,050	12,579	11,680

* 총무처(1965), 「3억불수출계획」, 국가기록원대통령기록관: 국회도서관입법조사국(1965).

러와 200만 달러, 전기기계 373만 달러와 385만 달러, 수송용 기계 75만 달러와 120만 달러로, 특히 일반기계와 전기기계는 목표를 2년 앞당겨 달성하려고 계획하고 있었음을 알 수 있다. 수출계획 최종년도(1967년)의 목표액을 보면, 최종안의 목표액은 1168만 달러로 수정안의 1258만 달러보다 감소되었지만, 시안의 목표액 705만 달러보다 약 1.7배 증가하고 있다. 셋째, 기계류 수출계획에서 주요 수출품목의 수는 증가했지만 소수 품목에 대한 의존도가 높았다는 점이다. 재봉틀, 전선, 라디오, 자동차부품, 자전

표 4-6 기계류의 중점 품목별 수출계획과 실적

(단위 : 천 달러)

		63년	64년	수출목표 금액	수출목표 점유율	수출실적 금액	수출실적 점유율	격차	괴리율
일반 기계	발동기	70	144	800	7%	971	7%	171	21.4%
	재봉틀	23	20	1,000	9%	484	3%	−516	−51.6%
	기타	1,000	218	200	2%	1,912	13%	1,712	856.0%
	합계	1,094	462	2,940	25%	4,006	28%	1,066	36.3%
전기 기계	전선	4	58	1,100	9%	52	0%	−1,048	−95.3%
	라디오	111	568	2,500	21%	1,927	14%	−573	−22.9%
	기타	616	323	1,000	9%	4,214	30%	3,214	321.4%
	합계	731	1,021	6,325	54%	7,364	52%	1,039	16.4%
수송용 기계	자동차부품	580	591	885	8%	709	5%	−176	−19.9%
	자전거			715	6%	23	0%	−692	−96.8%
	기타	1,660	130	600	5%	2,082	15%	1,482	247.0%
	합계	2,240	721	2,415	21%	2,814	20%	399	16.5%
중점6개 품목 합계		788	1,381	7,000	60%	4,166	29%	−2,834	−40.5%
기타 합계		3,276	671	1,800	15%	8,208	58%	6,408	356.0%
기계류 합계		4,073	2,304	11,680	100%	14,185	100%	2,505	21.4%

* 총무처(1965), 「3억불수출계획」, 국가기록원대통령기록관; 국회도서관입법조사국(1965), 상공부(1972), 「상공통계연보 1972년」

거 등 5개 품목에 대한 의존도가 수출목표액의 53%에 달했다. 넷째, 다른 업종의 수출계획에서는 주요 수출품목 가운데 10만 달러가 넘는 품목들만 목록에서 갱신되었지만, 기계류 수출계획에서는 자전거부품 5천 달러, 선반 잭 1만 5천 달러, 장식용 전구 2만 달러 등 목표가 구체적으로 설정되는 등 치밀함이 엿보인다.

표 4-6에서 볼 수 있는 바와 같이, 1967년 기계류의 수출실적은 1419만 달러로 목표인 1168만 달러를 초과해 계획이 순조롭게 달성된 것으로 보인다. 부문별로 보더라도, 일반기계의 실적은 목표였던 294만 달러를 훨씬 넘는 401만 달러에 달했고, 전기기계의 실적은 736만 달러로 목표 633만 달러를 초과했으며, 수송용 기계의 실적 역시 281만 달러로 목표 241

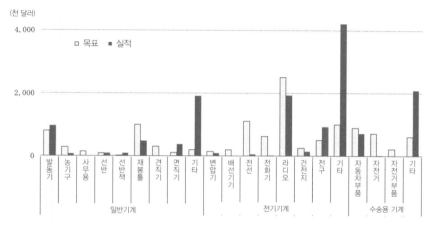

그래프 4-11 기계류의 수출목표와 실적

(천 달러)

□ 목표 ■ 실적

일반기계 / 전기기계 / 수송용 기계

발동기, 농기구, 사무용, 선반, 선반잭, 재봉틀, 견직기, 면직기, 기타, 변압기, 배선기기, 전선, 전화기, 라디오, 건전지, 전구, 기타, 자동차부품, 자전거, 자전거부품, 기타

* 총무처(1965), 「3억불수출계획」, 국가기록원대통령기록관; 국회도서관입법조사국(1965); 상공부(1972), 「상공통계연보 1972년」.

만 달러를 넘어서는 등 각각의 부문마다 목표액이 초과 달성되었다. 그러나 이러한 수출실적과 한국정부의 수출방침 사이에는 크게 어긋나는 지점들이 많았다는 사실에 주목해야 한다. 품목별로 살펴보면, 그래프 4-11에서와 같이 목표를 달성한 품목보다 목표액에 도달하지 못한 품목들이 압도적으로 많았음을 알 수 있다. 수출목표액이 설정되어 있던 품목은 총 21개 품목이었는데, 그중 3분의 2에 해당하는 14개 품목이 목표를 달성하지 못했다. 일반기계에서는 9개 품목 중 5개 품목이, 전기기계에서는 8개 품목 중 6개 품목이, 수송용 기계에서는 4개 품목 중 3개 품목이 목표에 도달하지 못해 목표미달품목이 눈에 띄게 많았다.

또한 수출에 역점을 두었던 6개 중점품목의 수출실적은 시원찮았던 반면, 기타 품목들의 수출실적은 놀라울 정도로 높았다.[22] (표 4-6) 6개 중점품목의 목표액은 700만 달러로 목표의 60%를 차지하고 있었지만, 수출실

---

22 수출중점품목 중 각 품목에서 2개씩, 그리고 목표액이 70만 달러를 넘었던 품목. 일반기계에서는 재봉틀과 발동기, 전기기기에서는 라디오와 전선, 수송용 기계에서는 자동차부품과 자전거이다.

적은 417만 달러로 목표를 크게 밑돌았고 수출점유율도 29%에 불과했다. 수출실적을 품목별로 살펴보면, 발동기 97만 달러(목표의 121%), 자동차부품 71만 달러(80%), 라디오 193만 달러(77%) 재봉틀 48만 달러(48%), 전선은 5만 달러(5%), 자전거는 2만 달러(3%)로 수출중점품목 6개 가운데 1개 품목만이 목표액을 넘어섰고,[23] 나머지 5개 품목은 목표액에 크게 미치지 못했다. 목표달성률을 보면, 재봉틀이 50% 이하였고 전선과 자전거는 각각 5%와 3%에 지나지 않아 수출계획과의 괴리가 대단히 컸다.

6개 수출중점품목의 수출부진과는 대조적으로 기타 품목의 수출실적은 눈에 띄게 높았다.(표 4-6) 부문별로 살펴보면, 일반기계부문 기타 품목의 수출실적은 목표액 20만 달러를 훌쩍 뛰어넘어 191만 달러에 달했고, 비중도 일반기계부문의 48%를 차지하고 있었다. 기타 품목의 수출실적에는 건설기계 70만 달러 등이 포함되어 있지만, 나머지 120만 달러의 내역에 대해서는 현재 알려져 있는 바가 없다.[24] 10만 달러 이하의 품목도 수출계획목록에 포함되어 있었지만 건설기계는 이 목록에조차 수록되지 못했다는 사실을 감안하면, 이는 한국정부가 전혀 예상하지 못했던 수출실적이었던 것으로 보인다. 수송용 기계의 기타 품목들은 목표 60만 달러보다 높은 208만 달러의 실적을 기록해 수송용 기계 수출의 74%를 차지했다. 그 내역을 살펴보면, 선박 126만 달러, 항공기 및 활공기 3대(아마 중고였을 것이다-편집자) 35만 달러였는데, 이것 역시 한국정부가 예상하지 못한 결과였다. 전기기계의 기타 품목도 목표액은 100만 달러였지만 실적은 421만 달러에 달해 전기기계 수출의 57%를 차지했다. 기타 품목의 수출실적에는 트랜지스터 140만 달러, IC 234만 달러가 포함되어 있었는데, 이 또

---

23 발동기 수출실적은 목표액을 크게 초과하고 있었지만, 수출실적 97만 달러 중 78만 달러는 항공기용 엔진과 부품이었다. 상공부(1972), 『상공통계연보』 참조.

24 『경제통계연보』, 『무역통계연보』, 『한국통계연보』 등 어느 자료에도 상세한 내용은 기록되어 있지 않다.

한 한국정부가 예상하지 못한 규모였다. 이 세 부문 기타 품목들의 수출총액은 목표액 합계 180만 달러를 4.5배 초과한 821만 달러로, 한국정부가 전망한 목표액을 훨씬 웃돌았을 뿐 아니라 기계류 전체 수출의 58%를 차지했다. 기타 품목의 수출목표는 전체 목표의 18%로 계획되었지만 실적은 58%를 달성한 반면, 수출목표의 60%로 계획되었던 6개 수출중점품목의 실적은 29%에 불과했다. 이러한 사실은 기계류 수출계획이 정부의 수출방침과는 완전히 반대되는 결과로 귀결되었음을 의미한다. 6개 수출중점품목의 수출부진으로 기계류 수출계획은 엄청난 차질을 빚게 되었지만, 예상치 못했던 기타 품목의 수출증대로 기계류의 수출목표가 달성될 수 있었던 것이다.

(2) 전기기계의 수출계획과 실적

여기에서는 전기기계의 수출계획과 실적을 상세하게 고찰하도록 한다. 전기기계의 수출목표액은 시안보다 64% 증가한 632만 달러로 책정되었다. 모든 주요 품목의 목표액이 시안보다 상향조정되었고, 전화기, 배선기기, 변압기 등 세 품목이 수정안 작성단계에서 주요 품목으로 새로 추가되었다. 수출중점품목 중에서도 라디오와 전선이 차지하는 비중이 높았는데, 라디오 한 품목이 전기기계 수출목표의 40%를 차지하고 있었다.

전기기계의 수출실적은 736만 달러를 기록하며 목표액을 초과달성했지만, 수출방침과는 크게 괴리되어 있었다. 첫째, 목표와의 격차가 마이너스로 나타나 적자를 기록한 품목이 압도적으로 많았다. 품목별로 살펴보면, 그래프 4-12에서와 같이 전구와 기타 품목만이 목표를 초과하고 있고, 나머지 6개 품목은 목표에 이르지 못하고 있다. 적자를 기록한 품목의 수가 훨씬 많았던 것이다. 둘째, 목표액과의 괴리율이 양극화되어 있었다. 라디오 마이너스 23%, 변압기 마이너스 39%, 건전지 마이너스 43%, 전선 마이너스 95%, 전화기 마이너스 98%, 배선기기 마이너스 100%로 이들

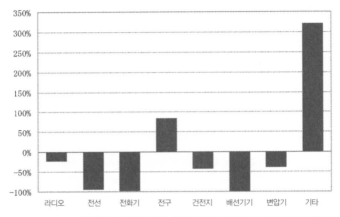

그래프 4-12 전기기계 수출목표와의 괴리율(품목별)

* 총무처(1965), 「3억불수출계획」, 국가기록원대통령기록관: 국회도서관입법조사국(1965);
상공부(1972), 「상공통계연보 1972년」

품목은 목표와의 괴리율이 마이너스였을 뿐만 아니라 전선과 전화기, 배
선기기는 수출액이 거의 0에 가까웠다. 반면, 전구와 기타 품목은 목표액
을 각각 85%와 321% 훌쩍 뛰어넘고 있었는데, 이 역시 이상하리만치 높
은 수치였다. 이처럼 전기기계의 주요 품목들은 수출목표를 크게 능가하
거나 아니면 목표액에 크게 미치지 못하는 양극화현상을 나타내고 있었
다. 셋째, 주요 수출품목이 수출목표에 크게 미치지 못했던 것에 반해, 기
타 품목은 목표를 훨씬 초과하고 있었다. 수출중점품목인 라디오와 전선
의 수출목표액은 총 360만 달러였는데, 실적은 198만 달러에 그쳐 목표와
의 격차가 마이너스 105만 달러에 달했다. 기타 품목은 목표가 100만 달
러였지만 실적은 421만 달러를 기록해 목표와 321만 달러의 격차를 나
타냈다. 목표의 57%를 차지했던 중점품목은 실적에서 차지하는 비중이
27%로 하락했고, 목표의 16%를 차지했던 기타 품목의 비중은 57%로 확
대되었다. 금액만 보면, 수출계획이 수출방침대로 진행되었다고 할 수 있
지만 품목별로 상세하게 살펴보면 수출방침과 크게 어긋나고 있음을 알

수 있다.

기타 품목의 경우는 수출규모도 컸지만 특히 주목해야 할 것은 집적회로(IC)와 트랜지스터 같은 전자부품이 수출에서 일익을 담당하고 있었다는 사실이다. 전자부품의 수출규모는 집적회로(IC)가 287만 달러, 트랜지스터가 101만 달러에 달했고, 전기기계의 수출에서 차지하는 비중도 집적회로(IC)가 39.0%, 트랜지스터가 13.7%였다. 이 두 전자부품이 전기기계 수출의 52.7%를 차지하는 등 대단히 중요한 수출상품으로 부상하고 있었음을 알 수 있다. 이 사실은 전기기계 수출이 전자부품에 크게 의존하는 상황으로 전환되었음을 보여줄 뿐만 아니라, 라디오가 전기기기 수출의 약 60%를 차지하고 있던 1964년 당시와는 상황이 달라졌음을 보여주고 있기도 하다. 특히 이 시기 전자부품의 비약적인 성장은 각별히 주의 깊게 살펴볼 필요가 있다. 전자부품의 급격한 수출증가는 새로운 수출품목의 등장이라는 의미뿐만 아니라 발전도상국에서 전기·전자산업의 발전이 실현되었다는 의미에서도 대단히 중요한 의의가 있다.

2. 신발제품과 수출성장의 양극화

신발산업 역시 1965년 이후 급속한 수출확대를 통해 인기 있는 수출산업으로 부상하게 된다. 표 4-7에서 볼 수 있는 바와 같이, 신발 수출은 1963년과 1964년 각각 62만 달러와 71만 달러에 불과했지만, 1965년에는 516만 달러로 1964년에 비해 7배 이상 증가했고, 1970년에는 1900만 달러에 육박했다. 1964년부터 70년까지 불과 6년 사이에 연평균증가율 72.8%를 기록하며 약 27배 증가해 '기적적인 성장'을 달성한 것이다.

품목별로 살펴보면, 60년대 전반까지 신발 수출은 고무화에 편중되어 있었다. 60년대 후반에도 총고무화가 주도적인 역할을 하기는 했지만, 포

화(布靴) 및 정글화, 전투화, 케미컬슈즈, 기타 신발(가죽화, 실내화)이 수출
품목에 추가되면서 수출상품의 다양화가 진행되었다. 특히 총고무화와
포화 및 정글화는 전체 신발 수출의 91%를 차치해 수출의 견인차 노릇을
하고 있었다. 신발 수출시장은 미국에 크게 의존하고 있었는데, 1970년 실
적에서 미국은 1269만 달러를 차지해 단연 최대 규모였다. 2위는 베트남
으로 321만 달러, 3위 캐나다 182만 달러, 4위 일본은 약 32만 달러로 선두
를 기록한 미국과의 격차가 대단히 컸다. 대미수출은 65년 이후 획기적으
로 증가했다. 1964년 70만 달러에 불과했던 것이 1965년에는 단번에 400
만 달러로 증가해 전년대비 약 6배 급증했고, 1970년에는 1269만 달러로
64년 실적의 18배 넘는 증가세를 나타냈다.

(1) 신발 수출계획과 실적

이러한 급격한 수출확대는 한국정부의 예상을 훌쩍 뛰어넘는 것이었다.

표 4-7 신발의 품목별 수출 추이

(단위 : 천 달러)

	고무화	포화	정글화	전투화	케미컬슈즈	기타	합계
62	117	2					119
63	608	10					618
64	699	15					714
65	3,377	646	955			183	5,161
66	3,623	1,090	3,209			553	8,475
67	5,466	2,164	3,457			45	11,132
68	8,061	1,821	4,374			226	14,482
69	7,358	1,699	2,452	1,049	538	47	13,143
70	11,130	3,146	3,013	185	1,065	419	18,958

* 고무보지신문사(1975), 4쪽.

표 4-8 신발의 수출 3개년계획을 보면, 몇 가지 특징이 눈에 띈다. 첫째, 치밀한 분석이나 시뮬레이션을 기초로 한 수출계획이라고 보기 어렵다. 시안에는 수출목표액이 제품마다 할당되어 있지만, 수정안에는 개별제품에 대한 목표액 없이 전체 목표액만 설정되어 있고, 최종안에는 다시 제품별로 개별 목표액이 제시되어 있다. 신발제품마다 생산에 필요한 설비능력이나 원료조달 문제, 시장에서의 경쟁관계 등이 다르기 때문에 제품별로 수출목표를 따로 책정하지 않았다는 것은 계획적이지 못했음을 의미한다. 신발의 수출계획은 합리적으로 판단된 목표를 토대로 수립되었다기보다 관념적인 판단에 기초한 목표를 중심으로 수립되었다고 해도 과언이 아니다. 둘째, 수출방침이 크게 흔들리고 있었다. 시안의 최종년도 목표액은 335만 달러였는데, 수정안에서는 이것이 단번에 2배 가까이 증가되어 600만 달러로 확대되었고, 최종안에서는 다시 400만 달러로 급감하는 등 계획의 변동이 매우 심했다. 최종안의 목표액이 수정안의 목표액에 비해 대폭 축소조정되었다는 것은 비관적인 상황이 고조되고 있었음을 의미한다. 셋째, 신발수출계획은 총고무화에 대한 의존도가 컸다. 비닐

표 4-8 신발의 수출계획

(단위 : 천 달러)

	1964	1965			1966			1967		
	기준년	원안	수정안	최종안	원안	수정안	최종안	원안	수정안	최종안
고무화	699	1,800		1,600	2,000		2,500	2,500		3,300
비닐화	0	150		150	190		300	250		400
포화	15	50	2,050	50	230	3,500	100	500	6,000	150
기타	0	50		50	70		100	100		150
합계	714	2,050	2,050	1,850	2,490	3,500	3,000	3,350	6,000	4,000

* 군수품 수출 포함.

* 총무처(1965), 『3억불수출계획』, 국가기록원대통령기록관; 국회도서관입법조사국(1965).

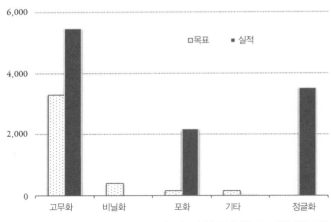

그래프 4-13 신발의 수출계획과 실적

□목표 ■실적

고무화   비닐화   포화   기타   정글화

* 총무처(1965), 「3억불수출계획」, 국가기록원대통령기록관;
  국회도서관입법조사국(1965); 고무보지신문사(1973).

화와 포화가 목표에서 차지하는 비중이 각각 10.0%와 3.8%에 불과했던 반면, 총고무화는 목표의 83%를 차지하고 있어 총고무화의 비중이 압도적으로 높았다. 시안과 최종안에서 비닐화의 목표액은 25만 달러에서 40만 달러로 확대조정되었지만, 포화는 50만 달러에서 15만 달러로 축소조정되었다. 이전과 달리 포화보다 비닐화가 중요한 품목으로 취급되었음을 알 수 있다.

신발의 수출실적이 목표를 넘어선 것은 사실이지만, 이 결과 역시 정부의 방침과 일치한다고 보기에는 어려웠다. 그래프 4-13은 수출계획실적을 품목별로 나타낸 것이다. 신발의 수출실적을 품목별로 살펴보면, 총고무화가 547만 달러로 전체 49%를 차지해 비중이 가장 높았고, 그다음으로는 정글화가 346만 달러로 31%, 포화가 216만 달러로 20%를 차지했다. 신발의 수출시장은 미국과 베트남이 각각 64%와 31%를 차지해, 두 나라로 수출된 신발이 전체 수출의 95%에 달했다. 베트남이 31%를 차지할 수 있었던 이유는 정글화에 대한 대규모 수요가 있었기 때문이었다.

신발의 수출계획실적을 자세히 들여다보면, 몇 가지 특징이 눈에 띈다. 첫째, 수출실적이 수출목표를 크게 넘어서고 있다. 신발수출계획 최종안의 목표는 수정안의 600만 달러에서 400만 달러로 대폭 축소조정되었는데, 수출실적은 목표의 2.8배를 넘어 1113만 달러에 달했다. 1964년에서 67년까지 해마다 평균 149.8% 증가한 기적적인 성장이었다. 둘째, 품목마다 격차가 컸다. 고무화와 포화의 수출실적은 각각 목표를 크게 넘어선 데 반해, 비닐화와 기타 신발제품의 수출실적은 목표를 달성하기는커녕 0에 가까웠다. 총고무화의 수출실적은 550만 달러에 육박해 목표액 330만 달러를 크게 초과했다. 포화는 목표액이 15만 달러에 불과했지만 실적은 이보다 14.4배 많은 216만 달러를 기록했다. 반면 비닐화의 목표액은 포화보다 높은 40만 달러로 책정되었지만 수출실적은 거의 0이었다. 기타 신발제품도 목표액은 포화와 마찬가지로 15만 달러였지만 수출실적은 고작 1000달러에 불과했다. 셋째, 정글화와 같은 베트남전쟁 특수 상품이 수출에서 큰 비중을 차지하고 있었다. 정글화는 계획목록에 포함되어 있지도 않은 상품이었지만, 수출액이 350만 달러에 달해 신발의 수출목표총액 400만 달러에 필적하는 규모로 증가했다. 이처럼 신발의 수출계획실적은 한국정부의 수출방침과 큰 격차를 나타내고 있었다. 고무화나 포화, 정글화는 수출실적이 수출목표를 대폭 초과한 반면, 비닐화나 기타 제품들은 수출실적이 제로라는 극단적인 결과가 초래되었다.

(2) 신발의 수출확대와 배경

총고무화와 포화, 정글화의 수출실적이 목표를 크게 초과할 수 있었던 배경을 상세하게 검토해보기로 하자. 정글화의 급격한 수출증가는 말할 것도 없이 베트남전쟁 특수에 따른 것이었다. 정글화는 남베트남으로 수출되었는데, 수주량은 65년 96만 달러를 시작으로 66년 321만 달러, 67년 346만 달러로 확대되었다. 60년대 초부터 일본은 주로 베트남주재 미군과의 군납계약을 통해 베트남, 라오스, 캄보디아 등지로 정글화를 수출해왔다. 그러나 65년에 들어서면서 미군의 정글화 발주는 일본에서 한국으로 옮겨간다. 1965년 미군은 150만 켤레의 정글화를 발주했는데, 그중 일본이 50만 켤레, 한국이 100만 켤레를 수주해 한국의 비중이 일본보다 커졌다. 66년부터는 미군의 발주량 전부를 아예 한국이 독점하게 된다. 1965년 정글화 계약금액은 300만 달러에 달했는데[25] 1964년 신발 수출실적이 70만 달러였음을 감안하면, 그 규모를 짐작할 수 있다.

총고무화와 포화의 수출을 살펴보면, 정글화는 대부분 남베트남으로 수출된 반면, 고무화와 포화는 93%가 미국으로 수출되었다. 표 4-9는 미국의 한국산 신발제품 수입액을 나타낸 것이다. 1967년 미국은 한국으로부터 664만 달러의 신발을 수입했는데, 이는 64년에 비해 약 9배 증가한 규모였다. 미국의 신발 수입국은 20개국 정도였는데 1964년 일본의 점유율이 84.7%로 압도적으로 높았던 반면, 한국은 1.3%에 불과했다.[26] 그러나 1965년 한국의 점유율은 단숨에 5.9%로 증가한 뒤 1966년 7.3%, 1967년 8.0%로 점차 확대되었다. 한국의 점유율이 확대되면서 일본의 점유율은 1967년 71.7%로 하락했다.[27]

주목해야 할 것은 미국의 대한수입에서 비약적으로 증가한 장화와 포화이다. 미국이 한국에서 수입한 장화의 수입액은 1964년 67만 달러에 불과했지만, 65년에는 300만 달러, 1967년에는 470만 달러로 급증했다. 그에 따라 한국이 미국 수입에서 차지하는 점유율도 64년 4.1%에서 65년 15.7%, 67년에는 30.7%로 급격하게 확대되었다. 이와 반대로, 1964년 미

---

25 단, 계약금액 중에서 같은 해에 입금된 금액은 96만 달러였고, 잔액은 66년에 입금되었다. 한국무역협회(1966), 『한국무역연감』 참조.

26 야마모토 데츠타로(山本鐵太郎) 편(1969), 『고무연감 69~70』, 294쪽.

27 야마모토 데츠타로 편(1969), 『고무연감 69~70』, 294쪽. 1964년에서 67년까지 신발의 연평균수입 증가율은 14%였다. 일본과 한국은 각각 8%와 107%를 나타냈는데, 한국이 두드러지게 높았음을 알 수 있다.

표 4-9 미국의 한국산 신발 수입

	수입액(천 달러)		수입량(천 켤레)		단가(달러)	
	64년	67년	64년	67년	64년	67년
장화	673	4,695	722	4,039	0.93	1.16
고무샌들 등	4	4	32	30	0.13	0.13
합성수지신발	23	53	24	52	0.96	1.02
포화	45	1,892	138	2,735	0.33	0.69
총계	745	6,643	916	6,856	0.81	0.97

* 야마모토 데츠타로 편(1969), 294쪽.

국의 수입액이 1180만 달러를 기록하며 72.6%라는 압도적인 점유율을 나타냈던 일본은, 1967년 미국의 수입액이 742만 달러로 감소해 점유율도 48.5%로 대폭 하락했다.[28] 65년 이후 한국산 신발제품에 대한 미국의 수입이 얼마나 큰 폭으로 증가했는지 알 수 있다.

포화의 수입증가도 눈에 띈다. 64년에는 겨우 5만 달러였던 수입액이 67년에는 189만 달러로 증가해 점유율이 7.5%에 달했다. 이는 64년 0.3%에서 대폭 확대된 수치였다. 흥미로운 것은 한국산 제품이 일본산 제품보다 수입가격이 높았다는 사실이다. 그래프 4-14에서 알 수 있는 것처럼, 포화의 평균수입단가는 67년 1켤레당 0.57달러로 64년 0.59달러에 비해 약간 하락했다. 그러나 한국의 포화는 1켤레당 평균단가가 64년 0.33달러에서 67년 0.69달러로 1964년에 비해 2배 이상 폭등했다. 일본의 포화 단가가 1켤레당 0.57달러에서 0.56달러로 약간 감소한 것과 비교하면 대조적이다. 1967년 포화의 평균수입단가는 한국이 0.69달러로 일본의 0.56달러에 비해 약간 높았지만, 이는 한국산 포화에 부가가치가 높은 제품들이 많이 포함되어 있었음을 의미한다. 다만 한국의 포화가 일본제품보다 더 자인이나 원료 면에서 뛰어났기 때문이라기보다는 특수한 사정에 의해

---

28 야마모토 데츠타로 편(1969), 294쪽.

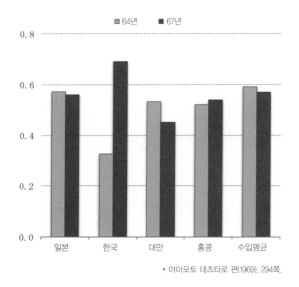

그래프 4-14 포화의 평균수입단가 비교

■ 64년　　■ 67년

* 야마모토 데츠타로 편(1969), 294쪽.

부가가치가 높은 고단가의 제품들이 늘어났기 때문인 것으로 여겨진다.

　장화와 포화의 수입이 증가한 것에 반해 고무샌들 등과 합성수지제품의 수입은 상대적으로 정체되어 있었다.(표 4-9) 총고무화 중에서도 장화는 고무샌들 등에 비해 기상조건에 따라 수요가 변동하기 쉽고, 계절이나 지역적 특성에 크게 좌우되지 않을 수 없는 제품이다. 더구나 고무샌들은 공정이 단순하고 가격이 저렴한 실용적인 제품인 데 반해, 장화나 포화는 품질이나 재질, 디자인이 중요하기 때문에 상당한 수출경쟁력이 요구된다. 그런데도 부가가치가 비교적 낮은 고무샌들 등과 같은 한국산 제품의 수입이 거의 증가하지 않은 반면, 부가가치가 높은 장화나 포화의 수입은 오히려 눈에 띄게 증가한 것이다. 1964년에 비해 장화와 포화에 고가의 제품들이 많이 포함되면서 수입비중 역시 크게 높아졌다는 사실은 눈여겨볼 필요가 있다. 가격 면에서 보면, 장화 1켤레당 평균단가가 1964년 0.93달러에서 1967년 1.16달러로 상승했는데, 이는 64년과 비교해 고가의 제

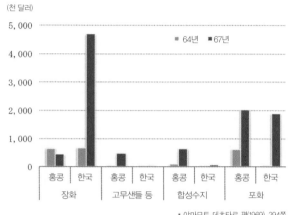

그래프 4-15 한국 및 홍콩산 제품의 품목별 수입

(천 달러)

■ 64년 ■ 67년

	홍콩	한국
장화		
고무샌들 등		
합성수지		
포화		

* 야마모토 데츠타로 편(1969), 294쪽.

품들이 비교적 많아졌기 때문이었다.

그래프 4-15는 한국제품과 홍콩제품에 대한 미국의 수입현황을 품목별로 나타낸 것이다. 64년 한국산 제품에 대한 미국의 수입액은 홍콩의 절반 정도 수준에 머물고 있었는데, 67년에는 664만 달러에 육박해 홍콩의 약 2배 이상 규모로 확대되었다. 미국의 한국산 장화 수입이 증가하자 한국의 대미수출도 급격하게 증대되었다. 미국이 한국과 홍콩에서 수입한 장화 수입액은 64년 각각 60만 달러였는데, 67년에는 한국이 470만 달러로 급속하게 증가한 반면, 홍콩은 약 44만 달러로 감소했다. 1964년에 비해 한국에 대한 수입은 급증하고 홍콩은 감소하면서 실적도 대조적으로 나타났다. 같은 기간 한국의 평균단가는 0.93달러에서 1.16달러로 인상되었지만 홍콩은 0.75달러에서 0.70달러로 감소했는데,[29] 이 역시 한국 장화의 부가가치가 높아졌기 때문인 것으로 생각된다.

1960년대 전반에는 시험판매단계를 넘어서지 못하고 있었지만, 65년

---

29 야마모토 데츠타로 편(1969), 294쪽.

미국과 베트남으로의 수출이 급격하게 증대되면서 신발 생산량에서 수출이 차지하는 비중도 높아졌다. 1962년 수출을 시작한 이후 64년까지는 생산량이 적어 수출의 비중도 62년 1.0%, 63년 1.7%, 64년 1.1%로 생산량의 1%대에 머물러 있었다. 그러나 65년부터 정글화나 장화, 포화의 수출이 급증하면서 65년 5.0%, 67년 10.0%, 70년에는 20.1%로 비중 또한 큰 폭으로 상승하여 신발산업은 본격적으로 수출산업의 궤도에 올라서게 되었다. 1964년 장화 생산량은 332만 켤레였고, 그중 21%인 약 71만 켤레가 수출되었다. 1965년에는 수출량이 내수량을 추월해 생산량의 63%가 수출되었고, 이후 다소 증감하다 1970년에는 수출비중이 74%를 차지하는 등 수출수요에 의해 생산이 크게 증가되었다.

특히 포화는 이 시기 정글화를 발판 삼아 수출의 첫 포문을 열었다. 수량이나 금액 면에서도 본격적인 수출 궤도에 올라 수출주도성장의 기반을 견고히 했다. 이 기간의 성장과정을 돌이켜보면, 1962~64년까지 3년 동안 연간 수출량은 100만 켤레에도 못 미치는 소량이었다. 62년부터 63년에는 수출량이 약 28만 켤레에서 약 50만 켤레로 증가했지만, 64년에는 6만 켤레로 크게 감소했다. 수출비중은 62년 2.2%, 63년 3.8%였다. 64년에는 0.3%로 급격하게 하락해 수출이 생산을 견인할 수 있는 상황이 못 되었다. 그러나 65년 이후 베트남과 미국으로의 수출이 65년 148만 켤레, 67년 507만 켤레, 70년 682만 켤레로 급증하면서 수출비중도 65년 5.4%, 67년 19.4%, 70년 22.2%로 확대되어 수출주도산업으로 전환되었음을 알 수 있다. 포화의 내수는 64년과 65년에 크게 증가했지만 이후 거의 변동 없이 유지되어 내수와 수출의 구성비가 64년 99.7% 대 0.3%, 70년에는 77.0% 대 22.2%로 내수의 비중이 축소되고 수출의 비중이 높아졌다. 내수는 정체되어 있었지만 수출수요의 증가로 포화의 생산은 1964년 1858만 켤레에서 65년 단숨에 2758만 켤레로 급격하게 증가했고, 70년에는 3071만 켤레로 증가했다.

3. 섬유제품과 수출성장의 양극화

섬유제품은 한국 최대의 수출상품이었다. 그중에서도 의류는 생사 및 직물과 더불어 한국의 주요 수출품이었다. 의류, 직물, 생사는 일반적으로 섬유제품이라는 하나의 범주로 분류되며, 노동집약적 수출품의 대표주자이기도 하다. 1960년대 전반기의 섬유산업에서 직물류의 수출은 중요한 위치를 차지하고 있었다. 이 시기 직물산업이 수출산업으로서 지위가 높았다는 것은 수출에서 차지하는 비중이 확대된 것만 보아도 명백히 알 수 있다. 그래프 4-16은 1960년대 주요 섬유제품들의 수출액을 나타낸 것이다. 직물 수출은 62년 220만 달러에서 64년 1960만 달러로 괄목할 만한 증가세를 보여주었으며, 수출총액에서 차지하는 비중도 4.0%에서 16.5%로 확대되었다. 의류 수출은 1963년 110만 달러에서 1964년 660만 달러로 증가해 비중도 2.0%에서 5.6%로 상승했다. 의류보다 직물의 수출비중이 급속하게 상승한 것만 보더라도 직물산업이 상승기류를 타고 있었음을 알

그래프 4-16 섬유 제품별 수출 추이

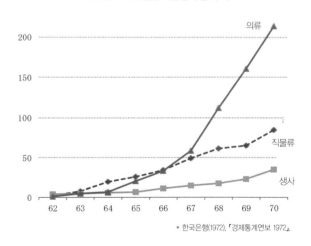

* 한국은행(1972), 『경제통계연보 1972』

수 있다. 그러나 섬유제품을 의류, 생사, 직물 등 품목별로 구분해 성장패턴을 살펴보면 양상이 완전히 달라져 이들을 섬유제품으로 한데 묶어 특징을 논하기에는 한계가 있다. 의류의 수출실적은 다른 섬유제품들과 비교할 수 없을 정도로 두드러졌다. 섬유제품의 수출은 1964년 3160만 달러에서 70년 3억 3430만 달러로 약 11배 증가했다. 이 같은 비약적인 증가로 섬유제품이 수출에서 차지하는 비중 역시 26.6%에서 40.0%로 확대되었다. 이를 제품별로 분류해 살펴보면, 직물은 수출액이 64년 1960만 달러에서 70년 8490만 달러로 증가되었지만 수출에서 차지하는 비중은 16.5%에서 10.2%로 축소되었다. 직물의 수출액이 4.3배 증가했지만 같은 기간 수출총액이 급증했기 때문에 비중은 상대적으로 감소한 것이다. 의류의 수출액은 64년 660만 달러에 불과했지만 68년에는 1억 달러를 넘어섰고, 70년에는 2억 1350만 달러로 증가했다. 이에 따라 수출총액에서 차지하는 비중도 5.6%에서 25.6%로 대폭 확대되었다. 같은 기간 동안 수출총액이 급증하면서 동시에 의류의 수출비중이 크게 확대되었다는 것은 의류수출이 비약적으로 증가했을 뿐만 아니라 한국의 수출에서 의류산업이 차지하는 위상도 높아졌음을 단적으로 보여준다. 또한 이는 의류산업이 직물산업을 대신해 수출산업의 지위에 올라섰음을 의미한다.

(1) 섬유 제품별 수출계획 실적

일반적으로 피복이나 스웨터 같은 의류제품들은 면직물이나 모직물, 견직물, 인견직물 같은 직물제품들에 비해 부가가치가 높은 품목들이라 국제경쟁력을 갖추기까지 많은 시간이 요구된다. 예를 들어 한국의 직물산업은 미국의 원조에 의존해 1950년대에 이미 한국산업의 중추적 부문으로 발전했고, 이른바 한국 '재벌'의 거점산업으로 기능하고 있었다. 당시 한국 유수의 '재벌'이었던 금성, 삼양, 대한, 화신 등의 기업집단은 면공업을 중심축으로 발전했고, 최대재벌인 삼성 기업집단 역시 제당업과 함께 모직물산업을 발판 삼아 발전하고 있었다.

이에 비해 의류산업은 60년대 전반까지 주로 국내시장을 대상으로 하던 불황산업 가운데 하나였다. 의류제품의 국제경쟁 무대는 직물제품보다 조건이 엄격했다. 의류의 수출에서는 비용경쟁력뿐 아니라 제품의 품질도 보다 중요하게 요구되었기 때문이다. 당연히 기계설비의 근대화, 국제수준에 근접하는 기술수준의 향상, 품질을 균일화할 수 있는 생산기술 등이 필수적일 수밖에 없었다. 해외시장에 대한 정보수집, 의류시장에 대한 연구, 경쟁상품과 겨룰 수 있는 디자인 개발이라는 문제도 해결해야 하는 과제였다. 뿐만 아니라 마케팅에 소요되는 비용 역시 발전도상국의 수출업체에게는 대단히 큰 부담이 될 것이었다.

한국의 수출특화산업에서 면직물, 모직물, 견직물, 갈포벽지 같은 직물부문이 중요한 위치를 차지했던 것도 이러한 이유에서였을 것이다. 직물산업은 국제수지 개선효과가 크다는 점에서도 외화획득 방책으로 기대를 한 몸에 받고 있었다. 한국 수출정책의 최대목적은 외화획득에 있었기 때문에 외화획득 예상규모가 수출정책에 우선적으로 반영되었다. 정책의 우선순위가 직물류, 생사류, 의류 순으로 결정되었다는 사실이 이를 입증해주는 최상의 증거이다.[30] 직물산업은 외화획득 효과가 클 것으로 예상되고 있었기 때문에 수출특화산업으로서의 위상도 높았다.

제1차 3개년수출계획은 사실상 직물제품에 역점을 둔 수출확대계획이라는 성격이 강했고, 내용적으로도 직물제품이 수출제품의 중심에 자리하고 있었다는 사실을 간과해서는 안 된다. 그래프 4-17에서 볼 수 있는 바와 같이 직물의 수출을 연평균 41%씩 증가시켜 목표연도인 1967년에는 5470만 달러를 수출한다는 야심찬 계획이었다. 의류와 생사의 수출목

---

30 수출계획 기간(3년) 동안 전망된 외화획득 예상 누계액은 직물류 4707만 달러, 생사류 3875만 달러, 의류 2508만 달러였다. 의류와 생사류는 수출목표 규모에서 별다른 차이가 없었지만, 외화획득 예상액은 생사류가 의류보다 상당히 컸다.

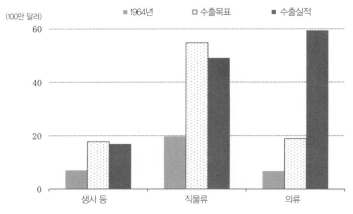

그래프 4-17 섬유 제품별 수출계획과 실적

(100만 달러)　　■ 1964년　　□ 수출목표　　■ 수출실적

* 총무처(1965), 「3억불수출계획」, 국가기록원대통령기록관; 한국은행(1968), 「경제통계연보 1968」.

표가 각각 1900만 달러와 1780만 달러였던 것과 비교하면 직물의 수출목
표가 얼마나 큰 것이었는지 짐작할 수 있을 것이다. 섬유제품의 수출목표
액은 총 9150만 달러였는데, 이 중 직물이 60%를 차지해 섬유제품 가운데
단연 우세했으며, 이는 수출계획 기간 동안 지속적으로 확대될 것으로 전
망되었다.[31] 수출목표에 대한 기여율도 직물 17.7%, 의류 6.0%, 생사 5.5%
로 직물의 기여도가 높을 것으로 기대되었다. 다른 수출품목과 비교할 때
직물류의 수출계획에는 수출중점품목의 수가 많았고, 수출품목마다 목표
액이 상세하게 책정되어 있었다. 의류의 수출중점품목은 3개인 데 반해,
직물류는 19개 상품이 수출중점품목으로 지정되었다. 수출목표액과 관련
해서도 의류는 50만 달러 이상의 제품만이 수출중점품목 목록에 기재되
고 나머지는 기타에 포함되어 있었지만, 직물류에서는 10만 달러 규모의
수출상품에도 5만 달러 단위로 상세한 목표액이 설정되었다.

31　수출목표에 대한 기여율은 직물 17.7%, 의류 6.0%, 생사 5.5%로 직물이 수출에 가장 크게 기여할
　　것으로 예상되었다.

섬유제품의 수출실적은 1964년 3160만 달러였는데, 1967년에는 이보다 3.8배 증가한 1억 2520만 달러를 기록했다. 이 기간 섬유제품의 연평균수출증가율은 55%로 한국의 연평균수출증가율 39%보다 훨씬 높았다. 제품별로 살펴보면, 섬유제품 수출에서 절대적인 비중을 차지하고 있던 직물은 의류의 비약적인 수출증가에 따라 그 지위가 상대적으로 약화되었다. 같은 기간 직물수출이 1960만 달러에서 4900만 달러로 증가했지만, 수출총액에서 차지하는 비중은 16.5%에서 15.3%로 하락했다. 생사 역시 수출은 710만 달러에서 1690만 달러로 증가했지만 비중은 6.0%에서 5.3%로 감소되었다. 이에 반해, 의류의 수출은 660만 달러에서 5920만 달러로 증가해 수출에서 차지하는 비중 또한 5.6%에서 18.5%로 크게 확대되었다. 직물과 생사의 수출은 1964년에 비해 각각 2.5배 증가라는 놀라운 실적을 달성했지만 정부의 수출목표에는 미치지 못했고, 의류만이 정부가 계획한 수출실적을 훨씬 초과해 달성하고 있었다. 주목해야 할 것은 수출성장의 중추가 될 것으로 기대되었지만 수출부진에 빠진 직물제품과 예상외의 기적적인 수출확대를 이룩한 의류제품의 명암이 갈리고 있었다는 사실이다. 이 점이 강조되어야 한다.

(2) 의류제품과 수출계획 실적

표 4-10은 의류제품의 수출계획안을 보여주고 있다. 의류수출계획의 특징은 첫째, 의류의 수출방침이 크게 전환되었고, 이해하기 어려운 점이 많다는 것이다. 예를 들어 의류수출계획의 시안과 수정안, 최종안을 비교해보면, 피복류를 제외한 모든 수출중점품목의 목표액이 크게 변동하고 있음을 알 수 있다. 스웨터류와 양말류는 시안의 수출중점품목 목록에서 빠져 있었지만, 수정안에서는 내의류와 손수건류 대신 새로 추가되었다. 무엇보다 유의해야 할 점은 수출목표액이 매우 심하게 변동하고 있다는 사실이다. 내의류의 목표액은 시안에서 500만 달러로 책정되었는데, 수정안

표 4-10 의류의 수출계획

(단위 : 천 달러)

	1964	1965			1966			1967		
	기준년	원안	수정안	최종안	원안	수정안	최종안	원안	수정안	최종안
피복류	3,979	4,000	5,000	5,000	7,000	7,000	7,000	9,000	9,000	9,000
스웨터류		0	3,000	3,000	0	5,000	4,000	0	7,000	6,000
양말류		0	500	500	0	800	800	0	1,000	1,000
속옷류	1,507	3,500	0	0	4,000	0	0	5,000	0	0
손수건류	231	500	0	0	800	0	0	1,200	0	0
기타	592	1,000	1,000	1,000	1,800	1,800	1,500	3,000	3,000	3,000
합계	6,309	9,000	9,500	9,500	13,600	14,600	13,300	18,200	20,000	19,000

* 총무처(1960), 「3억불수출계획」, 국가기록원대통령기록관; 국회도서관입법조사국(1965).

에서는 0으로 변경되었다. 반면, 스웨터류는 시안에서 수출중점품목이 아니었지만 수정안에서는 700만 달러라는 큰 금액으로 목표가 변경되었다. 손수건류와 양말류 역시 목표액이 극단적으로 수정되었다. 시안에서 100만 달러였던 손수건의 목표액은 수정안에서 0으로 변경되었고, 양말류는 반대로 0에서 100만 달러로 책정되어 두 품목의 목표액이 180도 전환되었다. 마치 책상 위에서 벌어지는 마술쇼와도 같이 자유자재로 변화가 이루어졌다.

둘째, 피복류를 제외하고 계획이 수정된 모든 수출중점품목들은 상충관계에 놓여 있었다. 스웨터류와 내의류, 양말류와 손수건류는 수출중점품목의 자리가 서로 교체되었을 뿐만 아니라 목표액도 같은 규모로 교환되었다. 이 같은 상충관계는 수출총액 목표를 먼저 결정하고 나서 부문별·품목별 수출목표액을 나중에 책정하는 하향식 정책결정구조로 인해 발생한 것이다. 하향식 정책결정구조로 인해 수출총액 목표에도 '제로섬(Zero Sum)' 법칙이 적용되지 않을 수 없었던 것이다.

의류의 수출계획은 고작 몇 개월 사이에 수출방침이 크게 전환되는 등 이해할 수 없는 측면들이 많았고, 실행 역시 '주먹구구식'으로 진행되어

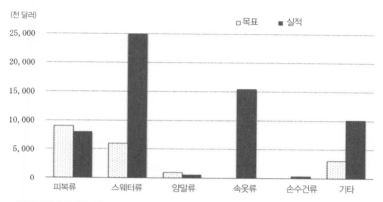

그래프 4-18 의류의 품목별 수출목표와 실적

(천 달러)

□ 목표　■ 실적

* 총무처(1965), 「3억불수출계획」, 국가기록원대통령기록관; 국회도서관입법조사국(1965); 한국은행(1968), 『경제통계연보 1968』.

계획성을 의심하지 않을 수 없다. 단기간에 대대적인 수정을 가하지 않으면 안 되었던 불가피한 사정의 배후에는 이에 영향을 미친 커다란 변수가 있었던 것이 틀림없었다. 수출계획이 변경됐던 시기가 한국정부와 미국정부가 한국군의 베트남전 파병을 둘러싸고 물밑 협상을 진행 중이던 시기와 일치했고, 수출계획에는 '베트남전 특수'에 대한 '한국정부의 기대'가 반영되어 있었던 것이다.

다음으로 수출방침과 실적을 살펴보도록 한다. 의류의 품목별 수출목표와 실적을 나타낸 그래프 4-18을 보면 수출상품마다 격차가 크다는 것을 알 수 있다. 피복류는 한국의 수출전략상품 가운데 하나였는데[32] 수출실적은 64년 345만 달러에서 800만 달러로 크게 증가했지만 목표에는 미치지 못했다. 이와 대조적으로 기타 품목의 수출은 64년 25만 달러에 불과하던 것이 67년에는 1000만 달러로[33] 급증해 목표를 크게 초과 달성했을 뿐만 아니라 피복류의 수출규모까지도 능가했다. 스웨터류의 목표액은

---

32 피복류의 수출목표액은 수출상품 중에서 6번째로 컸다.

33 한국 최대의 수출상품 가운데 하나였던 철강석의 1967년 수출액은 990만 달러였다.

600만 달러로 피복류보다 적었지만 1967년 목표의 4배인 약 2500만 달러를 기록했다. 스웨터류의 수출액은 피복류의 실적은 물론이고 의류 전체의 목표액인 1900만 달러를 훌쩍 뛰어넘는 규모였다. 수정안에서 새로 추가되었던 양말류는 목표를 달성하지 못했다.

특히 주목해야 할 것은 내의류의 수출계획과 실적이다. 앞에서 설명한 바와 같이 내의류는 수출중점품목에서 제외되어 있었지만, 1967년 수출액이 1500만 달러에 달해 피복류의 수출액을 크게 웃돌았다. 피복류는 수출전략상품이었음에도 목표를 달성하지 못했던 반면, 전략상품에서 제외되어 있었던 내의류는 피복류의 약 2배에 가까운 수출실적을 달성했다. 스웨터류와 기타 품목의 수출실적은 한국정부가 예상하지 못했던 결과였고, 내의류의 수출실적은 한국정부의 의도와는 정반대되는 결과였다고 할 수 있다.

(3) 의류의 수출주도성장

그래프 4-19는 의류산업의 생산실적을 제품별로 나타낸 것이다. 제품의 종류와 연도에 따라 다소 기복은 있었지만 생산실적은 1965년 이후 급격하게 증대되는 추세를 보이고 있다. 의류산업이 1965년 이후 수출수요의 급격한 증대에 따라 생산이 활발해지면서 수출성장산업으로 전환되었다는 사실에 주목해야 한다. 의류산업이 수출성장산업의 궤도에 올라선 것은 분명 1965년 이후였다.

다음으로 주목해야 할 사실은 내의류의 제품별 생산 동향이다. 내의류의 생산 동향은 그래프 4-20에서 제품별로 살펴볼 수 있다. 내의류 생산은 1960년대 후반부터 눈에 띄게 성장하고 있었다. 1960년대 전반 국내수요의 침체로 생산이 정체되어 있었던 것과 비교하면 커다란 변화였다. 60년대 후반 들어 내의류 생산이 확대된 것은 티셔츠(여름옷), 화학섬유내의, 혼방내의 등의 수출수요가 증가하면서부터였다. 특히 티셔츠(여름옷)의 생

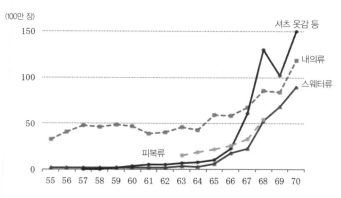

그래프 4-19 의류의 제품별 생산실적 추이

(100만 장)

셔츠 옷감 등

내의류

스웨터류

피복류

* 한국산업은행조사부(1967), 320쪽; 한국산업은행조사부(1971), 340쪽.

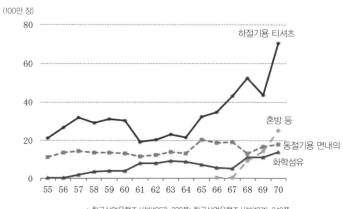

그래프 4-20 내의류의 제품별 생산량 추이

(100만 장)

하절기용 티셔츠

혼방 등

동절기용 면내의

화학섬유

* 한국산업은행조사부(1967), 320쪽; 한국산업은행조사부(1971), 340쪽.

산 동향은 주의해서 살펴볼 필요가 있다. 60년대 전반 정체상태에 빠져 있었던 티셔츠 생산은 60년대 후반부터 급속하게 증가했고, 동절기용 면내의 생산에 비해 눈에 띄게 확대되었다. '겨울옷'인 동절기용 면내의의 수출보다 '여름옷'인 티셔츠의 수출수요가 훨씬 컸음을 알 수 있다. 1965년 이후 내의류는 '여름옷'인 티셔츠의 수출수요가 증가한 덕분에 생산이 확대될 수 있었던 것이다. 내의류의 수출은 남성용 제품에 편중되어 있었고, 내의류 중에서도 티셔츠(여름옷)의 생산이 급속하게 증대되었다. 내의류의 수출은 1965년 이후 주로 '하절기용' 티셔츠, 그것도 남성용 제품의 수출수요 증가를 배경으로 확대될 수 있었다 해도 지나치지 않다.

제 5 장

전자산업과 정책 없는 발전

한국의 산업구조는 1960년대 눈부신 산업적 성공을 통해 극적인 변화를 맞이하게 되었다. 1960년대 초반 이미 중화학공업화가 활발하게 진행되고 있었던 인도와 달리, 한국은 여전히 식품산업이나 직물산업을 중심으로 하는 경공업 시대에 머물러 있었음을 감안하면, 한국의 공업화 속도가 얼마나 빨랐는지 짐작할 수 있다.

고도성장기 내내 한국정부는 여러 방면에 걸쳐 산업육성정책을 실시했다. 정부계열 금융기관을 통한 정책금융과 우대세제, 특정산업 육성 및 지원, 외자법·외환거래법에 의한 규제 등이 중심적인 정책이었다. 그중에서도 국제사회의 이목이 집중되었던 것은 특정산업육성 및 지원정책이었다. 한국은 발전도상국 가운데 유일하게 철강, 조선, 석유화학, 자동차, 전자 등 중화학공업을 육성한 나라였고, 그러한 산업들이 한국경제를 이끌어가는 지도적인 산업이 되었기 때문이다. 상징적인 것은 국제경쟁력이 매우 낮다고 평가되던 전자산업이 본격적인 수출산업으로 성장하며 세계시장에서 그 위상을 차츰 높여가고 있었다는 사실이다.

한국의 전자산업 발전과정이 전 세계적으로 뜨거운 주목을 받고 있지만, 그 안에 정부의 특정산업 보호육성정책을 한국의 산업발전을 이끈 진정한 요인으로 과대평가하는 경향이 생겨나고 있다는 것도 부정할 수는 없다. 그러나 고도성장기의 경제정책을 되짚어 검토하고, 경제계획과 산업정책 간의 관계를 주의 깊게 살펴보면, 경제계획이 반드시 산업정책에 선행했다고 볼 수 없고 시기에 따라서는 오히려 경제계획이 산업정책을 뒤쫓아 가는 경우가 비일비재했다는 사실에 주목하지 않으면 안 된다. 산업정책 전반에 대한 평가는 이 검토결과에 따라 크게 달라질 수 있을 것이다. 실제로 전자산업의 발전 동향에서는 이러한 관계가 명백하게 드러나고 있다.

제1절 _ 전자산업의 발전과 특징

1. 전자산업의 초기조건 : 아시아 주요 나라들과의 비교

한국의 전자산업은 1950년대 진공관라디오를 조립하면서 시작되었다. 당시에는 전자부품의 거의 대부분을 수입에 의존하고 있었기 때문에 전자산업의 기술적 발전은 이루어지지 않았다. 특히 한국의 텔레비전산업은 1960년대 초 필리핀이나 태국, 대만 등에 비해 크게 뒤처져 있었다는 점을 강조해두고자 한다. 표 5-1은 아시아 텔레비전산업의 양상과 전자산업관련법 등을 보여준다. 한국에서 텔레비전 방송이 처음 시작된 것은 1956년이었지만, 외화보유액 감소와 전력사정 악화 등이 겹쳐 텔레비전 수입이

표 5-1 아시아의 텔레비전산업 현황 및 전자산업관련법

(단위 : 천 대)

	필리핀	태국	대만	한국
방송시작	1950년	1955년	1962년	1956년
생산개시	1957년	1963년	1962년	1966년
생산상황	2만 132대 (1963년)	4000대 (1965년)	3만 1055대 (1964년)	1만 500대 (1966년)
보유대수 (1966년)	160,000	210,000	108,000	47,000
전자산업관련법	전자제품장려법 (1964년)	신산업투자장려법 (1962년)	투자장려조례 (1960년)	전자공업진흥법 (1969년)

* UN(1970), *STATISTICAL YEARBOOK FOR ASIA AND THE FAR EAST* ; 아시아경제연구소 편(1981), 50~51쪽;
일본무역진흥회(1967), 『해외시장백서(개관 · 지역편)』, 305~306쪽.

상당히 제한되어 있었다. 그로 인해 텔레비전 보급이 확산되지 못했고, 보유대수 또한 66년 4만 7000대에 불과해 다른 아시아 나라들과 비교해도 매우 적었다.[01] 그러나 1966년 9월, 금성사가 일본 히타치와의 기술제휴를 통해 텔레비전 부품을 수입하고 텔레비전을 조립생산하면서 한국의 텔레비전산업은 점차 본격적인 궤도에 오르게 된다.

필리핀은 아시아 나라들 중 가장 먼저 텔레비전방송국을 개국한 것으로 알려져 있는데, 텔레비전 생산 역시 다른 아시아 나라들보다 빠른 1957년에 시작했다. 텔레비전 생산과 함께 텔레비전의 보급도 확대되어 1966년에는 텔레비전 보유대수가 16만 대로 늘어났다. 필리핀의 텔레비전산업은 순조롭게 발전하여 수입대체가 상당히 진전되고 있었다. 일본무역

---

01 텔레비전 보유대수를 살펴보면, 1965년 태국이 약 20만 대로 가장 많았고, 필리핀 약 12만 대, 대만 6만 2000대, 한국 약 4만 5000대였다. 태국의 가장 큰 특징은 텔레비전 보급률이 높아 62년 세대별 보급률(수도권)이 14.4%에 달했다는 것이다[야마모토 노보루(山本登) 편(1971), 162쪽 참조]. 태국의 텔레비전 보유대수는 국내수요가 급격하게 증가하면서 1962년 8만 7000대에서 65년 20만 대로 대폭 증가했다. 한국의 보유대수가 62년 3만 2000대에서 65년 4만 5000대로 증가한 것을 감안하면, 태국의 수요가 얼마나 왕성했는지 알 수 있다.

진흥회는 『1966 해외시장백서(개관·지역편)』에서 "필리핀의 라디오, 텔레비전 수요는 이후에도 지속적으로 증가할 것이며, 거의 모든 제품이 국산품으로 조달될 것으로 예상되어 수입증가는 기대할 수 없다"고 평가했다.[02] 1963년 필리핀의 텔레비전 수요는 약 2만 2000대였는데, 그중 2만 132대가 국내에서 생산되었고 수입은 1868대에 불과했다. 필리핀은 1963년에 이미 국내수요의 거의 대부분을 국산으로 충당할 수 있는 단계에 도달해 있었던 것이다.

전자관련산업 육성 움직임을 보아도 한국은 다른 아시아 나라들의 뒤를 쫓아가고 있는 모양새였다. 아시아의 많은 나라들이 전자산업을 육성하기 위해 1960년대 초반부터 법률을 정비하고, 투자장려책 등과 같은 일련의 정책들을 실시하고 있었기 때문이다.(표 5-1) 대만의 경우 1960년 투자장려조례를 계기로 전자부품생산을 주력으로 하는 해외전자회사들의 직접투자가 급증해 전자산업이 발전할 수 있는 토대가 마련되었다. 태국 역시 1962년 신산업투자장려법을 공표해 전자회사를 우대하는 조치를 취했다. 투자장려조건을 수립해 수입세와 영업세를 각각 5년간 완전면제, 반액면제, 3분의 1 면제해주는 특전을 부여했다. 1963년에는 신산업투자장려법을 적용해 텔레비전 생산을 시작했다. 특히 흥미로운 사실은 필리핀이 1964년 텔레비전, 라디오, 전축과 같은 민생용 전자기기와 관련해 전자제품장려법을 공표했다는 것이다. 이는 민생용 전자산업의 순탄한 발전을 기반으로 내수확대를 겨냥해 추진된 것이었는데, 당시로서는 획기적인 정책이었다. 한국은 전자산업 육성 움직임에서도 확실히 대만과 태국, 필리핀 등에 뒤처지고 있었다.

---

02   일본무역진흥회, 『1966 해외시장백서(개관·지역편)』, 391쪽.

2. 라디오와 전기기기의 국제경쟁력

1958년 수입부품을 이용한 라디오 조립생산에서 출발한 한국의 전자산업은 60년 트랜지스터라디오를 생산했고, 62년부터는 라디오를 수출하기 시작했다. 라디오 수출은 62년 5만 달러에서 65년 138만 달러로 증가했고, 전자제품 수출에서 차지하는 비중도 62년 10%에서 65년 77%로 확대되어 전자제품 수출의 4분의 3을 차지했다. 라디오는 한국 전자산업을 선도하는 핵심 상품이자, 가장 중요한 수출상품 가운데 하나였다. 제4장에서 설명한 대로 라디오와 전기기기는 65년 수출특화산업으로 지정되었다.

그러나 한국정부가 라디오산업을 수출특화산업으로 지정했다고는 해도, 선진국시장에서 한국제품이 처한 상황은 그리 우호적이지 않았다. 특히 미국시장에 대한 수출경쟁관계를 보면, 결코 전망이 밝다고만은 할 수 없었다. 그래프 5-1은 미국의 트랜지스터라디오 시장에서 외국제품이 차지하는 비율을 나타낸 것이다. 1965년 미국이 수입한 트랜지스터라디오는 총 175만 6000대였다. 그래프를 보면, 일본이 라디오 수출국 가운데 가장 높은 지위를 점하고 있는 것을 알 수 있다. 주요 수출국은 일본 63.9%,

그래프 5-1 미국의 트랜지스터라디오 수입시장과 나라별 점유율(1965년)

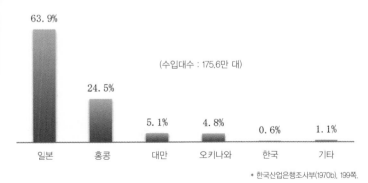

(수입대수 : 175.6만 대)

63.9% 일본
24.5% 홍콩
5.1% 대만
4.8% 오키나와
0.6% 한국
1.1% 기타

* 한국산업은행조사부(1970b), 199쪽.

홍콩 24.5%, 대만 5.1%, 오키나와 4.8%, 한국 0.6% 순이었다. 발전도상국 중에서는 홍콩의 비율이 가장 높았고, 대만이 5%대를 차지하고 있었다. 한국의 비중은 보잘것없을 정도로 매우 작아서 홍콩보다도 낮은 지위에 머물러 있었다.

홍콩은 국내시장이 협소했기 때문에 입지적 우위성을 배경으로 발전도 상국 가운데 가장 먼저 수출지향형 전자산업을 진흥시키는 데 주력해 전 자제품의 95% 이상을 수출하고 있었다. 특히 트랜지스터라디오는 홍콩의 전자산업을 주도하던 핵심 제품이었다. 트랜지스터라디오 수출은 1960년 대 전반에 본격화되어 65년에는 세계수출시장에서 2위를 차지해 일본 다 음가는 공업국이 되었다. 1965년 홍콩의 라디오 수출은 634만 대에 달했 는데, 일본의 2421만 대에는 미치지 못했지만 한국의 32만 대보다는 약 20배나 많은 규모였다.

미국의 트랜지스터라디오 수입시장에서 나라별 평균수입가격 동향을 살펴보면, 일본산 트랜지스터라디오의 평균수입가격이 다른 세 개 나라 들에 비해 대단히 높았음을 알 수 있다.(그래프 5-2) 더구나 일본산 평균수 입가격은 상승하는 경향을 보이고 있는 데 반해, 다른 세 개 나라의 트랜 지스터라디오 수입가격은 크게 하락해 일본과 다른 세 개 나라의 평균수 입가격 차이도 커지고 있었다.[03] 홍콩, 대만, 한국 세 나라는 국제경쟁력을 가격에 의존하고 있었지만, 일본은 품질·기능 향상을 통해 우위를 확보하 려 했다고 할 수 있다. 확실히 미국에서 한국산 트랜지스터라디오의 평균 수입가격은 현저하게 하락했다. 한국은 수출진흥을 국가의 중점정책으로 삼고 수출확대를 위해 수출장려보조금 교부 또는 수출제품생산에 사용되 는 수입부품이나 자본설비에 대한 관세면제 등 다양한 정책과 제도들을 실시하고 있었는데, 이러한 사정들이 미국에서 평균수입가격이 하락하게

---

03 평균수입가격의 차이로 인해 미국의 트랜지스터라디오 수입에서 일본이 차지하는 비중은 78.8% 에 달했고, 홍콩 11.9%, 대만 2.5%, 한국 0.4% 등과의 격차가 더욱 크게 벌어지고 있었다.

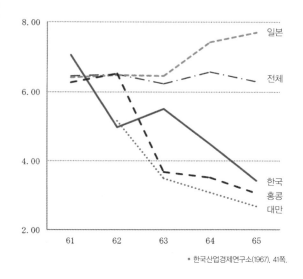

그래프 5-2 미국의 트랜지스터라디오 수입시장과 나라별 평균수입가격 추이

일본

전체

한국
홍콩
대만

* 한국산업경제연구소(1967), 41쪽.

된 배경일 것이라고 추정된다. 특히 1964년 외국환과 관련된 개혁조치들에 의해 1달러 = 130원의 고정환율제가 변동환율제로 바뀌면서 환율이 1달러 = 255원으로 상승되었는데, 이것이 매우 중요했다는 사실은 두말할 나위가 없다.

주목해야 할 것은 한국산 트랜지스터라디오의 평균수입가격이 인건비가 높은 홍콩이나 대만의 제품보다도 비쌌다는 사실이다.[04] 앞서 설명한 바와 같이 한국은 1인당국민소득이 대만의 2분의 1, 홍콩의 6분의 1 수준에 지나지 않았는데도 평균수입가격은 이들 나라보다 비쌌다. 한국은 수입부품이 제조비용에서 차지하는 비율이 높았고, 상대적으로 규모의 경제성(scale merit)이 실현되지 않아 비용이나 노동생산성 등의 면에서 홍콩이나 대만보다 상당히 뒤처져 있었을 것으로 생각된다. 한국산 평균수입

---

04 예를 들어, 한국의 1인당국민소득(1964년)은 85달러였던 데 반해, 대만, 홍콩, 일본은 각각 175달러, 537달러, 630달러였다.

가격이 인건비가 높은 홍콩보다 비쌌던 이유로 규모의 경제성이 중요한 전자산업에서 한국의 유일한 장점이었던 저렴한 인건비 효과가 그다지 큰 이점으로 작용하지 않았을 가능성을 염두에 두어야 할 것이다. 한국이 적극적인 수출정책을 펼쳤음에도 불구하고 미국시장에서 한국산 트랜지스터라디오의 평균수입가격이 홍콩이나 대만보다도 비쌌다는 사실은 한국이 정말 가격적인 측면에서 우위에 있었는지를 의심스럽게 한다.

1965년 홍콩의 전자제품 수출액은 3542만 달러에 달했지만, 한국의 라디오 및 전기기기 수출액은 190만 달러에 불과했다. 홍콩은 트랜지스터라디오 및 부품의 수출액이 2158만 달러로 전자제품 가운데 가장 높았고, 다음으로 전자관 856만 달러, 텔레비전 수상기용 부품 459만 달러, 콘덴서 약 70만 달러로 한국에 비해 수출품의 고기능화 및 다양화가 진행되고 있었다. 그 밖에도 텔레비전 수상기의 경우, 수출액은 적었지만 65년부터 수출을 하기 시작해 홍콩은 이 당시에 이미 생활용 전자제품의 기본인 텔레비전 수상기를 수출하는 단계에 도달해 있었음을 알 수 있다. 이와 달리 한국은 1966년 9월부터 텔레비전 수상기를 생산하기 시작했다. 당시 한국의 전자산업은 사실상 라디오뿐이었던 것이다.

3. 전자산업의 발전과 특징

표 5-2는 1960년대 전자산업의 발전양상을 보여준다. 눈에 띄는 것은 전자회사들이 1960년대 후반부터 활발하게 설립되기 시작했다는 사실이다. 1965년 52개였던 신규설립회사는 1970년 194개로 급증했다. 이를 용도에 따라 민생용 전자기기, 산업용 기기, 전자부품 회사로 나누어 살펴보면, 1970년 민생용 기기 29개사, 산업용 기기 37개사, 전자부품 128개사로 전자부품회사가 압도적으로 많았다. 자본형태별로 보면, 1970년 전자기업

표 5-2 전자산업 성장 추이

(단위 : 천 달러)

	기업수	생산액	수출액	수출비율
62	25	5,226	491	9.4%
63	27	8,063	417	5.2%
64	41	10,276	962	9.4%
65	52	10,608	1,793	16.9%
66	70	21,896	3,597	16.4%
67	98	36,823	6,545	17.8%
68	120	51,156	19,437	38.0%
69	145	79,891	41,911	52.5%
70	194	106,239	54,964	51.7%

* 한국정밀기기센터 편(1972), 49~52쪽; 한국산업은행조사부(1970b), 270쪽, 310쪽, 372쪽.

194개 중 154개가 내자기업이었고, 나머지 40개는 외자기업과 합작회사
였다.

　전자산업의 생산규모는 60년대 후반 이후 비약적으로 확대되었다. 전
자산업 전체의 생산액은 1962년 522만 달러에서 1965년 1061만 달러로 2
배가량 증가했는데, 70년에는 65년보다 10배 이상 증가한 1억 600만 달
러에 달했다. 60년대 후반 생산액이 급속도로 증가하면서 생산품목도 초
기의 단순제품인 라디오에서 집적회로나 브라운관 같은 기술집약적 제
품들로 확대되었다. 강조해두어야 할 것은 전자부품의 경이적인 성장이
다. 그래프 5-3에서와 같이 민생용 전자기기의 생산은 65년 500만 달러에
서 70년 3000만 달러, 산업용 전자기기는 200만 달러에서 1600만 달러로
각각 6~8배 증가했지만, 전자부품은 350만 달러에서 6000만 달러로 17배
나 확대되었다. 이에 따라 전자산업 생산액에서 차지하는 비중도 민생용
전자기기가 65년 46.8%에서 70년 28.6%, 산업용 전자기기가 20.0%에서
15.0%로 감소한 반면, 전자부품은 33.2%에서 56.4%로 대폭 확대되었다.
전자부품의 경이적인 성장으로 인해 민생용 전자기기나 산업용 전자기기

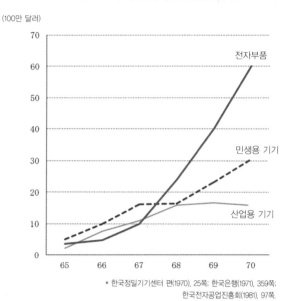

그래프 5-3 전자산업의 부문별 생산실적 추이

(100만 달러)

전자부품

민생용 기기

산업용 기기

65   66   67   68   69   70

* 한국정밀기기센터 편(1970), 25쪽; 한국은행(1971), 359쪽;
한국전자공업진흥회(1981), 97쪽.

의 비율이 상대적으로 낮아지고 있음을 알 수 있다. 전자부품의 비약적인
성장은 67년부터 시작되었다는 사실에도 주목해야 한다.

전자산업의 수출규모는 1965년 179만 달러에 불과했지만 1970년에는
5496만 달러에 달해 매우 놀라운 성장을 기록했다.(표 5-2) 생산에서 차지
하는 전자산업의 수출액 비중 역시 65년 16.9%에서 70년 51.7%로 확대되
었다. 이것만 보더라도 60년대 후반 수출산업화가 얼마나 빠른 속도로 진
행되었는지 알 수 있다. 그래프 5-4에서 수출실적을 부문별로 살펴보면,
전자부품의 수출증가가 가장 눈에 띈다. 전자부품은 특히 67년부터 놀랄
만한 성장을 나타내고 있었다. 전자부품의 수출은 66년 33만 달러에 불과
했지만, 70년에는 4560만 달러로 비약적으로 증가했다. 전자부품은 트랜
지스터나 IC 같은 반도체를 대량생산할 수 있는 기술이 도입되면서 급속
하게 발전할 수 있었다. 전자부품이 차지하는 비중은 66년 겨우 9.2%에

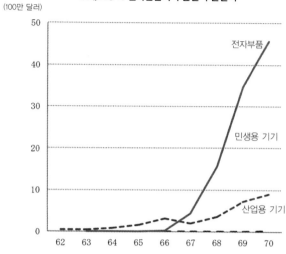

그래프 5-4 전자산업의 부문별 수출실적
(100만 달러)

전자부품

민생용 기기

산업용 기기

* 한국정밀기기센터편(1970), 25쪽: 한국은행(1971), 359쪽:
한국전자공업진흥회(1981), 97쪽.

표 5-3 전자제품 기업별 수출 추이

(단위: 천 달러)

	1967	1968	1969	1970	
모토로라코리아	15	6,284	12,315	12,985	23.6%
한국시그네틱스	2,858	3,449	5,760	5,891	10.7%
페어차일드 세미코아	741	2,285	5,821	5,073	9.2%
금성사	729	1,058	1,154	2,460	4.5%
콘트롤데이타코리아	13	2,105	4,116	2,265	4.1%
대한전선		24	611	1,501	2.7%
한국도시바				1,259	2.3%
기타	2,189	4,232	12,134	23,530	42.8%
합계	6,545	19,437	41,911	54,964	100.0%

* 한국정밀기기센터 편(1972), 54쪽.

지나지 않았지만 70년에는 83.0%에 이르렀다. 반면, 1970년 라디오나 흑백텔레비전 등 민생용 전자기기의 비중은 16.3%에 불과했으며, 산업용 전자기기 역시 0.6%에 지나지 않았다. 일본의 부문별 구성비(1969년)가 민생용 전자기기 69.9%, 산업용 전자기기 12.4%, 전자부품 17.6%였던 것에 비해 한국의 특징은 전자부품의 비율이 압도적으로 높고, 민생용 전자기기의 비율이 현저하게 낮았다는 것이다.

전자제품의 수출을 자본형태별로 살펴보면, 내자기업 25%, 합작회사 15.2%, 외자기업 59.8%로 외자에 의한 수출이 4분의 3을 차지하고 있어 외자가 수출에 크게 이바지하고 있었음을 알 수 있다. 표 5-3은 전자제품의 기업별 수출 동향을 보여주고 있다. 이 시기 전자제품의 수출은 미국계 전자회사에 크게 의존하고 있었다. 1970년에는 모토로라 약 1300만 달러, 시그네틱스 약 600만 달러, 페어차일드 약 500만 달러, 그리고 콘트롤데이타가 200만 달러 이상을 수출해 이들 네 개 기업이 전자제품 수출의 절반가량을 차지하고 있었다. 이들 기업은 트랜지스터나 IC같이 노동집약적 성격이 강한 제품의 조립공정을 한국에서 수행한 뒤 미국으로 가지고 갔

표 5-4 전자제품 나라별 수출 상황(1970년)

(단위 : 천 달러)

	전자기기	전자부품	전자제품 계	구성비
미국	3,519	30,082	33,601	61.1%
일본	1,551	9,398	10,949	19.9%
홍콩	62	5,862	5,924	10.8%
베트남	3,097	0	3,097	5.6%
기타	1,095	298	1,393	2.5%
합계	9,324	45,640	54,964	100.0%

* 한국산업은행조사부(1971), 『한국의 산업(중)』, 14쪽.

다. 표 5-4에서 볼 수 있듯, 전자제품은 수출액의 60% 정도가 미국으로 수출되었다. 그 밖에 일본(19.9%), 홍콩(10.8%), 베트남(5.6%) 등지로도 수출되었지만, 이들 나라의 수출구성비는 낮았다. 1970년 전자제품의 수출대상국은 30개 나라가 넘었지만, 수출은 미국에 크게 편중되어 있었다.

전자제품의 수출이 외자기업의 주도 아래 급속하게 증가하고 있었지만, 내자기업의 수출비중 역시 확대되는 경향을 띠고 있었다는 사실도 간과해서는 안 된다. 내자기업의 수출은 1965년 179만 달러에서 1970년 1376만 달러로 약 8배 증가했다. 같은 기간 동안 외자기업이 주도적으로 이끌어온 전자제품의 수출은 98.3%라는 높은 증가율을 보이며 경이적으로 성장했다. 증가율이 이에 미치지는 못했지만 내자기업의 수출 역시 연평균 50.3%라는 높은 증가율을 나타내며 성장하고 있었다. 내자기업의 수출은 민생용 전자기기가 주를 이루었는데, 전자부품 등을 수출하기 시작하면서 수출상품의 종류와 규모가 동시에 확대되었다. 그 결과 68년 20.1%로 하락했던 내자기업의 수출비중은 천천히 증대되어 69년 22.9%, 70년에는 25.0%로 확대되었다.

제2절 _ 정부의 산업정책

발전도상국들이 전자산업을 공업화 유망분야 가운데 하나로 선정했던 이유는 당시 전자산업이 노동집약적 성격을 띠고 있었고, 수출산업이라는 이미지가 비교적 강했기 때문인 것으로 풀이되어왔다. 그러나 전자산업 육성을 논하려면, 이 분야가 가지고 있는 자본 및 기술집약적인 성격을 잊어서는 안 된다. 전자산업은 제조공정에 대규모 자본이 투입되고, 생산기술의 발전 속도도 대단히 빠르기 때문에, 정부가 전자산업을 진흥시키기 위해 어떠한 투자계획과 기술촉진정책을 가지고 있었는지를 검토하는 것이 중요하다. 한국은 제2차 경제개발 5개년계획에서 어떠한 생산부문에 중점을 두고 있었고, 전자산업의 생산목표는 어느 정도 규모였으며, 이를 위해 어떠한 투자계획을 수립하고 있었는가?

1. 제2차 경제개발 5개년계획과 산업투자계획

표 5-5에서 제조업부문의 생산목표와 투자계획을 살펴보면, 계획기간 중 제조업부문의 생산목표는 1965년 5014억 원에서 제2차 개발계획 최종년도인 71년에 9808억 원으로 증가시키는 것이었다. 이중 경공업제품의 생산목표는 65년 3180억 원에서 71년 5646억 원으로 1.8배 증가했다. 이에 따라 총생산량에서 경공업이 차지하는 비율은 65년 63.4%에서 71년 57.6%로 상대적인 저하가 예상되었다. 다른 한편, 중화학공업제품의 생산목표는 65년 1331억 원에서 71년 3154억 원으로 증가했고, 구성비 또한 65년 26.5%에서 71년 32.2%로 확대될 것으로 전망되었다. 중화학공업의 성장은 공업화를 실현하는 데 있어 주도적인 역할을 수행했고, 산업구조 근대화의 추진에 있어서도 핵심적인 요소였기 때문에 당연히 중요했을 것이다. 특히, 제2차 개발계획에서는 화학비료(증가율 431%)를 비롯해 화학(156%), 금속(143%), 시멘트(124%), 기계(118%), 석유 및 석탄(79%) 등의 생산목표가 눈에 띄게 증가되어 있었다. 제2차 개발계획은 중화학공업의 발전이 다른 관련산업에 미칠 파급효과를 기대하면서 산업구조의 근대화를 촉진하려는 정책이었다고 평가할 수 있다.

투자계획에 따르면, 제조업부문에는 총투자액의 26.0%인 2548억 원이 투자될 예정이었다. 그중에서도 화학, 금속, 기계 등의 중화학공업과 섬유

표 5-5 제조업부문의 생산목표와 투자계획

(단위 : 억 원)

	부가가치액(1965년 가격)			투자계획	
	1965(실적)	1971(계획)	증가율	목표액	구성비
식품가공 및 담배	1,285	2,010	56%	137	5%
섬유	1,317	2,552	94%	670	24%
합판 및 펄프	398	699	76%	189	7%
시멘트	63	141	124%	122	4%
요업	117	244	109%	116	4%
화학	316	810	156%	422	15%
화학비료	45	239	431%	47	2%
석유 및 석탄	256	459	79%	163	6%
금속	361	876	143%	354	12%
기계	353	770	118%	328	12%
기타	503	1,008	100%	287	10%
합계	5,014	9,808	95%	2,835	100%

* 경제기획원(1966), 78~79쪽.

산업에 대한 투자액이 대단히 큰 비중을 차지하고 있었다.(표 5-5) 제조업 부문에 대한 투자계획은 중화학공업을 공업화의 중심에 두면서도 경공업의 성장 역시 경시하지 않았다는 점에서 합리적이고 균형 잡힌 공업발전 계획이었다고 할 수 있다. 그러나 식품이나 합판, 도자기업 등과 같은 경공업부문의 투자에 소홀하지는 않았다고 하더라도, 투자는 주로 설비를 근대화하고 합리화하는데 집중되었으며 생산증가율도 중화학공업과는 비교가 되지 못했다. 중화학공업은 제2차 개발계획 기간 중 가장 두드러진 성장을 달성한 부문이었다.

주요 공업품목의 생산달성목표는, 표 5-6에서 알 수 있듯 석유제품, 비료, 철강재, 모터, 전선, 변압기, 자동차, 내연기관, 조선능력 등 자본재와

표 5-6 주요 품목의 생산계획

	단위	1965년	1971년	증가율
미곡	천 M/T	3,501	4,858	39%
맥류	천 M/T	1,856	2,474	33%
어류	천 M/T	337	673	100%
면사	천 M/T	66	92	39%
나이론계	M/T	1,500	9,900	560%
합판	100만 S/F	729	1,518	108%
크라프트지	천 M/T	21	63	200%
정유	천 M/T	10,205	35,094	244%
비료	천 M/T	75	374	399%
시멘트	천 M/T	1,614	4,520	180%
판유리	천 C/S	517	1,100	113%
철강재	천 M/T	266	686	158%
전동기	천 마력	289	719	149%
각종 전선	M/T	4,919	20,000	307%
변압기	천 kVA	347	823	137%
자동차	천 대	1	24	1,643%
각종 내연기관	천 대	11	45	309%
조선능력	천 G/T	64	150	134%
석탄	천 M/T	10,248	13,762	34%
발전량	백만 Kwh	3,250	7,797	140%
주택건설	천 평	3,961 (계획기간 중)		
화물수송	백만 톤	5,365	9,553	78%
여객운송	백만 명	11,932	23,410	96%

* 경제기획원(1966), 38쪽.

중간재의 생산목표가 크게 증대되었다. 이 외에 석유제품이나 화학제품, 화학섬유 등의 생산목표 역시 현저하게 증가되었다. 이는 산업의 고도화를 실현하고, 제1차 경제개발 5개년계획 당시 수입에 의존하던 자본재나 중간재를 국산화하려는 의도였다. 특히 철강재의 생산목표는 68만 6000 톤이었는데, 이를 기초로 전기기계와 수송용 기계 역시 대폭적인 성장을 계획했다. 전기기계 중에서는 전선(4.1배), 모터(2.5배), 변압기(2.4배)의 생산목표가 눈에 띄게 증가되었다. 계획기간 중 추진될 전력개발계획 및 공업시설 확대계획에 따라 전기기계의 수요가 크게 증가할 것으로 예상되었고, 이러한 수요에 대응하기 위해 모터, 전선, 변압기 등의 생산을 중점적으로 확대한다는 계획이었다. 그러나 전자산업의 생산 및 투자목표 등이 제시되지 않은 점으로 미루어 이를 중점산업으로 육성할 방침이 있었다고 보기는 어렵다. 상당히 의문스러운 지점이다.

당시 전자산업은 전기기계부문으로 분류돼 있었기 때문에 기계산업 육성계획을 구체적으로 검토해볼 필요가 있다. 따라서 공업부문별 투자계획을 통해 기계공업에 대한 계획을 살펴보고자 한다. 투자기간 중 기계공업을 위해 책정된 설비투자액은 제조업 설비투자총액의 13%인 328억 원이었다. 주요 투자분야는 산업기계, 공작기계, 섬유기계, 농업기계, 가솔린엔진, 자동차, 선박용 엔진, 조선, 수송기계, 어군탐지기, END 전화교환기, 민생용 전기기기 등이었다. 이 가운데 민생용 전기기기에 대한 설비투자액은 4억 9500만 원에 불과했는데, 도자기업 설비투자액 116억, 시멘트 122억, 식품가공 및 담배 137억 원 등 다른 산업부문의 설비투자액에 비하면 지나치게 작은 규모였다. 또한 민생용 전기기기의 생산계획은 라디오 70만 대, 모터 20만 대, 기타 전기기기라고 제시되어 있을 뿐, 텔레비전 등에 대한 생산계획은 보이지 않았다.[05] 트랜지스터나 집적회로(IC) 같은 전자부품의 성장실적은 계획된 범위를 훨씬 넘어섰던 것으로 여겨진다. 이러한 상황으로 미루어 보면, 전자산업 육성을 위한 정책이 실행되고 있었다고 말하기 어렵다.

---

05 경제기획원(1966), 178~180쪽 참조.

2. 제2차 경제개발 5개년계획과 미국을 향한 지원 요청

만약 한국정부가 전자산업 육성을 통한 수출증대정책을 추진하고 있었다면, 이와 관련된 국내적인 측면뿐 아니라 자본재 도입이나 외자조달 방법 등 대외적인 측면에 대해서도 고찰할 필요가 있을 것이다. 전자산업의 발전이 뒤처져 있던 한국이 국제경쟁력을 갖춘 제품을 생산할 수 있기 위해서는 선진국으로부터 설비를 수입할 수밖에 없었고, 이를 위해서는 어떤 방법으로 외국자본을 조달할 것인가가 중요한 문제였기 때문이다. 1960년대 초 국내자본이 부족했던 한국은 외국자본에 의존해 자본재와 기술을 도입하지 않을 수 없었고, 따라서 앞서 설명한 바와 같이, 경제원조나 차관 등을 원활하게 도입하는 것이 언제나 핵심 과제였다. 한국경제는 미국의 원조에 전적으로 의존하지 않을 수 없었고, 원조를 이끌어내기 위해 미국과의 경제외교에 힘을 쏟아야만 했다. 한·미정상회담은 이러한 이유에서 대단히 중요했다.

1966년 11월 1일, 존슨 미국대통령 방한 당시 서울에서 개최된 한·미정상회담의 중심과제는 제2차 경제개발 5개년계획에 대한 지원 문제였다. 미국이 이에 대한 지원을 재확인해준 것이 한국정부에게 경제재건을 위한 절호의 기회로 받아들여진 것은 당연했다.[06] '존슨 대통령 방한 토의자료(안)'(이하 토의자료)에 따르면, 한·미정상회담의 주요 "의제는 ① 안전보장(한·미공동방위태세의 강화), ② 경제(제2차 경제개발 5개년계획 지원), ③ 과학기술, ④ 기타" 등 4가지였다.[07] 이 가운데 한국정부의 산업육성정책을 고찰할 때 주목해야 할 점은 경제(제2차 경제개발 5개년계획에 대한 지원)에 관한

---

06 박·존슨공동성명서에 따르면 "존슨 대통령은 박 대통령에게 합중국정부는 한국경제의 성장, 그리고 특히 제2차 경제개발 5개년계획의 실행을 계속 지원할 의도를 가지고 있다고 확언하였다."

07 미주과(1966), 「토의자료 및 교섭안」, 『Jojnson, Lyndon B. 미국대통령 방한, 1966. 10. 31.∼11. 2』, 한국외교부외교문서(Microfilm 번호:C-0017-10, 프레임번호: 184-185).

것이다. 한국정부는 우선과제로 ① 석유화학공업 및 종합제철, ② 미국 민간투자 장려, ③ 낙농센터 및 농산물가공시설을 꼽고 있었다. 토의자료를 바탕으로 구체적인 내용을 살펴보면, 첫째, 석유화학공업 및 종합제철에 대한 지원프로젝트에 대해 토의자료에는 "다음 연도 제2차 5개년개발계획을 시행할 경우, 미국의 재정적 지원이 요구된다. 특히 제2차 5개년개발계획의 핵심이자 상징이기도 한 석유화학공업과 종합제철에 대한 지원을 요청한다"고 기록되어 있다. 둘째, 미국정부의 미국 민간투자 장려에 대해서는 "한국은 제2차 5개년개발계획을 수행하기 위하여 8억 350만 달러의 외자도입이 필요한테 특히 미국의 법인 및 개인의 직접투자와 차관을 환영하고있다. 미국정부는 AID 차관공여뿐만 아니라 미국국민의 대한투자를 더 적극적으로 권장하여 줄것을 요망한다. 미국의 민간투자는 양국간에 체결된 투자보장협정에 따라 미국정부(AID)에 의하여 보상되게 되어 있으나 그러한 사태 즉 환금제한 몰수 또는 국유화등이 없을것을 한국정부는 보장한다"고 기술되어 있다. 셋째, 낙농센터 및 농산물가공시설에 대한 지원프로젝트는 "한국 전인구의 64%를 차지하는 약 2000만 농민들에게 새로운 희망을 주기 위하여 정부는 '낙농센터'와 '농산물가공시설'을 설치할 계획이다. 이 사업은 미국의 우량유우(乳牛)의 도입을 비롯하여 가공기자재를 도입하고 미국인 기술자의 지도사업이 포함하는 것이다. 한국정부는 본 사업에 소요되는 외자(기재도입비, 기술자파견비) 680만 달러를 연차적으로 원조하여줄것을 미국정부에 요청한다"고 설명되어 있다.

이 토의자료에 따르면, 제2차 5개년개발계획은 한국의 경제발전 방향을 공업화에 두고 중화학공업과 함께 농업도 발전시켜 균형 잡힌 산업구조를 형성하고, 산업구조를 점차적으로 고도화시키려는 목적을 가지고 있었던 것으로 보인다. 이 계획의 산업전략은 철강공업과 석유화학공업을 지렛대로 삼아 중화학공업화를 실현하고, 농업의 근대화·합리화를 통해 농업부문의 생산성을 향상시켜 생산을 확대함과 동시에 농산물가공산업을 발전시킨다는 데 있었다. 분명 한국의 농업부문은 전근대적인 상태로 방치되어 있었기 때문에, 한국정부로서도 농업문제를 최우선 과제의 하나로 제기하지 않을 수 없었던 것이 사실이다. 그러나 낙농센터 및 농산물가공시설에 대한 지원프로젝트가 우선과제로 자리매김하게 된 데에는 약간의 의문이 남는다.

이 때문에 낙농센터 및 농산물가공시설에 대한 지원프로젝트를 상세하게 검토하고자 한다. 그림 5-1(참고자료)에서 볼 수 있는 낙농센터 및 농산물가공시설지원프로젝트의 내역은, 낙농센터(4곳) 148만 7680달러, 육용우사업(12곳) 71만 4330달러, 가금육종사업(5곳) 65만 5300달러, 농산물통조림공장 394만 4079달러 등이었다. 한국정부가 낙농센터 및 농산물가공시설에 대한 지원을 요청했던 배경은 첫째, 축산업의 후진성, 둘째, 농업센터의 자금부족, 셋째, 농산물가공산업의 낙후성 등이다. 농업경제에서 나타난 이 세 가지 문제는 사실상 한국경제가 처해 있는 상황을 적나라하게 드러내주는 것이라고 할 수 있다. 한국경제 혹은 한국의 공업화는 미국의 경제원조와 기술지원에 의존하지 않을 수 없었던 것이다. 농산물종합통조림산업의 투자재원조달계획은 앞서 설명한 바와 같이, 국내조달 3억 4500만 원(달러로 환산하면 약 127만 달러), 외자조달 약 400만 달러로 약 527만 달러 규모였다. 재원조달계획에서 또 한 가지 눈에 띄는 것은 투자재원의 4분의 3을 외자가 차지할 정도로, 외자의 비율이 높다는 것이다. 한국경제가 농산물가공산업 같은 부문에서조차 미국의 원조에 기댈 수밖에 없는 상황이었음을 여실히 알 수 있다.

농산물종합통조림산업은 1965년에 이미 수출특화산업으로 지정되어 있었지만, 당시에도 우선순위가 높았던 것은 공장설립계획이었다. 이는 그때까지도 산업육성정책이 제대로 진척되지 못하고 있었다는 것을 말해준다. 농산물종합통조림제품은 제1차 3개년수출계획의 주요 수출품이었고, 이를 통한 외화획득에 기대를 걸고 있었다. 농산물종합통조림제품의

그림 5-1 낙농센터 및 농산물가공시설 지원프로젝트

〈참고 자료〉

Ⅰ. 낙농센터

1. 한국내의 목야적지(牧野適地): 약 5만 정보는 기술과 재원부족으로 개발하지 못하고 있읍니다.
2. 한국의 낙농상황은 다음과 같습니다.
   • 유우(乳牛)사육두수 6612두(1965년도)
   • 유처리장(乳處理場) 31개소
   • 유가공장(乳加工場) 6개소
3. 낙농진흥계획
   (1) 낙농사업
      • 종축장 8개소(유우 800두)
      • 시행주체(도 및 농협)
      • 외자 1,487,680불(미국)
      • 내자 1,532,712불(한국) : 기술자 8명
   (2) 육용우사업
      • 주산지(主産地) 12개소육성(육우200두)
      • 시험장설치─진흥청(고령지(高嶺地)) : 기술고문 1명
      • 외자 714,330불(미국)
      • 내자 393,555불(한국)
   (3) 가금육종사업
      • 생산 50,000수(首)
      • 시행주체(농촌진흥청)
      • 외자 655,300불(미국)
      • 내자 761,685불(한국) : 기술고문 1명

Ⅱ. 농산물가공시설

1. 한국의 과실 및 근채류는 계절적인 생산물이며 저장이 곤란함으로 통조림가공을 하지않으면 가격과 수급조절을 할수없음으로 출하최성기에는 가격폭락으로 생산비를 보장하기 곤란하며 비출하기에는 가격폭등으로 소비자를 보호하기 곤란합니다.
2. 생산자와 소비자의 불이익을 제거하고 농가소득의 향상을 기할 수 있는 농산물종합통조림공장은 정부의 농산물증산계획과 병행하여야할 필수조건입니다.
3. 농산물종합통조림공장설치계획
   (1) 연차별 설치계획

연차별	1967	1968	1969	1970	1971	계
공장수	1	3	6	12	24	46

   (2) 사업시행주체 농협중앙회·농협산하특수단위조합
   (3) 재원
      외자 3,944,079불
      내자 345,000,000원

---

* 미주과(1966), 「토의자료 및 교섭안」, 『Johnson, Lyndon B. 미국대통령방한, 1966.10.31.〜11.2』,
한국외교부외교문서(Microfilm번호 : C-0017-10, 프레임번호 : 208〜210).

수출실적은 1964년(기준연도) 0이었는데, 수출목표는 65년 100만 달러, 66년 150만 달러, 67년 200만 달러로 책정되어 있었다. 제1차 수출계획 기간 동안의 누계액으로 계산하면, 총 450만 달러의 수출액에서 비용 68만 달러를 뺀 382만 달러의 외화를 획득한다는 목표였던 것이다.[08]

그러나 외환핍박이 더해지면서 한국정부는 농산물가공산업을 근대화하는 데 필요한 설비투자를 계획대로 진행할 수 없었고, 이로 인해 농산물가공제품의 수출도 전무하다시피 한 상황이 되어버렸다. 한국정부가 한·미 정상회담에서 농산물가공산업에 우선순위를 부여하지 않을 수 없었던 것은 이러한 사정 때문으로 생각된다. 앞서 기술한 대로 농산물종합통조림산업 육성계획은 제2차 개발계획 기간 중 총 46곳의 공장건설을 목표로 하고 있었다. 1967년 1곳을 시작으로 68년 3곳, 69년 6곳, 70년 12곳, 71년 24곳을 건설한다는 계획이었다. 농산물가공산업이 65년에 이미 수출특화산업으로 지정됐었다는 것을 감안할 때, 토의자료는 한국정부가 수립한 산업정책의 실태를 단적으로 보여준 셈이다. 한국은 요소부존상황을 고려해 농산물가공산업을 수출특화산업으로 지정해놓고서도 미국의 원조 없이는 농산물가공산업의 수출공업화에 필요한 설비투자 재원조차 마련할 수 없었다. 농업정책의 이러한 한계 역시 이 시기의 특징으로 지적돼야 할 것이다.

새로운 산업을 육성하고 국제경쟁력을 강화하려면 설비투자뿐 아니라 산업기술도 개발해야 하고, 이를 위해서는 산업기술에 직접 도움이 될 수 있는 기술력을 확보하고 개발하는 것이 중요하다. 그러나 일반적으로 발전도상국들에게 산업진흥을 위한 기술력 확보와 개발은 어려운 과제이다. 더구나 선진국의 기술은 빠른 속도로 발전하기 때문에 선진국과의 기술격차를 좁히는 데도 지난한 노력이 필요하다. 한국 역시 산업을 진흥시키려면 선진국들로부터의 기술이전에 크게 의존하지 않을 수 없었다. 미

---

08 총무부(1965), 「3억불수출계획」, 국가기록원대통령기록관.

표 5-7 수출진흥을 위한 기술원조프로젝트

(1) 제1차 요청리스트(1966년 6월 14일)

	기술원조프로젝트	금액(달러)
1	요업센터	816,750
2	계량기검정 및 연구시설 확대	200,560
3	경북공업연구소의 시설 확충	350,000
4	경남공업연구소의 시설 확충	314,000
	소계	1,681,310

(2) 제2차 요청리스트(1966년 8월 13일)

	기술원조프로젝트	금액(달러)
1	중소기업기술훈련소 설치	669,950
2	공업연구소 시설확장	820,800
3	의류기술훈련센터 설치	286,808
4	공산품검사시험소 설치	981,141
5	품질관리학교 설치	110,400
6	디자인연구쎈타 설치	165,272
7	상사중재제도 운영기술 증진	45,740
8	수출디자인쎈타 설치	109,600
9	미국의 공사 활용	40,873
10	미국의 잡지를 통한 광고	86,375
11	수출학교 운영강화	123,000
12	제조 및 제작기술쎈타 설치	65,000
13	Institute for public Practical Training	2,173,350
14	수산물생태연구소 및 시험소 설치	88,200
15	패류양식장 위생관리	65,200
16	육가공연구소 설치	300,000
17	훈련연구소 설치	15,000
18	FDA 검정시설 및 서적	49,212
19	섬유직물 물리시험시설	21,520
20	스태이트(슬레이트)연구소 설치	181,000
21	금속시험연구소 설치	57,000
22	선박디젤엔진검사시설	791,750
	소계	7,247,091

* 미주과(1966), 「한미정상회담토의자료제출」, 『Johnson, Lyndon B. 미국대통령방한, 1966.10.31~11.2』, 한국외무부외교문서; 미주과(1967), 「정국무총리방미용토의참고자료」, 『정일권총리미국방문, 1967.3.10.~19』, 한국외무부외교문서.

국에 의존해 산업을 육성할 수밖에 없었던 한국정부에게 무엇보다 중요했던 것은 미국으로부터 산업기술을 도입하는 것이었다.

표 5-7에서 볼 수 있는 바와 같이, 한국정부는 미국에 수출진흥을 위해 필요한 산업기술을 지원해줄 것을 요청했다. 한국군의 베트남전 파병을 조건으로 체결된 이른바 '브라운 각서'의 수출진흥을 위한 기술원조 조항에 따라 지원을 요청한 것이었다. 기술지원프로젝트는 의류기술훈련센터와 같은 기능자 양성에서부터 요업(도자기류)센터 등 잡제품의 수출진흥에 필요한 기술개발, 식육가공연구소와 같이 농산물가공산업의 발전을 위한 연구시설에 이르기까지 광범위한 분야에 걸쳐 있었다. 기술지원프로젝트는 연구시설과 기술센터의 신설이나 확충에 중점을 두었는데, 26건의 요청사항 중 17건이 이와 관련되어 있었다. 이 점에서만 보면 연구시설이나 기술센터를 설립하고, 기술을 도입·개방·보급할 수 있는 인프라를 구축하는 데 역점을 두고 있었다고 할 수 있다. 그러나 요업산업은 1965년에 이미 수출특화산업으로 지정되어 수출확대가 예상되고 있었는데, 이 시기에 이르러서야 요업센터의 설립을 미국에 요청했다는 것은 산업기술의 측면에서도 문제가 있었음을 보여준다. 디자인연구센터나 수출디자인센터 등 디자인관련분야 역시 미국에 의존하지 않을 수 없었다. 그 밖에도 실무연수협회, FDA 인증시험·검사기관 및 서적, 상사중재제도 운영기술 향상, 품질관리학교 설치, 수출학교 운영 강화, 미국 PR회사 활용, 미국 잡지광고 등의 지원도 요청했는데, 프로젝트들이 국제경쟁력을 강화하는 데 도움이 되는 산업기술이었는지는 의문스럽다. 이것들은 단지 미국으로부터 원조자금을 받기 위해 계획된 것이라고 보아야 한다.

지금까지 한·미정상회담의 중심과제와 '브라운 각서'를 바탕으로, 수출진흥을 위한 기술지원이라는 경제외교적 관점에서 제2차 개발계획을 살펴보았지만, 여기에서도 전자산업진흥방안은 눈에 띄지 않는다. 한국은 본래 생산요소부존상황을 고려해 자원집약성을 중심으로 수출특화산업을 선정했기 때문에 전자산업보다는 요업산업이나 식품가공산업 등의 육성을 우선시하지 않을 수 없었다고 평가할 수도 있다. 노동력 흡수라는 측면에서 전자산업이 대단히 중요한 산업이었다고는 해도, 여전히 전통산업을 육성하는 데 주력하지 않으면 안 되었던 한국에게 대규모 설비투자나 지속적인 연구개발이 요구되는 전자산업의 도입은 시기상조였다고 볼 수 있기 때문이다. 한국의 제2차 경제개발계획은 공업화를 경제개발의 중심에 두고 공업생산의 확대와 다양화를 통해 산업구조의 근대화를 실현한다는 데 목표를 두고 있었지만, 계획을 수립할 당시 전자산업에 중점을 둔 정책적 지원은 적어도 현 단계에서 발견할 수 없다.

3. 제2차 5개년수출계획과 전기기계부문

수출확대와 국제수지 개선은 제2차 개발계획의 기본목표 가운데 하나였다. 무역수지 악화라는 딜레마를 극복하고, 기간산업을 육성하며, 자립경제를 확립할 수 있는 기본적인 수단은 외화획득을 증대시켜 유용하게 사용하는 것이었다. 제2차 개발계획은 공업화를 위한 자본재 수입을 확대할 수밖에 없었고, 여기에 필요한 재원을 스스로 조달하기 위해서라도 대폭적인 수출증가가 필요했다. 한국정부는 외화획득 증대라는 지침을 실행에 옮기기 위해 1967년부터 71년까지 실시될 '제2차 5개년수출계획'을 급작스럽게 단행했다. 제2차 5개년수출계획은 제1차 3개년수출계획(1965~67년)의 마지막 해였던 1967년에 시작되었는데, 아마도 제2차 경제개발계획의 실시와 보조를 맞추기 위한 것이었으리라고 생각된다.

제2차 5개년수출계획은 71년 5억 5000만 달러를 목표로 하고 있었다. 1965년 1억 7500만 달러에서 약 3배 증가할 것을 전망한 것이다. 수출품목의 구성을 보면, 공업제품의 증가가 특히 눈에 띈다. 공업제품의 목표연

표 5-8 주요 품목별 수출목표(제2차 5개년수출계획)

(단위: 천 달러)

	품목	1967	1968	1969	1970	1971
1	면직물	26,000	32,000	39,000	45,000	49,000
2	생사	13,000	26,609	33,199	39,245	42,656
3	합판	27,000	29,000	31,000	33,000	35,000
4	피복류	9,000	15,000	20,000	25,500	31,000
5	다랑어	14,000	20,000	25,000	27,400	29,500
6	도자기	2,000	4,000	7,000	14,000	20,000
7	스웨터류	6,000	8,000	10,000	13,000	16,000
8	김	10,000	10,000	11,000	12,000	13,000
9	신발	4,000	5,000	7,000	10,100	12,100
10	어패류통조림	3,000	6,000	8,000	10,000	12,000
11	선어	7,500	8,500	9,500	10,500	11,500
12	냉동어패류	6,000	7,200	8,600	10,400	11,400
13	모직물	5,000	6,000	7,000	8,500	10,000
14	견직물	3,000	4,500	6,000	8,000	10,000
15	요소비료		10,000	10,000	10,000	10,000
16	곡류	7,000	8,250	8,250	9,000	10,000
	합계(A)	142,500	200,059	240,549	285,645	323,156
	목표액 합계(B)	300,000	360,000	420,000	490,000	550,000
	A/B	47.5%	55.6%	57.3%	58.3%	58.8%

* 대한무역진흥공사수출진흥위원회사무국(1965), 15쪽.

도 수출액은 수출총액의 71.6%인 3억 9400만 달러로 책정되었다. 이것은 1965년의 1억 1240만 달러보다 3.5배나 증가한 규모이다. 다음으로 수출 목표가 두드러지게 증가한 것은 수산품이었다. 1965년 수출액 2470만 달러(수출총액의 13.7%)에서 71년에는 9250만 달러(수출총액의 16.8%)로 3.7배 증가했다. 농산품과 광산품의 수출은 반대로 정체 기미를 보이고 있었다.

주목해야 할 것은 제2차 수출계획이 경공업제품의 수출에 기반을 두고 있어 수출품목 역시 생사류나 직물류 같은 섬유제품이 중심이었고, 텔레비전이나 트랜지스터, IC(집적회로) 같은 전자제품의 수출계획은 눈에 띄지 않는다는 점이다. 표 5-8은 주요 품목별 수출계획을 나타낸 것이다. 섬유제품은 목표연도 수출총액의 37.1%를 차지하고 있었는데, 이 가운데 면직물, 모직물, 견직물 등의 목표액이 6900만 달러로 가장 많았고, 다음으로 피복류·스웨터류 등이 4700만 달러, 생사 등이 4265만 달러였다. 기타 공업제품으로는 합판(3500만 달러), 도자기(2000만 달러), 신발(1210만 달러), 요소비료(1000만 달러) 등이 주요 수출품목이었다. 1차 산업제품에는 다랑어(2950만 달러), 김(1300만 달러), 어패류통조림(1200만 달러), 선어(1150만 달러), 냉동어패류(1140만 달러) 등 비교적 수산물이 많았고, 이 외에 곡물(1000만 달러)도 주요 수출품이었다. 수출주력상품은 생사나 면직물 등의 섬유제품이었지만, 다랑어 등과 같은 수산물에 거는 기대도 적지 않았다. 이러한 주요 수출품들이 수출총액에서 차지하는 비중은 1965년 45.5%에서 71년 58.8%로 확대되었다. 한 번 더 분명하게 짚고 넘어갈 것은 여기에서도 전자제품은 주요 수출품목에 포함되어 있지 않았다는 사실이다.

제2차 수출계획은 기존 수출특화산업의 수출확대를 기반으로 하고 있었다. 표 5-9의 수출특화품목별 수출계획을 보면, 1971년 수출특화품목의 목표총액은 2억 8639만 달러였는데, 이는 공업제품의 73%에 해당한다. 65년 6955만 달러에 비해 약 4배 대폭 증가한 것이다. 제2차 수출계획은 수출특화품목의 수출증대를 통해 수출성장을 주도하고, 수출지향공업화를 촉진하려는 의도를 가지고 있었다고 해석할 수 있다. 이러한 계획이 실현된다면, 수출특화품목이 수출총액에서 차지하는 비중도 65년 39.7%에서 71년 52.1%로 확대될 것이었다. 수출목표가 크게 증가된 품목은 면직물(수출총액의 8.9%)을 비롯해 생사(8.2%), 의류(6.9%), 합판(6.4%), 도자기(5.1%) 등이었다. 도자기와 생사, 면직물 등의 수출확대에 중점을 두고 있었던 것이다.

표 5-9 수출특화품목별 수출목표(제2차 5개년수출계획)

(단위: 천 달러)

	수출특화품목	1965년 실적		목표(71년)	
		금액	점유율	금액	점유율
(1)	생사	6,794	3.9%	44,858	8.2%
(2)	견직물	251	0.1%	10,000	1.8%
(3)	도자기	184	0.1%	28,000	5.1%
(4)	고무제품(신발 포함)	5,192	3.0%	14,500	2.6%
(5)	라디오 및 전기기기	1,909	1.1%	13,920	2.5%
(6)	통조림(어패류와 버섯)	1,548	0.9%	14,863	2.7%
(7)	모제품(스웨터류)	5,575	3.2%	17,000	3.1%
(8)	합판	18,030	10.3%	35,000	6.4%
(9)	면직물	10,522	6.0%	49,000	8.9%
(10)	의류	14,278	8.2%	38,000	6.9%
(11)	가죽제품	24	0.0%	1,750	0.3%
(12)	공예품(갈포벽지 포함)	2,670	1.5%	12,700	2.3%
(13)	잡화류(금속제 식기 및 가발)	2,573	1.5%	6,800	1.2%
	합계	69,550	39.7%	286,391	52.1%
	수출총액	175,082	100.0%	550,000	100.0%

* 대한무역진흥공사수출진흥위원회사무국(1965), 19~21쪽; 한국은행(1968), 『경제통계연보 1968』, 상공부(1971a), 892~919쪽.

도자기는 1965년 0.1%에서 71년 5.1%, 생사는 3.9%에서 8.2%, 면직물은 6.0%에서 8.9%로 수출총액에서 차지하는 비중이 급격하게 확대되었다. 실적 역시 1965년에 비해 도자기 152.2배, 가죽제품 72.9배, 견직물 39.8배, 통조림(어패류와 양송이) 9.6배 등 대폭적으로 증가할 것이라 전망했다. 특히 수출증가율이나 상품구성에서 차지하는 비율을 보면, 도자기의 수출확대에 거는 기대가 얼마나 컸는지 알 수 있다.

라디오와 전기기기의 목표액은 1971년 1392만 달러로 1965년의 실적 190만 달러에 비해 7.3배 크게 증가되었다. 수출총액에 대한 비중도 1965년

1.1%에서 71년에는 2.5%로 커졌다. 한국정부는 라디오와 전기기기의 수출확대에도 기대를 걸고 있었던 것으로 보인다. 그러나 상품구성에서 차지하는 비중이나 수출증가율을 보면, 다른 수출특화상품들보다 우선순위가 높았다고 보기는 어렵다. 수출규모를 보면, 라디오와 전기기기의 목표액은 면직물(4900만 달러)의 약 4분의 1, 생사(4485만 달러)의 3분의 1, 도자기(2800만 달러)의 2분의 1에 지나지 않았고, 수출규모는 통조림(어패류와 양송이) 1486만 달러나 고무제품 1450만 달러, 공예품 1270만 달러 등과 어깨를 나란히 하는 수준이었다. 라디오와 전기기기가 통조림이나 고무제품, 공예품 등처럼 대규모 자본투자나 고도의 기술을 필요로 하지 않는, 가공도가 낮은 잡화공업부문과 동등한 대우를 받고 있었음을 알 수 있다.

라디오와 전기기기의 내역을 살펴보면, 1971년 수출목표액은 라디오(800만 달러), 전화기(180만 달러), 장식용 전구(150만 달러), 전선(136만 달러), 건전지(50만 달러), 배선기구(40만 달러), 변압기(36만 달러) 등이었다.[09] 그중 라디오는 전체의 57%를 차지해 목표액이 압도적으로 컸다. 이 밖에 전화기 13%, 장식용 전구 11%, 전선이 10%를 차지하고 있었다. 한국의 전기기기부문이 라디오 중심의 수출에서 벗어날 수 없었고, 텔레비전이나 테이프녹음기 등 수출품목이 다양화된 단계로 진척되지 못했음을 알 수 있다. 제2차 수출계획은 트랜지스터나 집적회로와 같은 전자부품은 물론, 민생용 전자공업을 지탱해줄 주요 기반인 텔레비전과 테이프녹음기 등의 목표액도 산정하지 않은 채 라디오 가공수출에만 과도하게 편중되어 있어 기본적으로 전기기계공업 수출촉진정책으로 보아야 할 것이다. 아무리 생각해도 전자산업에 중점을 둔 수출촉진정책이라고 말하기 어려운 것이다. 한국은 농수산식품가공산업조차 자력으로 육성할 수 없는 상황에 놓여 있었던 만큼, 대규모 설비투자가 필요하고 전자부품을 다량 수입해야만 하는 분야

---

09 대한무역진흥공사수출진흥위원회사무국(1965), 『제2차 5개년수출계획해설』; 대한무역진흥공사,
   19~20쪽.

였던 전자산업을 수출산업으로 육성하는 데 상당한 시간이 소요되리라 예상했을 것이므로 한동안은 라디오 조립가공을 통한 외화획득계획에 만족하지 않을 수 없었을 것이다.

한국의 전자산업은 60년대 후반부터 비약적으로 발전해나갔지만, 이 시기에 전자산업을 중심으로 한 산업육성계획이 명확하게 추진된 것은 아니었다. 제2차 개발계획은 자립경제와 중공업의 기반확립을 기본목표로 삼았을 뿐, 전자산업에 대한 명확한 육성계획 등은 제출되지 않았다. 분명한 것은 제2차 개발계획에 전자산업육성계획이 없었음에도 불구하고 이 기간에 전자산업이 비약적으로 발전했다는 사실이다. 전자산업의 발전 과정을 되짚어보면, 전자산업이 본격적으로 성장하기 시작한 것은 1967년부터였는데, 전자공업진흥법은 1969년 1월에 가서야 제정되었고, 이를 기초로 '전자공업진흥 8개년계획'이 수립되었다. 그리고 각종 지원제도와 같은 구체적인 실시방안들이 제출되는 등 본격적인 육성·지원이 시작된 것은 그 이후였다. 이는 한국의 전자산업이 본격적인 지원정책이 실시되기도 전에 이미 성장하고 있었음을 의미한다. 이러한 사실만 보더라도 정부의 역할에 대한 과도한 평가는 신중하게 판단해야 한다는 것을 알 수 있을 것이다.

제3부

고도성장의
보이지 않는 손

제 6 장

수출주도형 성장과 바이 코리아 정책

한국에서 수출지향형 공업화는 공업선진국시장의 수요확대를 배경으로 급속하게 진행되었다. 특히 한국의 수출지향형 공업화가 본격적인 궤도에 올라설 수 있었던 것은 1960년대 후반부터 급격하게 증가한 대미수출 덕분이었다. 국내시장이 비교적 협소하고 산업 역시 소비재부문에 과도하게 치우쳐 있던 한국은 수출지향형 공업화를 탈출 전략으로 삼아 세계 최대의 시장에서 본질적인 문제를 해결하고자 했다. 그러나 공업제품의 '기적적인 수출확대'가 가능하려면 해외시장의 변화에 발 빠르게 대응해 수출품목을 바꾸어나가는 능력, 즉 수출상품 전환능력을 갖추는 것이 무엇보다 중요했다.

주목해야 할 점은 소비재제품을 국내시장뿐 아니라 해외시장에서도 판매하고자 했을 때, 특히 선진국시장에서의 판매경험이 전무하다시피 한 한국이 겪어야 할 것으로 예상되는 여러 가지 난관들이다. 당연히 한국은 미국시장에 대한 정보수집, 신제품시장에 대한 연구, 경쟁상품과 겨룰 수 있는 디자인 모색 등의 문제에도 신경 써야 할 필요가 있었다. 마케팅에 소요되는 비용 또한 발전도상국의 수출업자들에게는 막대한 부담이었다.

한국의 수출지향형 공업화에서 높이 평가되어야 할 지점은 한국의 몇몇 특정 제품들이 공업제품의 수입국, 특히 미국시장에서 다른 경쟁국들의 수출상품을 앞지르는 기적적인 성장을 이룩했다는 점이다. 그러나 한국의 모든 노동집약적 공업제품들이 미국시장에서 비교우위에 있었던 것은 아니다. 단지 몇 가지 특정 제품들만이 대단히 높은 우위성을 보여주었을 뿐이라는 사실에 유념해야 한다.

한국의 수출지향형 공업화 문제를 다룰 때 무엇보다 중요한 것은 이러한 사실들을 토대로 평가해야 한다는 것이다. 그러므로 한국의 수출지향형 공업화가 가능하게 된 결정적인 배경으로서 미국정부의 적극적인 지원에 대해 중점적으로 고찰하고자 한다. 미국정부의 적극적인 지원과 관련된 사항들은 기밀에 속해 있는 것이 많아 아직 그 실태를 충분히 파악하기 어렵지만, 최근에 공개된 외교문서나 대통령 관련 문서 등에서 이를 엿볼 수 있다.

이 문서들에 근거하여 한국에서 수출지향형 공업화에 의한 경제성장과 소득확대가 어떻게 급속히 진전될 수 있었는지를 다른 발전도상국들과의 비교를 통해 고찰하려고 한다.

제1절 _ 경이적인 대미수출확대

그래프 6-1에서 한국의 수출을 나라별로 살펴보면, 수출규모가 1960년대 후반부터 눈에 띄게 확대되고 있음을 알 수 있다. 특히 1960년에서 64년까

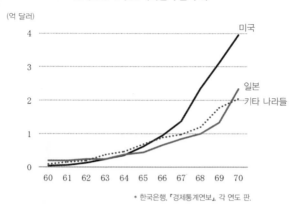

그래프 6-1 주요 나라별 수출 추이

(억 달러)

미국

일본
기타 나라들

* 한국은행, 『경제통계연보』 각 연도 판.

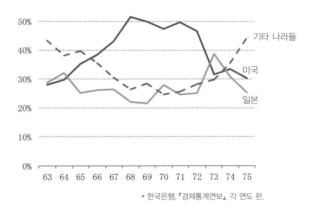

그래프 6-2 주요 나라별 수출점유율 추이

기타 나라들

미국

일본

* 한국은행, 『경제통계연보』 각 연도 판.

지, 1960년대 전반 대미수출규모는 5년에 걸친 수출 누계액이 겨우 8000만 달러에 지나지 않을 정도로 작았다. 그러나 대미수출은 1965년부터 급증하기 시작해 67년에는 1억 달러를 넘어섰고, 70년에는 4억 달러에 이르렀다. 이러한 대미수출의 경이적인 성장에 주목해야 한다.

1960년대 중반 이후 한국의 대미수출 증가수준은 같은 기간 수출총액

증가수준보다 높았고, 미국의 비중 역시 대단히 커졌다. 1964년부터 70년까지 한국의 수출총액은 1.2억 달러에서 8.4억 달러로 무려 7배 증가했다. 같은 기간 일본 수출은 6.1배, 기타 나라들에 대한 수출은 4.5배 증가한 반면, 대미수출은 11.1배라는 놀라운 증가세를 나타냈다. 그래프 6-2에 제시되어 있는 것처럼 1964년 당시 수출총액의 32%를 차지했던 일본의 비중은 70년 28%로 하락했으며, 그 밖의 나라들도 38%에서 25%로 각각 그 비중이 낮아졌지만 미국은 반대로 30%에서 47%로 급증했다. 1960년대 후반에는 대미수출의존도가 크게 높아져, 특히 1965년부터 72년까지 수출누계액의 절반가량을 미국이 차지하기에 이른다. 미국을 중심으로 한 높은 수출성장이 한국의 수출지향형 공업화를 본격적인 궤도에 올려놓는데 결정적인 역할을 수행했음을 알 수 있다.

1. 상품구성의 변화

이러한 경이적인 대미수출의 확대배경으로는 수출상품이 직물이나 합판 등과 같은 원료제품에서 의류, 신발 등과 같은 잡제품으로 전환되었다는 사실이 꼽힌다. 대미수출을 상품별로 살펴보면, 표 6-1에서와 같이 원료제품, 기계류 및 수송기기, 잡제품 등 공업제품의 수출이 1960년대 후반 급속하게 증가했음을 알 수 있다. 식료품이나 비식용 원료 등 1차 산업제품의 수출은 1964년 860만 달러에서 70년 1390만 달러로 겨우 1.6배 증가했지만, 1970년 공업제품의 수출은 64년보다 14배 증가해 3억 7930만 달러에 달했다.

　수출실적을 상품종류별로 살펴보면, 잡화류와 기계 및 수송기기의 수출실적이 가장 눈에 띈다. 잡제품의 수출은 1964년 910만 달러에 불과했지만, 1970년까지 연평균 72.5%라는 경이로운 증가율을 보이며 70년에는

표 6-1 대미수출 상품구성의 변화

(단위: 100만 달러)

	수출액		수출점유율		평균 증가율
	1964	1970	1964	1970	
식료품	1.7	9.3	4.8%	2.4%	32.7%
(어패류)	1.6	8.1	4.5%	2.1%	31.0%
비식용원료	6.9	4.6	19.4%	1.2%	−6.5%
(생사)	5.1	2.0	14.3%	0.5%	−14.2%
원료별공업제품	17.0	102.5	47.8%	25.9%	34.9%
(합판)	11.1	74.7	31.3%	18.9%	37.3%
(직물)	4.7	15.9	13.2%	4.0%	22.6%
기계류 및 수송기기	0.5	36.8	1.4%	9.3%	104.7%
(전기기기)	0.3	29.3	0.8%	7.4%	117.6%
잡제품	9.1	240.0	25.6%	60.7%	72.5%
(의류)	4.1	131.2	11.5%	33.2%	78.2%
(신발)	0.8	14.0	2.4%	3.5%	59.7%
(가발)	0.1	85.2	0.4%	21.5%	189.4%
수출 합계	35.6	395.2	100%	100%	49.4%

* 재무부세관국, 『무역통계연보』, 1965년 및 1970년 판.

2억 4000만 달러로 급증했다. 이에 따라 잡제품이 대미수출에서 차지하는 비중도 1964년 25.6%에서 70년에는 60.7%로 급등했다. 기계류 및 수송기기의 수출실적은 1964년 50만 달러에 지나지 않았지만 1970년에는 64년보다 약 74배 증가해 3680만 달러로 급증했다. 이 기간 기계류 및 수송기기의 연평균증가율은 무려 104.7%로 기적적인 수치를 보여주었다.

기계류 및 수송기기가 수출에서 차지하는 비중은 1964년 1.4%에서 70년 9.3%로 증가했는데, 주목해야 할 것은 기계류 및 수송기기가 수출주력 상품으로 대두되었다는 점이다. 한편 1970년 원료제품의 수출은 64년에 비해 6.0배 증가해 1억 250만 달러에 달했지만, 잡제품이나 기계류 및 수송기기 등의 수출증가율이 이보다 훨씬 높아 원료제품의 대미수출 비중은 1964년 47.8%에서 25.9%로 오히려 하락했다.

2. 특정 수출상품의 수출집중도

한국의 수출은 소수품목에 의존하는 경향이 강했는데, 대미수출에서도 수출상품의 집중도가 매우 높았다. 주요 대미수출품은 어패류, 생사, 합판, 직물, 전자제품, 의류, 신발, 가발 등 8개 품목으로 수출집중도가 대단히 높았다. 8개 품목의 대미수출 비중은 1964년 78.3%에서 70년에는 91.2%로 증가해 집중도가 더욱 높아졌음을 알 수 있다.(표 6-1) 그래프 6-3은 연평균 수출증가율을 주요 품목들의 수출성장률에 따라 두 개의 그룹으로 나누어 살펴본 것이다. 제1그룹은 연평균증가율이 50% 이하인 그룹으로 합판, 직물, 생사, 어패류 등 4가지 품목이 이에 해당된다. 제2그룹은 연평균증가율

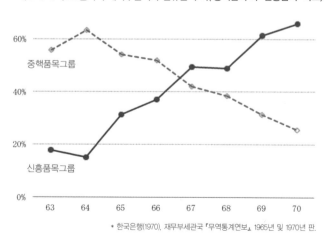

그래프 6-3 주요 품목의 대미수출액과 점유율 추이('중핵품목'과 '신흥품목' 비교)

중핵품목그룹

신흥품목그룹

* 한국은행(1970), 재무부세관국 『무역통계연보』, 1965년 및 1970년 판.

이 50% 이상인 그룹으로 의류, 가발, 전자제품, 신발 등 4가지 품목이 포함되어 있다. 수출품목들이 대미수출에서 차지하는 지위를 살펴보면, 제1그룹은 1963년과 64년 핵심적인 역할을 담당하고 있고 그 비중도 높아지고 있어 '중핵품목그룹'이라 할 수 있다. '중핵품목그룹'의 대미수출액은 1963년 1356만 달러에서 64년에는 2251만 달러로 확대되었고, 대미수출에서 차지하는 비율도 55.8%에서 63.3%로 증가했다. 이에 반해, 제2그룹은 비중도 작고 그 지위 역시 상대적으로 낮아지고 있어 '신흥품목그룹'이라고 할 수 있다. '신흥품목그룹'의 수출은 1963년부터 64년까지 430만 달러에서 536만 달러로 증가했지만, 비중은 17.7%에서 15.1%로 상대적으로 축소되었다.

1960년대 후반의 수출상황을 보면, '중핵품목그룹'의 수출은 1964년부터 70년까지 연평균 28.4%라는 높은 증가율을 기록하며 70년 1억 달러 대로 올라섰다. 이는 생사를 제외한 다른 품목들의 수출이 크게 확대되었기 때문이었다. 생사의 대미수출액은 1964년 508만 달러에서 70년에는 203만 달러로 축소되었지만, 합판은 1964년 1113만 달러에서 70년 7470만 달러, 직물은 469만 달러에서 1590만 달러, 어패류는 161만 달러에서 815만 달러로 대폭 확대되었다. '신흥품목그룹'의 수출은 1964년에서 70년까지 연평균 90.9%라는 놀라운 증가율을 보이며 1970년 2억 5962만 달러에 이르렀다. 이는 '중핵품목그룹'의 수출규모보다 2.6배 많은 것으로 이 시기 '신흥품목그룹'의 성장이 얼마나 비약적이었는지를 알 수 있다. 품목별로 살펴보면, 가발의 수출규모는 1964년 14.5만 달러에 지나지 않았지만 70년에는 8515만 달러로 급증하여 합판의 수출액 7469만 달러를 웃돌았다. 전자제품 역시 27.9만 달러에서 2923만 달러, 신발 84.4만 달러에서 1402만 달러, 의류 409만 달러에서 1억 3116만 달러로 어느 제품이건 모두 놀라운 증가율을 나타냈다. '신흥품목그룹'의 이 같은 경이적인 성장은 대미수출확대를 고찰할 때 가장 먼저 주목해야 할 사항이다.

'중핵품목그룹'이 대미수출에서 차지하는 비중은 1965년부터 감소세로 돌아서 1970년에는 25.5%까지 대폭 하락했지만, 성장률 자체는 비교적 순조로운 증가세를 보이고 있었다. '중핵품목그룹'의 연평균성장률을 품목별로 살펴보면, 1964년에서 70년까지 어패류 31.0%, 생사 마이너스 14.2%, 합판 37.3%, 직물류 22.6%로, 전체 성장률은 28.4%였다. 1964년을 기준으로 하면, 1970년 어패류는 5.1배, 생사는 0.4배, 합판이 6.7배, 직물류가 3.4배 증가했고 '중핵품목그룹' 전체는 4.5배 증가했다. 생사를 제외한 '중핵품목그룹'의 성장률은 결코 낮다고 할 수 없으며 오히려 높았다고 볼 수 있다.

다른 한편, '신흥품목그룹'의 연평균증가율은 '중핵품목그룹'의 증가율을 훨씬 뛰어넘는 대단히 높은 수준이었다. '신흥품목그룹'의 연평균증가율을 품목별로 살펴보면, 신발 59.7%, 의류 78.2%, 전자제품 117.6%, 가발 189.4% 등 유례를 찾아볼 수 없을 정도로 높아 이 기간에 얼마나 경이적인 성장을 달성했는지 알 수 있다. 1964년을 기준으로 보면, 1970년 신발은 16.6배, 의류 32.1배, 전자제품 106.1배, 가발이 587.3배 증가했고, '신흥품목그룹' 전체는 48.5배 증가했다. 같은 기간 '중핵품목그룹'의 수출이 4.5배 증가했고 한국의 수출총액이 7.0배 증가한 것을 감안하면, '신흥품목그룹'의 성장은 보통의 수준을 훨씬 뛰어넘는 것이었다. 그 결과, 대미수출에서 차지하는 비중도 의류 11.5%에서 33.2%, 가발 0.4%에서 21.5%, 전자제품 0.8%에서 7.4%, 신발 2.4%에서 3.5%로 대체로 크게 상승했다. 60년대 초반 핵심적인 역할을 담당했던 '중핵품목그룹'의 지위가 크게 하락한 반면, 수출확대를 이끄는 힘이 약했던 '신흥품목그룹'은 경이적인 증가세를 보이며 대미수출을 견인했던 것이다. 이것은 한국의 대미수출에서 나타난 가장 큰 특징이기도 했다.

3. 신흥수출상품의 수출기여도

여기에서는 의류, 가발, 전자제품, 신발 등 '신흥품목그룹'의 대미수출액
이 한국의 수출성장에 어떠한 기여를 했는지 살펴보고자 한다. 그래프
6-4는 주요 대미수출품의 수출액이 한국의 수출총액에서 차지하는 비
중의 변화를 나타낸 것이다. 합판, 생사, 직물류는 1960년대 초반까지 비
교적 높은 비중을 차지하고 있었지만, 1970년이 되면 그 비중이 대폭 하
락한다. 합판과 생사, 직물류는 한국의 주요 수출상품이었고 그중에서도
특히 합판과 직물류는 수출액이 매년 빠른 속도로 증가했지만, 수출총액
에서 차지하는 비중은 작아지고 있었다. 1964년 합판의 대미수출액은 전
체 수출액의 9.3%를 차지했지만 70년에는 8.9%로 감소되었고, 직물류도
3.9%에서 0.9%, 생사 역시 4.3%에서 0.2%로 비중이 작아졌다. '중핵품목

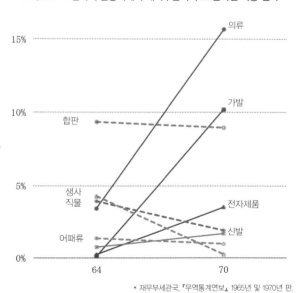

그래프 6-4 한국 수출총액에서 대미수출의 주요 품목별 비중 변화

* 재무부세관국, 『무역통계연보』, 1965년 및 1970년 판.

그룹'의 지위가 현저하게 하락한 것이다. 이에 반해 의류, 가발, 전자제품, 신발 등 '신흥품목그룹'의 비중은 대체로 높아지고 있었다. 특히 의류와 가발은 1964년 대미수출액이 각각 3.4%와 0.1%에 불과했지만, 1970년에는 의류가 15.7%, 가발이 10.2%에 달하는 등 합판보다 높은 비중을 차지했다. 전자제품과 신발 역시 1960년 겨우 0.2%와 0.7%였던 것이 70년에는 각각 3.5%와 1.5%로 증가했다. 그 결과, '신흥품목그룹'의 대미수출액은 1970년 수출총액의 31.1%, 약 3분의 1을 차지하기에 이른다. 이러한 사실은 이 기간 동안 '신흥품목그룹'의 성장이 예사롭지 않았음을 보여준다. 의류, 가발, 전자제품, 신발 등의 '신흥품목그룹'은 1960년대 후반 미국에 대대적으로 수출되었고 한국의 전체 수출에 커다란 기여를 하게 되었다.

이처럼 의류, 신발, 전자제품 등은 한국을 대표하는 수출산업으로 성장하여 수출지향형 공업화에서 중요한 역할을 수행했다. 이는 한국의 산업을 분석할 때 핵심적인 요소로 여겨져왔기 때문에 여기에서는 특히 의류제품을 중심으로 그 경이적인 성장에 대해 상세히 고찰하고자 한다.

제2절_경이적인 수출성장의 요인 : 의류제품을 중심으로

1. 의류의 경이적인 성장

의류의 대미수출실적은 생사나 직물과 확연히 다른 양상을 띠고 나타났다. 1960년대 초반 의류의 수출실적은 수출규모나 성장력 면에서 섬유제품들 중 가장 적었다. 그래프 6-5에서 볼 수 있는 것처럼 의류의 대미수출

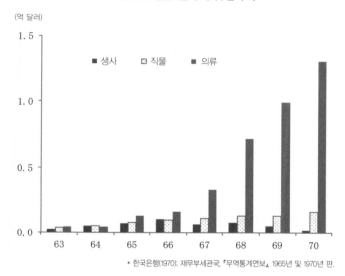

그래프 6-5 섬유제품의 대미수출 추이

(억 달러)

■ 생사　□ 직물　■ 의류

63　64　65　66　67　68　69　70

* 한국은행(1970); 재무부세관국, 『무역통계연보』, 1965년 및 1970년 판.

은 1963년 417만 달러에서 64년 409만 달러로 약간 감소했지만, 직물은 369만 달러에서 469만 달러로, 생사는 225만 달러에서 508만 달러로 수출액이 증가했다. 생사와 직물은 전년 대비 각각 128%와 27%의 증가율을 기록했지만 의류는 마이너스 2%의 증가율을 나타냈다. 1963년에서 64년까지 대미수출에서 점하는 생사의 비중은 9.3%에서 14.3%로 상승했지만, 직물은 15.0%에서 13.2%, 의류는 17.2%에서 11.5%로 하락했다. 의류의 수출규모와 성장력은 모두 감소되고 있던 반면, 생사의 지위는 높아지고 있었다.

　그러나 유의해야 할 점은 의류에 대한 대미수출드라이브가 1965년 이후에야 가동되었다는 사실이다. 의류의 수출은 1960년대 후반 눈에 띄게 확대되었고, 직물과 생사의 수출액을 훌쩍 뛰어넘었다. 급속한 증가세를 보였던 생사는 66년을 정점으로 감소 경향으로 돌아선 반면, 직물은 높은 증가율을 일정하게 유지하고 있었다. 생사의 대미수출은 66년 987만 달러까지 증가했지만 67년부터 역전되어 정체로 돌아섰고, 70년에는 203만 달러까지 감소했다. 직물의 대미수출은 매년 확대되어 64년부터 70년까지 연평균 22.6%라는 높은 증가율을 보이며 67년 1072만 달러로 1000만 달러대에 진입했고, 1970년에는 1590만 달러로 증가했다. 의류의 대미수출은 1964년 409만 달러에 불과했지만, 67년에는 3364만 달러로 최대 수출품목이었던 합판의 수출액 3281만 달러를 넘어섰고, 70년에는 1억 3100만 달러에 이르렀다. 의류는 1967년 최대수출품목으로 올라선 이후에도 증가세가 수그러들지 않아 67년부터 70년까지 57.4%라는 놀라운 연평균증가율을 기록했다.

1964년 의류는 섬유제품 가운데 수출규모가 가장 적었지만, 70년에는 대미수출규모가 증가해 직물의 8.2배, 생사의 64.6배에 달했다. 60년대 후반에 나타난 의류의 이 같은 성장에 주목할 필요가 있는 것이다. 같은 기간 의류가 대미수출에서 차지하는 비중은 11.5%에서 33.2%로 비약적으로 증가한 반면, 직물의 비중은 13.2%에서 4.0%로, 생사의 점유율은 14.3%에서 0.5%로 크게 감소되었다. 의류의 지위가 1965년 이후 얼마나 급속히 상승했는가를 알 수 있다. 다른 섬유제품들과 비교할 때도 의류에 대한 대미수출드라이브가 1965년 이후에 가동되었다는 사실에 유의해야 한다. 이제까지 수출성장을 분석할 때 의류, 직물, 생사 등은 일반적으로 섬유제품이라는 하나의 범주로 취급되어왔다. 그러나 한국의 대미수출실적을 비교해보면 성장패턴이 서로 다르다는 것을 분명하게 알 수 있는데, 이러한 사실은 거의 지적되지 않고 있다. 그것은 섬유제품의 경우 노동집약적 제품이라는 이유로 저임금을 기반으로 한 저비용 경쟁력만이 강조되면서 그 차이는 별로 주목을 받지 못했던 것에 기인한다.

2. 의류의 제품별 수출 특징

다음으로 의류의 대미수출 동향을 제품별로 살펴보도록 한다. 표 6-2는 의류의 대미수출액을 직물제 의류와 니트(편물제) 의류, 의류 부속물 등 제품별로 정리한 것이다. 제품별로 보더라도 의류는 1960년대 후반 이후 수출액이 크게 증가하고 있음을 알 수 있다.

직물제 의류의 수출은 1963년에서 64년까지 미미하게 감소하다 1965년 급격하게 증가해 전년 대비 2.8배 성장했다. 1968년에도 급격한 증가세를 유지해 1970년에는 수출액이 7281만 달러에 달했다. 1960년대 후반, 특히 1965년 이후 양상이 급작스럽게 변하면서 수출이 비약적으로 증가

표 6-2 의류의 제품별 대미수출 추이

(단위 : 천 달러)

	1963	1964	1965	1966	1967	1968	1969	1970
(직물제 의류)								
겉옷류	3,062	2,759	4,861	4,655	6,068	10,216	14,015	26,338
내의류	1,002	1,189	6,339	6,970	13,337	22,840	31,636	46,474
계	4,064	3,948	11,200	11,625	19,405	33,056	45,651	72,812
(메리야스 편물)								
외의류와 편물제품		18	930	3,880	12,622	36,743	50,333	47,034
내의류(메리야스 편물)	37	13	7	14	33	412	426	5,509
기타 의류				36	23	38	3	428
계	37	31	937	3,930	12,678	37,193	50,762	52,971
(의류와 동부속품)								
손수건류			50	63	388	423	244	770
양말류			12	320	505	372	557	484
장갑	63	61	153	142	146	342	666	1,129
기타 부속품	10	51	107	147	518	658	1,521	2,995
계	73	112	322	672	1,557	1,795	2,988	5,378
합계	4,174	4,091	12,459	16,227	33,640	72,044	99,401	131,161

* 한국은행(1970); 재무부세관국, 『무역통계연보』, 1965~1972년 판.

한 것을 알 수 있다. 직물제 의류를 종류별로 구분해 살펴보면, 겉옷류와 속옷류 모두 급속한 증가세를 나타내고 있는데, 특히 주목해야 할 것은 속옷류의 수출확대 속도이다. 겉옷류가 64년 276만 달러에서 70년 2634만 달러로 증가한 데 비해, 속옷류는 같은 기간 119만 달러에서 4647만 달러로 증가해 겉옷류의 증가율을 훨씬 웃돌고 있다. 1964년 속옷류의 수출규모는 겉옷류 수출실적의 절반에도 미치지 못했지만 70년에는 겉옷류의 약 2배 규모로 확대되었다.

니트(편물제) 의류의 수출성장은 그야말로 눈부셨다. 1964년 수출액은 3만 달러에 불과했지만, 특히 67년부터 수출이 현저하게 확대되어 67년에는 1268만 달러, 70년에는 무려 5297만 달러를 기록했다. 1964년부터 70년까지 연평균증가율은 245.8%로 가히 전대미문의 수준이었다. 이 같은 높은 증가율은 스웨터류의 수출이 증가한 덕분이었다. 1964년 스웨터류의 대미수출은 2만 달러에도 미치지 못했는데, 70년에는 4703만 달러로 증가했다. 연평균증가율은 271.1%로 거의 기적과도 같았다. 한편, 속옷류의 대미수출은 전년보다 대폭 증가해 1970년 551만 달러를 기록했지만 그 밖의 의류들은 43만 달러에 그쳤다. 니트(편물제) 의류는 1967년 이후 스웨터류의 경이적인 성장을 배경으로 수출중핵상품으로 대두되었다.

의류 부속물의 수출은 1964년 11만 달러에 지나지 않았지만, 매년 지속적으로 증가해 1970년에는 538만 달러에 이르렀다. 그 내역을 보면, 기타 부속물 300만 달러, 장갑 113만 달러, 손수건 등 77만 달러, 양말류 49만 달러였고, 그 밖의 부자재가 절반 이상을 차지하고 있었다. 같은 기간 의류의 연평균성장률은 90.6%로 놀라운 수치를 기록했다. 의류 부속물은 직물제 의류나 니트(편물제) 의류에 비해 상대적으로 수출규모는 크지 않았지만 1960년대 후반 대단히 높은 성장을 달성했다.

이러한 눈부신 성장으로 같은 기간 대미수출에서 차지하는 비중도 직물제 의류 11.1%에서 18.4%, 니트(편물제) 의류 0.1%에서 13.4%, 의류 부속물 0.3%에서 1.4%로 각각 확대되었다. 특히 직물제 의류와 니트(편물제) 의류의 비중 확대를 눈여겨볼 필요가 있다. 1960년대 후반 대미수출 속도가 대단히 빨라지고 있는 와중에 의류의 비중이 대폭적으로 확대되었다는 것은 그 성장이 얼마나 놀라운 것이었는지를 보여준다.

의류의 대미수출이 경이적으로 확대될 수 있었던 것은 이 기간에 수출제품의 다양화가 실현되었기 때문이기도 하지만, 일부 특정품목들만이 집중적으로 수출되었기 때문이기도 하다. 특히 겉옷류와 속옷류 그리고 스웨터류 등의 집중도가 굉장히 높아 의류의 대미수출은 이 3가지 품목에 거의 의존하고 있었다. 1970년 의류의 대미수출에서 겉옷류, 속옷류, 스웨터류가 차지하는 비중은 각각 20.1%, 35.4%, 35.9%로 총 91.4%에 달했다. 의류의 대미수출이 이 세 가지 상품에 의해 견인되고 있었음을 알 수 있다.

3. 의류의 용도별 수출 특징

의류의 대미수출을 용도별로 살펴보면, 남성용 의류가 수행했던 역할이 대단히 컸음을 알 수 있다. 니트(편물제) 의류나 의류 부속물은 용도별 통계자료가 없기 때문에 여기서는 직물제 의류를 중심으로 검토한다. 그래프 6-6은 직물제 의류의 수출 동향을 남성용 의류와 여성용 의류로 구분해 나타낸 것인데, 그 차이가 상당히 뚜렷함을 알 수 있다. 남성용 의류의 수출은 1960년대 후반 들어 빠른 속도로 증가해 1970년에는 6259만 달러에 달했는데, 이는 1964년보다 22.5배 증가한 것이었다. 여성용 의류는 1964년 117만 달러에서 70년에는 1022만 달러로 대폭 증가했지만, 남성용 의류의 증가에는 크게 미치지 못했다. 그러나 1970년 여성용 의류의 수출액은 64년에 비해 8.8배 증가했고, 같은 기간 43.6%라는 높은 연평균성장률을 기록하며 수출규모도 급속도로 확대되었다. 높은 증가율에도 불

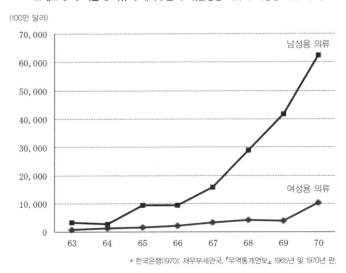

그래프 6-6 직물제 의류의 대미수출 추이(남성용 의류와 여성용 의류 비교)

(100만 달러)

* 한국은행(1970): 재무부세관국, 『무역통계연보』, 1965년 및 1970년 판.

구하고 여성용 의류의 성장세가 완만해 보이는 것은 남성용 의류의 성장세가 일반적인 수준을 훨씬 뛰어넘고 있기 때문이다. 그러므로 남성용 의류가 대미수출 전체에 기여한 점에도 주목해야 한다. 의류의 대미수출 기여율을 용도별로 살펴보면, 1964년에서 70년까지 남성용 의류 16.6%, 여성용 의류 2.5%로 남성용 의류의 기여율이 압도적으로 높았음을 알 수 있다. 이 기간 남성용 의류가 한국의 대미수출에 약 17%의 기여를 하고 있었다는 사실은 그것이 대단히 중요한 수출품이었음을 의미한다.

남성용 의류의 수출성장력이 대단히 높았고, 의류수출이 증가하는 데 있어서도 커다란 역할을 수행했다는 이러한 사실은 한국의 수출성장을 고찰할 때 무엇보다 중요한 점이다. 그러나 다음의 사항들도 다른 발전도상국과 비교되는 한국의 특징 가운데 하나로 주목해야 한다.

첫째, 남성용 속옷류에 대한 의존도가 대단히 컸다. 먼저 겉옷류의 수출을 남녀용으로 비교 검토해보도록 한다. 남성용 겉옷류의 수출은 1964년

193만 달러에서 65년 362만 달러, 70년에는 1784만 달러로 증가했다. 여성용 겉옷류는 1964년 83만 달러에서 69년 350만 달러로 증가했는데, 70년에는 69년의 2.4배인 850만 달러에 달했다. 그러나 여성용 겉옷류는 남성용 겉옷류보다 증가 속도가 느려 남성용 겉옷류 수출액과의 차이가 더욱 크게 벌어졌다. 속옷류의 수출을 살펴보면, 같은 기간 남성용 속옷류는 85만 달러에서 4475만 달러로 증가했는데, 이는 64년의 52.8배에 달하는 놀라운 성장이었다. 도중에 정체에 빠지기는 했지만 여성용 속옷류도 34만 달러에서 173만 달러로 증가했다. 여성용 속옷류는 1967년 116만 달러까지 증가하다 68년 85만 달러, 69년 44만 달러로 감소한 후 70년에 다시 급격하게 상승했다. 1964년의 수출실적은 남성용 속옷류나 여성용 속옷류 각각 85만 달러와 34만 달러로 미미했지만 남성용 속옷류가 4000만 달러 이상 증가한 반면, 여성용 속옷류는 116만 달러의 증가에 그쳐 그 성장 패턴이 상당히 대조적이었다.

두 번째로 주목해야 할 점은 남성용 속옷류 중에서도 셔츠류의 수출액이 두드러지게 컸다는 것이다. 표 6-3은 표준국제무역분류(SITC)에 따라 남성용 겉옷류(8411.1), 여성용 겉옷류(8411.2), 남성용 속옷류(8411.3), 여성용 속옷류(8411.4)의 수출실적을 나타낸 것이다. 1970년 남성용 속옷류의 수출실적을 보면, 합성섬유셔츠(SITC 8411.313)와 기타 셔츠(SITC 8411.319)의 수출규모가 컸음을 알 수 있다. 1970년 합성섬유셔츠(1111만 달러)와 기타 셔츠(2748만 달러)의 수출총액은 3859만 달러였는데, 이는 남성용 속옷류 수출액의 86.2%에 달하는 것이었으며, 남성용 의류의 수출총액 6259만 달러의 61.7%에 해당하는 수치였다. 남성용 의류의 수출이 오로지 이 두 품목에 의존하고 있었음을 알 수 있다. 합성섬유셔츠와 기타 셔츠의 수출총액(3859만 달러)은 같은 기간 생사의 수출액 3582만 달러(한국 수출품목 중 6위)보다 큰 규모였다. 대미의류수출 총액에서 이 두 품목은 29.4%의 비중을 차지하고 있었는데, 이를 보더라도 남성용 셔츠류가 한국의 대미의류수출

표 6-3 직물제 의류제품의 종류별 대미수출 추이

(단위: 천 달러)

	수출품목	SITC분류	1968	1969	1970
남자용의 외의류	외투	8411.110	34	146	35
	코트와 레인코트	8411.120	586	51	535
	양복	8411.130	531	2,320	4,039
	기타	8411.190	5,801	8,002	13,232
	계		6,952	10,519	17,841
여성용 또는 유아용의 외의류	외투	8411.210	172	23	74
	코트와 레인코트	8411.220	49	7	336
	양복	8411.230	120	44	190
	부라우스	8411.240	1,312	1,770	3,456
	스카트	8411.250		3	158
	한복	8411.270		1	0
	기타	8411.290	1,611	1,648	4,282
	계		3,264	3,496	8,497
남자용의 내의	와이샤쓰				
	면제의 것	8411.311	100	176	162
	합성섬유의 것	8411.313	14,838	15,666	11,111
	기타	8411.319	4,635	12,289	27,481
	기타의 내의				
	모제의 것	8411.391	381	643	1,157
	합성섬유의 것	8411.393	468	939	2,202
	면제의 것	8411.395	192	224	304
	기타	8411.399	1,379	1,260	2,332
	계		21,993	31,197	44,748
여자용 또는 유아용의 내의	견제의 것	8411.491	15	32	28
	합성섬유의 것	8411.493	183	271	1,220
	면제의 것	8411.494	72	38	89
	모제의 것	8411.495	7	63	42
	기타	8411.499	30	35	347
	계		847	439	1,726
합계			33,056	45,651	72,812

* 1968년부터 SITC 분류번호가 일곱 자리로 바뀜.
* 재무부세관국, 『무역통계연보』 1968~1970년 판.

에서 얼마나 큰 역할을 수행하고 있었는지 짐작할 수 있다. 수출상품의 종류는 다양해졌지만 동시에 소수의 특정품목에 대한 의존도도 심화되어가고 있었음을 알 수 있다.

세 번째 특징은 남성용 속옷류의 경우, 합성섬유 및 합성혼방섬유 등 신소재를 사용한 제품이 압도적으로 많았고, 합성섬유에서 폴리에스테르 혼방섬유로 소재가 바뀌는 등 고급화 경향이 나타나고 있었다는 점이다. 셔츠류의 수출액을 살펴보면, 면셔츠는 수출액이 16만 달러에 불과했지만 합성섬유셔츠는 1111만 달러로 그 규모가 비교도 되지 않을 정도로 컸다. 속옷류에서도 면속옷은 30만 달러, 합성섬유속옷은 220만 달러로 차이가 났지만 셔츠류에서처럼 크지는 않았다. 합성섬유의 소비량은 전 세계소비시장에서 증대되는 경향을 보이고 있었지만 여전히 면 소비량이 50% 이상의 비중을 차지하고 있었다. 이 같은 현상은 무역에서도 나타났는데, 1963년과 67년 OECD의 섬유제품 수입을 비교해보면, 합성섬유는 24.4%에서 34.5%로 증가하고 면은 30.0%에서 27.1%로 하락했지만, 여전히 면이 수입의 4분의 1 이상을 차지하고 있었다.[01] 그러나 한국에서는 면셔츠와 면속옷이 남성용 속옷류 수출에서 차지하는 비중이 1.0%에 불과했고, 합성섬유셔츠와 합성섬유속옷이 29.7%를 차지하고 있었다. 발전도상국들의 경우 국제경쟁력을 갖춘 제품이 대개 면사나 면직물 등이었고, OECD의 섬유제품 수입상황을 고려할 때, 한국의 합성섬유 수출액이 컸다는 사실은 매우 특징적이다.

1970년의 수출실적을 보면, 합성섬유셔츠의 수출액은 전년보다 급감한 데 반해, 기타 셔츠의 수출액은 급속히 증가했는데, 이러한 사실에도 유의해야 한다. 사실상 기타 셔츠라는 것은 면셔츠나 합성섬유셔츠를 제외한 합성혼방셔츠를 말한다. 주로 폴리에스테르와 면을 혼방한 합성혼방제품

---

01 경제산업성(1969), 『제2부 산업과 무역에서의 섬유공업』 참조.

은 당시 신소재와 혁신적인 기술이 융합되어 개발된 고급제품이었다. 미국에서는 합성혼방제품이 고급의류제품이기도 했는데, 수요가 크게 증가하면서 수입도 원활하게 증가했다. 미국의 수요가 증가하게 된 배경에는 주요 소비 연령층(15~20세)의 증가와 베트남전쟁이 있었다. 주요 소비 연령층이 증가하면서 일반적인 수요도 증대되었지만, 베트남전쟁에 의한 수요의 증가가 더 큰 역할을 했다. 베트남의 지리적·기후적 특성으로 인해 합성혼방제품의 수요가 증가하게 된 것이다. 대표적인 합성혼방제품은 신소재인 폴리에스테르와 면을 혼방한 '폴리에스테르 65%+면 35%' 제품으로, 면의 보온성과 흡습성 그리고 폴리에스테르의 속건성과 내구성을 복합적으로 갖추고 있었다. 베트남의 '열대우림지대'에서는 이러한 기능성을 갖춘 섬유제품이 군복으로 적합해 천연섬유와 합성섬유를 혼합한 복합섬유에 대한 수요가 증가했다.

이러한 기타 셔츠의 수출은 68년 464만 달러에서 69년 1229만 달러로 급증했고, 70년에는 2748만 달러로 크게 증가했다. 반면, 합성섬유셔츠의 수출은 1968년 1484만 달러에서 69년 1567만 달러로 증가하다 70년 1111만 달러로 급격하게 감소했다. 남성용 셔츠류의 수출품목이 합성섬유에서 폴리에스테르면혼방섬유로 고급화되고, 남성용 속옷류도 고급제품이 수출의 대다수를 차지하고 있었음을 알 수 있다. 이러한 의류수출품의 고급화는 미국의 소비구조 변화에 따른 것이기도 했다.

마지막으로 주목해야 할 점은 남성용 의류의 수출에서 보세가공수출이 절대적인 비중을 차지하고 있었다는 것이다. 의류의 대미수출도 57.5%가 보세가공수출형태였다. 의류는 원자재를 수입한 뒤 저렴하고 풍부한 노동력으로 이를 재가공해 선진국으로 수출하는 발전도상국들의 대표적인 노동집약적 산업이었다. 그 때문에 의류산업은 아시아의 발전도상국들이 공업화를 추진할 때 가장 유리하다고 여긴 산업이기도 했다. 자원의 혜택을 거의 누릴 수 없었던 한국도 당연히 수입원자재를 가공해 수출하는 가공무역을 지향했다. 그러나 수출형태에서는 남성용과 여성용에 커다란 차이가 있었다. 표 6-4에서 볼 수 있듯 1968년 의류의 대미보세가공수출은 4139만 달러였는데, 3분의 2 이상이 직물제 의류였다. 보세가공수출의 비중을 제품별로 살펴보면, 직물제 의류는 84.3%가 보세가공수출형태였고, 니트(편물제) 의류와 의류 부속물은 각각 35.5%와 19.3%가 보세가공수출형태였다. 이를 비교하면, 직물제 의류의 비율이 상당히 높았음을 알 수 있다. 직물제 의류 가운데 남성용 의류는 보세가공수출형태가 90.6%에 달해 39.8%였던 여성용 의류에 비해 이상할 정도로 높았다. 통상적으로 여성용 의류는 노동집약적 색채가 강한 데다 수요도 커 가공수출형태가 많았지만, 한국의 수출형태가 이와 달랐던 것 또한 한국적인 특징이라 할 수 있다. 의류제품 중에서도 남성용 직물제 의류만이 단기간에 급격하게 수출이 확대될 수 있었던 주요한 이유는 미국의 수입업자 등으로부터 위탁을 받았기 때문이었다. 위탁을 받는 경우에는 수입업자를 통해 수출을 하게 되므로 당연히 주도권이 위탁하는 측에 있고, 따라서 한국의 대미수출 요인을 고찰할 때는 위탁하는 측의 사정 또한 고려해야만 한다.

표 6-4 의류 수출과 대미 보세가공 수출(1968년)

(단위 : 천 달러)

	한국전체(A)	대미수출(B)	보세가공(C)	C/B	C/A
직물제 의류	42,064	33,056	27,855	84.3%	66.2%
남성용 의류	36,816	28,945	26,220	90.6%	71.2%
여성·유아용 의류	5,248	4,111	1,635	39.8%	31.2%
외의류 편물제품	51,962	37,193	13,193	35.5%	25.4%
기타	18,207	1,795	346	19.3%	1.9%
의류 합계	112,232	72,044	41,394	57.5%	36.9%

* 한국은행(1970); 홍익대학교부속경영연구소 편(1969), 453~457쪽.

제3절 _ 미국의 바이 코리아 정책

1. 바이 코리아 정책의 배경

(1) 베트남전쟁과 바이 아메리칸 정책

1960년대는 미국정부의 통상정책이 보호주의적 성향을 강하게 드러내던 시대였다. 한국 상품이 미국시장에서 지위를 높여가던 시기와 일치한다는 점에서 보면, 이는 기이해 보인다. 미국의 국제수지가 1958년부터 만성적인 적자상태에 빠지면서 이른바 달러위기가 초래되자, 미국정부는 다방면에 걸쳐 국제수지개선책 혹은 달러방위책을 강구했지만 근본적인 개선이 이루어지지 않아 해마다 대폭적인 적자가 지속되고 있었다. 1960년 11월, 미국정부는 해외달러지출을 절감하기 위해 바이 아메리칸(Buy American) 정책을 내놓았고, 63년 7월에는 대외군사지출·대외원조를 줄이거나 이자평형세(interest equalization tax)를 시행했으며, 65년 2월에는 금융계와 산업계에 해외투자·융자를 자제해달라고 요청했다. 하지만 어떤 것도 근본적인 대책은 되지 못했다. 65년 이후 베트남전쟁이 본격화되자 대외군사지출이 증가했고, 민간의 해외투자융자가 확대되었으며, 무역수지와 관광수지가 악화되는 등 미국의 국제수지위기는 점점 더 심각해졌다. 달러방위를 위해 미국정부는, 그동안 시행하지 못했던 조치들을 단호하게 시행해야만 했다. 미국정부는 지금까지의 정책들을 확대·강화하면서 66년 12월, 민간기업과 은행들이 해외투자·융자를 스스로 자제하도록 하는 조치들을 취했고, 68년 1월에는 무역, 관광, 자본거래 등에 관한 개선책을 광범위하게 시행하는 등 민간자본에 의한 달러유출을 규제하는 정책들을 강화했다.

그러나 여러 차례에 걸쳐 시행되었던 국제수지개선책도 베트남전쟁에 대한 직접적인 부담이나 동남아시아에서의 군비지출 증대로 인해 국제수지 문제를 근본적으로 개선할 수 있는 대책이 될 수 없었다. 베트남전쟁에 막대한 비용을 쏟아부어야 했던 미국정부가 국제수지균형을 달성하기 위해서는 해외군사지출·대외원조 등의 정부지출을 축소하고, 바이 아메리칸 정책을 강화하는 등 달러방위책을 엄격하게 실시해야만 했다. 이 시기 미국정부는 달러방위책의 일환으로 자국제품을 우선적으로 구매하는 정책을 채택하고 있었다. 그것은 미국정부가 물자를 조달할 경우, 외국제품과 일정한 정도 이상의 가격 차이가 없는 한 미국제품을 우선적으로 구매해야 한다는 정책으로 국내조달은 물론 해외조달에도 이러한 기준이 적용되었다. 1962년 이후 미국 국방부는 미국제품과 외국제품의 가격 차이 기준을 50%로 규정했다. 1967년에는 이러한 기준이 명문화되었고, 모든 행정기관의 절차를 일원화하는 조치가 도입되었다. 미국정부가 베트남전쟁과 관련된 물자를 조달할 때에도 국방부, AID, 기타 각 부처는 미국 내에서의 물자조달은 물론 미국 밖에서의 물자조달에 있어서도 우선적으로 미국산 제품을 구입해야 한다는 규정에 따라 물자를 구입해야 했다. 1964년 9월경, AID의 해외조달물자 중 94%는 이미 미국제품이었다. 매사추세츠, 펜실베이니아, 텍사스, 메릴랜드, 워싱턴 등 여러 주에서도 바이 아메리칸 법이 발의되는 등 주정부에서도 바이 아메리칸 정책을 도입하려는 움직임이 대두되었다. 미국의회 또한 자국제품 우선구매 대상을 철강, 섬유, 식육, 낙농제품 등 다방면에 걸쳐 확대하는 다수의 법안을 제출하는 등 보호주의적인 움직임을 강하게 나타냈다.

(2) 박정희-존슨 정상회담과 경제사절단 상호파견

우선적으로 주목해야 할 점은 미국정부가 한국에 대해서만큼은 바이 아메리칸 정책을 완화해 적용하고, 심지어 우대정책을 실시하기까지 했다는 사실이다. 이는 이른바 '바이 코리아(Buy Korea) 정책'으로의 전환을 의미했다. 미국정부는 1965년 5월 열린 박정희-존슨 정상회담을 시작으로 한국과의 무역을 우대하는 정책을 강화해나갔다. 박정희-존슨 공동성명에서 미국은 한국의 수출 진흥을 지원할 것임을 밝혔는데, 기본적인 결정사항과 관련된 비밀조약이 양국 간에 체결되었다는 사실이 공개된 외교문서를 통해 드러났다. 박정희-존슨 정상회담의 한·미공동선언문(Joint Communiqué of the Republic of Korea and the United States of America)에 명시된 한국의 안보 및 경제발전과 관련해 별도의 '각서'가 체결되었다는 사실도 밝혀졌다.[02] 각서에는 북한이 경제발전을 성공적으로 이루었고, 군사력을 강화해나가고 있는 한반도정세와 전망을 고려할 때 한국이 북한의 위협으로부터 영향을 받지 않을 수 있는 상황을 조성하는 것이 무엇보다 중요하다고 명기되어 있다. 한국의 안보라는 측면에서도 한국의 경제적 도약과 군사력 강화는 필수적이며, 이를 위해 미국이 지속적으로 협력한다는 내용이었다. 아래는 한국과 미국이 합의한 6가지 사항이다.

① (비공개)
② 한국의 장기적인 경제발전을 위한 미국의 지원
③ 한국의 수출확대를 위한 미국의 지원
④ 한·미상호군사협정 강화
⑤ 한국인이민자의 농장노동자 수용
⑥ 한국의 아프리카기술지원프로그램에 대한 미국의 재정적 지원

1항은 여전히 비공개 대상이지만 공개된 나머지 사항들을 보면 안보와 경제발전에 관한 합의가 있었음을 알 수 있다.

---

02 구미과(1965), 「각서」, 『박정희대통령미국방문 1965.5.25., 제2권(V.1 기본문서집)』, 한국외교부 외교문서(Microfilm 번호:C-0011-07, 프레임 번호:496~503), 245~257쪽. 아직까지 초안만 공개되어 있으며, 내용의 일부도 블랙마크로 처리되어 있다.

두 번째로 주목해야 할 점은 '장기적인' 지원에 대한 공약과 체결이 박정희-존슨 정상회담의 주요 의제였다는 것이다. 박정희-존슨 공동선언문에도 미국은 한국의 수출확대를 지원한다는 내용이 명시되어 있지만, 구체적인 결정사항은 '각서'의 형식으로 체결되었다. 특히 수출진흥과 관련해서는 다음의 4가지 사실이 지적되고 있다.

① 한국의 자립경제 실현은 수출확대를 통한 외화획득에 크게 의존하고 있는데, 수출이 현저하게 증가하고 있지만 수입 역시 급속하게 증가하고 있어 무역적자가 확대되고 있다.

② 미국시장은 한국제품의 중요한 수출시장이지만 미국은 한국제품, 특히 섬유제품 등에 대해 수입제한조치를 취하고 있어 수입제한을 완화시켜줄 것이 요구된다.

③ 최근 주한미군의 군수품조달감소로 한국의 외화준비고가 감소하고 있어 외화회득의 차원에서도 군수품조달을 확대하는 조치가 필요하다.

④ 한국과 베트남의 경제협력 강화를 위해 미국이 지원해줄 것이 요구된다. 한국이 PL480(미국공법 제480호) 원조물자를 가공해 수출하는 제품들을 미국 AID 원조프로그램을 통해 베트남에서 사용한다면 구매가 확대될 것이다.

바로 그다음 해인 1966년 11월, 존슨 대통령이 한국을 다시 방문했다는 사실도 눈여겨봐야 한다. 제2차 박정희-존슨 정상회담은 양국의 우호관계를 더욱 돈독히 할 뿐만 아니라 한국정부의 현안이었던 여러 가지 경제개발 문제를 해결할 수 있는 실마리가 제공되는 계기가 되었다. ① 한국의 경제발전과 한·미 양국 간의 무역확대 등을 위한 지속적인 지원, ② 제2차 경제개발 5개년계획에 대한 지원, ③ 한·미 양국 간 무역확대와 한국에 대한 미국기업의 투자확대 촉진을 위해 조속한 시일 내에 양국의 경제사절단 파견 등 제2차 한·미공동선언문에 명시되어 있는 조항들이 한국의 경제발전을 위해 더할 나위 없이 훌륭한 공약들이었다는 점이 바로 최고의 증거이다. 이후에도 미국정부는 한국경제를 위해 무수히 많은 역할을 수행했는데, 특정산업의 육성 등을 위해 미국정부가 행했던 역할은 다음 장에서 살펴보기로 하고, 여기서는 먼저 양국의 경제사절단 파견에 초점을 맞춰 경제사절단이 한국의 수출주도성장에 어떠한 기여를 했는지 검토하고자 한다.

2. 한국경제사절단의 미국 방문과 미국정부의 지원

한국은 이원순을 단장으로 한 '방미경제사절단'의 미국 방문을 시작으로 여러 차례 사절단과 시찰단을 미국으로 보냈는데, 이 과정에서 미국정부가 수행했던 역할은 대단히 컸다.[03] 여기에서는 박충훈 상공부장관을 단장으로 한 '대미경제사절단', 최고경영자들(CEOs)로 구성된 '톱 매니지먼트시찰단'의 사례를 통해 미국정부의 역할과 의의를 고찰해보고자 한다.

(1) 박충훈 상공부장관을 단장으로 한 대미경제사절단

먼저 주목해야 할 것은 박충훈 상공부장관을 단장으로 한 '대미경제사절단'의 미국 방문이다. 1967년 3월 3일부터 20일까지 미국을 방문한 이 사절단에 대한 미국정부의 지원은 파격적이었다.[04] 미국국무부와 상무부, AID 등의 정부기관과 미국상공회의소와 같이 잘 정비된 민관공동지원

---

03 한국은 초기에 이원순을 단장으로 한 '방미경제사절단'을 미국에 파견했다. 방미경제사절단은 1965년 10월 11일에서 12월 4일까지 약 2개월 동안 미국의 3개 주요 도시를 방문했다. 미국 국무부와 상무부의 지원을 받아 워싱턴과 뉴욕, 시카고를 방문했으며, 국무부, 상무부, AID, IBRD(국제부흥개발은행, International Bank for Reconstruction and Development), IFC(국제금융공사, International Finance Corporation), 어빙트러스트컴퍼니(Irving Trust Company), 메이시스(Macy's), 전미제조자협회 등을 방문해 미국의 정재계 주요 인사들과 교류를 돈독히 했다. 미국 상무부 주재로 '한국투자유치설명회'를 개최하는 등 미국정부는 양국의 경제교류를 위해 적극적인 역할을 수행했다. 전국경제인연합회 40년사편찬위원회(2001), 310~316쪽 참조.

04 전국경제인연합회 40년사편찬위원회(2001), 310~316쪽 참조.

체제를 통해 적극적인 지원을 받을 수 있었기 때문이다. 사절단은 워싱턴, 뉴욕, 시카고, 샌프란시스코, 로스앤젤레스 등 미국경제의 심장부라 할 수 있는 대도시들을 방문해 지방정부의 고위관료나 경제무역관계자와 회담을 갖고 주요 산업시설 등을 시찰하는 등, 기념비적인 경제관계를 구축하는 데 많은 공헌을 했다.[05] 미국상공회의소의 적극적인 지원 아래 한·미 간의 통상확대와 한국에 대한 투자촉진 등이 목적인 만찬회나 상담회 등이 자주 개최되어, 사절단은 지방정부의 고위관료나 재계 등의 주요 인사들과 활발하게 의견을 교류하거나 상담을 할 수 있었다.

미국정부는 내용이 충실한 상담회를 개최한다는 취지 아래, 존슨 대통령이 주최하는 만찬회를 비롯해 러스크(David Dean Rusk) 국무장관 주최의 연찬회, 대한국비즈니스 관련기업이 주최하는 연찬회 등을 열어 단기간에 정재계 유력인사들과 수준 높은 상담을 할 수 있는 기회를 폭넓게 제공했다. 그 외에도 사절단은 상무장관, 농무장관, 국제개발처청장, 국무부극동지역담당차관보, 대통령특별보좌관 등 많은 고위관료들과 회담을 가졌고, 구체적인 요구사항들을 전달했다. 상무장관과의 회담에서는 교역증진, 투자장려, 면직물 수입쿼터 확대, 미 달러 통제규정 강화, 천연원료 품목확대, 원면대체 문제 등에 대해 논의했고, 농무부장관과는 PL480 II 및 대체원면 수출 등에 대해, AID청장과는 장기자본투자, 베트남으로의 철강재 수출, 한국건설기업의 해외공사 참여 등 다양한 의제들에 대해 의견을 교환하고 협력을 요청했다.

또한 미국정부는 각종 대중매체들을 이용해 한국의 이미지를 개선시키려고 노력했다. 한국 '대미경제사절단'의 활동은 여러 매체를 통해 미국 전역에 대대적으로 보도되었는데, 이는 미국정부의 선전선동활동이라 해도 과언이 아니었다. 미국정부는 한국경제의 급속한 발전과 정치적 안정

05 김옥(1967), 10~15쪽.

뿐만 아니라 한국군의 베트남전쟁 참전에 대해서도 선전을 확대했다. 미국정부는 동부와 중부, 서부의 중심도시인 뉴욕, 시카고, 샌프란시스코에서 기자회견을 열거나 각종 신문, 라디오, TV 등을 동원해 한국의 이미지를 개선시키려 노력했는데, 이것이 미국에게 베트남전쟁을 정당화할 절호의 기회였던 것은 말할 것도 없다.

(2) 최고경영자들로 구성된 톱 매니지먼트시찰단

다음으로 주목해야 할 것은 최고경영자들로 구성된 '톱 매니지먼트시찰단'이다. 1966년 10월 원용석(전 무임소장관)을 단장으로 하는 제1차 톱 매니지먼트시찰단을 필두로 1972년 제9차까지 총 75명의 시찰단이 미국산업을 시찰했다.[06] '톱 매니지먼트시찰단'은 '임팩트 팀'이라고도 불렸는데, 그 목적은 "번영을 계속하고 있는 미국의 산업사회를 직접 시찰, 접촉케하여 그들이 오늘과 같이 번영을 누릴 수 있게 된 경영철학은 무엇이며 경영관리방식은 어떠한 것인가를 직접 보고 들음으로써 우리나라의 '톱 매니지먼트'의 사회적 감각을 올바르게 인식시키는 데 기본적인 '임팩트'를 주는 것"이었다.[07] 최초의 '톱 매니지먼트시찰단'에 대한 보고서로는 『번영하는 미국의 산업사회와 최고경영자의 역할 ─ 생산성본부 한국 제1차 톱 매니지먼트 미국 시찰보고』와 『미국의 산업발전과 경영비결 ─ 제2차 톱 매니지먼트 미국 시찰보고』가 있다.[08] 이 두 보고서에 따르면, 톱 매니지먼트시찰단은 미국의 선진 경영관리 철학과 방법을 접하면서 커다란 수확을 얻을 수 있었다. 품질관리, 전자계산기 활용, 자동화, 마케팅, 경영

---

06 한국생산성본부 편(1987), 185쪽. '톱 매니지먼트시찰단'에 관한 자료는 아직까지도 거의 대부분이 베일에 싸여 있으며, 1972년 제9차 '톱 매니지먼트시찰단'이 파견되었다는 기록만이 전해지고 있다.

07 한국생산성본부 편(1967), 3쪽.

08 한국생산성본부 편(1967)과 한국생산성본부 편(1968) 참조.

전략, 혁신, 산학협동 등 다양한 것들을 익힐 수 있었다. '톱 매니지먼트시찰단'은 한국의 주요 도시들에서 귀국보고회를 열고 미국에서 배운 지식이나 경험을 보급하고 홍보하는 데에도 힘썼다. 그 결과, 시찰단의 지식이나 경험은 도처로 널리 보급되었다.

특기할 사항은 미국정부가 최고경영자들(CEOs)로 구성된 '톱 매니지먼트시찰단'을 직접 지원한 사례가 전 세계적으로 영국과 일본 그리고 한국 세 나라뿐이었다는 점이다.[09] 이 사실은 박정희 대통령 관련 비밀해제 문서에서 확인할 수 있다. 대통령비서실이 작성한 '최고경영자시찰단 (미국) 파견' 보고서에 따르면, "미국 AID 지원으로 한국생산성본부는 한국의 최고경영간부의 미국시찰을 추진 중에 있음. 미국 AID가 직접 최고경영간부 시찰단을 지원하는것은 영국(1950~1954년), 일본(1955~1959년)에 이어 세번째있는 일로서 미국AID당국이나 유솜측에서도 큰 관심을 가지고 있다."[10]

일본의 '톱 매니지먼트시찰단'과 관련해 하시모토 쥬로우(橋本壽朗)는 『전후일본경제』에서 다음과 같이 지적하고 있다. "1955년에 설립된 일본생산성본부의 초대회장은 도시바사의 사장인 이시자카 다이조우(石坂泰三)였다. 이시자카는 56년에 경제단체연합회 회장으로 취임했는데, 자신을 단장으로 한 '톱 매니지먼트시찰단'을 시작으로 해마다 여러 시찰단과 조사단을 미국에 파견했다. 특히 경영관리 근대화에 대한 관심이 높아 미국에 발달해 있던 경영관리 방식에 관심이 집중되었다. 조직론, 원가관리 등의 관리론, 산업공학(IE), 가치분석(VA), 경영과학(OR), 품질관리(QC), 직무분석 등 다방면에 걸쳐 많은 것들을 학습했다. 일본생산성본부는 영국이 생산성협의회를 만들어 미국을 벤치마킹하려 했다는 데 자극을 받았지만

---

09 대통령비서실(1966), 「최고경영자시찰단 (미국) 파견」, 국가기록원대통령기록관.

10 대통령비서실(1966), 「최고경영자시찰단 (미국) 파견」, 국가기록원대통령기록관.

일본과 영국 사이에는 '배운다'는 점에서만 유사성이 있었다."[11]

일본과 영국은 각각 생산성본부와 생산성협의회가 주도해 톱 매니지먼트시찰단을 미국에 파견했는데, 이는 한국의 사례와도 일치한다. 『생산성운동 30년사』에 따르면, 영국의 톱 매니지먼트시찰단에 대한 지원에는 "생산성운동을 통해 민주주의적 자유경제 체제를 옹호하고 육성하는데 미국의 의도가 있었다."[12] 영국과 일본은 미국외교전략의 중심에 위치해 있었기 때문에 당시 양국의 '톱 매니지먼트시찰단'에 대한 미국의 지원은 미국 외교사상 최고의 수준이었다.

3. 미국경제사절단의 한국 파견과 역할

(1) 정부물자구매사절단의 역할

주목해야 할 것은 미국정부가 '정부물자구매사절단' 등을 통해 한국산 제품의 수입확대에 주력하고 있었다는 사실이다. 미국정부는 달러방위책의 일환으로 '바이 아메리칸 정책'을 강화하고 있었지만, 이와 관계없이 한국에는 '정부물자구매사절단'을 파견하는 등 한국의 수출진흥에 직접적으로 개입하고 있었다. 이러한 사실은 미국의 외교문서와 한국의 대통령 관련 문서 등에서 명확하게 드러나고 있다.

이동원 외무부장관과 번디(William Bundy) 미국무부차관보와의 회담 내용을 기록한, 대통령에게 보낸 전문(1965년 11월 29일)에 따르면, 한국 측은 "미국이 한국의 대월군수물자에 관하여 최대한의 협조"를 요청했고, 이에 대해 미국 측은 "국무성으로서도 국성방과 연락하여 특별한 대우를 주고

---

11 하시모토 쥬로우(1995), 145~146쪽 참조.

12 이토 켄이치(伊藤健市)(2009), 79쪽에서 재인용.

저 노력중"이라며 한국을 우대하고 있음을 자연스럽게 드러내고 있었다.[13] 또한 "한국의 사정을 조사하고저 조사단을 파견한바 있은 그 보고가 좋지 않어 새로히 12월1일에 조사단을 파한하는바 이번 조사단의 보고가 유익한 효과를 가져올것을 희망한다"는 기록을 보면, 미국정부가 조사단을 파견한 이유가 한국으로부터 수입할 수 있는 제품들을 조사하기 위한 것이었음을 알 수 있다.[14]

다음 날 있었던 이동원 외무부장관과 로버트 S. 맥나마라(Robert Strange McNamara) 국방장관과의 회담(1965년 11월 30일)에서 한국 측은 "월남전쟁 수행에 있어 가급적이면 많은 한국제품을 구입해 줄것과 미군사시설 공사에 한국 건설업자의 참여와 한국 기술자의 고용할수있는 기회를 제공할것"을 요청했고, 미국 측은 "최선의 노력을 다하여 이미장글군화, LST(전차상륙함) 6척에우리 선원의 고용등을 실현시켰으며 미국의 BALANCE OF PAYMENT사정등의 제약이 있으나 계속 협조할것"을 확인했다.[15]

이동원 외무부장관의 방미를 위해 준비된 「외무장관대미교섭자료」에 따르면, 미국방부는 65년 9월에 이미 "동경에 있는 극동지구 미구매기관에게 한국군납촉진의 편의를 제공하도록 지시"한 바 있다.[16] 미 국무부가 한국에 구매사절단을 파견했던 시기가 1966년 1월이었다는 사실도 한국 대통령관련문서에서 확인할 수 있다. 65년 12월 6일부로 김현철 주미대

13 북미과(1965), 「대통령에게 보낸 전문」, 『이동원 외교부장관 미국 방문 1965』, 한국외교부외교문서(Microfilm 번호 : C-0012-01), 278쪽.

14 북미과(1965), 「대통령에게 보낸 전문」, 『이동원 외교부장관 미국 방문 1965』, 한국외교부외교문서(Microfilm 번호 : C-0012-01), 278쪽.

15 북미과(1965), 「대통령에게 보낸 전문」, 『이동원 외교부장관 미국 방문 1965』, 한국외교부외교문서(Microfilm 번호 : C-0012-01), 286쪽.

16 북미과(1965), 「대통령에게 보낸 전문」, 『이동원 외교부장관 미국 방문 1965』, 한국외교부외교문서(Microfilm 번호 : C-0012-01), 250쪽.

사가 대통령에게 보낸 전문보고에는 "미국방성은 이제부터 대규모의 구매를 시작하는바 한국에서 많이 구매하기를 바라며 이를 달성하기 위하여 명년1월초에 국방성 관리1명이 동경이 갔어 동경 주재 미구매관 수명을 한팀으로 조직하여 서울로 간다고 한다. 서울에서는 한국관리 실업인 USOM사람들과 연석회의를 할 예정이다"라고 기록되어 있다.[17] 또한 1965년 12월 15일 자로 대통령에게 보낸 전문보고에는 "미국방성에서 구매관계 기회책임자가 월남관계 구매의 본산인 주일 구매처의 TEAM을 인솔하고 방한하는데 중대한 의미가 있어"라고 강조되어 있다.[18] 구매사절단의 방한 결과에 대해 주미대사는 "한국에서 공급할수 있는 물품중에서 미국방성에서 역외구매를 할 경우가 생기면 국제입찰을 지양하고 한국에서 구매할것"이며, "앞으로 다량의 발주가 있을것"이라고 그 규모에 대해서도 보고하고 있다.[19]

(2) 미국실업가사절단의 역할

미국정부는 미국 재계인사들의 한국 방문도 적극적으로 지원했다. 이와 관련해서는 1965년 '미국실업가사절단'의 사례를 중심으로 그 활동과 역할을 살펴보고자 한다.

시어스(Sears)나 메이시스(Macy's)와 같은 유명백화점 대표 13명으로 구성된 '미국실업가사절단'(11월 14~20일)을 맞이하는 일은 대한무역진흥공사(KOTRA)에 맡겨져 있었다. 사실상 대한무역진흥공사는 미국무부와

---

17 대통령비서실(1965), 「주미대사 전문보고」, 국가기록원대통령기록관.

18 대통령비서실(1965), 「대월군납촉진을 위한 미국방성 시찰단 내한」, 국가기록원대통령기록관. 레온 새턴스타인(Leon Satenstein, 국방부구매분석기획국 부국장)을 단장으로 하는 미국방부 시찰단은 주일미군조달국팀으로 구성되어 있었다.

19 대통령비서실(1966), 「대월남군납」, 국가기록원대통령기록관. 한국의 공급가능 품목은 텐트 및 두꺼운 직물텐트, 군복 상·하의, 면포, 샌드백, 판초우비, 유자철선, 면도칼, 와이어 등 10개 품목이었다.

표 6-5 미국실업가사절단의 방한과 거래성립 내용

	품명	수입상	금액(달러)	비고
의류	Chest Set	R.H.Macy	300	우선 1차로 시험주문함
	Cotton Flannel	R.H.Macy	7,410	12월중 L/C개설 예정
		Montgomery Ward	250,000	귀국즉시 L/C개설 키로함
	Silk Scarf	R.H.Macy	1,000	12월중시험주문키로함
	Silk Neck-tie	R.H.Macy	840	우선1차로시험주문함
	Sweater	Goldblatts	20,000	L/C개설 예정
		Republic Novelty	300,000	L/C개설 예정
		R.H.Macy	50,000	12월중 L/C개설키로함
		R.H.Macy	20,000	시험주문키로함
		Gimbels	20,000	L/C개설 예정
	Tricot Y-Shirts	R.H.Macy	50,000	연간계약으로 주문키로함
	파카복	Gimbels	15,000	우선1차로시험주문키로함
	Pile Jacket	R.H.Macy	300,000	연간수입계약체결예정
	Rain Coat	Gimbels	91,200	L/C개설 예정
	Y-Shirts	Gimbels	11,200	우선1차로시험주문키로함
잡화	Cut Glass	Gimbels	145	L/C개설 예정
	Stainless Cutlery	Amerex International	60,000	시험주문키로함
	Brass Ware	R.H.Macy	500	우선1차로시험주문키로함
	Bamboo Basket	R.H.Macy	200	12월중Sample Order키로함
	양산	Gimbels	1,610	L/C개설예정
전기	전화기	Amerex International	333,000	L/C개설키로함

* 무역진흥편집부(1966), 46쪽.

USOM-K(주한미국경제협조처-편집자)로부터 대규모 지원을 받고 있었다. 대한무역진흥공사 유치활동팀이 '미국실업가사절단'을 유치하기 위해 미국을 방문했을 당시 유치활동팀은 USOM-K 직원이자 수출진흥자문역이었던 모스트(Amicus Most)의 지원을 받았다.[20] 모스트는 KOTRA 유치활

---

20 무역진흥편집부(1965), 30~31쪽 참조.

동팀을 꾸리고 1965년 9월 21일부터 40일간 유치활동팀이 '미국실업가사절단'을 유치할 수 있도록 지원했는데, 이 사실만 보더라도 USOM-K의 지원이 얼마나 중요했는지 미루어 짐작할 수 있다.

표 6-5는 '미국실업가사절단'과의 수출교섭 내용을 나타내고 있다. '미국실업가사절단'의 방한이 한·미경제협력관계를 강화하는 데 도움이 되었던 것은 분명하지만, 수출계약 내용을 보면 상품주문총액이 153만 달러에 불과해 액수나 양 모두 크지 않았음을 알 수 있다. 그러나 수출확대 전망은 당연히 이 소량의 시험주문 결과에 따라 달라질 것이었다. L/C(신용장) 개설이 예상되는 품목이 상당수였고, 나머지 품목들도 거의 대부분 시험주문이어서 수출확대에 대한 기대가 높아지고 있었다. 품목별로 보면 의류 주문이 압도적으로 많았는데, 특히 스웨터류에 대한 관심이 높았다는 사실에 주목해야 한다. 앞서 설명한 바와 같이, 이후 스웨터류의 수출이 경이적으로 증가되었기 때문이다.

KOTRA 기관지 『무역진흥』은 '미국실업가사절단'의 방한성과에 대해 다음과 같이 설명하고 있다. 첫째, 한국과 한국제품에 대한 미국 대형백화점 대표들의 인식이 크게 개선되었다. 둘째, 몽고메리 워드(Montgomery Ward), 김벨스(Gimbels), 아메렉스 인터내셔널(Amerex International) 등의 기업들이 사무소를 설치하기로 했으며, 그 외의 기업들은 수출교섭과 신규 상품을 발굴하기 위해 구매책임자를 파견하거나 구매처를 한국으로 변경할 것 등을 약속하거나 의사를 밝혔다. 셋째, 이번의 소량 시험주문을 성공적으로 완수하면 향후 생산 주문이 대폭 증가할 것으로 기대된다. 넷째, 대형백화점들은 상품매입계획을 1년 전에 수립하기 때문에 1966년 후반이나 1967년부터 한국의 미국 백화점 수출이 수천만 달러에 이를 것으로 전망된다. 다섯째, 이번 사절단에는 참가하지 않았지만 사절단 유치활동

때 경제협력에 나설 것을 약속했던 사례가 있었다.[21]

반면, 개선사항으로는 ① 상품샘플 통관절차 간소화, ② 수출상품 공급 능력 확대, ③ 수입업자 유치를 위한 지원체제 확립 등이 지적되었으며, 이러한 의견은 수출정책을 개선하는 데 유용하게 활용되었다.

(3) 볼 미션의 역할

무엇보다 주의 깊게 살펴봐야 할 것은 미국정부와 업계대표들로 구성된 '미국 민간투자 및 통상진흥사절단'이다. 이 사절단은 1967년 3월 18일부 터 24일까지 한국을 방문했는데, 전 국무차관인 조지 볼(George Wildman Ball)이 단장을 맡고 있어 일명 '볼 미션'이라 불린다. '볼 미션(Ball Mission)' 의 특징으로는 다음의 4가지가 꼽힌다.

첫째, '볼 미션'은 존슨 대통령의 특명에 의해 구성되었으며, 로스토(국가 안보담당특별보좌관)가 조타수 역할을 하고 있었다.[22] 이 점에서 보면, '볼 미 션'은 미국 국가안보전략의 일환이라는 의미가 있었던 것으로 보인다. 국 무부, 상무부, 국제개발처 등 3부처가 '볼 미션'을 조직하고 운영했던 것도 이러한 이유에서였을 것이다.[23] '볼 미션'의 단장 역시 로스토 특별보좌관 의 지휘 아래 강력한 지도력과 기업가로서의 풍부한 경험을 갖춘 각계 대 표 4명을 후보자로 선발한 뒤 최종적으로 존슨 대통령이 지명해 임명되

---

21 예를 들어 미국 대형백화점 Associated Dry Goods사는 이후 정기적으로 상품구매담당자를 한국 에 파견해 수입 가능한 상품들을 주문하고, 수입가능상품들 가운데 품질개선이 필요한 상품에 대 해서는 기술도 제공할 것을 약속했다. 또한 이후 미국 백화점 구매담당자와 기술자들이 한국을 방 문하는 사례가 증가할 것으로 예상되므로 한국의 대미수출 전망이 밝다고 지적했다.

22 *U.S. Trade and Investment Mission to Korea* (TO PRESIDENT FROM WALT ROSTOW), Korea memons Vol Ⅲ 65.11~66.12, KOREA Box 255, NSF, LBJ Library, December 3, 1966; *U.S.Private Investment and Trade Exploratory Mission to Korea*, MEMORANDUM FOR THE PRESIDENT, Koear Filed by the LBJ Library, KOREA, Box 256, NSF, LBJ Library, March 15, 1967 참조.

23 *U.S.Private Investment and Trade Exploratory Mission to Korea*, MEMORANDUM FOR THE PRESIDENT, Koear Filed by the LBJ Library, KOREA, Box 256, NSF, LBJ Library, March 15, 1967.

었다. 재무장관 로버트 버나드 앤더슨(Robert B. Anderson), 전 국무차관 조지 볼, 전 재무장관 더글러스 딜런(C. Douglas Dillon), 에디슨사의 워커 L. 시슬러(Walker L. Cisler)가 후보로 선발되었고, 존슨 대통령에 의해 조지 볼이 단장으로 지명되었다. 조지 볼은 당시 리먼브라더스 인터내셔널(Lehman Brothers International)의 회장으로 재계에 몸담고 있었는데, 원래 존슨 대통령의 브레인으로 국가안전보장회의집행위원회 위원이었으며, 베트남전쟁의 단계적 확산에도 깊이 관여했던 인물이었다. 또한 그는 베트남전쟁이 본격화되면서 한국전투부대의 베트남파병을 둘러싸고 한국정부와 예비절충 협상을 벌이는 등 한국군의 베트남전 참전에도 깊이 개입하고 있었다.[24]

둘째, 미국정부는 미션의 성과를 높이기 위해 참가요건을 엄격히 했다. 참가요건 가운데 하나는 미션의 단원이 모든 비용을 각자 부담해야 한다는 것이었다.[25] 미션 단원이 비용을 스스로 부담한다는 것은 미국정부의 전면적 지원과 상반되는 것 같아 보이지만, 비즈니스를 목적으로 하는 참가를 유도하기 위한 중요한 요건이었다. 미국정부는 친선을 목적으로 하는 경제사절단과 달리 한국과의 비즈니스를 전제로 한, 이른바 사전조사라는 형태로 참가하기를 바라고 있었다.

우수한 컨설팅 역량 역시 미션 단원의 참가요건 가운데 하나였다. 산업동향이나 경영효율성 등을 분석하고 평가할 수 있는 능력은 한국산업의 국제경쟁력을 강화하는 데 있어 필수적인 요소였기 때문이다. '볼 미션'의 활동을 보면, 미션 단원들은 산업별로 14개 그룹으로 편성되어 각각 관련 산업을 시찰하고 한국경영자들과의 면담 등을 통해 '고용, 동력, 공업용

---

24 *Under Secretary Ball said that we were grateful for Korea's assistance in South Vietnam*, Memorandum of Conversation, Korea memos vol 2(7/1964-8/1965), Korea, Box 254, NSF, LBJ Library, March 16, 1965.

25 *U.S. Trade and Investment Mission to Korea*, MEMORANDUM FOR HONORABLES WILLIAM JORDEN The White House, Korea memons Vol Ⅲ 65.11~66.12, KOREA Box 255, NSF, LBJ Library, November 3, 1966.

수, 수송, 원료 및 부분품 등의 공급능력과 가격, 수익성 전망, 경비지불방법, 융자조건, 위험도' 등에 관해 타당성조사를 실시했다.[26] '볼 미션'은 타당성조사를 기초로 한국의 유망산업분야로 전기부분품, 전자기기, 식기가공, 편물, 직물, 의류 등을 지정해 한국정부에 보고, 제안했다. 참가요건으로 컨설팅 역량이 요구된 것은 바로 이러한 이유에서였다.[27] 조지 볼 단장은 보다 자세한 조사를 위해 각 분야별 조사단을 한국에 파견하겠다고 약속했는데, 이에 관한 자료는 오늘날 찾아보기 어렵다.[28]

셋째, 아직 그 진상이 전부 밝혀지지는 않았지만, '볼 미션'의 활동이 상당한 성과를 올린 것은 분명하다. 조지 볼 단장은 존슨 대통령에게 보낸 서한(67년 5월 16일)에서 "미션 참가기업의 90%는 적어도 실행 가능성을 검증하는 단계에 도달해 있다"고 보고했다.[29] '볼 미션'이 중요한 역할을 수행했음을 확인할 수 있는 것이다. 한국정부 역시 1967년 4월 24~25일 개최된 '미주지역주재공관 경제담당관과 무역관장 합동회의'에서 구체적인 성과를 지적했다. 로스앤젤레스 한국영사관 보고에 따르면, "지난번 '볼미션'에 저희관내에서 2개회사가 갔다왔는데 그중의 하나인 '밋도우 마시팅' 회사에서는 이미 19명의 직원이 현재 우리나라에 가 있다. 또 '데이비스'라는 미국의 합판수입협회회장을 만난 결과 금년도 4560만달러 수입이 가능하다고 언질을 받았다."[30]

---

26 무역진흥편집부(1967), 「볼 사절단 방한 성과-수원(授援)에서 통상으로-」, 35쪽; 국제협력부(1967), 44~45쪽 참조.

27 *U.S. Trade and Investment Mission to Korea*, MEMORANDUM FOR HONORABLES WILLIAM JORDEN The White House, Korea memons Vol Ⅲ 65.11~66.12, KOREA Box 255, NSF, LBJ Library, November 3, 1966; 무역진흥편집부(1967), 「볼 사절단의 방한 성과-수원에서 통상으로-」, 35쪽 참조.

28 외교부·대한무역진흥공사(1967), 118쪽.

29 *Letter: Dear Mr President*, Korea, Special Head of State Correspondent Files, Box 33, NSF, LBJ Library, May 16, 1967 참조.

30 외교부·대한무역진흥공사(1967), 30쪽.

네 번째로 주목해야 할 점은 후속활동이 적극적으로 진행되고 있었다는 것이다. 1967년 제5차 대통령주최 수출진흥확대회의 회의록을 보면, 볼 미션의 후속활동들이 구체적으로 언급되고 있는데, 4월 20일에는 트로브리지(Alexander Trowbridge) 미 상무장관과 아이비스(Ibis) 국제개발처차관보와 협의가 이루어졌고, 4월 24일에는 비프렛(Beplatt, 볼 미션 부단장)과 협의가 있었다.[31] 미션 단원들의 후속활동은 4월 14일 로스앤젤레스에서의 활동을 시작으로 5월 2일 샌프란시스코, 5월 4일 시카고, 5월 말경 뉴욕, 6월 1일 클리블랜드로 일정이 계획되어 있었다.

'미주지역주재공관 경제담당관과 무역관장 합동회의'에서 주시카고 한국영사관은 시카고에서의 후속활동에 대해 다음과 같이 보고했다. "5월 3일 한국유솜처장 죠엘 번스틴(Joel Bernstein)이 시카고 실업인들을 모아놓고 대한투자에 관해서 연설하게 되어 있다. 그리고 그후 6월경에 '미스터 조지 볼'이 시카고에 와가지고 시카고실업계를 움직이는 대외적으로는 알려져 있지 않지만 소위 '시카고 콤무니티'라고 하는 굴지의 실업인들을 모아놓고 한국의 경제성장에 대해서 연설을 하게 되어있다."[32] 또한 "'볼밋션' 멤버로 나갔던 캔티넨탈은행(Continental Bank)의 중역이 돌아와서 자기네들 고객을 상대로 여러번 '란치(lunch)'를 했다"는 보고를 보면[33] 미션 단원들이 적극적인 지원 활동에 나서고 있었음을 알 수 있다. 이러한 사례들을 보아도 미션 참가기업들이 한국을 상대로 얼마나 적극적인 비즈니스를 펼치고 있었는지 단적으로 짐작할 수 있을 것이다.

31 무역지편집부(1967), 「제5차 수출진흥확대회의」, 36쪽 참조.

32 외교부·대한무역진흥공사(1967), 42쪽.

33 외교부·대한무역진흥공사(1967), 42쪽.

제 7 장

전자산업의 진흥과 바텔기념연구소

한국의 전자산업이 발전할 수 있었던 핵심적인 요인으로는 왕성한 수출수요라는 수요의 측면과 이를 충족시키기 위한 공급의 측면, 즉 해외로부터의 활발한 외국인직접투자와 기술도입 그리고 기술혁신을 지적할 수 있다. 기술혁신을 담당할 인재가 풍부했다는 사정 역시 전자산업의 성장이 가능했던 중요한 요인이었다. 활발한 외국인직접투자, 기술도입, 기술혁신과 풍부한 인재라는 요인 뒤에는 정부가 산업구조 고도화를 목적으로 내놓은 여러 산업진흥책들이 있었다. 한국의 급속한 기술혁신과 고도경제성장에 기여한 정책으로 특히 다음의 2가지를 상세하게 고찰해야 한다. 첫째, 발전 초기단계에서는 외국인직접투자가 대단히 큰 역할을 수행했으므로 외국인투자기업유치정책을 검토해야 한다. 둘째, 반도체 등의 선진기술에 대한 연구개발이나 인재육성 등과 관련해 과학기술정책을 살펴보아야 한다.

먼저 외국인투자기업 유치정책을 간략하게 살펴보면, 정부는 1966년 '외자도입법'을 강화해 외국인의 직접투자에 조세혜택을 부여하고, 원금과 이윤의 송금을 보장하며, 한국인노동자 고용의무 자유화라는 인센티브를 제공해 외국인직접투자를 촉진시키고자 했다. 그러나 이 같은 조치에도 불구하고 1960년대 말까지 외국인직접투자 실적은 대단히 제한적이었다. 외국인직접투자를 나라별로 보면, 일본과 미국의 직접투자 실적에 커다란 차이가 있었음을 알 수 있다. 1966~70년 도입실적에서 미국이 70.7%를 차지하고 있었는 데 반해, 일본은 17.9%에 불과했다.[01] 한국에 대한 외국인직접투자는 일본의 직접투자가 본격화되었던 1970년 초반 이전까지 미국에 과도하게 의존하고 있었다. 또한 미국은 주로 정유, 화학, 전자·전기부문에 집중적으로 투자했지만, 일본은 섬유·의류분야에 중점적으로 투자하고 있었다. 미국의 투자는 특정산업의 육성을 목표로 한 전략산업부분에 편중되어 있었다. 특히 이 책에서 다루고 있는 전기·전자분야에 대한 직접투자는 오로지 미국에 의해서만 이루어졌고, 일본의 투자는 매우 작았다.

미국인 직접투자는 발전단계 초기에 중요한 역할을 수행했다. 미국의 자본과 기술이 없었다면, 한국의 전자산업은 비약적인 성장을 달성하기 어려웠을 것이다. 직접투자의 외부요인을 고려했을 때, 일본은 한·일국교 정상화를 계기로 한국과의 경제관계가 확대되었을 뿐만 아니라 지리적으로도 유의미했고, 양국 간의 생산요소 보완성이라는 측면에서도 당연히 미국보다 경제적 효과가 높았을 것이다. 그러나 당시 일본의 전자기업들은 동아시아나 대만에 압도적으로 많은 투자를 하고 있었고 한국에는 별다른 흥미를 보이지 않았다. 이처럼 일본은 유리한 입장에 있었으면서도 한국투자에 소극적이었는데, 미국의 전자기업들은 어째서 적극적인 투자활동을 벌이고 있었던 것일까? 이 질문에 대한 대답은 그리 간단하지 않다. '투자하는 측'의 논리를 살펴보지 않는다면, 투자의 본래 역할을 평가

01 재무부·한국산업은행(1993), 121쪽.

할 수 없을 것이다. 미국이 어떠한 배경에서 한국에 대한 투자를 진행시켜 왔는지 그 요인을 고찰해 이 문제를 해명해보려고 한다.

다음으로 한국의 과학기술정책을 살펴보면, 정부가 주도한 연구개발과 인재육성 등 산업기술의 진보와 촉진을 위한 시책들은 산업계의 필요를 중심으로 수립되었을 뿐 아니라, 높은 수준의 연구개발도 촉진했다. 한국은 특허를 받을 수 있는 최신기술을 도입하는 데 적극적이었다. 반도체가 기반인 한국의 전자산업은 메모리분야나 액정텔레비전, 휴대전화 분야에서 일본을 따라잡았고, 오늘날에는 세계를 선도하는 위치에 있다. 한국이 지금처럼 차세대제품을 개발하기 전에 먼저 기술부터 개발해야 하는 반도체산업이나 휴대전화산업을 성공시킨 배경에 해외로부터의 기술도입이 있었고, 그것이 큰 역할을 수행했음에는 틀림이 없지만, 그 외에도 검토해야 할 것들이 있다. 한국정부는 바텔기념연구소로부터 투자를 지원받아 적극적으로 연구개발을 수행했다. 이 장에서는 이를 중심으로 고찰하면서 정부가 주도한 산업육성정책의 실태도 살펴볼 것이다.

한국은 1960년대 후반부터 본격적인 기술혁신에 나섰고, 민간기술의 낙후성을 극복하기 위해 일본과 미국으로부터 새로운 설비와 선진기술을 도입했다. 그 배후에는 정부주도의 활발한 연구개발 활동이 있었고, 그로 인해 산업계와 직접적 관련이 있는 기술의 수준이 높아질 수 있었다. 한국의 전자산업은 1960년대 후반 일본에서 도입한 기술을 이용하여 텔레비전을 조립생산하면서 출발했지만, 같은 시기에 이미 트랜지스터나 다이오드, 직접회로(IC)와 같은 반도체의 연구개발도 이루어지고 있었다. 1960년대 후반부터 텔레비전 같은 기초산업을 육성함과 동시에 당시 최첨단 기술이라고 할 수 있는 반도체 연구개발에도 나서고 있었다는 사실은 다른 발전도상국들에게서는 찾아볼 수 없는 한국만의 독특한 경험이라고 할 수 있다.

당시 한국의 목표는 정부 주도 아래 연구개발체계를 수립한다는 것이었지만 1960년대 전반까지 연구개발 활동에 대한 정부의 지원은 지극히 제한적이었다는 사실에 유념해야 한다. 당시 한국의 연구개발인프라 상황은 첨단기술을 개발할 수 있는 연구시설이나 인력이 전무하다시피 했고, 유명무실한 몇몇 정부출연연구기관만이 있을 뿐이었다. 한국의 연구개발 역량은 대단히 취약했고, 따라서 향후 연구개발에 어떻게 힘을 실을 것인가가 커다란 과제였다. 자금과 인재의 부족 때문에 독자적인 연구개발은 바랄 수도 없는 처지에 있던 한국정부는 미국정부의 특별지원을 받아 연구개발 역량을 강화하고자 했다. 자립적인 연구개발 역량을 키우는 것이 지속적인 산업발전을 가능하게 해줄 열쇠라고 판단한 미국정부는 한국의 연구개발 역량을 강화시키는 데 중요한 역할을 수행했다. 미국정부의 지휘 아래 한국이 연구개발인프라를 구축하고, 인재를 확보·육성할 수 있도록 강력한 지원을 제공했던 것은 바텔기념연구소였다(자세한 설명은 뒤에서 하겠다). 그러나 한국의 기술혁신 요인을 해명할 때 무엇보다 중요한 것은 미국정부가 어떠한 목적에서 한국을 특별 지원했는지, 바텔기념연구소가 실제로 어떠한 지원을 하고 있었는가이다. 한국을 대표하는 최고수준의 연구기관인 한국과학기술연구원의 사례를 통해 미국정부와 바텔기념연구소가 수행했던 역할을 검토해보고자 한다.

제1절 _ 한국의 산업진흥과 한국판 바텔기념연구소

1. 한국판 바텔기념연구소 설립

한국과학기술연구원(The Korean Institute of Science and Technology, 이하 KIST)은 1966년 2월에 설립되었다. KIST는 산업의 고도화에 필요한 첨단산업

기술을 연구·개발하고 그 성과를 산업계에 보급·이전함으로써 민간의 기술혁신을 촉진하는 역할을 했으며, 정부로부터의 위탁연구뿐 아니라 민간으로부터의 수탁연구, 민간기업 및 대학과의 공동연구 등을 적극적으로 수행했다. KIST는 트랜지스터, 다이오드, 콘덴서는 물론이고 그것들을 하나로 집적시킨 IC(집적회로) 등 당시 민간부문에서는 충분한 연구·개발을 기대할 수 없었던 첨단기술의 개발을 담당하는 중추적인 연구기관으로서, 반도체 기술을 기반으로 삼아야 하는 전자산업의 발전을 이끌었다.

KIST가 연구개발과 기술혁신에 어떠한 영향을 미쳤는지 살펴보기에 앞서 도대체 왜 한국정부가 KIST를 설립하려고 했는지를 먼저 정리해볼 필요가 있다. 앞서 말한 대로 낙농센터나 농산물가공시설, 요업(도자기업) 센터 등조차 미국에 의지하고 있었던 한국이 과연 첨단기술을 개발하기 위한 연구개발투자를 감당할 수 있었는지, 또 연구개발에 종사할 인력이 과연 국내에 존재하고 있었는지에 대해 의문이 들기 때문이다. 연구소의 설립 배경에 놓여 있는 이러한 문제들을 먼저 검토해야 한다.

KIST의 설립은 미국정부의 아이디어였다. 1966년 5월에 있었던 한·미 정상회담에서 존슨 대통령이 먼저 KIST 설립을 제안했던 것이다. 박·존슨 공동선언문에 따르면, "박대통령은 한국에 공업기술 및 응용과학연구소를 설치하는 가능성을 한국의 공업, 과학 및 교육계 지도자들과 더불어 검토케하기 위하여 그의 과학고문을 한국에 파견하겠다는 존슨 대통령의 제의를 환영하였다. 동 연구소및 실험소 등은 한국산업을 발전하기위한 기술봉사와 연구조사를 제공할수 있을것이며 미국에서 훈련받은 고등 한국 기술자로 하여금 그들의 연구조사를 계속할수 있는 기회를 주게될것이라는것이 존슨대통령의 생각"[02]이었다. KIST의 설립 취지가 한국의 산업발전에 기여하기 위한 것이었다는 사실에도 주목해야 한다.

---

02 구미과(1965), 「1. 공동성명서」, 『박정희대통령미국방문, 1965. 5. 25, 전2권(V.1 기본문서집)』, 한국외교부외교문서(Microfilm 번호: C-0011-07, 프레임 번호: 239).

두 번째로 눈여겨보아야 할 점은 박·존슨 공동선언문에 따라 대통령과학고문 겸 미국과학기술원장이었던 호닉(Donald F. Hornig) 박사의 조사단이 연구소의 설립 가능성을 조사했다는 것이다. 호닉 조사단은 1965년 7월 8일부터 15일까지 한국을 방문해 연구시설의 상황 등을 조사하고 정부와 재계, 연구기관 관계자 등과 의견을 교환하는 등 한국에 어떠한 연구시설이 필요하고 적합한지를 모색했다. 호닉 조사단의 단원 구성을 보면, 이러한 사실이 의미하는 바가 무엇인지 짐작할 수 있다. 조사단 단원은 호닉과 그의 부인(트리니티대학 교수), 마굴리스(Margulies, 미국국립과학원장 보좌), 모스맨(Albert H. Moseman, 국제개발처 부청장·록펠러재단 농업담당이사), 피스크(James. B. Fisk, 벨연구소 소장), 토마스(Bertram D. Thomas, 바텔기념연구소 소장) 등 6명이었다. 조사단에 미국 최대의 양대 민간 연구소인 벨연구소와 바텔기념연구소 대표가 참가하고 있었다는 사실에 특히 주목해야 한다. 미국정부가 한국의 산업진흥에 도움이 될 R&D시스템 모델로 벨연구소와 바텔기념연구소 중 하나를 추천·권고하기 위해 이들과 동행했음을 엿볼수 있기 때문이다. 조사단이 이 두 연구소의 지원을 받고 있었을 뿐만 아니라 연구소 대표가 스스로 조사단에 참가했다는 사실 자체에서 이미 사안의 중대함을 짐작할 수 있다. 조사단은 조사결과를 대통령에게 직접 보고하고 정책을 제안할 의무가 있었다. 이를 위해서는 신속하고 명확한 판단이 필요했다.

조사단은 조사종료 후 채 3주도 지나지 않은 1965년 8월 4일, 존슨 대통령과 회담을 갖고 KIST의 설립방침과 미국의 지원체제 등에 대해 다음과 같은 의견을 제출했다. 첫째, 대통령은 미국정부와 함께 한국의 공업기술 및 응용과학연구소의 설립을 추진한다. 둘째, 대통령은 조속한 시일 내에 연구소 설립을 위한 책임을 국제개발처에 부여한다. 셋째, 대통령은 국제개발처로 하여금 지정된 연구기관과 용역계약을 체결토록 한다. 국제개발처가 특정한 연구기관과 용역계약을 체결하고, 이 연구소를 지원해야 할 책임까지 요구한 사례는 유례를 찾기 힘든 일이다. 미국국제개발처는 이 제안대로 1965년 9월 바텔기념연구소와 한국의 공업기술 및 응용과학연구소 설립에 관한 자문업무계약을 체결했고, 바텔기념연구소는 미국국제개발처를 대신하여 KIST의 설립을 자문하게 된다. 조사단에 동행했던 두 연구소 중 바텔기념연구소가 KIST를 지원하게 되었던 것은 벨연구소보다 바텔기념연구소가 한국의 산업진흥에 더 적합한 모델로 추천·권고되었기 때문이라고 생각된다. 연구를 위한 연구소보다는 산업에 유용한 연구소가 한국의 실정에 더 적합하다는 판단에 따른 결과였을 것이다.

바텔기념연구소는 철강업에서 거액의 부를 쌓은 고든 바텔(Gordon Bettelle)의 유산을 기금으로 1929년 오하이오주 콜럼버스에 설립된 연구기관으로, 복사기, 콤팩트디스크, 바코드, 광섬유 등 다양한 혁신기술을 개발하고 그 성과를 사업화한 실적으로도 유명했다. 특히 '수탁연구'라는 세계적으로도 획기적인 계약연구방식을 주된 사업분야로 삼아 미국정부 및 민간기업으로부터 각종 개발과 연구를 위탁받아 비약적으로 발전하고 있었다. 바텔기념연구소는 미국에너지부 소유의 국립연구소(전미 7곳)를 관리·운영하는 등 미국정부의 싱크탱크 기능도 수행하고 있었다.

이 연구소는 다방면에 걸친 정부 및 민간 의뢰인(client)들에게 경영컨설팅과 기술서비스를 제공하는 등 컨설팅활동을 세계적 규모로 넓혔던 것으로도 유명하다. 바텔기념연구소의 중점적인 연구분야가 과학기술분야였던 것은 말할 것도 없지만, 과학기술을 실제 산업화와 연계시키기 위한 연구영역으로 사회과학분야에도 힘을 쏟고 있었다는 점에도 유념해야 한다. 바텔기념연구소는 사회과학연구분야를 정보분석이나 산업경제를 넘어 교육영역으로까지 확대하고, 그 성과를 경영컨설팅분야에 확대 적용했기 때문이다. 바텔기념연구소는 연구성과의 산업화나 실행 가능성뿐만 아니라 신제품의 시장수요조사 등도 가능해, 세계 약 90개 나라들로부터 연구프로젝트를 위탁받고 있었다. 기술연구와 경제분석을 융합한 연구프로젝트를 진행함으로써 연구대상의 장래성에 대해 다양한 조언을 제시하고, 신제품의 개발 및 사업화를 위한 컨설팅을 제공하는 등의 활동은 분명 바텔연구소의 명성을 높여준 원동력이었다.

미국국제개발처와 계약을 맺은 바텔기념연구소는 KIST의 설립을 준비하기 위해 타당성조사를 실시하고, 1965년 12월 15일 「한국과학기술연구원(KIST) 설립 및 조직에 관한 조사보고서」를 양국정부에 제출했다. 이 보고서에는 연구소의 설립 및 조직, 운영범위, 연구시스템, 자매연구소와의 관계 등에 대해 구체적인 안이 제시되어 있었다.[03] 이 보고서를 기초로 1966년 2월 KIST의 설립 및 운영에 관한 한·미 공동지원 사업계획협정이 체결되었다. 협정서에는 ① 연구소의 성격, ② 설립시기와 규모, ③ 자매연구소의 역할, ④ 연구원의 확보, ⑤ 연구소의 기능, ⑥ 타 연구기관과의 협력, ⑦ 연구소의 운영방침 등이 담겨 있었다. 그중에서도 다음 세 가지 항목, 연구소의 성격과 기능 그리고 운영방침을 살펴보고자 한다.

연구소의 성격과 관련하여 보고서는 첫째, "한국정부는 이 연구소가 자율성을 보유하는 이사회를 가진 비영리기관으로 설립되기 위해 필요한 조치를 취한다"고 기술함으로써 정부로부터 독립된 비영리연구기관의 설립이 목표임을 분명히 했다. 둘째, 연구소의 기능에 대해 "이 연구소는 과학기술과 공업경제에 관련된 다양한 전문분야에 대해 타당성조사, 기술 도입과 응용, 특수용역 및 실험조사 등을 수행한다"고 기술하여 과학기술의 개발만이 아니라 조사연구 및 컨설팅에 이르는 사업을 수행할 수 있는 체제를 구축하는 것이 목표임을 보여주었다. 셋째, 연구소의 운영방침에 대해 보고서는 "이 연구소는 연구경비를 받는 계약연구업무를 수행하며, 이 수탁연구업무는 민간기업체 및 정부투자 기업체를 대상으로 한다"고 기술하여 정부 및 기업으로부터 위탁받은 연구를 수행하는 것이 중심적인 역할이

---

03 한국과학기술연구소편집위원회(1977), 30쪽.

될 것임을 명확히 했다. 여기에는 바텔기념연구소가 만들어낸 연구시스템과 경영방식이 짙게 반영되어 있어 가히 '한국판 바텔기념연구소' 구상이라고 보아도 무리가 없을 정도였다. 결국 KIST의 설립목적은 단순히 연구개발에 특화된 연구기관이 아니라 산업발전에 유용한 실제적·종합적 연구활동을 수행하는 데 있었음을 알 수 있다.

덧붙여 1966년 6월 한·미협정을 근거로 KIST와 바텔기념연구소 간에 자매결연협정이 체결되었다는 사실도 지적해두어야 한다. 이 협정에 의해 바텔기념연구소에 다음과 같은 지원임무가 부여되었다.[04] 그 구체적인 내용은 ① KIST의 창설 업무와 건설계획에 대한 지원, ② 상임연구원 모집과 기술훈련에 대한 지원, ③ 연구시설 및 기기 선정에 관한 협력, ④ 기술정보 제공, ⑤ 연구 및 조사프로젝트를 위한 전문가 파견 등이었다. 바텔기념연구소 소장이 KIST 이사회 구성원으로 참가했던 것도 이러한 이유에서였을 것이다. 이는 KIST가 바텔기념연구소에 축적된 연구개발 역량과 노하우를 유용하게 활용할 수 있게 지원해줄 최고의 스폰서를 얻게 되었음을 의미한다. 더욱이 한국정부는 KIST의 연구활동이 한국의 산업계에서 신뢰를 구축할 수 있을 때까지 바텔기념연구소의 지원 임무가 계속되어야 한다고 요청했는데, 이러한 사실은 미국외교문서에 명확하게 드러나 있다.[05]

바텔기념연구소는 KIST의 설립을 지원하기 위해 에반스(Donald Evans)를 대표로 7명의 전문가를 한국에 파견하고 바텔사업소를 설치해 지원체제의 충실을 도모했다. 바텔기념연구소 서울사무소에는 대표 에반스, 보좌관 J. 파먼(J. Farman), 프로젝트 총책임자 R. S. 해리스(R. S. Harris), 인사관리 F. K. 레퍼트(F. K. Leppert), 재정담당 R. F. 헬브레히트(R. F. Helbrecht), 기술정보관리 H. A. 롤스(H. A. Rawls)가 파견되어 있었으며, 알베르트 C.

04 한국과학기술연구소편집위원회(1977), 68쪽.

05 *Korean Institute for Industrial Technology and Applied Science*, Memorandum for the President:, Korea, Name File, Box 225, NSF, LBJ Library, February 9. 1966.

마틴(Albert Carey Martin) 건축설계사무소와 제휴를 맺고 연구소건설설계 계획을 위해 J. C. 로로(J. C. Lorow)가 건축담당으로 파견되어 있었다. 바텔기념연구소는 조달절차를 비롯해 도서정보실 기획, 연구계약 방법, 연구시설 기획, 연구자의 모집 및 연수, 연구개발 활동 등 다양한 분야에 걸쳐 KIST 설립을 지원했고, 이를 위해 연 인원 60명이 넘는 전문가를 한국에 수시로 파견했다. 바텔기념연구소의 지원은 KIST의 연구개발 활동이 한국의 산업계에 신뢰를 구축할 수 있을 때까지 계속되어야 한다는 방침이 명문화되어 있었다는 사실도 잊어서는 안 된다.[06]

바텔기념연구소의 KIST 지원 활동은 두 시기로 구분할 수 있다. 제1기는 1966년 6월부터 67년 12월까지 2년간으로 이 기간의 주된 지원 활동은 다음과 같다.[07]

① 연구소의 운영과 연구 및 건설에 관한 계획 수립

② 계획을 실행하기 위한 첨단기술의 효과적인 운용

③ 재외한인과학기술자에 관한 조사 및 연구원 선정

④ 수탁연구 수행을 위한 연구원 및 사무직원 실무연수

⑤ 기술개발과 응용연구를 위한 자문 및 협력

⑥ 건축설계에 관한 자문

⑦ 연구기관·설비·기타 자재 등의 목록, 명세서, 입찰서 등의 작성방법 및 선정, 발주, 설치, 운용 등에 대한 자문 및 협력

⑧ 과학기술 및 공업경제에 관한 정보센터 설치

⑨ 연구개발 역량 강화를 위한 공동연구 실시

• 공업기술 및 경제 관련 연구프로젝트를 위한 전문가 파견

---

06 *Korean Institute for Industrial Technology and Applied Science*, Memorandum for the President:, Korea, Name File, Box 225, NSF, LBJ Library, February 9. 1966.

07 한국과학기술연구소편집위원회(1977), 69쪽.

- 연구원 대상 연수 및 교육
- 선진기술의 분석 및 응용

제2기는 1968년 1월부터 1971년 6월까지 약 3년 반 동안이었는데, 이 기간에는 연구활동에 대한 지원이 주로 이루어졌다. 바텔기념연구소는 KIST가 수행하는 연구과제를 공동연구하는 방식으로 연구수준을 향상시킬 방안을 모색했다. ①특정 공업기술 및 경제부문 연구에 대한 전문적 지원, ②연구원 연수, ③외국기술 분석 및 응용에 관한 지원 등이 구체적인 방안으로 제시되었다. KIST 연구원을 바텔기념연구소 본부로 초청하거나 바텔기념연구소 연구원을 KIST에 파견하는 등 상호인적교류 역시 연구활동을 지원하는 방법이었다.

이처럼 바텔기념연구소의 지원은 KIST의 건설계획에서부터 수탁연구 시스템 구축에 이르기까지 모든 영역에 미치고 있었는데, 이를 통해 축적된 기술과 지식이 향후의 기술혁신을 촉진시키는 요인이 되었음은 말할 것도 없다.

2. 산업진흥을 위한 지원 및 자문

또 한 가지 지적해야 할 것은 민간 R&D시스템의 비약적인 발전 역시 한국의 연구개발투자를 지탱해주던 요인이었다는 점이다. 첫째, KIST를 모델로 70년대에 다수의 정부출연연구기관들이 차례로 설립되었는데, 이들은 대체로 KIST로부터 전문분야에 따라 분화(spinout)된 경우가 많았다. 둘째, 이러한 정부출연연구기관들의 연구수준은 비교적 높은 편이었고, 반도체나 통신시스템 등과 같이 당시 민간부문에서는 충분한 성과를 기대할 수 없었던 첨단기술을 연구하고 개발하는 역할을 수행했다. 셋째, 육성된 연구자가 대학과 민간기업 등에 공급되어 활발한 인적교류가 이루어짐으로써 민간부문의 R&D시스템 발전에 커다란 기여를 했다.

기술혁신과정에 대한 고찰에서 KIST의 R&D시스템 형성과정은 지극히 중요한 주제이지만, 실제 그것이 어떻게 형성되었으며 또 한국의 R&D시스템 발전에 어떠한 역할을 수행했는지에 대해서는 충분한 해명이 이루어지지 않고 있다. 특히 첨단기술을 개발하기 위한 R&D 인프라 구축과 우수한 과학기술인력을 육성하는 과정에서 바텔기념연구소가 어떠한 역할을 수행했는지를 검토하는 것은 한국 '산업정책의 비결'을 해명하는 데 하나의 열쇠가 될 것이다.

바텔기념연구소가 한국의 기술혁신에 미친 공헌을 일일이 열거할 수는 없지만 특히 중요한 사항은 ① 수탁연구시스템 구축, ② 정보분석시스템 구축, ③ 경제분석시스템 구축 등이다. 이러한 시스템들의 역할을 구체적으로 살펴보기로 하자.

(1) 수탁연구시스템 구축

연구기술개발 성과를 계약연구방식을 통해 산업계로 보급·이전하는 것이 목적이었던 KIST에게 최대의 과제는 수탁연구시스템을 구축하는 것이었다. 앞서 설명한 대로, 당시로서는 획기적인 계약연구방식이었던 수탁연구시스템은 바텔기념연구소의 최대 강점이었고, 이에 영향을 받은 KIST 역시 바텔기념연구소를 롤모델로 삼아 수탁연구시스템을 구축했다. KIST가 갖추고 있던 최첨단 기기와 설비들은 바텔기념연구소에 의해 선정, 구입, 검수되었고, 그 비용은 AID의 원조에서 충당되었다.[08]

다음으로 강조되어야 할 것은 인재확보 노하우이다. 바텔기념연구소는 KIST의 설립과 동시에 유럽과 미국에서 첨단연구개발분야에 종사하고 있

---

08 Battelle Memorial Institute(1971), p.11, p.42.

던 한인과학기술자들을 영입하는 데에도 전력을 다했다. 1966년 6월, 인재 영입 매니저 L. G. 힐(L. G. Hill)의 지도에 따라 재외한인과학기술자 실태조 사와 귀국지원을 목적으로 한 '재외한국인과학기술자 채용지원프로그램 (Program to Assist KIST in Recruiting Korean nations residing in foreign lands)'이 실 시되었다.[09] 주로 미국과 유럽의 대학과 연구기관에 소속되어 있는 한인과 학기술자들의 실태를 조사하고 영입하는 활동이 진행되었다. 이들은 미국 과 유럽의 대학 및 연구소 등 약 500여 개 기관들과 접촉했고, 시카고, 샌프 란시스코, 로스앤젤레스, 뉴욕, 보스턴 등에서 모집설명회를 개최했다. 여 러 업계의 기관지나 한국인 커뮤니티 신문, 미국과 유럽의 컨설팅회사 등 을 통해 모집캠페인도 벌였다. 그 결과, 이 지원프로그램에 응모한 한인과 학기술자들은 866명에 달했다.

지속적인 선발도 바텔기념연구소의 중요한 지원활동 가운데 하나였다. 응모자 866명 중 69명의 후보자가 엄선되었고, 이 후보자들을 인터뷰하 기 위해 KIST 소장(당시 최형섭)이 미국으로 초청되었다 그는 1966년 10월 부터 11월까지 약 한 달간 69명의 후보자들과 인터뷰를 진행하며 KIST의 연구환경과 대우 등에 대해 설명하고, 후보자들에게 귀국할 것을 설득했 다. 최종선발을 위해 귀국의사를 밝힌 65명의 후보자들에게는 연구계획 서를 제출해달라고 요청했다. 이들에게 요구된 연구계획서는 한국의 산 업실태조사에서 주요하게 다루어진 문제들을 해결할 수 있는 방법을 각 자의 전문분야에 따라 제시하는 것이었다. 이렇게 제출된 연구계획서는 바텔기념연구소의 여러 전문가들에 의해 평가되었고, 그 결과 25명의 전 도유망한 젊은 연구자들이 최종후보로 선발되었다. 최종후보에 오른 이 들은 KIST 소장과 함께 오하이오주 콜럼버스에 있는 바텔기념연구소 본 사로 초빙되어 최종면접을 받았고, 마지막으로 19명의 채용이 결정되었

---

09 Battelle Memorial Institute(1971), pp. 28~29.

다. 이후에도 재외한인과학기술자의 영입활동은 계속되어 1971년까지 총 40명의 재외한인과학기술자들이 채용되었다.[10]

연구개발을 담당할 연구원들에게는 수탁연구에 필요한 연구·관리능력의 양성을 목적으로 한 '연구경험프로그램(Research Experience Programs)'이 실시되었다.[11] 연구경험프로그램의 연수기간은 수주에서 수개월에 이르렀고, 목표는 최첨단 연구기기의 활용에서부터 연구기술의 판매, 연구성과의 사업화, 그리고 비즈니스적 관점의 연구관리 및 연구조직 결성에 이르기까지 수탁연구에 필요한 다양한 노하우를 종합적으로 습득하는 것이었다. 연구경험프로그램 연수자는 1971년까지 총 38명에 달했는데, 같은 기간 재외한인과학기술자 영입인원이 40명이었던 것을 감안하면 거의 전원이 연구경험프로그램에 참가했다는 것을 알 수 있다.[12]

당시 한국에는 '수탁연구시스템'이라는 개념이 없었기 때문에 자부심이 강한 과학기술자들은 이를 이해하는 데 곤혹스러워했고, 심지어는 저항도 마다하지 않았다. 바텔기념연구소는 KIST의 경영진에 대해서도 오리엔테이션프로그램(Orientation Program)을 실시했다.[13] 계약연구 지원체제와 운영방식 등에 관한 지식과 이해를 심화시켜 경영진의 의식개혁을 도모하기 위해 KIST의 이사나 경영간부들이 이 오리엔테이션프로그램에 따라 미국본사로 초빙되었다. KIST 소장 최형섭은 후보자들과의 인터뷰를 위해 1966년 10월 17일에서 12월 12일까지 약 4주, 1967년 6월 20일에서 7월 20일까지 약 1개월간 두 차례에 걸쳐 오리엔테이션프로그램을 이

---

10 당시 KIST 연구원 59명 중 3분의 2가 '재외한인 채용지원 프로그램'을 통해 채용됐다는 사실은 바텔기념연구소가 인력확보를 위해 크게 기여했음을 보여준다. 한국과학기술연구소편집위원회 (1977), 86쪽 참조.

11 Battelle Memorial Institute(1971), pp. 32~33.

12 한국과학기술연구소편집위원회(1977), 89쪽.

13 보다 자세한 내용은 Battelle Memorial Institute(1971), p. 29 참조.

수했다.[14] 신응균 부소장(1967년 1월 25일~3월 25일까지 2개월)과 이창석 감사 (1967년 1월 28일~3월 7일까지 약 6주)도 오리엔테이션프로그램에 참가했다. 특히 최형섭 소장과 신응균 부소장은 오하이오주 콜럼버스에 있는 연구소뿐만 아니라 리치랜드(워싱톤주), 프랑크푸르트(독일), 제네바(스위스) 등의 주요 연구시설에도 초청되어 오리엔테이션을 받았다. 그 밖의 이사직에서는 김병희 이사장을 비롯해 정약은 이사, 정연욱 이사, 이량 이사, 김용완 이사 등 5명이, 행정관리직으로는 이민하 행정관리부장, 최연하 홍보과장 등 2명이 1966년부터 67년에 걸쳐 바텔기념연구소의 초청을 받아 각각 4주에서 1개월간 오리엔테이션을 받았다.[15]

(2) 정보분석시스템 구축

바텔기념연구소는 또한 선진국의 과학기술정보를 수집·분석하고, 필요에 따라 한국정부와 산업계에 이를 신속하고 정확하게 제공할 수 있는 기술정보분석시스템을 구축하는 데에도 크게 기여했다. 그중에서도 기술정보센터나 도서자료실 등과 같은 정보분석시스템의 기반을 정비하는 데 주력한 결과, 기술정보를 신속하게 분석하고 활용할 수 있게 되었다. 이와 관련해 먼저 검토해야 할 것은 바텔기념연구소의 J. W. 머독(J. W. Murdoch)과 G. S. 심슨(G. S. Simpson, Jr)의 주도 아래 기술정보를 수집, 정리, 분석할 수 있는 기술정보센터가 설립되었다는 사실이다. 기술정보센터를 설치하기 위해 KIST는 150여 개 한국기업에 대한 설문조사를 실시한 뒤 그 회답용지를 바다 건너 오하이오주 콜럼버스에 있는 바텔기념연구소 본부로 보내 조사결과를 집계하고 분석했다. 바텔기념연구소는 기술정보분야에

---

14 오리엔테이션 참가자들과 일정에 대해서는 Battelle Memorial Institute(1971), p.30 참조.

15 김병희 이사장(1966년 9월 3일~10월 4일), 정약은 이사(1966년 9월 3일~9월 30일), 정연욱 이사(1966년 9월 3일~9월 30일), 이량 이사(1967년 1월 27일~2월 15일), 김용완 이사(1967년 1월 27일~2월 26일), 이민하 행정관리부장(1966년 10월 17일~12월 12일), 최연하 홍보과장(1967년 6월 25일~7월 20일).

서 가장 이용가치가 높은 최첨단 기술을 개발하는 데 필요한 정보들을 제공했는데,[16] 기술정보분야는 시장이나 고객이 요구하는 가치 있는 기술을 스폰서에게 판매하는 데 있어서도 매우 중요한 역할을 담당하는 분야였다. 사실 바텔이 최첨단 기술을 개발할 수 있었던 것은 우수한 기술정보와 분석기법 덕분이었고, 고객을 확대시킬 수 있었던 것 역시 기술정보의 분석이 커다란 역할을 했기 때문이었다. 바텔기념연구소는 다양한 기술정보를 수집·분석·검색할 수 있는 독자적인 기술정보시스템을 구축해 산업계 등에서 호평을 받고 있었다. 예컨대 이런 종류의 정보시스템의 롤모델이라고 할 수 있는 미국국방부의 '국방재료정보센터'는 바텔기념연구소가 구축한 '티타늄정보센터'의 성과를 다른 재료에도 적용시킬 목적으로 명칭만 변경한 것으로, 미국정부가 이 시스템의 우수성을 높이 평가하고 있었음을 알 수 있다.[17]

바텔기념연구소가 이처럼 높은 평가를 받을 수 있었던 중요한 요인은 독자적인 정보수집 능력에 있었다. 이는 다음과 같은 특징을 지니고 있었다. "정보는 현역 과학자 3000명과 계약을 하는 방식으로 수집된다. 그들은 자신들이 읽은 문헌에서 가치가 있다고 생각되는 부분을 발췌하고 중요한 자구에 밑줄을 그어 센터로 보낸다. 수집된 정보는 센터에서 기술용어별로 분류된다. 검색을 하면, 사전이나 시소러스(thesaurus)를 이용해 마치 도서관 도서분류 카드를 찾는 것과 같은 요령으로 찾고자 하는 정보를 끄집어낸다. 센터 시스템운영담당자의 이러한 설명은 어떤 방식으로 센터의 이용가치를 높이고 있었는지 보여준다."[18] 바텔기념연구소 안에는 이처럼 사용하기 쉬운 정보시스템이 구축되어 있었다. 과학자들과 우호적인 관계를 구축하고 최첨단 연구정보를 재빨리 획득했을 뿐 아니라 연

---

16 Battelle Memorial Institute(1971), p.38.

17 클라이드 R. 팁튼(Clyde R. Tipton)(1982), 84쪽.

18 클라이드 R. 팁튼(1982), 85쪽.

구가치가 높은 정보 소스와 그것의 한계를 잘 알고 있었던 것도 바텔의 강점이라고 할 수 있다.

이러한 강점은 시장과 고객의 요구에 부응하는 첨단기술을 개발하는 것과도 관련이 있으며, 그 진가는 스폰서들에게도 발휘되고 있다.

당시 한국의 정보분석시스템이 얼마나 취약했는지는 기업설문조사 결과를 분석하는 것조차 바텔기념연구소에 위임했어야만 했던 사실로부터 추정해볼 수 있다. 하지만 이로부터 바텔기념연구소의 '연구경험프로그램'이 얼마나 중요한 역할을 수행했는지 또한 단적으로 짐작할 수 있다. 기술정보센터 설치를 위해 실시된 이 연구경험프로그램에는 KIST의 최종완, 길병민, 현경호 등이 참가했다. 최종완은 1968년 3월 6일에서 4월 3일까지 약 2개월, 길병민은 1968년 4월 1일에서 9월 16일까지 약 6개월, 현경호는 1968년 4월 29일에서 8월 15일까지 약 4개월 동안 프로그램에 참가했다.

이 프로그램의 결과, KIST에 기술정보센터가 설치되었다. 바텔기념연구소의 경험상 이는 지극히 자연스러운 발상이었고, 한국정부나 산업계를 이끌어가는 데에도 충분히 매력적이었다. 기술정보센터는 한국에서 대단히 뒤떨어진 부문이었고, 당시에는 대기업조차 자사 내에 정보자료실이나 정보전문가를 갖춘다는 것이 매우 어려운 상황이었기 때문에 이는 한국정부나 산업계에 KIST의 힘을 과시하는 것이나 마찬가지였다. 센터의 운영에 대해서는 다음의 3가지 점을 지적해두고자 한다.

첫째, 한국산업의 기술현황을 분석하기 위해 '산업현황실(Industry Situation Room)'을 운영했다.[19] 산업현황실에서는 한국의 주요 기업 약 1000여 곳의 제품생산, 판매, 수출입, 제조시설, 기술자 등을 조사해 얻은 상세한 정보를 시스템 운영을 위한 비장의 카드로 활용했다. 둘째, 산업계가 필

---

19 Battelle Memorial Institute(1971), p.38; 한국과학기술연구소편집위원회(1977), 172쪽 참조.

요로 하는 기술정보를 KIST가 폭넓게 제공할 수 있도록 기술정보에 관한 간행물을 정기적으로 출판했다.[20] 처음 발간된 것은 1968년 봄에 출간된 계간지 『신기술』이었다. 이 잡지는 산업계와 정부관계기관 사이에서 최신 기술정보원으로 받아들여져 널리 읽혔는데, 한국산업에게는 '사막의 오아시스'와 같은 역할을 수행했을 것으로 생각된다. 계간지의 출판 역시 바텔기념연구소의 제안에 따른 것이었다. 셋째, 전자산업과 관련해 선진국의 기술정보를 수집하고, 그 기술에 대한 분석·평가를 기초로 전자산업계에 기술정보를 제공하기 위해 한국 초기 전자산업의 기술정보를 분석하는 프로젝트가 시작되었다.[21] D. M. 리스턴(D. M. Liston)의 지원에 크게 의존해 실시된 '전자제품개발기술정보분석' 프로젝트가 그것인데, 프로젝트를 통해 전자업계에 제공할 『기술현황분석보고서』가 출판되었고, 이 기술정보를 활용했던 기업이 300개 사를 넘었다고 한다.[22]

다음으로 살펴보아야 할 것은 최신 과학기술도서나 잡지 등을 구비하고, 국내외 정보네트워크를 구축하기 위해 바텔기념연구소의 H. A. 롤스를 중심으로 도서자료실이 만들어졌다는 점이다.[23] 롤스가 주도한 실태조사를 바탕으로 수립된 새로운 계획에 따라 한국 최초이자 세계적으로도 최고 수준의 최신식 도서자료실이 설립되었다. 롤스가 바텔 및 다른 과학연구소에서의 경험을 바탕으로 선진국의 기술정보를 신속하고 포괄적으로 수집할 수 있는 구조를 만들어내는 데 몰두한 결과였다. 최신식 도서자료실의 운용을 위해 KIST의 박계홍도 연구경험프로그램에 참가했다. 1967년 6월 20일~9월 11일 사이에 진행된 이 프로그램에서 미국 각지의

---

20 Battelle Memorial Institute(1971), p.38; 한국과학기술연구소편집위원회(1977), 171~172쪽 참조.

21 Battelle Memorial Institute(1971), p.38; 한국과학기술연구소편집위원회(1977), 172쪽 참조.

22 Battelle Memorial Institute(1971), p.38; 한국과학기술연구소편집위원회(1977), 172쪽 참조.

23 도서관 지원에 관해서는 Battelle Memorial Institute(1971), pp.37~38; 한국과학기술연구소편집위원회(1977), 180~181쪽 참조.

대학도서관과 전문도서관 등을 견학할 수 있도록 극진한 지원이 제공되었다. 프로그램의 목적은 전문도서관에서 행해지는 서비스와 각종 절차 등을 배우고, 동시에 최신 전문서적과 자료를 완벽하게 선정·수집할 수 있는 능력을 배양하는 데 있었다. 그러나 문헌구매목록이 작성되고 나서도 한국정부의 예산집행이 대폭 늦어져 실제로 자료구입이 시작된 것은 69년이 지나서였다. 예산집행이 청구일로부터 1년 이상 경과한 뒤에야 이루어졌던 것이다. 주목해야 할 점은 1968년 AID가 KIST를 대신해 약 150점 이상의 정기간행물을 구입하기로 결정하고 그 권한을 바텔기념연구소에 위임했다는 사실이다. 이는 KIST에게 최신 기술정보가 곧 생명선이라는 판단에 따른 것이기도 했지만, 동시에 KIST에 건 미국정부의 기대가 얼마나 컸는지를 보여주는 사례이기도 하다. 이러한 상황에서 도서자료의 구입조차 미국의 원조에 의존해야 했다는 것은 한국의 외화사정이 얼마나 악화되어 있었는지를 여실히 보여준다.

(3) 정책 싱크탱크의 운영

바텔기념연구소가 특히 강력하게 추진한 분야였던 산업경제분석이 바텔의 성공을 뒷받침했고 국제적 명성을 가져다주는 등 바텔의 중요한 기둥 가운데 하나였다는 사실에 대해서는 앞에서도 설명한 바 있다. 이전의 과학기술연구소에는 없던 산업경제부문이 신설되었다는 것, 이제까지 누구도 생각하지 못했던 이 분야가 KIST에 추가로 설립된 데에는 바텔의 과거 경험과 노하우가 크게 작용했다. 앞에서 설명한 것처럼, 기술정보분석과 산업경제분석을 융합한 조사연구는 종래의 과학연구소에는 없는 KIST만의 고유한 특징이었다. 이 분야는 산업컨설팅이나 프로젝트연구의 중추를 이루었을 뿐만 아니라, 바텔이 컨설팅분야를 구축해내는 원동력이기도 했다. 이러한 분석결과를 바탕으로 신제품 개발과 사업화에 관한 계약연구를 수행할 수 있었고, 또 한국정부와 산업계에 유용한 컨설팅사업을 수행할 수 있게 되는 등 이 연구부문이 한국의 산업진흥에 미쳤던 영향은 헤아릴 수 없다.

이 두 분야에 대한 연구활동이 본격화됨에 따라 위탁프로젝트의 수도 서서히 증가했고 프로젝트의 내용도 다양화되었다. 특히 경제정책 및 과학기술정책의 수립이 목적이었던 정부위탁연구는 프로젝트의 타당성조사, 교통량조사, 도시계획, 에너지수급분야, 기계공업 및 과학기술진흥에 관한 조사 등으로 다양화되었고, 그럼으로써 정책 싱크탱크로서 커다란 역할을 수행할 수 있게 되었다. 한국정부로부터 위탁받은 수많은 조사연구는 거의 대부분 경제정책의 입안과 실시에 관한 것이었다. 몇 가지 예를 살펴보기로 하자.

'장기에너지수급계획에 관한 조사연구'(1967), '과학기술진흥의 장기종합정책 수립을 위한 조사연구'(1967), '산업용 원자재도입 실태조사'(1968), '전자공업육성책 수립을 위한 국내전자공업 및 관련분야 조사'(1968), '해양자원종합조사'(1969), '포항종합제철공장건설계획'(1969), '한국기계공업육성방안연구'(1969) 등 일일이 열거하기도 힘들 정도다.

발족 당시 조사연구의 목적은 바텔기념연구소와의 공동연구를 통해 견고한 발판을 마련하는 것이었다. 바텔기념연구소의 연구보고서에 따르면, 공동연구의 목적은 첫째, 계획의 수립·실시·개선에 관한 연구를 다각적인 방면에서 수행하고, 둘째, KIST의 산업경제분석을 강화하기 위해 바텔의 경험과 노하우 등 전문적인 지식을 제공하는 것이었다.[24] 예컨대 경제기획원이 위탁한 '장기에너지수급계획에 관한 조사연구'나 '한국기계공업육성방안연구' 등과 같은 대형 프로젝트를 보면 바텔기념연구소의 역할이 무엇이었는지 잘 알 수 있다.

1967년에 시작된 '장기에너지수급계획에 관한 조사연구' 프로젝트는

---

24 Battelle Memorial Institute(1968), p.5.

14명의 연구원이 팀으로 구성되어 실시되었다. 한국 측에서는 KIST에서 4명, 원자력연구소에서 1명, 한국전력에서 1명 등 총 6명이 참가했고 바텔기념연구소에서는 조사단장 C. H. 칠턴(C. H. Chilton)을 포함해 모두 8명이 참가했다. 이 프로젝트의 중요성은 바텔의 전문가가 많다는 사실에서도 여실히 드러난다. 프로젝트는 1981년까지의 장기적인 예측에 관한 것으로 매우 긴급하고 중요한 과제였다. 당시 에너지 수급현황은 급속한 공업화와 도시화로 인해 심각한 전력부족이 발생하는 등 위기적 상황에 빠져 있었다. 에너지 수급균형을 위해서는 향후 전망을 분석하고 공급 측면에서 대책·시책을 보다 면밀하게 검토할 필요가 있었다. 여기에는 대규모 설비투자가 필요했고, 따라서 비용문제를 해결해야 했을 뿐만 아니라 한국에 최적화된 에너지 도입방식도 검토해야 했다. 특기할 만한 것은 원자력발전에 관한 조사를 위해 이 프로젝트에 J. F. 플레처(J. F. Fletcher)(바텔기념연구소)와 C. K. 리(C. K. Lee)(한국원자력연구소)라는 원자력전문가가 참여하고 있었다는 사실이다.[25]

1969년 출범한 '한국기계공업육성방안연구' 프로젝트팀에는 16명의 연구원이 참가했다. 한국 측에서는 KIST에서 5명, 육군사관학교에서 1명, 산업컨설턴트 1명, 상공부에서 1명 등 모두 8명이 참가했고, 미국 측에서는 8명의 전문가가 참가했다. 바텔기념연구소에서는 조사단장 H. Y. H. 최(H. Y. H. Choi)를 포함해 4명의 전문가가 참여했고, 그 밖에 R. D. 가지올리(R. D. Gagioli, 위스콘신대학교), Y. H. 코(Y. H. Coe, National Bulk Carrier Corporation), B. S. 리(B. S. Lee, 세계은행), C. J. 리(C. J. Lee, American Can Company) 등 4명이 참가했다.[26] 이 연구는, 각종 제조업을 발전시키고 산업기술의 기반을 구축해 한국의 경제성장을 달성하려면 중공업이 반드시

25 Battelle Memorial Institute(1968), p.6.

26 Battelle Memorial Institute(1971), p.34.

필요하고, 다음의 4개 프로젝트가 경제적·기술적으로 중요한 역할을 수행할 것이라고 결론을 내렸다. ① 건설용 중장비와 소형차를 생산할 수 있는 중기계시설 개발, ② 주물용 선철을 생산할 수 있는 플랜트 개발, ③ 공구와 스테인리스강 등을 생산할 수 있는 특수강플랜트 개발, ④ 대형조선소(6~10만 톤급) 건설 등 4대 프로젝트가 제안되어 제3차 경제개발 5개년 계획에 반영되었다.[27] 바텔기념연구소는 전문가들을 파견해 각 프로젝트의 실행에 필요한 비용을 산출하는 후속작업에도 열성을 기울였다.[28]

　이상의 사실로부터 한국에서 KIST라는 연구기관은 단순히 연구개발에만 특화된 연구기관이 아니라 국가차원에서 과학적·기술적·경제적·정보적으로 유용한 '종합과학연구소'라는 위상을 가지고 설립되었음을 알 수 있다. 그러나 새로운 산업을 일으키는 것은 기존산업을 진흥시키기보다 훨씬 어렵다. 특히 첨단산업의 경우에는, 새로운 산업을 육성하는 데 거액의 비용이 필요하다는 점 이외에도 첨단기술의 진보가 다른 산업에 비해 비교적 빠르고, 항상 신기술의 영향을 받는다는 점에서 위험도도 컸다. 또한 첨단기술을 따라잡기까지는 긴 시간이 필요하므로 한국이 단순히 풍부한 노동력에만 의존하는 전자산업을 추진했다면 그 발전에 매우 긴 시간이 소요되었을 것이다. 만약 첨단기술의 개발에서 상품화에 이르는 모든 과정을 계획하고 운용할 수 있는 수탁연구시스템이 KIST에 구축되어 있지 않았다면, 한국이 독자적으로 기술자립화를 추진하는 데에는 한계가 있을 수밖에 없었을 것이다. 이런 점에서 바텔기념연구소는 전자산업

27　Battelle Memorial Institute(1971), p.34.

28　바텔기념연구소가 파견한 전문가들은 다음과 같다. A. J. 코일(A. J. Coyle, 조선, 1970.10.16~11.2), H. Y. H. 최(기계공학, 1970.8.30.~11.8), H. S. 샌더스(H. S. Sanders, 주조, 1970.9.5.~6.12), H. J. 헤닝(H. J. Henning, 단조, 1971.3.2.~3.20), F. W. 볼저(F. W. Boulger, 금속가공, 1971.3.2.~5.26), B. W. 고너(B. W. Goner, 야금, 1971.4.19.~6.2), W. L. 에반스(W. L. Evans, 컴퓨터관리, 1971.5.15.~6.5), C. S. 피트(C. S. Peet, 동력전달, 1971.6.20~6.30) 등 다양한 분야에 걸쳐 있음을 알 수 있다. Battelle Memorial Institute(1971), p.37 참조.

의 진흥을 위해 갖추어야 하는 기반을 마련하는 데 있어 필수적인 특정분야를 위한 세계 최첨단 연구시설의 건립, 최첨단 연구를 담당할 인력영입과 연수프로그램의 실시, 산업에 유용한 수탁연구시스템 및 최신기술정보시스템 구축 등에서 대단히 중요한 역할을 수행했다고 할 수 있다.

이에 덧붙여 KIST가 기술정보분석과 산업경제분석을 융합한 조사연구를 통해 정부의 정책 싱크탱크 기능도 수행했을 뿐만 아니라, 연구자의 조사연구능력을 향상시킴으로써 정부의 자문기관으로 기능했다는 점도 강조되어야 한다.[29] 경제정책을 수립하고 실시할 때 한국정부의 의사결정과 판단을 뒷받침해주었던 계획안이나 방안 등은 KIST의 역량에 힘입은 바가 컸기 때문이다. 두말할 나위 없이 그것은 정부에 KIST의 능력을 과시하는 역할도 했다. 중요한 사실은 KIST가 유능한 정책시스템으로서 기능했기 때문에 한국정부가 정책결정 과정에서 합리적인 판단을 할 수 있었고, 이를 배경으로 과감한 경제정책을 실시할 수 있었다는 것이다.

제2절 전자산업의 진흥과 바텔기념연구소

1. 전자산업 마스터플랜의 개요

한국 전자산업의 성장을 고찰할 때 강조해야 할 점은 한국정부가 1966년 12월 초순, 즉 제2차 경제개발계획이 시작되기 직전에야 전자산업육성

---

29 경제기획원이 제4차 경제개발 5개년계획을 수립하기 위해 실무계획팀을 구성했을 당시, KIST에서 10명의 전문가가 이 계획팀에 참가했다. 한국과학기술편찬위원회(1977), 192~193쪽.

표 7-1 전자산업진흥 관련 연표

	전자산업에 관한 정책 동향
1966년 12월 05일	전자공업육성에 관한 방침 표명(박충훈 상공부장관)
1967년 01월 01일	제2차 경제개발 5개년계획 및 제2차 5개년수출계획 실시
1967년 01월 17일	박정희 대통령, 전자공업육성방침 발표
1월 중순~2월 중순	전자산업부문 산업실태조사(한미공동)
3월 08일	전자공업육성방안 채택(경제과학심의회의)
1969년 01월 28일	'전자공업진흥법' 공포
1969년 06월 19일	전자공업진흥 8개년계획(1969~76) 발표

* 한국전자공업진흥회(1981), 28쪽; 한국산업은행조사부(1970), 565~545쪽.

방침을 발표했다는 사실이다. 표 7-1에서 볼 수 있는 것처럼 1966년 12월 5일 박충훈 상공부장관은 기자회견을 통해 전자산업을 수출산업으로 중점 육성한다고 발표했다. 특히 박정희 대통령은 1967년 1월 17일의 연두교서에서 전자공업의 육성에 힘쓸 것이라고 국민에게 선언했는데, 이러한 것들은 한국정부가 전자산업을 육성하겠다는 의사를 공식적으로 표명한 최초의 사례였다. 이후 전자산업을 위한 마스터플랜이 작성되어 1967년 3월 8일 경제과학심의회의에서 채택되었다. '전자공업육성방안'이 바로 그것이다.

'전자공업육성방안'은 이후에 등장하는 전자산업진흥정책의 방향을 보여준다는 점에서 한국이 전자산업을 진흥시키기 위해 취해온 정책들 가운데 가장 중요한 것이다. 제2차 경제개발계획에서조차 제외되어 있었던 전자산업이 새로운 산업발전모델로서 자리매김되었을 뿐만 아니라 그 육성을 위한 기본전략의 방향이 제시되는 등 미래를 향한 기본시책으로서 이 방안이 수행한 역할은 결코 경시할 수 없는 것이다.

이 방안은 그동안 미공개 상태에 있었기 때문에 그 상세한 내용 역시 베일에 싸여 있었다. 그러나 2007년 7월 28일 '대통령기록물 관리에 관한 법률'이 시행되면서 당시 경제과학심의회의에서 심의·검토된 '전자공업육성방안'도 공개되었다. '전자공업육성방안'은 다음과 같은 항목으로 구성되어 있다.[30]

① 전자공업의 전망
② 전자공업현황 및 상공부의 육성계획
③ 전자공업육성상의 문제점과 대책

이 방안은 우선 "제2차 경제개발 5개년계획에는 전자공업부문에 대한 투자계획이 완전히 누락되어" 있었다고 지적하면서 전자산업을 새로운 기간산업으로 육성해야 할 당위성을 강조했는데, 그 이유로 다음의 세 가지를 들고 있다. 첫째, 전자산업은 석유화학, 합성섬유산업과 함께 선진국의 3대 성장산업 가운데 하나이고 국가근대화를 위한 필수적인 산업이다. 둘째, 전자산업은 노동집약적인 성격이 강하면서 부가가치 향상에도 유용하고, 부피가 작고 가벼운 제품이 많기 때문에 수송비용이 적게 든다는 특징이 있어 수출전략산업으로 적합하다. 셋째, "이같이 유익한 산업에 대한 투자유치는 외국투자자에게 영속적인 이윤을 제공하는 대가로 노동자의 임금을 벌어들이는 형태의 직접투자로만 제한되지 않으며, 현재 '공업입국(工業立國)'을 달성하기 위한 산업기반을 강화하는 데에도 유용하기 때문에 수출전략산업으로 육성할 필요가 있다."[31] 이상과 같은 당위성에 기초해 상당히 포괄적인 진흥책을 제안했는데, 그중 눈에 띄는 것은 다음의 6개 진흥책이다. ① 전자공업(특히 부품 및 기기조립)의 특화산

---

30 경제과학심의회의사무국(1967), 「전자공업육성방안」, 국가기록원대통령기록관.

31 경제과학심의회의사무국(1967), 「전자공업육성방안」, 국가기록원대통령기록관.

업 지정, ② 공공차관(특히 대일청구권) 혹은 외화의 우선적 할당, ③ 전자공업육성기금 창설, ④ 기술 연구개발 및 활용을 위한 방책, ⑤ '전자공업육성법' 제정, ⑥ '전자공업센터' 설립.

2. 전자산업 마스터플랜의 특징

더욱 주목해야 하는 것은 이 방안이 경제개발 5개년계획과 같은 단순한 투자계획표가 아니라 본래적인 의미에서의 산업육성계획이었다는 점이다. 이 방안의 특징은 다음과 같다.

첫 번째 특징은 단순히 수입대체산업을 육성하는 데 역점을 두었던 기존의 생산·투자계획과 달리 전자산업의 세계적 성장 추이를 감안해 전자산업의 육성방침을 분명히 했다는 것이다. 기존의 산업육성정책은 국내 수요의 관점에서 공급능력이 부족하다는 점을 강조한 생산력증강 제일주의에서 벗어나지 못했지만, 이 방안은 세계적 수급 동향을 두루 살피면서 수출진흥과 국제경쟁력 강화를 중시하는 방향으로 목표를 전환하고 있었다. 이러한 점에서 이 방안은 기존의 생산력 지상주의와 구별되며, 수출산업을 해외시장에 진출시키기 위한 처방전에 가까웠다.

두 번째 특징은 생산능력만을 추구하던 제품생산을 해외시장의 상황에 맞는 상품생산으로 전환시키려는 의도가 엿보이고, 이전까지 관심 밖이었던 해외수요를 중시하고 있다는 점이다. 보고서는 "진공관-반도체(트란지스터)-집적회로(I.C)로 발전하고 있는 이 산업은 기술혁신과정이 급격하여 선진제국에서도 자동생산시설로 기계화하느니 보다 인건비가 저렴한 지역으로 분업이 유익한 현황"이라고 지적하면서 "전자부품공업의 육성에 있어서는 I.C화(Integrated Circuit, 집적회로) 추세에 특히 유의하여 육성대상이 될 생산품목선정에 신중을 기할것이며 전자기기조립공업에 있어서는 I.C를 적극 도입,개발할수 있도록 단기적 또는 장기적계획이 수립되어야 한다"며 I.C 수요의 확대 전망을 토대로 IC산업의 국제분업 체제를 구축한다는 방침을 세우고 있었다.[32] 당시 일본기업들의 생산방침이 트랜지스터 응용제품에서 IC 응용제품으로 전환되고 있었다는 점을 생각할 때, 참으로 놀랄 만한 '선견지명'이었다.

세 번째 특징은 새로운 산업발전모델의 수립을 시도했다는 점이다. 이와 관련해서는 그림 7-1 '전자공업센터' 프로젝트 개요도를 참조하도록 한다. '전자공업센터'는 전자산업의 골간이자 낙후된 산업생산력을 보완한다는 의미에서도 필수적인 것이었다. 전자공업센터의 기능은 연구개발, 기술자 양성·훈련, 기술정보의 수집 및 제공, 기술도입 지도, 해외시장 조사·상담, 제품 검사 및 평가, 시험설비 운영 등을 망라하고 있다. '전자공업센터'는 전자기업에게 국산 원료, 생산기술 관리, 기술이전, 기술자 공급, 해외시장 개척 등의 서비스를 제공하고, 전자기업은 이러한 서비스를 바탕으로 국제수준의 제품을 생산해 국내시장과 해외시장에 판매한다. 요컨대 전자기업은 생산활동에 집중하고 '전자공업센터'는 기업을 대신해 기술정보를 수집·개발하며, 기술자를 양성하고, 마케팅 등의 활동을 담당한다는 구상이었다.

노동집약적 산업과 달리, 일반적으로 전자산업은 고도의 기술과 대규모 설비투자를 필요로 하기 때문에 발전도상국이 이를 수출산업으로 육성하기가 쉽지 않다. 그렇다 보니 대개의 발전도상국들은 수입대체산업을 육성하는 데 주력하는 경우가 많았고, 그러한 경우에도 선진국의 자본과 기술에 크게 의존해 라디오·텔레비전 등 민생용 전자기기부문의 국산화를 추진하는 것이 일반적이었다. 한국 역시 적어도 1966년까지는 라디오 및 텔레비전 등 민생용 전자기기의 수입대체를 추진하려고 했다. 그러

---

32 경제과학심의회사무국(1967), 「전자공업육성방안」, 국가기록원대통령기록관.

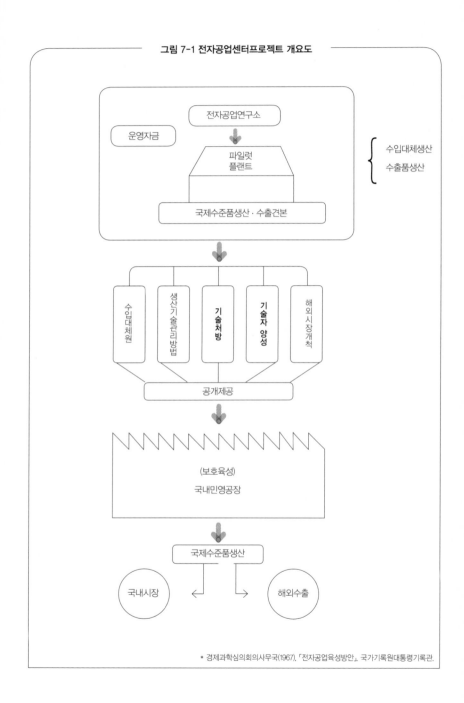

그림 7-1 전자공업센터프로젝트 개요도

전자공업연구소

운영자금

파일럿 플랜트

국제수준품생산 · 수출견본

수입대체생산
수출품생산

수입대체원

생산기술관리방법

기술처방

기술자양성

해외시장개척

공개제공

(보호육성)
국내민영공장

국제수준품생산

국내시장

해외수출

* 경제과학심의회의사무국(1967), 「전자공업육성방안」, 국가기록원대통령기록관.

나 앞서 기술한 것과 같이, 한국정부는 외화사정의 악화나 전력사정의 심각성으로 말미암아 소극적인 방침으로 일관할 수밖에 없었고 홍콩, 대만, 필리핀 등과 비교해서도 좀처럼 수입대체를 추진하지 못했다.

전자산업의 특징은 기술 및 연구개발이 생산에서 중요한 요소라는 점이다. 또한 기술진보의 속도가 매우 급격하기 때문에 한국의 전자기업에게 선진국의 기술은 구름 위의 존재와도 같았다. 한국 전자기업이 선진국 시장에 신규진입을 시도한다면, 기술도입에서든 시장개척에서든 '무거운 부담'과 '높은 위험도'를 감당해야만 하는 현실에 부딪힐 수밖에 없었다. 이러한 이유로 정부는 이 '무거운 부담'과 '높은 위험도'를 기업 대신 감수하고, 나아가 기업을 지원하거나 지도하는 등의 직접적 역할을 수행하는 '중추적 기관'이 되어야 했다. 이를 통해 전자기업이 최소한의 투자로 풍부한 청년노동력을 활용하고 또 특화된 생산활동을 수행함으로써 가격경쟁력을 확보할 수 있다면, 이것이야말로 국제경쟁력을 강화할 수 있는 유효한 수단이 될 것이었다. 이런 관점에서 보면, 이 방안은 과거의 노동집약적인 단순한 가공조립생산과는 구별되는 것이며, 정부가 기술 및 연구 부문을 강화하고 전자기업은 생산활동에 집중한다는 새로운 '관민협조시스템'이라고도 할 수 있었다.

1967년 3월 경제과학심의회가 심사한 '전자공업육성방안'은 대단히 획기적인 것이었다. 어쩌면 발전도상국으로서는 너무 지나칠 정도로 야심찬 방안이라고 하는 편이 옳을지도 모른다. 어쨌든 이 방안이 세계수요의 급격한 확대를 예상하고 IC 등 첨단 기술산업의 수출진흥을 목표로 내세워 전자산업의 기술 및 연구개발능력을 강화할 것을 강조하고, '전자공업센터'를 중심으로 한 연구개발 활동지침을 분명히 했다는 사실은 한국 전자산업을 고찰할 때 중요하게 살펴보아야 할 사항이다.

3. 전자산업의 마스터플랜과 바텔기념연구소

(1) 전자산업 육성의 배경

바텔기념연구소는 한국의 산업진흥이나 기술촉진에 있어 다방면에 걸쳐 영향을 미쳤는데, 여기에서는 특히 전자산업육성정책에서 수행한 역할에 초점을 맞추어 살펴보도록 한다. 특히 한국정부의 목표정책, 즉 특정산업 육성정책에 바텔기념연구소가 어떠한 영향을 미쳤는가를 전자산업의 정책 동향과 비교, 검토하고자 한다.

이전까지 거의 관련이 없었던 바텔기념연구소와 한국은 1966년 6월 KIST와 바텔기념연구소의 자매결연협정 체결을 계기로 특별한 관계를 형성하게 되었다. 협정체결 직후 바텔기념연구소는 곧바로 한국경제에 중요한 산업기술부문을 선별하는 일에 착수했는데, 이를 먼저 살펴보아야 한다. 바텔은 오랫동안 축적해온 '경험법칙'을 반영해 한국경제를 견인할 중점산업분야의 경쟁력을 강화하고, 더불어 새로운 산업기술을 도입해 국제 우위를 기대할 수 있는 핵심산업을 결정한 뒤 그 분야에 연구기술 자원을 집중적으로 투하하는 것이 바람직하다고 보았다. 산업의 국제경쟁력을 육성·강화하고 이를 수출증대로 연계하기 위해서는 기술연구개발을 통한 혁신이 필수적이라는 결론은 어쩌면 바텔만이 내릴 수 있었던 탁견이었을지도 모른다.

1960년대 당시 한국은 수입증대에 따른 국제수지 악화로 절대적인 외화부족이라는 딜레마에 빠져 있었다. 공업화에 필요한 기술은 외국자본과 경제원조에 의존해야만 했고, 기술수준은 다른 아시아 나라들과 비교해 상당히 뒤떨어져 있었다. 의류나 요업처럼 이미 수출특화산업으로 지정되어 있었던 산업부문조차 기술수준이 매우 낮아서 세계 최신기술과는 커다란 격차가 있었다는 점을 다시 한 번 지적하지 않으면 안 된다. 요컨대 외화획득은 수출산업 육성을 위한 최우선 과제였다. 한국정부가 수출특화산업의 육성을 내세웠다고는 해도, 지원산업의 미발전으로 인한 산업 간 연계의 결여, 국제경쟁력 저조, 국제수지 악화 등이 일상적이었던 상황을 개선하는 것이 우선 해결해야 할 지상과제였다.

이러한 상황을 배경으로 바텔기념연구소는 특정산업을 육성할 목적으로 이른바 '선택과 집중'을 활용했다. 대상산업에는 식품공업, 전자공업, 석유화학공업, 화학섬유공업, 재료공업, 기계공업, 컴퓨터, 분석화학, 요업공업, 과학기술정보, 전기기계공업, 펄프 및 제지공업, 포장공업, 주조, 운수, 건설경제 및 기술 등 16개 분야가 포함되었다. 그런데 여기에는 제2차 5개년계획의 중요산업이었던 화학비료, 철강, 시멘트, 합판과 같은 분야들은 포함되어 있지 않다. 반면 전자, 컴퓨터, 과학기술정보, 재료, 분석화학, 포장공업, 주조, 운수, 건설경제 및 기술과 같은 산업이 중요분야로 등장했다. 그러나 이 분야들은 기본적으로 고도의 기술과 지식이 필요한 과학집약적 산업의 색채가 강하고 그를 지탱하기 위해 활발한 연구개발투자가 요구되는, 이른바 하이테크산업으로 분류된다. 발전도상국이 하이테크산업을 육성하는 것은 자금 및 인력 그리고 기술정보라는 면에서 곤란하다는 견해가 일반적이었던 당시 상황에서 바텔의 이러한 계획은 단순한 야심에 지나지 않는다고 해도 틀리지 않을 것이다. 바텔의 계획은 당시 한국의 역량이라는 측면에서 한국정부가 지향했던 생산력확대 지상주의와는 확실히 다른 면을 지니고 있었는데, 이와 함께 다음의 사항들에도 관심을 기울여야만 한다.

첫째, 전자분야는 컴퓨터분야와 함께 첨단 기술을 흡수하면서 성장하고 있었고, 이 시기 한국의 공업화단계를 볼 때 첨단산업의 위상을 지닌 전자산업을 육성한다는 계획은 '새로운 실험'이라고까지 할 수 있을 만큼 대단히 획기적인 것이었다. 왜냐하면 기술혁신의 속도가 매우 빠른 이 분야는 막대한 자금과 첨단기술을 필요로 하고 따라서 대규모 연구개발투자가 지속적으로 요구되었지만, 만성적인 자금부족과 외화사정의 악화에 시달리던 당시 한국에서 산업의 자주적인 연구개발 역량은 그다지 발전하지 못했다는 사실을 부정할 수 없기 때문이다. 더구나 한국정부는 새로운 생산물을 도입하는 데 가장 적합한 산업으로 중화학공업 등을 중시하고 있었고, 발전도상국에게 큰 위험을 안겨줄지도 모르는 첨단산업에는 거의 관심을 기울이지 않고 있었다.

바로 이런 이유에서 그동안 전자산업에 아무런 관심도 보이지 않았던 한국정부가 이 시기 들어 전자산업육성방침을 내세웠다는 점에 주목해야 할 필요가 있는 것이다. 1966년 12월 5일 박충훈 상공부장관이 기자회견을 통해 전자산업육성방침을 발표한 것은 한국정부 최초의 의사표명이었다. 그러나 이는 바텔기념연구소가 전자산업을 한국경제에 중요한 산업의 하나로 지정한 것보다 시기적으로 늦다. 즉 한국정부가 기자회견을 통해 전자산업 육성에 힘을 싣겠다는 방침을 몹시 서둘러 발표한 것은 바텔기념연구소가 먼저 전자산업을 중요산업으로 선정했기 때문이었다. 바텔기념연구소가 한국의 전자산업육성정책에 영향을 미쳤다는 사실이 고도성장기의 산업정책을 평가하는 데 있어 중요하다고 강조한 이유는 이 때문이다.

둘째, 재료, 분석화학, 포장, 주조, 과학기술정보 등의 분야는 인접한 많은 산업부문과의 연계효과로 인해 국제경쟁력에 보탬이 되는 지원산업으로 규정되지만, 당시 한국산업의 발전수준에서 이 분야들의 육성·발전은 거의 불가능다고 볼 수 있었다. 이 분야의 산업들은 국제적인 경쟁력을 갖춘 공업제품을 생산하는 데 필요한 다종다양한 부품, 소재, 기계 및 공구 등을 공급하는 필수산업이기는 하지만, 기술집약적인 성격이 강해 발전도상국들이 육성·발전시키기 쉽지 않다고 간주되어왔기 때문이다. 특히 당시 한국은 지원산업이 미성숙한 상태에 놓여 있었기 때문에 산업의 연계문제, 수입의 초과문제 등이 해결되지 못한 채로 남아 있었다. 이로 인해 수출제품의 생산에 필요한 주요 부품, 소재, 기계, 설비 등을 선진국에 의존하지 않을 수 없었던 것이다. 산업육성방침을 고찰함에 있어 무엇보다 주목해야 할 점은 한국정부가 생산능력을 중시하는 관점에서 중화학 산업 등을 우선시한 반면, 바텔기념연구소는 산업연계의 효과나 혁신능력의 형성을 위해 고도의 기술을 필요로 하는 지원산업을 보다 중시했다는 사실이다.

(2) 한국 초기 전자산업에 관한 실태조사

이렇게 선정된 16개 산업기술부문의 실태를 보다 자세하게 파악하기 위한 조사가 실시되었다. 이 산업실태조사 역시 바텔기념연구소의 주도하에 실시되었는데, 여기서 첫 번째로 주목해야 할 점은 이 조사가 한국에서 실시된 최초의 본격적인 실태조사였다는 사실이다. 표 7-2에서 볼 수 있

표 7-2 산업실태조사와 바텔기념연구소의 지원

	조사분야	바텔 측의 전문가	한국 측의 전문가
1	식품	O. Wilhelmy, N. Drobny, R. Kluter	김종빈, 최상, 김동훈
2	전자	C. S. Pete, R. J. Bengtson	심문택, 정만영, 김해주
3	석유화학	A. P. Lien	김광모, 심정섭, 김종빈
4	화학섬유공업	R. I. Leininger	정기현, 노익삼, 성좌경
5	야금공업	G. K. Manning, B. W. Gonser	황기화, 윤동석, 고창식, 강웅기
6	기계공업	G. A. Francis	강철희, 이병휘, 유병철
7	컴퓨터	M. Tikson	성기수, 김덕현
8	분석화학	W. M. Henry	양재현, 김동선, 이태녕
9	요업	J. W. Lenon	이종근, 임응극, 박용완, 지응업
10	과학기술정보	J. W. Marduk, G. S. Simpson	이민하, 길병민
11	전기기기	E. J. Barrett	이승룡, 박민호, 김경기, 김원
12	펄프 및 제지	R. W. Toelle	조향균
13	포장	J. R. Blyth	윤온구, 하진필, 이찬주
14	주조	H. S. Sanders	최영식, 이병휘, 홍종휘, 윤효중
15	운수	K. P. Rahbany	이창석, 김종빈
16	건설경제 및 기술	G.H. Sywell, H.N. Layne	이해성, 김덕현, 최종완

* Battelle Memorial Institute(1971), pp.29~32; 한국과학기술연구소편집위원회(1977), 43쪽.

는 것처럼 이 조사는 한국의 산업계·학계·정부기관 56명, 바텔기념연구소 22명으로 구성된 한·미공동조사단에 의해 실시되었다. 한·미공동조사단은 1966년 10월부터 67년 8월까지 약 1년 동안 600곳의 한국기업을 비롯해 업계관련단체와 정부기관, 대학 등을 방문해 인터뷰조사를 실시했다. 바텔기념연구소는 주요 조사과제로 ① 한국산업의 현실을 바탕으로 선진기술의 활용방안 모색, ② 한국산업에 유용하면서 KIST가 충분히 담당할 수 있는 연구개발대상 지정, ③ KIST의 연구개발진에 대한 향후 수요분석, ④ KIST에 필요한 연구시설 및 실험기자재 확보 등 네 가지를 꼽았다. 한국의 산업진흥을 위해 필요한 선진기술의 연구개발과 활용이 목표였음을 알 수 있다.

두 번째로 주목해야 할 점은 이 산업실태조사 보고서가 한국의 산업정책에 끼친 영향이 널리 인정되고 있었다는 사실이다. 바텔기념연구소는 한국이 안고 있는 문제점을 산업마다 상세하게 분석했고, 그에 대한 구체적인 해결책과 과제를 검토·제시했다. 분석의 결과를 정리·종합한 보고서는 먼저 영어판으로 발표된 후 한국어로 번역되었다. 이 조사보고서는 산업경쟁력 강화를 강구하는 사업계 및 경영자에게는 경영참여자료로, 행정관계자에게는 정책참고자료로 활용될 수 있도록 작성되었는데, 이러한 의미에서 본다면 산업경쟁력 강화를 위한 제안서라고도 할 수 있다. 산업계는 물론 정부기관에서도 널리 참조한 이 보고서는 과학과 기술분야의 세계적 리더들이 제시한 '한국산업의 처방전'이라는 성격이 강했던 까닭에, 이것이 산업정책에 끼친 영향을 경시해서는 안 될 것이다.

보고서가 전자산업과 함께 재료산업을 우선육성산업으로 지정한 것이 산업정책에 끼친 영향도 간과할 수 없다. 바텔기념연구소는 산업연계효과라는 관점에서 재료산업, 기계산업, 전자산업, 화학산업, 식품산업 등 5개 산업을 우선육성산업으로서 지정했는데, 그것은 한국정부가 지향했던 중화학공업화와는 명백히 달랐다. 제2차 경제개발계획에서는 철강, 기계, 시멘트, 석유화학, 비료 등이 중점산업으로 선정되었고, 전자산업과 재료산업은 중점산업은커녕 투자대상도 되지 못했다. 그러나 한국이 반도체를 중심으로 전자산업을 육성하는 데 성공한 나라라는 관점에서 보면, 재료산업과 전자산업을 일찌감치 우선적으로 발전시키려고 계획했다는 사실을 간과해서는 안 될 것이다.

세 번째로 주목해야 할 점은 고도의 기술을 필요로 하고 경제·기술 양면에 파급효과가 큰 재료산업과 전자산업을 중점적으로 육성해야 할 성장분야로 지정했을 뿐 아니라 이를 기간산업으로 육성할 목표를 가지고 있었다는 사실이다. 이것은 바텔이 아니고서는 생각할 수 없는 참신한 산업진흥책이라고 할 수 있으며, 현재 전자산업의 존재감을 해명하는 데도 중요한 열쇠가 되는 지점이다. 전자산업을 새로운 성장산업, 나아가 중추적 산업으로 육성하기 위해 라디오, 텔레비전 등 가정용 기기분야와 트랜지스터, IC 등 전자부품분야를 결합시켜야 하는 것은 당연하지만, 이들을 지탱해줄 반도체 등의 전자재료분야가 수행하는 역할 또한 중요하다. IC, 계산기용 메모리코어, 다이오드 등과 같이 새로운 분야의 전자부품을 생산하는 데는 고도의 기술적 발전이 요구될 뿐만 아니라 대량생산을 하는 데에도 상당한 설비와 자본이 필요하기 때문에 일반적으로 전자재료분야의 생산은 선진국의 수출기업에 의해 수행된다고 할 수 있다. 즉 한국은 미국이나 일본과 같은 선진국의 자본과 기술을 한국의 저임금과 결합시켜 소위 국제적인 분업체계 속에서 전자산업을 성장시키고자 했던 것이다.

(3) 전자산업실태조사보고서와 전자공업육성방안

특징적인 사실은 1967년 3월 8일에 경제과학심의회의에서 심의, 검토된 '전자공업육성방안'이 한국정부에 의해 독자적으로 작성, 입안된 것이 아니었다는 점이다. 이 방안은 실제로 산업실태조사보고서와 거의 전부라고 해도 좋을 만큼 일치하고 있어서 사실상 바텔기념연구소가 정책을 수

립해준 것이나 마찬가지였다고 해도 무방할 정도였다.[33] 이 시기 산업정
책은 관료적 통제의 색채가 확실히 강했지만, 정부 내에 전자분야의 정책
과 관련해 중심적인 역할을 담당할 부서가 설치되어 있지 않았기 때문에
전자산업에 관한 정책 수립이나 검토·조정 등의 기능을 수행할 수 없었던
것이 사실이다. 전자산업은 당시 최첨단 산업의 하나였고, 한국에는 전자
분야를 전공한 대학교수나 과학기술자 그리고 최신기술정보 등의 자원이
거의 없다시피 했기 때문에, 한국이 전자산업의 육성을 독자적으로 추진
할 수 있는 가능성은 지극히 희박했다. 자력으로 새로운 산업을 육성하기
위한 마스터플랜을 작성할 수 없었던 한국이 세계 최대 연구개발기관의
하나였던 바텔기념연구소에게 작성을 위임했다고 볼 수 있는 것이다. 사
실상 바텔기념연구소가 일정한 역할을 수행한 뒤에야 비로소 전자산업의
마스터플랜이 작성될 수 있었다. 바텔기념연구소의 배후에 있던 미국정
부의 의향이야말로 전자산업의 성장요인을 해명하기 위한 하나의 단초인
셈이다.

전자산업에 관한 실태조사는 바텔기념연구소의 C. S. 피트(C. S. Peet)와
R. J. 벵스턴(R. J. Bengtson)을 중심으로 KIST의 심문택, 정만영, 김해수 등
이 참가해 1967년 1월 중순부터 약 1개월에 걸쳐 진행되었다.[34] 전자산업
의 육성을 주안점으로 삼았던 이 조사는 내용적으로도 가정용 전자기기
의 육성보다는 전자부품의 육성을 시도하려는 측면이 강했는데, 특히 눈
여겨보아야 할 것은 전자산업의 핵심이라고 할 수 있는 반도체분야에 주
안점이 맞추어져 있었다는 점이다. 조사의 목적은 "전자공업의 기술 및 경
제에 관한 현황을 파악하고 전자공업에서 반도체기술이 차지하는 위상을

---

33 바텔기념연구소의 실태조사보고서에 대해서는 한국과학기술연구소(1967), 『전자공업』; 한국전자
  공업진흥회(1981), 「한국전자공업에 대한 바텔연구소팀의 레포트 요약」, 『전자공업20년사』, 37~
  39쪽; Battelle Memorial Institute(1971), ELECTRONIC NEWS(1967), p.44 참조.

34 한국과학기술연구소(1967), 『전자공업』, 1쪽.

검토함으로써 우리나라의 자원 및 경제에 입각하여 한국전자공업의 장래 육성방향을 탐구하는 것"이었다.[35] 그러나 고도의 과학적 지식에 기반을 둔 반도체기술은 당시 한국정부의 평가능력 범위를 훨씬 넘어선 것이어서 전자산업의 실태조사를 바텔기념연구소의 전문가들에게 위임할 수밖에 없었다.

실태조사보고서의 특징은 세 가지로 요약할 수 있다. 첫째, 세계전자시장의 수요 동향과 국제분업의 진전 상황이라는 관점에서 한국 전자산업의 성장을 장기적으로 예측했다. 특히 1971년 전자산업의 수급전망은 한국정부 5000만 달러, 민간소비 5000만 달러, 산업용 6000만 달러인 반면, 수출은 2억 5000만 달러를 웃돌 것으로 예상되었다. 현재 수출이 실현되고 있는 라디오의 성장에 흑백텔레비전의 생산 개시, 컬러텔레비전의 생산 예상치를 더해 1966년 270만 달러였던 수출액이 1971년에는 2억 5000만 달러를 넘어설 것이라 예측한 것이다. 그 결과, 세계전자시장에서의 점유율도 66년 0.13%에서 71년에는 3.25%로 대폭적인 확대를 전망했다.[36]

둘째, 국제경쟁력이라는 관점에서 한국 전자산업의 장단점을 분석하고 문제의 해결책을 권고했다. 전자산업의 장점으로는 우수한 기술자와 풍부한 저임금 노동자, 탁월한 조립능력 및 모방학습능력, 정부의 강력한 외자도입정책 등이 꼽혔다. 단점으로는 제품의 설계기술 및 경험 부족, 원자재 및 부품 부족, 제조시설 및 시험·검사시설 부족, 수출에 관련된 경험(수출시장정보활동) 부족, 자금 부족, 효율적인 경영능력 부족, 행정절차의 비효율성 등이 지적되었다.[37] 이러한 다양한 문제점들을 현실적으로 지적함으로써 문제를 해결하기 위한 권고나 모색이 가능해졌다. 주된 해결책으로 수출제품에 대한 마케팅 조사, 정보센터 발족, 시험센터 설립 및

---

35 한국과학기술연구소(1967), 『전자공업』, 1쪽.

36 Battelle Memorial Institute(1971), p.29; 한국전자공업진흥회(1981), 38쪽 참조.

37 한국전자공업진흥회(1981), 38쪽.

기술훈련, 정부의 지원정책 등이 제시되었다.[38]

셋째, 한국의 저임금 노동에 착안점을 두고 미국 등 선진국의 자본·기술과 융합한 국제분업의 가능성을 검토했다. 선진국의 기업들이 한국에 투자하고 한국에서 생산된 전자제품이나 부품을 선진국에 수출한다는 새로운 분업체계의 구축이 한국의 전자산업에 어느 정도 효과를 미칠 것인지를 전망한 것이다. 당시 전자산업을 둘러싼 국제경제환경은 선진국의 수요확대에 따른 수출시장의 확대와 선진국 기업들에 의한 발전도상국의 위탁가공 증가, 특혜관세 제공 가능성 등 비교적 양호하게 진전되고 있었는데, 이러한 국제 분업체제의 전개에 따른 무역확대 기회를 한국에 제공한다는 시나리오였다고도 할 수 있다.

4. 전자산업의 기술혁신과 바텔기념연구소

(1) 연구개발시스템 구축

이러한 국제분업체제가 전자부품의 생산을 개시하게 된 중요한 계기였다는 것은 말할 것도 없는데, 중요한 것은 전자기기 및 전자부품, 나아가 전자재료의 개발체계가 한국 내에 구축되었다는 사실이다. 1968년 1월 5일 KIST의 연구조직이 확립되고 연구분야마다 14개의 연구실이 설치되었다. 각 연구실의 독자적인 프로젝트 착수와 더불어 연구실의 범위를 넘어선 유연한 연구그룹이 구성되어 복수의 연구프로젝트가 개시되었다. 전자분야 가운데 전자기기에 대해서는 정만영 박사가, 반도체 및 페라이트(ferrite)재에 대해서는 심문택 박사가, 고체물성 등에 대한 연구는 정원 박사가 각각 담당했다. 이 세 연구실 사이에는 상호네트워크가 형성되어 통

---

38 Battelle Memorial Institute(1971), p.29.

신기기, 반도체 및 전자재료 등에 대한 연구를 수행했다. 각 연구실은 연구책임자가 장을 겸임했다. 정만영 박사는 전자장치연구실, 심문택 박사는 고체화학연구실, 정원 박사는 고체물리연구실의 연구책임자였다. 연구책임자들은 바텔기념연구소 본부에서 '연구경험프로그램'을 연수했다. 정만영 박사(전자장치연구실)는 1967년 5월 15일~11월 25일, 심문택 박사(고체화학연구실)는 5월 8일~11월 22일, 정원 박사(고체물리연구실)는 3월 15일~9월 15일까지 모두 약 6개월가량의 연수를 받았다.[39]

개발된 전자기기의 종류는 주로 통신기기, 전자시계, 계수형 주파수측정기 등과 관련되어 있었다. 통신기기부문에서는 마이크로파 PCM 송수신장치, 초단파 FM 무선기, 다중방식 FM 송신기, 초단파 차량용 무전기, 전고체화 통신기 등이, 전자시계부문에서는 수정진동자, IC, 액정표시기 등이 중점적으로 개발되었다. IC를 대폭 활용해 계수회로로 단위시간당 주파수를 측정하고 이를 10진수로 표시할 수 있는 계수형 주파수측정기의 개발도 추진되었다.

트랜지스터, 다이오드, 콘덴서와 그것들을 집적한 회로(IC) 등 반도체는 한국이 대단히 힘을 기울인 분야였다. 반도체 시험설비를 갖춘 뒤에는 제조실증시험이나 대용량화·소형화 같은 제품개발을 위한 응용실험 등이 본격적으로 수행되었다. 한국산업에서 가장 빈약한 분야이기도 했던 전자재료분야에서는 IC 등 전자기기 및 액정표시기 재료, 반도체 재료 등이 집중적으로 개발되었다. 정원 박사가 연구책임자였던 고체물리연구실에서는 반도체 재료연구에 전념했다. 정원 박사는 일찍이 미국 벨연구소 재직 시절 반도체 연구에서 훌륭한 업적을 올린 연구자이기도 하다. 그는 방사선조사효과, 전하캐리어의 주입 혹은 전기적 파괴, 마이크로파 수신, 파괴적 항복강도 시험 등 전자산업과 관련이 있는 물성물리학을 중점적으

---

39 Battelle Memorial Institute(1971), p.33.

로 연구했다. 1972년 3월 6일 고체물리연구실은 반도체재료연구실로 명칭이 변경되었다.

심문택 박사가 주축이었던 고체화학연구실에서는 갈륨비소(GaAs), 인화갈륨(GaP) 등과 같은 화합물 반도체를 이용한 고체광원의 개발이 추진되었다. 1969년에는 적색 발광다이오드(LED)의 제작에 성공했다.[40] 세계적으로는 1963년 적색 LED(GaP계)가 등장하면서 가시광 LED의 역사가 시작되었는데, 일본에서는 도시바가 1966년 4월에 적색 LED를 연구개발하기 시작했다. 이런 점을 감안하면, 한국의 조기 연구개발성과를 눈여겨 볼 필요가 있다.[41]

1970년에는 '글라스반도체 연구프로젝트', 72년에는 '고체전해질연구프로젝트'와 '네마틱액정물성 프로젝트' 등의 연구프로젝트가 출범했고, 새로운 전자재료분야에서도 연구가 추진되었다. 덧붙여 말하면, 스위스의 호프만 라 로슈(Hoffmann La Roche)사는 그때까지 극비리에 진행해왔던 액정디스플레이 연구결과를 1971년 2월 논문으로 발표했다. 이 논문은 RCA(Radio Corporation of America)사가 흑백텔레비전과 컬러텔레비전 발명에 성공하고 최초로 DSM액정을 발명하는 등 전자업계를 선도하고 있던 당시에 전 세계에 충격을 안겨주었다. 그것은 RCA가 발명한 DSM액정보다 표시효과가 우수했을 뿐만 아니라 실온에서도 액정상태가 비교적 안정적이어서 실용화에 대한 기대가 높았다. 실제로 현재 실용화된 액정디스플레이의 거의 대부분에는 네마틱(nematic)액정이 사용되고 있다. 그런데 이 획기적인 표시방식이 발표된 그다음 해에 한국에서 '네마틱액정 연구프로젝트'가 개시되었다는 사실은 주목할 만한 가치가 있다. 물론 바텔기념연구소에 과학기술정보시스템이 구축되어 있었던 것도 큰 도움이 되

---

40 한국과학기술연구소편집위원회(1977), 161쪽.

41 오카자키 준(岡崎淳)·가토 마사아키(加藤正明)·코니시 가츠유키(少西勝之)(2009), 10쪽.

었겠지만, 판단의 신속함이라는 점에서 보면 한국인 연구자들의 높은 기량에 감탄할 수밖에 없다. 이러한 상황을 배경으로 1976년 2월 10일 반도체기술개발센터가 설립되었다. 반도체기술개발센터의 설립 목적은 전자산업의 기반을 강화하기 위해 IC 등의 대용량화·소형화, 전자재료의 응용에 관한 연구뿐만 아니라 IC 및 트랜지스터의 설계와 개발, 반도체 공장설계나 반도체 규격의 표준화와 같은 최첨단 기술을 개발하는 데 있었다.[42]

한국에 대한 적극적인 기술이전이 미국정부에 의해 이루어졌다는 점에도 주의를 기울여야 한다. 『한국과학기술연구소 10년사』는 "이 외에 특기할 만한 것은 미국항공우주국(NASA)이 개발한 우주과학기술을 국내로 이전하기 위해 행해진 프로젝트이다. 이 연구프로젝트는 국내 이전 가능성이 높은 16개 연구분야에 대한 것으로, 그중 초소형 휴대용 송수신기, 고성능 휴대용 송수신기, 전자초크회로, 탄탈콘덴서 등 4개 분야의 기술이 국내로 이전되어 KIST에서 응용연구와 엔지니어링 및 시제품 개발이 이루어지는 등 미국항공우주국이 개발한 고도의 기술을 우리 산업계에 이전시키는 계기가 되었다"[43]고 언급하고 있다. 이 성과는 1972년 11월 20일부터 3일 동안 개최된 '미국항공우주국(NASA) 기술이전 세미나'에서 보고되었다. NASA의 이 같은 기술이전은 미국정부가 KIST의 과학기술 발전에서 아주 중요한 역할을 수행하고 있었다는 사실을 극적으로 보여준다고 할 수 있다.

1960년대 후반, 통신기기, 반도체, 전자재료와 같은 특수분야에 대한 개발연구는 그 당시 발전도상국으로서는 상상조차 할 수 없는 것이었지만, 한국에서 수행된 이 연구들의 성과는 선진국과 나란히 할 수 있을 정도의 수준이었다. 기술의 발전수준에 따라 라디오, 전자식 탁상계산기, VTR,

---

42 한국과학기술연구소편집위원회(1977), 183쪽.

43 한국과학기술연구소편집위원회(1977), 155쪽.

컴퓨터, 액정텔레비전 등을 생산했고, 나아가 휴대전화 등 현대 IT산업에 없어서는 안 될 부품 및 기술이 개발되었다. 생산의 중추가 된 이 분야들은, 새로운 제품개발 및 시장개척에 커다란 공헌을 해왔던 분야이기도 하다. 두말할 나위 없이 이들 분야는 현재 한국의 IT산업을 지탱해주는 주요한 과학기술 가운데 하나이므로 한국 IT산업의 역사는 1960년대 후반부터 시작되었다고 해도 과언이 아니다.

제3절 _ 전자산업과 미국의 직접투자

1. 전자산업의 발전과 외국인투자

전자산업의 발전에서 또 한 가지 고려해야 할 것은 외국인투자이다. 해외투자에 있어서 주도권은 투자자인 외국자본에 있기 마련이고, 외국투자자는 자신의 목적에 따라 투자대상국을 선택한다. 제5장에서 설명한 것처럼 한국은 시장 특히 전자제품의 국내시장 규모가 협소했기 때문에 한국이 외국자본의 진출대상이 될 수 있는 것은 수출용 생산이 목적인 경우로 제한될 수밖에 없다. 이 경우 진출기업에게는 저렴한 노동비용 외에도 입지조건, 투자환경 등과 같은 부대조건들이 더 중요하다. 이른바 '추진요인 (push factor)'이 중요한 것이다.

1965년까지 겨우 1300만 달러에 지나지 않았던 한국에 대한 외국인직접투자 동향은 1960년대 후반부터 비약적인 증가를 보였고, 1966~70년의 누계는 1억 2300만 달러에 달했다. 표 7-3에서와 같이 이를 나라별로 살펴보면, 1966년~70년의 누계에서 미국은 전체의 71%를 차지했고 일

표 7-3 나라별 외국인투자 동향(도착기준)

(단위 : 100만 달러)

| | 1962~65 | 66 | 67 | 68 | 69 | 70 | 1966~70 | |
							금액	비중
미국	3	13	10	11	6	47	87	71%
일본	4	1	1	2	5	13	22	18%
서독				1			1	1%
파나마				4	2		6	5%
기타	6			1		6	7	6%
합계	13	14	11	19	13	66	123	100%

* 재무부 · 한국산업은행(1993), 178쪽.

본은 18%였다. 업종별로는 제조업에 대한 투자가 거의 대부분이었고, 발전소·철도 등 인프라부문은 적었다. 제조업 가운데는 중화학공업에 대한 투자가 압도적이었고, 그중에서도 비료, 정유, 전기·전자가 많았다. 비료는 외국인투자총액의 26%, 정유는 26%, 전기·전자는 24%에 달해, 이 세 분야의 합계가 76%를 차지했는데, 어느 것이나 정부가 중요산업부문으로 지정해 역점을 두었던 자본집약적 산업이었다. 이들 업종은 1건당 도입액이 특히 컸고 모두 근대적인 대규모 공장을 건설하고 있었는데, 이러한 투자가 활발하게 전개될 수 있었던 것은 미국의 상업차관과 결합되어 있었기 때문이라는 점도 염두에 두어야 한다.

먼저 미국과 일본의 상업차관 추이를 비교해보면, 1965년 한·일조약 체결을 계기로 일본의 상업차관이 대규모로 한국에 들어온 것은 분명하다. 특히 66년부터 2년 동안 일본은 압도적인 비중을 차지하고 있었다. 66년 일본은 6100만 달러를 공여한 반면, 미국의 공여액은 1300만 달러에 불과했고, 67년에도 일본은 4600만 달러를 지원했지만 미국은 1900만 달러에 그쳤다. 그러나 이후 미국의 상업차관은 대규모로 증가하여 68년부터는 일본의 공여액을 웃돌았다. 일본은 68년 8800만 달러, 69년 8800만 달러, 70년 8300만 달러로 일정한 규모를 유지했지만, 미국은 68년 9400만 달러, 69년 1억 6200만 달러, 70년 1억 5400만 달러로 급증했다.

공공차관이 인프라 건설에 사용되고 있었던 것과는 달리, 상업차관의 사용처는 제조업부문에 집중되어 화학섬유, 정유, 비료 등에 집중적으로 사용되었고, 나머지는 발전소나 금속, 전자 등에 배분되었다. 상업차관이 도입된 곳을 보면, 대한석유공사(4700만 달러, 미국), 호남정유(4500만 달러, 미국), 경인에너지(6000만 달러, 미국·영국), 쌍용양회(3800만 달러, 일본·미국), 선경합섬(1600만 달러, 일본·미국), 코오롱폴리에스터(1700만 달러, 일본·미국), 동양나일론(1500만 달러, 일본·서독) 등 대부분 중점육성부문에 치중되어 있었다.

표 7-4에서 볼 수 있는 것처럼, 1965~70년까지 6년 동안 전자산업에 투자된 외국자본은 42건이었는데, 그 가운데 약 6할가량을 미국이 차지하고 있었다. 이 기간 중 투자액의 70% 이상이 미국의 직접투자였고, 투자액은 2053만 달러에 달했다. 이 시기 전자분야에 대한 직접투자는 현저하게 미국에 편중되어 있었던 것이다. 1965년 이후 미국인 투자의 이와 같은 증가

표 7-4 전자산업에 대한 외국인투자 동향

(단위 : 천 달러)

	미국						일본					
	합계		단독투자		합작투자		합계		단독투자		합작투자	
	건수	투자액	건수	투자액	건수	투자액	건수	투자액	건수	투자액	건수	투자액
1965	3	388			3	388						
1966	2	824	2	824								
1967	3	8,458	3	8,458			1	20			1	20
1968	4	503	3	466	1	37						
1969	3	1,063	1	868	2	195	5	6,640	1	1,400	4	5,240
1970	9	9,297	3	6,173	6	3,124	12	1,570			12	1,570
합계	24	20,533	12	16,789	12	3,744	18	8,230	1	1,400	17	6,830

* 한국산업은행조사부(1970), 561~562쪽; 한국정밀기기센터 편(1972), 49~52쪽.

추세는 전자산업의 발전과 일치하는 것이어서 주목된다. 반면 일본의 직접투자는 18건, 823만 달러에 지나지 않았고, 그중 17건은 합작투자라는 형식을 취하고 있었다. 1966년 '외자도입법'이 제정되면서 외국자본에게 최대한의 대우를 약속했고, 과세, 공업소유권, 자본 및 이익금의 회수에 관한 국내법 체계도 정비되어 있었지만, 여전히 투자위험이 크다고 느낀 탓인지 일본의 직접투자는 아직 본격화되지 않았다. 분명한 것은 미·일 양국기업의 움직임에 커다란 차이가 있었다는 사실이다.

전자산업에 대한 직접투자가 대규모 차관의 도입과 함께 이루어졌다는 점에도 주목해야 한다. 표 7-5는 전자산업에 대한 미국인 투자(단독투자)를 나타낸 것이다. 1969년 말 직접투자 누계액은 407만 달러였는데, 차관 도입액은 그것의 3배를 넘는 1222만 달러에 달하고 있다. 특히 모토로라, 페어차일드, 시그네틱스 등 반도체 제조사의 차관 도입액 규모가 현저하게 확대된 것은 전자부품분야에 대한 미국인 투자가 차관을 지렛대 삼아 이루어졌음을 말해주고 있다. 눈에 띄는 것은 국내에 진출한 기업의 거의 대부분이 미국의 거대기업이었고, 주요 생산품은 전산기용 메모리코어, 마그네틱헤드, 다이오드, IC 등 새로운 분야의 전자부품이었다는 점이다. 이 전자부품들은 고도의 기술을 요구하는 데다 대량생산을 위해 막대한 설비와 자본이 필요하기 때문에 발전도상국에서 산업화되기까지에는 상당한 시간이 걸릴 것이고, 따라서 발전도상국이 이 분야에서 직접적인 경쟁을 선택할 수는 없을 것이라는 게 지배적인 생각이었다. 이 문제는 부품을 수입한 뒤 비교적 싼 노동력을 이용해 조립생산하는 일이 잦았던 라디오 등의 생산과는 차원이 다른 것으로, 미국의 경제학자 버논(Raymond Vernon)이 제시했던 제품수명주기이론(product life cycle theory)이나 일본의 아카마쓰 가나메에 의해 주창된 안행형태론 등의 이론과도 구별되는 것이다. 앞서 언급한 기업형태는 선진국의 자본과 발전된 기술을 발전도상국의 싼 노동력과 결합시켜 하이테크제품을 생산한다는 말로 요약되는

표 7-5 전자산업에 대한 미국인 투자(단독투자, 1969년 말)

(단위 : 천 달러)

	기업명	투자자	투자액	주요생산품목	차관도입액
1	페어차일드 세미코아	Semiconductor	347	IC, 트랜지스터	1,217
2	한국시그네틱스	Signetics	621	IC	1,131
3	모토로라 코리아	Motorola	1,000	IC, 트랜지스터	7,000
4	한국IBM	IBM	952	컴퓨터 서비스	600
5	콘트롤데이타 코리아	Control Data	200	메모리	300
6	한국어플라이드 매그네틱스	Applied Magnetics	66	magnetic head	600
7	한국도란코	Doranco	100	카오디오	400
8	IMEC전자	Komy	432	IC	778
9	세정공업	재미동포	354	라디오콘트롤시스템	200

* 한국정밀기기센터 편(1972), 372쪽; 한국산업은행조사부(1970), 561~562쪽.

표 7-6 일본전기·전자산업의 아시아 나라별 해외투자 추이

(단위 : 건 수)

업종	설립년	한국	대만	홍콩	말레이시아, 싱가포르	태국, 필리핀, 인도네시아	아시아 합계	세계 합계
민생용 기기	~65	0	2	1	1	2	6	11
	66~69	0	3	0	5	5	13	23
산업용 기기	~65	0	2	0	0	0	2	5
	66~69	0	1	0	0	0	1	6
전자 부품	~65	0	3	1	1	1	6	8
	66~69	1	13	0	0	1	15	22
총액		1	24	2	7	9	43	75

* 아시아경제연구소(1981), 42쪽.

데, 여기에는 이미 한 상품의 생산단계에서 나타난 새로운 국제분업체제
가 드러나고 있다. 전자산업에 대한 이러한 형태의 외국인직접투자는 앞
에서 설명했던 '전자공업육성방안'이나 바텔기념연구소의 조사연구보고
서가 짙게 반영된 결과였다는 필자의 주장은 이를 강조한 것에 지나지 않
는다.

이제 일본기업이 아시아에 진출할 때 어떤 요인을 중요하게 생각했는
지를 대아시아 직접투자 실적과 비교하여 검토하고자 한다. 표 7-6은 일
본 전기·전자산업의 아시아 나라별 직접투자 동향을 보여주고 있다. 먼저
대만에 대한 투자가 24건으로 가장 많아서 전체의 3분의 1을 차지하고 있
다. 특히 전자제품의 절반가량이 대만에 집중되어 있어 대만이 중요한 생
산거점이었음을 알 수 있다. 다음으로는 동남아시아 5개국에 대한 투자가
두드러졌다. 이 나라들에는 16건의 직접투자가 이루어졌는데, 그 가운데
13건이 민생용 기기에 대한 투자였다. 한국에 대한 투자는 1건밖에 되지
않았던 반면, 대만과 동남아시아 5개국에 대한 투자는 활발했던 것이다.

표 7-7에서 볼 수 있는 바와 같이, 일본기업의 대아시아 투자 목적은 현

표 7-7 일본전기·전자산업의 아시아 진출: 나라별 투자목적별 추이

	현지시장지향형		수출시장지향형		계
	~65	66~69	~65	66~69	
한국				1	1
대만	3	9		5	17
홍콩	1		1		2
싱가포르		2			2
말레이시아	1	3			4
필리핀		3			3
태국	2	2			4
아시아 합계	7	19	1	6	33

* 아시아경제연구소(1981), 48~49쪽.

지시장지향형이 압도적으로 많았다. 33건 중 19건이 현지시장지향형 투자였던 것이다. 이 가운데 13건은 말레이시아, 필리핀, 태국, 싱가포르 등 동남아시아 나라들에 대한 투자였다. 수출지향형 투자는 7건이었는데, 그중 5건이 대만에 대한 투자였다. 이러한 사실은 일본기업들이 대만이나 동남아시아 나라들에 투자하는 것이 입지조건이나 투자환경 면에서 한국에 비해 비교적 유리하다고 받아들였다는 것, 그것이 대만과 동남아시아 나라에 대한 투자확대로 이어졌음을 보여준다.

다른 아시아 나라들과 비교할 때, 한국은 일본기업의 수출가공생산지가 될 만큼 매력적인 투자환경을 갖추지 못했고, 따라서 일본기업이 한국을 전자제품 수출기지로 생각하기란 거의 불가능했다. 그런데도 미국기업의 한국진출 규모는 비교적 컸다. 대체 어떤 '이점'이 미국기업의 한국진출을 가능하게 했는지 검토해보아야 한다.

2. 미국정부의 적극적인 지원

강조해둘 것은 미국정부가 미국기업들의 한국 직접투자에 큰 역할을 했다는 점이다. 미국정부의 정책적 지원에 대한 깊이 있는 분석은 자료의 제약으로 여기서는 일단 보류해두겠지만, 어쨌든 한국에 대한 미국 민간기업의 투자확대에 미국정부가 중요한 역할을 했던 것만은 틀림없다. 1957년 한국은 이미 미국과 '한·미우호통상 및 항해조약'을 맺어 직접투자의 길을 열기는 했지만, 투자액은 애초에 기대한 만큼 유입되지 않았다. 미국기업이 투자하기에 한국은 정치적·경제적·사회적으로 불안했을 뿐만 아니라 한반도에서의 군사적 충돌 등에 따른 위험도 컸던 까닭에 미국 민간기업이 한국 투자에 적극적이지 않았기 때문이다. 그러나 1965년 이후 미국정부가 개입에 나서자 미국의 직접투자가 한국으로 유입되기 시작했다.[44] 특히 1966년 11월의 박·존슨 공동선언문을 계기로 한국에 대한 미국기업의 직접투자에 박차가 가해졌다는 사실을 기억해두어야 한다.

이와 관련해서는 최근 공개된 '한국경제발전을 위한 제안총괄'이라는 외교문서를 참조해야 한다.[45] 이 외교문서는 로스토 국가안보담당대통령 특별차석보좌관과 김정렴 재무장관 간에 '각서' 형태로 교환되었는데, 8개 항목에 걸친 합의사항이 기록되어 있다. 특히 미국기업의 한국투자 촉진과 관련해 다음과 같은 합의 사항이 있었다는 사실에 주목하기 바란다.

5. 미국정부는 한국에 대한 미국 민간기업의 투자증대를 촉진한다.

   (1) 미국정부는 한국 투자를 계획하는 미국기업에게 다각적인 보증을 실시할 것.

   (2) 이 보증에 필요한 각종 비용을 면제할 것.

   (3) 한국에 대한 관심을 높이기 위해 양국 경제인의 교류확대를 한층 증진시킬 것.

또한 미국정부는 한국에 대한 미국의 직접투자를 확대하기 위해 여러 방면의 지원을 했는데, 특히 다음 사실들에 주목하지 않으면 안 될 것이다.

---

44 예컨대 1966년 미국의 페어차일드(Fairchild)사가 한국에 진출한 배경에는 미국정부의 유인정책이 있었다. 일본무역협회(1967)의 『해외시장백서(개괄·지역편)』에 의하면, "최근 한국에 진출한 미국기업 기업 가운데 하나인 RCA사는 전자제품공장설립조사단을 한국에 파견했다. 원래 조사단은 일본과 대만을 방문할 예정이었지만, 뉴욕의 한국무역협회가 한국도 조사해주기 바란다는 요청을 RCA에게 한 것으로 알려졌다"고 지적했다.[일본무역협회(1967), 『해외시장백서(개괄·지역편)』, 128쪽]. 또한 한국전자공업진흥회의 『전자공업 20년사』에는 1965년 10월 USOM로부터 페어차일드사의 경영진이 동남아시아를 방문한다는 정보를 입수한 한국정부가 그에 대한 대응책을 모색했다고 기록되어 있다.[한국전자공업진흥회(1981), 243쪽]. 이러한 정황으로 볼 때 미국기업이 한국에 투자를 하도록 미국정부가 유인활동을 벌였다는 것을 단적으로 알 수 있다.

45 *SUMMARY PROPOSAL FOR ECONOMIC DEVELOPMENT OF KOREA*, WWR memorandum of conversation on Korea economy, Asian Trip Cys of memos, etc., Files of Walt Rostow, Box8, NSF, LBJ Library, Nov. 1. 1966. 현재 공개된 것은 그 요약뿐이다.

첫째, 미국의 경영자, 은행가, 경제단체 등으로 이루어진 경제사절단을 구성해 한국에 대한 민간투자를 적극적으로 지원했다. 제6장에서 설명한 것처럼, 전 재무차관 조지 볼을 단장으로 한 '볼 미션'은 무역진흥뿐 아니라 미국 민간기업의 한국 진출에도 커다란 기여를 했다.

둘째, 한국의 중점산업분야와 관련이 있는 미국의 거대기업을 방문하고 직원들과 면담 등을 할 수 있도록 미국정부가 주선을 했다는 점이다. 예를 들어 박충훈 상공부장관을 단장으로 한 '대미경제사절단'이 샌프란시스코와 뉴욕에서 걸프오일(Gulf Oil, 현 Chevron Corporation), 유니온오일(Union Oil, 현 Unocal Corporation), 콘티넨털오일(Contineutal Oil, 현 ConocoPhillips), 에소오일(Esso Petroleum Co) 등을 방문했을 당시, 사절단은 이들 회사의 직원들과 한국 투자에 대해 구체적인 상담을 진행했다. 시카고의 모토로라와 뉴욕의 포드를 방문했을 때도 한국에 대한 투자 및 기술협력에 대한 상담이 이루어졌다. 그 결과, 걸프오일은 복합비료·요소비료, 폴리에틸렌, 벙커C유 저장 등에, 유니온오일은 전력 및 연유처리시설 등에, 콘티넨털오일은 카본블랙 등에, 모토로라는 합성플라스틱회로 등에 직접 투자를 했고, 포드(Ford Motor Company)는 기술협력을 통해 한국의 석유화학과 전자 및 자동차산업의 발전에 기여하게 되었다.[46]

셋째, 한국 투자에 대한 미국 민간기업의 불확실성을 보장하기 위해 이른바 '쿨리(Cooley) 기금'을 강화하는 등 미국 민간기업의 한국 투자를 강력하게 뒷받침했다. 쿨리 기금이란 1957년 쿨리 의원의 제안에 의해 설립된 것으로 그 이름을 따서 쿨리 차관이라고도 불린다. 자금원은 미국공법 제480호(PL480) 제1항에 의거해 미국의 잉여농산물을 매각한 자금에 의해 적립되어 있던 현지통화였다. 미국정부는 이 현지통화를 25%까지 쿨리 기금으로 적립해 미국과 관계가 있는 민간기업 등에 융자할 수 있었다.

---

46 일본경제조사협의회(1968), 63~64쪽.

즉 쿨리 기금은 미국의 공법 제480호에 의거하여 미국정부가 잉여농산물을 판매한 수입의 25%를 한도로 ① 한국에서의 사업개발 및 무역확대를 위해 미국기업과 그 자회사 혹은 합자회사에 ② 미국 농산물의 소비확대 또는 시장확대를 위해 한국기업 혹은 미국기업에 융자할 수 있었다.

PL480에 의해 미국 잉여농산물 원조를 받은 한국은 이를 국내에서 판매하고 그 대금을 정부회계 '보증금'에 적립해두었는데, 이 보증금은 다음의 3종으로 구별하여 사용되고 있었다. ① 공동방위를 위한 증여, ② 미국정부기관의 경비, ③ 쿨리 기금으로 불리는 미국계 민간기업에 대한 대부. 그러나 각종 용도에 사용할 수 있는 한도는 정부 간 협정에 명기된 비율에 따른 것으로 한국에서 '쿨리 기금'의 사용한도는 매우 작아서 PL480에 의한 원조총액의 1% 규모에 불과했다. 한국의 경우, 공동방위를 위한 증여가 79%로 대단히 컸고, 그에 이어 20%를 정부 사용분이 차지하고 있었기 때문에 나머지 1%만이 '쿨리 기금'에 할당되어 있었다.

경제개발을 위한 미국 잉여농산물 원조액은 1957년 7월부터 1963년 6월까지 약 94억 달러에 달했는데,[47] 그 가운데 51%가 아시아 나라들에 지원되었다. 아시아 나라들에게는 47억 9100만 달러 상당의 미국 농산물이 공여되었고, 그 가운데 정부에 대한 차관이 19억 1000만 달러(39.8%), 경제개발을 위한 증여가 13억 9000만 달러(29.0%), 미국정부 사용분이 6억 5000만 달러(13.6%), 공동방위를 위한 증여가 5억 6000만 달러(11.7%), '쿨리 기금'에 의한 민간기업 융자가 2억 8000만 달러(5.9%)를 차지했다. 덧붙여 말하자면 '쿨리 기금'에 의한 아시아 나라의 민간기업에 대한 융자는 합계 2억 8000만 달러였는데, 그 가운데 절반 이상이 인도에서 사용되었다. 1963년까지 34곳의 인도기업이 '쿨리 기금'을 통해 융자를 받았는데,

---

47 그 내용을 보면 총액 94억 달러 중 정부에 대한 융자 비율이 45.0%로 대단히 컸고, 미국정부 사용분 23.3%, 경제개발을 위한 증여 18.5%, 공동방위를 위한 증여 7.2%, '쿨리 기금'에 의한 민간기업 융자는 6.1%로 배분되었다. 하라 가쿠텐 편(1967), 34쪽.

66년 6월에는 64개사로 증가했고, 거의 대부분이 미국기업과 인도재단의 합작사업이었다.[48] 미국은 '쿨리 기금'을 활용해 인도에 대한 민간투자기반을 강화해나갔던 것이다. '쿨리 기금'에 의한 민간기업 융자비율(1957년 7월~1963년 6월)을 아시아 각 나라별로 살펴보면, 필리핀 17.8%, 스리랑카 17.7%, 대만 9.2%, 남베트남 7.1%, 인도 6.8%, 인도네시아 6.6%, 이란 6.4%, 파키스탄 4.9%, 한국 1.7%의 순이었다. 다른 아시아 나라들에 비해 한국이 차지하는 비중은 극히 낮았다.

1967년 3월 PL480의 제1항 계획과 관련하여 협정이 개정된 것은 1966년 11월 박·존슨 공동선언문이 반영된 결과였을 것이다. 개정 내용은 공동방위를 위한 증여 74%, 미국정부 사용분 20%, '쿨리 기금' 6%였다. 공동방위를 위한 증여를 축소한 대신 그 감소분을 '쿨리 기금'으로 전용한 것이었다. 이 점에 대해서는 1967년 3월 11일 자 외교문서 「한국에 대한 PL480 프로그램」을 참조해야 한다.[49] 이 외교문서는 1966년 11월 박·존슨 공동선언문에 의거해 슐츠(George P. Shultz, 1965~1968년, 존슨 대통령 당시 행정관리예산국 국장)가 존슨 대통령에게 제출한 한국에 대한 잉여농산물 원조계획서였다. 원조내역은 밀 17만 5000톤, 면화 28만 톤, 비식용수지 2만 3800톤 등 도합 4740만 달러였다. 용도는 잉여농산물 원조총액 4740만 달러 중 공동방위를 위한 증여 74%, 미국정부 사용분 20%, '쿨리 기금' 6%로 명기되어 있다.

---

48 예컨대 미국계 기업은 커맨더 퍼틸라이저(Coromandel Fertilizers Ltd), 제너럴 일렉트릭(General Electric) , 카이저 인더스트리즈(Kaiser Industries), 굳이어 타이어(Goodyear Tyre & Rubber), 파이어스톤 타이어(Firestone Tyre), 아메리칸 홈 프로덕츠(American Home Product Corp) 등이고, 합작 사업의 상대는 타타(Tata), 키라찬드(Kilachand), 세샤사이(Seshasayee), 무다리알(Mudaliar), 오베로이(Oberoi) 등 인도의 재벌이었다. 오오스기 가즈오(大杉一雄) 편(1966), 123~128쪽 참조.

49 *P.L. 480 Program for Korea*, Memorandum for the President: Korea Filed by the LBJ Library, KOREA, Box 256, NSF, LBJ Library, March 11. 1967.

제 8 장

미국국가안전보장과 쇼윈도전략

미국의 대외정책은 이른바 '선택과 집중'이라는 전략에 입각하여 피원조국의 자조노력과 흡수능력에 따라 원조의 규모나 형태를 결정하는 등 경제개발을 중시하고 있었다. 이 때문에 피원조국에 대한 분배에서 상충관계가 나타났고, 아시아에서는 60년대 초까지 '인도 중시=무역 및 경제원조의 중점'이라는 도식이 성립하고 있었다. 그러나 베트남전쟁의 확대와 함께 무역 및 경제원조 등이 한국에 집중되었는데, 이것은 미국 대외정책의 중심이 남아시아에서 동아시아로 이동했음을 의미한다. 이 시기에 이르러 미국의 대외정책은 인도의 경제개발을 중시하는 방침에서 벗어나 아시아의 '최빈곤국'이었던 한국으로 옷을 갈아입었던 것이다.

장기간에 걸쳐 수행되었고, 또 점차 대형화된 베트남전쟁이 한국의 정치·경제에 미친 영향은 헤아릴 수 없다. 베트남전쟁이 한국경제에 미친 영향은 단순히 베트남특수라고 불린 외화수입 측면에만 국한된 것이 아니었다. 오히려 한국군의 베트남파병에 의해 생겨난 한국의 전략적 지위

변화가 결정적으로 중요한 역할을 했다고 할 수 있다. 한국군의 베트남파병을 계기로 한·미 양국 사이에 수뇌부를 비롯한 각계각층에서 상호신뢰 관계가 강화되어 긴밀한 협조가 이루어지고 있었기 때문이다. '바이 코리아 정책'을 통한 대미시장의 수출증대, 바텔기념연구소에 의한 수출산업 지원 등 대규모 경제·군사원조를 넘어 다방면에 걸쳐 제공된 미국의 원조가 '한강의 기적'에 커다란 역할을 했다는 것은 이미 지적한 대로다.

그러나 미국이 한국의 경제개발을 이와 같이 중시했다는 것은 1964년 존슨 정권이 한국을 '최대의 실패 가운데 하나'로 간주하고 있었다는 사실과 완전히 모순된다. 따라서 당시 한국에 대한 미국의 정책 변화가 어떠한 명분 아래 수행된 것이었는지를 해명하는 것이 중요하다. 1960년대까지 공업선진국이었던 인도가 그 후 장기적인 정체에 빠졌던 것과 대조적으로 한국은 고도성장을 달성했는데, 이처럼 경제적 성과에서 두 나라의 명암이 갈리게 된 배경을 고찰하면 이 문제를 해명할 수 있는 단초를 얻을 수 있을 것이라 생각된다.

제1절 _ 베트남전쟁과 한·미관계의 변용

1. 베트남전쟁과 한국군의 베트남파병

(1) 더 많은 깃발과 한국

한국군의 베트남파병은 1964년 9월 외과의사 등 140명을 시작으로 65년 10월 통칭 '청룡부대'라고 불렸던 전투부대를 파병하면서부터 대규모화 되었다. 표 8-1에서 볼 수 있는 것처럼 제2차 파병까지는 외과의사나 공

표 8-1 한국군의 베트남파병 연표

(단위 : 명)

파병시기		파병규모	파병부대
1964	1차 파병(9월 22일)	140	외과의와 태권도교관
1965	2차 파병(3월 16일)	1,984	공병부대(비둘기부대)
	3차 파병(10월 9일)	4,286	전투병(청룡부대)
	3차 파병(11월 01일)	13,672	전투병(맹호부대)
1966	4차 파병(10월 03일)	25,064	전투병(백마부대)
1967	5차 파병(7월 01일)	2,963	전투병(청룡부대)

* 국방부군사편찬연구소(2007).

병부대로 이루어진 비전투부대가 파견되었고 인원 또한 2000명 규모에
지나지 않았지만, 제3차 파병 때부터는 전투부대가 구성되었을 뿐만 아니
라 규모도 거대해졌다. 그 결과 한국군의 베트남파병 규모는 66년 이후 연
간 5만 명에 달했고, 1964년부터 75년까지 참전한 한국군 병사의 수는 연
인원 32만 5000명에 이르렀다.[01] 한국은 왜 이처럼 대규모 전투부대를 장
기간에 걸쳐 베트남에 파병했는가? 여기에서는 그 배경을 추진 요인(push
factor)과 유인 요인(pull factor)으로 나누어 고찰하고자 한다.

먼저 유인 요인으로는 미국정부의 '자유세계원조프로그램'(통칭 '더 많
은 깃발') 캠페인이 막다른 골목에 들어선 것을 들 수 있다. 1964년 4월부터
미국정부는 '더 많은 깃발' 캠페인을 열어 7~8만 명 규모의 자유세계지원
군(FWMAF, Free World Military Assistance Forces) 병력을 모집할 계획을 추진
했다. 특히 동남아시아조약기구(SEATO)를 중국 봉쇄와 남베트남 및 동남
아시아 나라들을 수호하기 위한 집단방위체제로 정착시키기 위해 회원국
들에게 적극적인 지원을 요청했다. 필리핀, 태국, 파키스탄, 뉴질랜드, 오
스트레일리아, 영국, 프랑스 등에게 군사적 및 비군사적 협력을 받아낼 계

---

01 국방부군사편찬연구소(2007), 39쪽.

획이었던 것이다.

그러나 SEATO 회원국 대부분은 소극적인 자세를 보였고, 군사적인 지원도 형식적이었을 뿐이어서 미국이 기대했던 집단방위체제는 제대로 기능하지 못했다. SEATO 회원국 중 미국정부의 요청에 전향적인 자세를 보인 것은 필리핀뿐이었는데, 미국정부와 디오스다도 마카파갈(Diosdado Pangan Macapagal) 대통령 사이에 비밀교섭이 성사된 결과, 필리핀은 1800명 규모의 파병을 약속했다.[02] 하지만 1964년 11월 9일 대통령선거에서 마카파갈이 패배했고, 당선자 마르코스(Ferdinand Emmanuel Edralin Marcos) 대통령은 베트남에 대한 군사적 파견에 소극적이었다. 마카파갈 대통령이 약속했던 군사적 역할은 뒤로 미뤄둔 채 미국과의 군사기지협정이나 미국인들에게 특권을 부여해주었던 경제협정을 개정하는 데만 적극적인 자세를 보였다. 결과적으로 필리핀 역시 이름뿐인 파병(72명)에 그쳤고, 미국이 당초에 품고 있었던 기대는 물거품이 되어버렸다. 이것은 '더 많은 깃발' 캠페인이 내세운 자유세계지원군이 명목에 불과했다는 것, 베트남 전쟁이 실질적으로는 미국의 단독개입에 그쳤음을 의미한다. 13개 나라의 깃발이 펄럭였지만, 각 나라의 파병인원은 모두 합해 584명에 지나지 않았다.[03]

'더 많은 깃발!' 캠페인은 사실상 파탄 났고, 그 시점에서 미국은 '더 많은 병력!'이라는 실질적인 계획으로 변경하지 않을 수 없었다. 필리핀에게 기대했던 1800명의 병력을 메우기 위해서 한국과 대만 두 나라에 '더 많은 병력'을 요청하는 길밖에 남아 있지 않았다. 미국의 요청을 받은 두

---

02 *Position Paper on Southeast Asia*, Memo to the President, Files of McGeorge Bundy 10/1-12/31 Vol.7(1 of 2), NSF. December 2. 1964.

03 오스트레일리아 167명, 한국 140명, 대만 85명, 일본 80명, 필리핀 34명, 뉴질랜드 32명, 태국 17명, 서독 12명, 이탈리아 9명, 영국 7명, 캐나다 1명, 말레이시아 대게릴라전 훈련장 제공, 스웨덴 마이크로스코프 제공. *Third Country Assistance to Vietnam*, Memo to the President, Files of McGeorge Bundy 10/1-12/31 Vol.7(1 of 2), NSF. December 4. 1964.

나라는 1964년 12월 각각 파병을 준비하여 65년 1월에 베트남으로 출발할 예정이었다. 그러나 중국에게 베트남전쟁에 개입할 구실을 줄 수 있을 것이라는 우려에 따라 미국정부는 대만의 파병계획을 급하게 중지하지 않을 수 없었고, 그 결과 대만 또한 소규모 파병에 그치고 말았다. 이에 반해 한국은 예정대로 1965년 3월 공병부대 2000명을 파병했다. 당초 브라운(Winthrop G. Brown) 주한미국대사로부터 요청받은 것은 1000명 규모의 비전투병이었는데, 그 2배를 넘는 2000명의 병력을 파병한 것이다. 상황이 이렇게 된 것은 필리핀의 파병이 말로만 그쳤기 때문이다. 정권교체에 의해 대폭 축소된 필리핀의 베트남파병 규모를 한국의 파병규모 확대로 보충한 셈이다.

분명한 것은 공병부대의 파병을 둘러싼 한·미 간 교섭에서 전투부대 파병에 관한 말을 꺼낸 것이 박정희 대통령 측이었다는 사실이다. 이에 대해 존슨 대통령 측은 "외국인 전투부대의 참전은 바람직하지 않다. 그러한 전쟁이 아니다"라고 답변했다.[04] 이런 답변을 받은 박정희 대통령이 "한국정부는 언제든지 남베트남으로 파견할 수 있는 2개 사단규모의 전투병력을 준비하고 있다"며 대규모 전투부대의 파병을 재차 촉구했다는 사실도 1964년 12월 19일 자 브라운 주한미국대사 발 극비전문 등에서 확인되었다.[05]

그러나 65년 2월 북베트남에 대한 폭격이 개시되고, 같은 해 3월 2일 롤링썬더작전(Operation Rolling Thunder: 1965년 3월 2일~1968년 11월 2일까지 북베트남에 가한 지속적인 융단폭격 작전-편집자)이 상시적으로 전개되는 등 전쟁 분위기가 고조되자 미국정부의 방침도 커다란 변화를 겪게 되었다.

---

04 *CINCPAC FOR POLAND*, Korea cables Vol. 2(7/1964-8/1965), KOREA, Box 254, NSF. LBJ Library, December 17. 1964.

05 이에 대해 브라운 주한미국대사는 "외국인 전투부대는 요구하지 않았다"고 존슨 대통령의 메시지를 되풀이했다. *SAIGON PASS COMUSMACV PRIORITY UNN*, Korea cables Vol. 2(7/1964-8/1965), KOREA, Box 254, NSF. LBJ Library, December 19. 1964.

그 전까지 한국군 전투부대의 파병을 단호하게 거부했던 미국정부는 북베트남 폭격 개시를 앞두고 한국군 전투부대 파병계획을 세웠다. 정글게릴라작전에 대비해 한국정부 측에 4000명 규모의 해병대 파병을 요청했던 것이다. 롤링썬더작전이 시작되면서부터는 더 많은 전투부대의 파병을 요청했다. '더 많은 깃발' 캠페인의 파탄과 베트남전쟁의 격화라는 상황이 중첩되면서 미국정부가 군사협력을 요청할 수 있는 대상은 사실상 한국밖에 남아 있지 않았기 때문이었다.[06] 당초 7~8만 명의 자유세계지원군(FWMAF)을 모집할 계획이었던 미국정부는 그 부족분을 한국 측병력으로 메울 계획이었다. 1966년 10월 대규모 전투병력이 파병되었다. 한국정부가 그토록 '염원'했던 대규모 전투부대의 베트남파병이 가능해졌던 것이다.

주목해야 할 사실은 베트남전쟁에 파병된 한국군의 수가 미국에 이어 최대 규모였다는 점이다.(표 8-2) 더구나 미국을 제외한 다른 파병군은 소규모 비전투부대를 중심으로 구성된 반면, 한국군은 전투부대가 거의 대부분을 차지하고 있었다. 이 또한 주목해야 한다. 왜냐하면 미국정부가 베트남전쟁에 대한 공헌도를 경제원조 공여의 중요한 요소로 받아들이고 있었기 때문이다. 표 8-3은 베트남전쟁에 참전한 각 나라의 국내인구 대비 베트남참전군인 비율을 나타낸 것이다. 한국의 국내인구 대비 베트남참전군인의 비율은 0.140%로 SEATO 회원국보다 현격하게 높았다. SEATO 회원국인 오스트레일리아 0.039%, 뉴질랜드 0.006%, 필리핀 0.003%와 크게 차이가 날 뿐만 아니라, 미국의 0.160%에 필적할 만한 비율이었고, 이처럼 높은 공헌도가 한국의 지위향상에 중요한 역할을 수행했다.

---

06 *KEY ELEMENTS FOR DISCUSSION, THURSDAY, APRIL, 1. at 5:30 PM*, Memo to the President McGeorge Bundy March 4/14/65 Vol.9(2 of 3), NSF, April 1.1965.

표 8-2 베트남 참전국 파병규모(1964~1972)

(단위: 명)

	1964	1965	1966	1967	1968	1969	1970	1971	1972
미국	17,200	161,100	388,568	497,498	548,383	475,678	344,674	156,975	29,655
한국	140	20,541	45,605	48,839	49,869	49,755	48,512	45,694	37,438
태국		16	224	2,205	6,005	11,568	11,586	6,265	38
필리핀	17	72	2,061	2,020	1,576	189	74	57	49
대만	20	20	23	31	29	29	31	31	31
오스트레일리아	200	1,557	4,525	6,818	7,661	7,672	6,763	1,816	128
뉴질랜드	30	119	155	534	516	552	441	60	53
스페인		0	13	13	12	10	7		
합계	17,607	183,425	441,174	557,958	614,051	545,453	412,088	210,898	67,392

* 국방부군사편찬연구소(2007), 15쪽.

표 8-3 국내인구 대 베트남 참전군인 비율

* 단위: 국내인구(백만 명), 베트남참전군인(명)

나라 명	국내인구(A)	베트남참전군인(B)	비율(B/A)
미국	197.5	316,381	0.160%
한국	29.0	40,974	0.140%
필리핀	33.5	981	0.003%
오스트레일리아	11.6	4,495	0.039%
뉴질랜드	2.5	162	0.006%
남베트남	16.5	709,477	4.300%

* *Troop Strengths in Vietnam as Percentage of National Populations*, Asian Trip Cys of memos, Files of Walt W. Rostow, Box 8, NSF, LBJ Library, October 10, 1966.

(2) 한국군의 베트남파병과 일석삼조+α

추진 요인으로 꼽을 수 있는 것은 베트남파병의 보상에 대한 기대가 컸다는 점이다. 한국은 베트남과 군사동맹을 맺고 있지도 않았고, 동남아시아 조약기구(SEATO)에 가입하지도 않았으며, 한·미상호방위조약에 베트남이 포함되어 있었던 것도 아니었다. 그럼에도 불구하고 한국이 베트남파병을 단행한 것은 '베트남특수'와 함께 '파병에 대한 보상' 격으로 경제적 원조를 받아내려는 의도가 컸기 때문이라고 할 수 있다. 당시 한국에 대한 미국의 군사·경제원조가 감소추세로 돌아서면서 박정희 정권의 기반이 동요되기 시작했다. 전후 일본경제에서 한국전쟁의 특수가 '신풍(神風)'이었음을 누구보다 잘 알고 있었던 박정희 대통령과 정부관계자들은 베트남특수에 기대를 걸었고, 미국으로부터 경제적 이익에 대한 보장을 받아내려고 했다. 한국정부가 한국군의 베트남파병과 동시에 남베트남에 무역담당사무소를 설치했다는 사실이 이를 뒷받침해준다.

미국중앙정보국(CIA)이 작성한 한국보고서는 한국군의 베트남파병 배경으로 '대의명분'과 '실리'라는 복합적인 요인이 크게 작용했다고 분석했다.[07] 1950년 한국전쟁 당시 미국이 제공한 적극적인 지원에 대한 '보은'이라는 명분과 한국전쟁이 일본에게 거대한 경제적 이익을 가져다준 것처럼 한국도 베트남전쟁에서 경제적 이익을 얻어야 한다는 '실리'가 베트남파병의 복합적인 요인이었다는 것이다. 브라운 주한미국대사가 허버트 H. 험프리(Hubert Horatio Humphrey, Jr) 부통령에게 보낸 공용전보에는 한국정부가 노린 '실리'에 대해 기록되어 있다. 한국정부가 베트남파병에 대한 보상으로 기대했던 것은 '일석삼조+α'의 효과, 그러니까 한국의 경제성장, 한·미관계의 강화, 한국군의 전투력 향상, 그리고 플러스

07　*CIA Report: The Situation in the Republic of Korea*, Korea memos vol.3, Korea Box 255, National Security File, NSF. LBJ Library, October 12. 1966.

알파라는 것이었다.[08]

한국군의 베트남파병을 둘러싸고 한·미 두 나라 정부 사이에 각서가 교환되었다. 특히 잘 알려져 있는 것이 이동원 외무장관과 브라운 미국대사 사이에 교환된 '브라운 각서'이다. 군사원조에 관한 10개 항목, 경제원조에 관한 6개 항목 등 총 16개 항목으로 구성된 지원 약속이 명기된 이 문서는 한국 측의 강한 요구에 의해 일반에 공개되었다. 다만 한국군이 미국의 용병으로 간주되지 않도록 일부밖에 공개하지 않았다. 한국군의 베트남파병에 대한 보상을 둘러싸고 한국정부가 미국정부와 끈질긴 교섭을 계속했다는 사실은 세간에 알려진 바다. 한국정부가 미국정부에게 다양한 조건을 제시했고 미국으로부터 보다 많은 양보를 끌어내려고 했다는 전형적인 증거로 자주 거론된 것이 바로 '브라운 각서'이다. 그러나 국내 여론을 의식한 나머지, 한국정부는 '끈질기게 교섭을 계속 이어가고 있다'는 인상을 주려고 했다. 브라운 대사의 표현을 빌리자면 이동원 외무장관은 '혼자서' 연기를 했을 뿐이었다.[09]

한국의 베트남파병을 둘러싼 논의들에서 베트남의 한국군 병사들을 미국의 '용병'처럼 취급했던 견해가 암묵적이나마 정설처럼 인정되고 있었다는 점도 언급하고자 한다. 예를 들어 미국상원 공청회에서 가장 문제가 되었던 것은 베트남파병 한국군에게 지급한 전투수당이었다. 공청회는 한국군 병사들이 전투수당을 받기 위해 참전했다는 점, 전쟁에서 이익만을 추구했다는 점을 들어 한국군을 미국의 '용병'으로 간주했다. 이 문제를 실증적으로 해명하려고 시도한 연구가 블랙번(Robert M. Blackburn)의 용

---

08 *Cable: For the President from the Vice President*, Korea cable Vol.3, Korea Box 255, NSF. LBJ Library, Jan. 1. 1966.

09 *Cable: ROK Forces for RVN*, Cable to the President. McGeorge Bundy 1/19–2/4 1966, Vol.19(1 of 3), NSF. LBJ Library, February 1. 1966.

병론이다.[10] 블랙번은 한국군 병사들이 미국의 '용병'이었고 돈을 버는 것을 제외한 다른 어떤 이해관계도 갖지 않았다고 서술했다. 그러나 블랙번의 용병론에 대해 사라타케(Nicholas Evan Sarantakes)는 "베트남의 한국군은 미군사령관의 작전통제하에 있지 않았다. 또 한국의 베트남파병 정책의 근거를 설명하고 있지 못하고 있다"고 비판했다.[11] 그는 한국군의 베트남 파병은 병사들의 개인적 이익 획득을 위해서가 아니라 한국의 '국익'을 위한 것이었다고 결론지었다.

2. 한국군의 베트남파병과 한·미관계의 전환

한국군의 베트남파병은 한국에 대한 미국의 태도를 180도 전환시키는 계기가 되었고, 한·미관계에도 중대한 전환점이 되었다. 1965년을 경계로 한·미관계가 '미국에게 방치되었던' 시기에서 '밀월시기'로 전환된 것이 최상의 증거라고 할 수 있다.

먼저 지적해둘 것은 60년대 초 한·미관계의 양상이다. 단적으로 말해 당시의 한·미관계는 미국이 '의붓자식'인 한국을 '방치'해둔 상태였다고 할 수 있다. 1964년 7월 국가안보담당특별보좌관 번디는 존슨 대통령에게 보낸 메모에서 "제2차 세계대전 이후 미국은 66억 달러 이상(경제원조 38억 달러와 군사원조 28억 달러)을 한국에 투입했다. 그럼에도 불구하고 미국에게 이 나라는 여전히 불안한 의붓자식이다. 문제는 독립 후의 리더십 부재와 조잡한 경제계획 그리고 미국의 방치에 의해서 생겨나고 있다"고 언급했다.[12] 이 문서는 미국이 보호자로서 느낀 불만을 넘어 한국을 방치해두

---

10 블랙번(1994) 참조.

11 사라타케(1999), 425~449쪽.

12 *Memorandum for the President*, Korea memos Vol. 2(7/1964~8/1965), Box254, NSF, LBJ Library,

표 8-4 고위관료의 교류

년월일		방한	방미
1964년	01월 08일	Robert F. Kennedy 법무장관	
	01월 28일	David Dean Rusk 국무장관	
1965년	03월 17일		이동원 외무장관 (존슨 대통령 면담)
	04월 20일	Henry Lodge 미국특사	
	05월 02일	Walt W. Rostow 국무성정책기획위원장	
	05월 18일		이동원 외무장관 (존슨 대통령 면담)
	07월 01일	Dr. Donald F. Hornig 대통령과학기술특별고문	
	09월 20일	William P. Bundy 국무차관보	
	11월 28일		이동원 외무장관 (Rusk 국무장관 면담)
1966년	01월 01일	Hubert Horatio Humphrey 부통령	
	02월 22일	Hubert Horatio Humphrey 부통령	
	06월 04일	Samuel Burger 국무성동아시아·태평양담당차관보	
	07월 09일	David Dean Rusk 국무장관	
	11월 02일	Lyndon B. Johnson 대통령	
1967년	03월 14일		정일권 국무총리
	06월 29일	Hubert Horatio Humphrey 부통령	
	07월 03일	Hubert Horatio Humphrey 부통령	
	08월 02일	Clark Clifford, Maxwell Taylor 미국특사	
1968년	02월 11일	Cyrus Vance 미국특사	
	04월 06일	Orville Lothrop Freeman 농무장관	
	04월 17일		박정희 대통령
	07월 26일	Joseph J. Sisco 국무성차관보	
1969년	05월 13일	Maurice H. Stans 상무장관	
	06월 01일	Dave Packard 국방차관	
	07월 31일	William Rogers 국무장관	
	08월 22일		박정희 대통령
	10월 28일	Hubert Horatio Humphrey 전 부통령	
	11월 05일		최규하 외무장관 (Rogers 국무장관 면담)

* 각종외교문서 등.

고 있었다는 사실을 직접적으로 드러내고 있다. 한국경제에 대한 비극적 전망의 요인으로 리더십의 부재와 조잡한 경제계획, 그리고 미국의 방치가 언급되고 있다는 점을 다시 한 번 지적해둔다.

그러나 1965년을 기점으로 한·미관계는 '충실한 친구'로 변화되었다. 실제로 1965년 5월 한·미정상회담을 앞두고 미국 측은 "우리는 특별히 긴밀하고 우호적인 관계를 가지고 있는 한국을 미국의 충실한 친구로 인정하고 있다. 한국은 우리의 지원을 우려할 필요가 없다"고 표명함으로써 한국에 대해 협조적이고 친밀한 태도를 보여주었다.[13] 여기서 강조된 '충실한 친구'란 그때까지의 '의붓자식' 관계에 종지부를 찍고 한·미 두 나라의 관계가 확고한 기반 위에 섰음을 의미한다.

'충실한 친구'는 '밀월관계'에 돌입했다. 1960년대 후반 미국정부의 수뇌부들이 극동의 작은 나라 한국을 자주 방문했고, 사상 처음으로 한·미정상회담이 수차례에 걸쳐 실현되기까지 했다. 표 8-4가 보여주는 것처럼 1965년 4월 롯지(Henry Cabot Lodge) 대통령 특사의 방한을 시작으로 험프리 부통령과 번디 국무부차관보 그리고 대통령 특사자격으로 로스토, 테일러, 반스 등 정부요인들이 연이어 한국을 방문했다. 이들은 모두 베트남정세를 배경으로 박 대통령과 면담했고, 베트남정세 및 한국의 안전보장 전반에 대해 토의했으며, 한·미 간의 현안에 대해 논의했다. 두 나라 사이의 정상회담만 해도 박·존슨 대통령 회담이 65년 5월과 66년 11월, 68년 4월에 그리고 박·닉슨(Richard M. Nixon) 정상회담이 1968년 8월에 이루어지는 등 60년대 후반 정상회담이 빈번하게 이루어지고 있었다는 사실은 주목할 만하다. 한·미관계는 이처럼 정상회담 및 정부요인의 교류를 통해 밀월시대를 구축하고 있었다.

July 31, 1964.

13 *Memorandum for the President,* Korea memos Vol. 2(7/1964-8/1965),Box254,NSF,LBJ Library, April 16, 1965.

한·미관계를 검토할 때 가장 주목해야 할 사건은 1965년 5월 성사된 박대통령의 미국 방문일 것이다. 미국정부가 박정희 대통령의 방미를 크게 환영하여 전례가 없는 파격적인 대우로 박 대통령을 맞이한 것과 달리, 비슷한 시기에 예정되어 있던 샤스트리(Shastri) 인도 수상과 파키스탄의 아유부 칸(Ayab Khan) 대통령의 방미를 취소 또는 연기하는 상반된 태도를 취했기 때문이다. 더구나 인도의 샤스트리 수상과 파키스탄 아유부 칸 대통령의 방미는 이미 일정이 결정되어 있었던 반면, 박정희 대통령의 일정은 결정되어 있지도 않았던 상태였다. 1965년 1월 2일 백악관이 작성한 '1965년 상반기 정상회담 일정'에는 1월 사토 에이사쿠(佐藤栄作) 수상, 3월 케냐의 조모 케냐타(Jomo Kenyatta) 대통령, 4월 파키스탄의 아유부 칸 대통령, 5월 인도의 샤스트리 수상, 6월 나이지리아의 벤저민 은남디 아지키웨(Benjamin Nnamdi Azikiwe) 대통령 그리고 한·일기본조약 체결 후 박정희 대통령이라는 일정이 잡혀 있었다.[14] 덧붙여 말하면 한·일기본조약이 체결되었던 것은 6월 22일이다.

흥미로운 사실은 백악관이 예상되는 질문에 대한 답변(Q&A)을 준비해 존슨 대통령에게 대응책을 제시했다는 점이다. 예를 들어 어째서 박 대통령의 방미가 연기되지 않았는가라는 질문에는 "이미 다른 사정에 의해서 연기되었던 적이 있고 이번에는 특별히 연기해야 할 중요한 이유가 없었다"는 답변이 준비되어 있었는데, 이는 명백히 사실과 다른 것이었다.[15] 인도의 샤스트리 수상과 파키스탄의 아유부 칸 대통령의 방미가 연기된 것은 존슨 대통령이 두 나라 정상의 방미를 연기해야 한다고 강력하게 주장했기 때문이었다. 러스크 국무장관은 인도주재 미국대사에게 보낸 극비

---

14 *Schedule of Foreign Vistors for 1965*, Memo to Mr. Benjanin H. Read Executive Secretary Department of State. Chron File 1-14 January 1965(2 of 2). Files of McGeorge Bundy, Box 6, NSF, LBJ Library, January 2, 1965.

15 *Foreign Policy Questions and Answers other than Vietnam*, Memo to the President McGeorge Bundy, March 4/14/65 Vol.9(2 of 3), NSF, LBJ Library, April 27. 1965.

전문(1965년 4월 14일)에서 긴급하고 예민한 베트남정세와 관련해 문제를
극히 신중하게 논의해야 할 것이지만 두 사람 사이의 견해차가 상당히 크
다는 점을 지적하면서, 샤스트리 수상이 미국의회와 매스컴에 존슨 정권
에게 확실히 불리한 논평을 내놓지 않을까 하는 강한 우려를 표명했다.[16]
베트남전쟁이라는 난국을 떠맡고 있던 존슨 정권에게는 박정희 대통령의
방미가 정치적으로 호재였던 것이다. 본래 미국의 대아시아전략에서 가
장 중요한 위치를 차지하고 있었던 나라가 인도와 파키스탄이었다는 점
에서, 이러한 상황은 인도 및 파키스탄의 지위가 저하되었음과 동시에 한
국의 지위가 향상되었음을 보여주는 것이라고 할 수 있다.

제2절_미국안전보장전략과 한국모델

1. 쇼케이스로서의 한국모델

박정희 대통령과 존슨 대통령 그리고 미국정부 고위관계자들과의 회담결
과, 한·미 두 나라는 단순한 우호를 넘어 전략적 파트너 관계로 급속하게
발전했다. 특히 동남아시아와 베트남의 평화를 위한 전략적 파트너십이
수립되면서 한·미 간의 협력관계도 새로운 단계에 접어들었다. 이를 기회
로 두 나라 사이에는 고위급 교류가 빈번하게 이루어졌고 한·미 간의 최
대 현안이었던 한국의 안전보장과 경제적 자립 등의 문제에서도 큰 폭의
진전이 있었는데, 이것은 미국에게 있어 한국의 전략적 중요성이 비약적

---

16 *For ambassador from the Secretary*, Memo to the President McGeorge Bundy, 4/15-5/31/65
   Vol.10(3 of 3), NSF, LBJ Library, April 14. 1965.

으로 커졌음을 의미한다.

이 때문에 박 대통령의 방미 성과를 살펴볼 필요가 있다. 먼저 방미 목적을 보기로 하자. 대통령비서실이 대미교섭을 위해 작성한 「한·미 양국의 현실적 입장과 박 대통령의 방미목표」에는 군사쿠데타정권의 정당화, 한·미관계의 강화 그리고 '한국의 쇼윈도화' 등이 열거되어 있다.[17] ① 현 정권과 한국국민에 대한 미국정부의 절대적인 신임과 지지를 확보한다, ② 극동에서 한국을 민주주의의 '쇼윈도'로 만든다는 미국정부의 확약을 받아내고, 그에 대한 실질적인 지지를 획득한다, ③ 한·미 간 여러 현안들을 고차적으로 해결한다, 혹은 조기해결을 위한 미국 대통령의 약속을 받아낸다는 등의 내용이다. 여기에서 가장 주목해야 할 것은 한국을 '쇼윈도'로 만든다는 구상이 외교정책의 주요한 버팀목 가운데 하나로 자리하고 있었고, 이를 실현하기 위한 지원과 미국정부의 확약을 모색했다는 것이다.

다음으로 살펴보아야 할 것은 박 대통령의 방미 성과이다. 1965년 5월 29일 박 대통령의 방미 성과에 관한 회의가 청와대에서 열렸는데, 특히 중요한 성과라고 강조된 것이 '기브앤테이크' 관계의 구축이었다.[18] '기브'가 '한국군(전투부대)의 베트남파병'을 의미하는 것은 확실하다. 중요한 것은 한국에게 '테이크'란 곧 박 대통령의 방미교섭자료에 명시된 세 가지 목표가 달성될 것인가, 다시 말해 한·미관계의 강화, 군사쿠데타정권의 승인 그리고 한국을 '쇼윈도'로 창조한다는 미국정부의 약속이 실제로 이행될 것인가를 의미한다는 사실이다.

한국군의 베트남파병은 미국의 안전보장전략에서 대단히 중요한 변수였다. 대규모 전투부대 파병은 전쟁의 수행에서 결정적인 중요성을 가졌을 뿐만 아니라 베트남전쟁에 관한 미국의 국제적 입장에 중대한 영향을

---

17 대통령비서실(1965), 「각하 방미 시의 참고자료」, 국가기록원대통령기록관.
18 한국중앙정보부(1965), 6쪽.

주었기 때문에 한국에 대한 전략적 위상을 재평가하지 않으면 안 된다. 이 점에 관해서는 한국에 대한 미국의 전략적 이익을 언급하고 있는 존슨 대통령의 메모를 참고해야 한다. 1967년 3월 존슨 대통령과 정일권 총리의 회담을 준비하면서 백악관이 작성한 이 메모에는 "아시아에서 가장 중요한 동맹국의 하나인 한국의 경제발전과 정치적 안정은 미국의 전략적 이익과 직결된다. 이 문제는 한국군의 베트남 참전과 함께 아시아에서의 미국의 전략적인 이익이라는 측면에서 점점 중요해지고 있다"고 기록되어 있다.[19] 한국군의 베트남파병을 계기로 미국에게 한국의 전략적 중요성이 높아졌음을 보여주는 사례라 할 것이다.

당시 국가안전보장담당보좌관이었던 맥조지 번디가 존슨 대통령에게 보낸 메모(1965년 12월 22일 자)는 그 배경에 대해 다음과 같이 기술하고 있다. "미국과 동아시아의 비공산권 국가들에게 한국은 다음의 세 가지 점에서 전략적으로 중요한 위치에 있다고 할 수 있다. 먼저 한국은 동아시아 본토에 위치한 자유세계의 전초 방위지대이자 일본과 아시아 공산국가들 사이에 있는 가장 중요한 완충지대이다. 다음으로 한국모델의 성공여부는 국가건설을 추진하고 있는 비공산권 국가들에게 커다란 시험대가 된다. 또 신뢰할 수 있는 미국의 동맹국인 한국이 공산주의의 확장에 대항할 수 있다는 것은 한국전쟁을 통해 증명되었고, 오늘날에는 남베트남에서 2만 명의 한국군이 싸우고 있다. 만약 한국이 경제적·정치적으로 성장할 수 있는 나라가 되는 데 실패한다면, 그 실패는 세계의 이목을 받을 것이며 한국의 실패는 곧 미국의 실패로 인식될 것이다. 1945년 미국은 40년 동안 일본의 지배를 받아온 한국을 해방시켰고, 1950년대 초에는 한국을 지키기 위해서 싸웠다. 그 후 한국은 공산주의 중국, 소련, 북한의 위협에 직면해 있으며 역사적으로는 일본과 반목을 거듭하고 있다. 한국은 미국에 지원과 보

---

19 *Public Law 480 Program with the Republic of Korea*, MEMORANDUM FOR THE PRESIDENT, Korea Filed by the LBJ Library, Korea, Box 256, NSF, LBJ Library, March 6. 1967.

호, 지도를 요청했고 우리는 지도자의 역할을 수행하며 수호자이자 원조자가 되었다.

(중략) 우리는 일본과 공산권지대 사이에서 한국을 아시아대륙의 전초방위지대로 삼음과 동시에 양호하고 자립적인 완충지대로 유지하기를 원한다. 남북통일은 두 개의 코리아가 경제적 문화적으로 하나의 나라로 된다는 궁극적인 최종목표지만, 북한이 제창하는 조국통일은 받아들이기 어렵다. 다음으로는 한국을 사례로 비공산권의 국가건설이 성공할 수 있다는 것을 아시아에서 증명하는 일. 그리고 미국의 동맹과 지원이 갖는 가치와 신뢰성을 과시하는 것"이다.[20]

1960년대 당시 미국의 아시아정책의 중심에는 일본이 있었고 한국은 그 방파제로서의 임무를 담당하고 있었는데, 이 같은 기본전략은 한국군의 베트남참전으로 인해 붕괴되었다. 이제 미국은 한국을 일본의 방파제로 삼는 정책 대신 한국의 군사·경제력을 강화하여 자립적인 완충지대로 삼는 정책을 구사해야 했다. 동아시아의 자립적인 완충지대 구축을 위해서는 한국을 언제까지나 미국의 '의붓자식'으로, 일본의 '방파제'로 취급해서는 안 됐다. 요컨대 미국의 동아시아정책에서 한국의 전략적 중요성이란 공산주의진영에 대한 자유주의진영의 경제적 우위를 입증해줄 증거로 삼는 것, 즉 '한국모델'과 동의어로 해석될 수 있을 것이다. 그리고 '한국모델'은 미국의 안전보장전략에 대한 시금석이기도 했다.

2. 한국모델과 로스토의 실험

한국을 비공산권의 '쇼윈도'로 삼는 전략에 가장 큰 영향력을 행사한 숨은

---

20 *KOREA*, Non Committee, Files of McGeorge Bundy, Box 15, NSF, LBJ Library, December 22. 1965.

주역은 바로 월트 로스토였다. 로스토는 제3세계 나라들이 '자립경제체제'를 구축하도록 하는 것이 미국에게 중요하다고 제창했던 경제학자이기도 했지만, 베트남전쟁의 수행자이자 냉전정책의 실무자이기도 했다. 그는 당시 최대 현안이었던 베트남전쟁 개입의 정당성을 이론적으로 뒷받침함으로써 존슨 대통령이 베트남전쟁을 수행하는 데 큰 보탬이 되었고, 이를 통해 대통령에게 신임을 얻어 존슨 대통령의 국가안보담당대통령특별차석보좌관(이하 대통령보좌관)으로 근무하는 등 안보정책에서 중심적인 역할을 담당했던 인물이다.[21]

존슨 대통령은 1965년 5월 박·존슨 정상회담 직전 로스토를 대통령특사로 한국에 보냈다. 당시 로스토는 백악관 '정책기획회의(The Policy Planning Council)' 위원장 자격으로 정권의 계획에 참여하고 있었는데,[22] 한국과 관련해서는 저명한 경제학자로서의 역할도 대단히 중요했다. 그러나 로스토의 한국 방문은 단순히 한국경제를 평가하는 데 그치지 않고, '쇼윈도' 계획의 중대 문제를 해결하는 데 최대의 목적이 있었다. 중대한 문제란 한국의 경제상황을 의미한다. 왜냐하면 로스토노선을 추진하기 위한 필수적인 전제조건은 원조 받는 나라의 경제적 도약이었는데, 한국은 정체상태에서 탈출하기 어려운 상황에 있었기 때문이다. 이것은 미국의 개발전략방침에 반하는 상황이었고, 당연히 미국의회에 설명할 책임을 다하는 데 있어서도 곤란한 문제가 되었다. '도약'과 관련해서 상기해야 할 점은 첫째, 미국은 도약단계로 접어들었을 때 원조정책이 가장 효율적이고 상환불이행의 위험성도 줄어든다고 여겼으며, 둘째, 따라서 미국의 개발원조 공여는 원조 받는 나라의 경제상태가 도약단계에 접어들었는지를 중시했고, 셋째, 자립적인 경제발전을 향해 도약하는 것이 결국은

---

21 1966년 4월 1일~1969년 1월 20일까지 국가안전보장문제담당특별보좌관을 역임했다.

22 정식 명칭은 정책기획본부장(Director of Policy Planning)이며, 1961년 11월 29일~1966년 3월 3일까지 수행했다.

공산주의로부터의 위협을 배제하려는 미국의 전략적 이해와 합치한다는 것이다.

이 시기 한국의 경제적 상황은 세계은행을 비롯한 외국의 많은 연구자들의 눈에 '거의 절망적'이라고 비쳐졌고, 존슨 정권에게조차 '여전히 미국의 불안한 의붓자식'이라고 인식되고 있었다. 경제정체가 지속되고 있었기 때문에 한국정부 역시 1964년 계획목표를 하향조정한 '축소수정계획'을 수립하지 않을 수 없었다는 것은 앞에서 설명한 대로이다. 또 앞에서 서술한 바와 같이 미국정부는 한국을 최대의 실패사례로 인식하고, 리더십 부재와 조잡한 경제계획 그리고 미국에 의해 방치되어 있었던 것 등을 정체의 요인으로 지목했다는 점도 다시 강조해둔다.

한국경제의 만성적 침체가 '쇼윈도' 계획의 최대 족쇄인 이상, 로스토에게는 이 문제를 해결해야 할 임무가 있었다. 그는 한국경제발전론의 권위자로서 이 문제를 학문적으로 위장해야 했다. 이것이 미국정부의 '쇼윈도' 계획 추진에 있어 회피할 수 없는 문제라면, 로스토노선의 장애물은 로스토 자신이 해결하는 것 외에 다른 방법이 없다고 판단되었다고 볼 수 있다. 결국 로스토는 한·미정상회담 직전 서울대학교에서 행한 연설에서 "한국은 이미 도약의 초기단계에 들어서 있다고 확신한다"고 강조하면서, "한국은 다른 아시아 나라들보다도 한층 유망한 도약단계에 있는 국가라고 할 수 있다"고 한국의 도약단계 진입을 선언했다.[23] 이렇게 하여 한국에 대한 미국의 정책은 '최대의 실패케이스'에서 '유망한 도약단계'로 무리하게 옷을 갈아입었다.

로스토는 연설을 통해 한국에 대한 국제협력의 중요성을 강조했고, 한·미관계가 새로운 단계로 들어섰음을 각인시키려고 했다.[24] 그는 특히

---

23 1965년 5월 3일에 서울대학교에서 연설을 했다. 번역된 전문은 로스토(1965), 「한국의 경제개발과 그 문제점」, 235쪽 참조.

24 로스토(1965), 「한국의 경제개발과 그 문제점」, 238~239쪽.

미국, 일본, 유럽 세 지역 선진국들의 역할에 대해 논했다. 첫째, 미국정부는 한국의 경제발전에 협력할 것임을 강조하고, 특히 제2차 경제개발 5개년계획에 필수적인 사항을 검토해 자금조달을 중심으로 이 계획을 지원해야 한다고 언급하면서 미국의 대한원조형태가 지금까지의 소비중심에서 투자중심으로 전환될 필요가 있다고 지적했다. 둘째, 일본에게는 외국인투자나 원조가 한국의 개발계획에 적절하게 활용될 수만 있다면 한국이 경제발전을 이룰 수 있다는 전망을 보여주고, 적절한 외자도입이 한국의 산업발전에 촉진제가 된다고 주장했다. 셋째, 이제까지 유럽 나라들이 '진보를 위한 동맹(Alliance for Progress)'에 몰두했듯 한국에 대해서도 똑같은 원조 협력이 필요함을 역설했다. 이로써 로스토는 존슨 대통령의 특사 임무를 완수했다. 미국은 이러한 조치들이 로스토노선을 추진하는 데 있어 필수적인 조건이라면, 더구나 한국의 '쇼윈도' 계획이 미국의 안전보장전략 추진에 큰 힘이 된다면, '최대의 실패케이스'를 '유망한 도약단계'로 간주할 수밖에 없다고 생각했다. 이는 한국이 미국의 아시아정책에서 얼마나 중요한 지위를 차지하고 있었는지, 한국의 '쇼윈도' 전략이 미국의 전략목표에서 얼마나 필요한 것이었는지를 보여준다.

　한국의 경제발전과 정치적 안정을 위해 로스토가 어떠한 역할을 수행하였는가라는 문제는 본 연구에서 다루어야 할 하나의 중요한 논점이다. 이와 관련해 로스토의 역할을 논한 연구가 전무했기 때문이다. 어쨌든 로스토의 '도약' 선언은 미국이 로스토노선을 적극적으로 추진하기 위한 중요한 포석이었을 뿐 아니라, 한국의 실질적 도약을 위한 출발점이기도 했다. 이 선언을 계기로 로스토는 한국의 경제적 발전과 정치적 안정을 위해 예사롭지 않은 정열을 불태웠다. 그것은 로스토에게 있어 실무자로서의 능력을 보여주는 장이었고, 학자로서 자신이 주창했던 도약이론을 실증할 수 있는, 절대로 실패해서는 안 될 큰 실험이기도 했다. 실제 로스토 특별보좌관은 한국의 대미경제사절단을 향해 "한국의 경제발전은 다른 나라들의 모델이 되어야 한다"거나 "이미 완전히 도약단계에 진입해 있고 향후의 전망도 밝다"고 말했다.[25] 요컨대 미국에게 한국정책이란 로스토 '노선'에서 한발 더 나아가 로스토의 '실험'을 통해 안전보장전략을 더욱 강화하려 했던 적극책, 즉 '한국모델'과 마찬가지였다고 해석할 수 있다. '한국모델'의 궁극적 목적은 말할 것도 없이 경제적 발전 및 정치적 안정과 함께 공산주의진영에 대한 자유주의진영의 경제적 우위를 증명하는 데 있었다.

'한국모델'을 성공시키기 위해 로스토가 수행했던 역할에 대해서는 두 가지 점을 지적할 수 있다. 첫째는 로스토가 존슨 대통령이 시도한 한국정책의 기반을 다지는 데 기여했다는 것이다. 애초 존슨 정권의 내부와 의회에는 한국에 대한 불신이 뿌리 깊게 자리해 있었지만, 로스토의 구상을 통해 정권 내에 존재했던 강한 불신과 비판이 약화되었고 한국에 대한 정책 태도도 호전되었다. 1965년 5월 한·미정상회담 당시 이와 관련해 다음과 같은 언급이 있었다. "존슨 대통령은 한국의 안정을 도모하기 위해 재정지원원조, 개발차관, 잉여농산물원조(PL480), 기술지원과 같은 경제원조를 유지할 것임을 한국정부에게 표명했다. 그러나 한국에 대한 미국정부의 태도는 로스토가 한국경제에 관한 구상을 보고하기 전까지 결코 호의적이지 않았다."[26] 이는 한국에 대한 미국정부의 전향적인 자세를 강조하려는 의도에서 나온 언급이었을 것이다.

두 번째는 로스토가 한국의 경제정책에 적극적으로 개입했고, 오늘날로 말하면 한국 '쇼윈도' 프로젝트의 총괄본부장 역할을 수행하고 있었다는 것이다. 존슨 대통령으로부터 두터운 신뢰를 한 몸에 받았던 로스토는 한국정책을 손수 책임지고 관리했다. 예를 들어 1966년 11월 한·미

---

25 김옥(1967), 11쪽.

26 U.S.-Korean Relations, Memorandum of Conversation, Korea memos Vol 2(1964/7-1965/8), Korea, Box 254, NSF, LBJ Library, May 17. 1965.

정상회담 당시 한 문서는 "박정희 대통령은 한국의 몇 가지 경제문제를 로스토 보좌관이 검토하도록 위임하고 싶다고 요청했다. 존슨 대통령은 자신이 절대적으로 신뢰했던 로스토와 브라운(주한미국대사)에게 문제의 검토를 의뢰하는 것에 동의했다. 그러면서 만약 로스토와 브라운이 (존슨 대통령) 자신보다 경제문제를 잘 숙지하고 있지 못하다면 미국정부는 거액의 자금을 낭비하게 될 것이라는 취지의 언급을 했다"고 기록하고 있는데, 이런 사실만 보더라도 로스토가 한국정책을 좌지우지했던 핵심인물이었음을 분명히 알 수 있다.[27] 또한 이전까지 USOM을 통해 일원화되어 있던 한국정책 담당창구도 이때부터는 국무부, 국방부, 상무부 등으로 다원화되었고, 교섭담당자의 지위도 국장급 이상으로 격상되었다. 한국이 아시아 지역의 '쇼윈도'가 되기 위해서는 한국과의 교섭이 우선적이어야 했기 때문에, 담당창구와 교섭담당자의 지위도 격상되었다고 생각한다.

제3절_미국의 직접적인 역할

1. 개발독재와 미국의 개입

여기에서 강조해두어야 할 것은 미국정부가 한국의 '개발독재체제' 강화에 적극적으로 개입했다는 사실이다. 그 배경으로는 다음의 두 가지 사항

---

27 *Meeting between President Johnson and President Park*, WWR Memorandum of Conversation on Korean Economy, Asian Trip Cys of memos, Files of Walter W. Rostow., Box 8, NSF, LBJ Library, Nov. 7. 1966.

을 지적할 수 있다. 첫째, 미국은 베트남전쟁을 수행하기 위해 박정희 군사독재 체제를 유지해야만 했다. 이미 말한 바와 같이, 미국의 '더 많은 깃발' 캠페인이 파탄을 맞이한 가운데 유일하게 박정희 정권만이 베트남파병에 적극적인 자세를 보였기 때문이다. 둘째, '한국모델'은 공업화를 경제개발의 중심으로 두고 설계되었는데, 그 개발체제의 필수적인 담당자를 군사정권으로 삼았다는 점이다. 계획수행 능력을 갖춘 안정된 정권이야말로 경제개발계획을 성공으로 이끌어 '한국모델'을 성사시킬 수 있다는 것이 미국 측의 기본적인 생각이었다. 따라서 미국정부가 '한국모델'을 추진하기 위해서는 박정희 군사정권을 안정화시키고 나아가 장기화시키는 것이 전제조건이었던 것이다. 이것이 '로스토노선'이었다. 이 점에 대해서는 1961년 상원외교위원에게 보고된 「발전도상국의 근대화와 미국의 정책」을 참조하기 바란다.[28] 이 정책보고서는 MIT 국제연구센터에서 로스토 등의 공동연구를 통해 작성된 것으로 발전도상국의 경제개발과 정치적 안정 간의 관련을 논한 것이다. 이 정책론은 군대, 지식인, 기업가 이 세 그룹이 사회변혁에서 중요한 역할을 한다고 지적한다. 그중에서도 군대는 다수의 과도적 사회에서 결정적인 역할을 수행하고 있다고 분석했고 군대야말로 근대화의 주체라고 강조했다. 사회변혁의 담당자로서 군대의 역할을 중시하는 견해를 보여준 것이다.

로스토노선의 추진은 곧 박정희 군사정권을 정당화해줄 뿐만 아니라, 장기적으로 강고한 정권기반을 확립할 수 있게 해주는 작업이기도 했다. 따라서 그것은 미국이 박정희 군사정권의 강화를 적극적으로 지원하는 일과도 결부되었다. 특히 1967년 치러진 대통령 및 국회의원 선거는 이와

---

28 다만 군대의 단독지도만으로는 사회의 근대화에 수반되는 다양한 문제들을 처리할 수 없으므로 지식인 등의 도움을 받아야 한다. 즉 "군대, 관료 등의 엘리트는 사회적 안정을 유지하는 데 필요한 권위적인 힘과 조직력을 가지고 있다. 세속적인 인텔리 층은 변혁의 수행에 필요한 지식을 가지고 있다"는 데서 비롯된 상승작용이 사회적 변혁의 속도를 급속하게 높여준다는 것이다. 밀리컨(Millikan) 편(1962년), 54쪽.

같은 미국정부의 정책실현에 가장 중요한 장이었다. 1963년 대통령선거에서 박정희 후보는 46.6%, 윤보선 후보는 45.1%를 획득했고 그 차이는 겨우 15만 6026표에 불과했다. 이러한 결과가 불안했던 미국은 1967년 대통령선거에서 박정희의 당선을 확실히 해야만 했다. 결과적으로 1967년 대통령선거에서 박정희 후보가 압승을 거뒀다. 박정희 후보는 51.4%를 획득하며 윤보선 후보의 41.0%보다 10%포인트를 앞섰다. 국회의원선거에서도 박정희 정권의 여당은 전체의석의 70.9%를 차지하는 129석을 확보했는데, 이것은 헌법 개정에 필요한 의석수를 13석이나 웃도는 결과였다. 1963년의 선거에서 겨우 1.6%포인트 차이만이 기록됐다는 점을 생각해보면, 엄청나게 큰 차이였다. 이 같은 결과는 1969년 실시된 '3선 개헌'을 통해 군사독재정권의 장기화를 도모했을 때 두말할 나위 없이 큰 포석이 되어주었다. 1969년 장기독재정권을 구축하기 위해 한밤중에 변칙적으로 국회에서 통과시킨 '3선 개헌'이었다. 여론으로부터도 강한 비판을 받았던 3선 개헌이었다. 그러나 미국정부는 이를 저지하려고 하지 않았고 오히려 박정희를 지지했다. 미국은 박정희 정권에 대해 "민주주의를 향하여 전진"하고 있다고 평가했다.[29] 1963년 대통령선거 때와는 대조적인 반응이었다.

이러한 결과는 미국정부의 시나리오에 따른 것이었다고 생각해도 좋을 것이다. 한국의 양대 선거와 때를 같이하여 미국정부가 박정희 대통령의 지지·강화에 적극적으로 나서고 있었다는 것이 가장 중요한 증거이다. 지금부터는 몇 가지 예를 들어 미국정부가 박정희 대통령의 적극적인 후견인이었다는 사실을 밝혀보고자 한다. 그 수단은 첫째가 군사력의 지원이었고, 둘째는 경제개발 지원, 셋째는 긴밀하고 우호적인 관계유지였다.

---

29 후지타카 아키라(藤高明)·기요타 하루히토(清田治史) 역(1988), 72쪽 참조.

첫째, 1967년 3월 15일 김성은 국방장관과 브라운 미국공군장관 사이의 회담 내용을 기록한 외교문서에는 국방력 증강을 통해 박정희 정권에 대한 지지를 확대하고자 한 '미국정부의 후원'이 단적으로 부각되어 있다. 아래의 기록은 회담 내용의 일부인데, 미국 국방부 또한 '타이밍의 중요성'을 강조하고 있음을 볼 수 있다.[30]

김 장관(김성은 국방장관) : 맥나마라 국방장관과의 회담 당시, 금년 중 HU-1D(다용도 헬리콥터) 6대를, 그중 2대는 4월 중에 제공하겠다는 약속이 있었는데 알고 있나요?

브라운 장관(미 공군장관) : 예 알고 있습니다. 조종사의 훈련은 하고 있습니까?

김 장관 : 지금 미국에서 훈련 중입니다.

맥코넬(John Paul McConnell) 대장(공군참모총장) : 작년 겨울 미8군용 헬리콥터의 지원은 어떤가요?

김 장관 : 만족합니다.

멕코넬 대장 : 4월 중에 반드시 받아야 할 이유라도 있습니까?

브라운 장관 : 선거지요. 우리나라였어도 마찬가지였을 겁니다.

둘째, 미국정부가 개발차관을 통해 경제개발에 대한 강력한 지원을 국민적으로 각인시키면서 박정희 대통령의 재선지원에 나섰던 것도 분명하다. 사회간접자본의 애로사항을 타개하기 위한 인프라투자는 한국의 경제정책에서도 결정적인 중요성을 가지고 있었는데, 전력개발프로젝트는 상징적인 의미도 매우 컸다. 1967년 4월 영남화력발전프로젝트에 차관을 공여하겠다는 언급은 박정희 정권의 정치적 안정에 기여하는 것이 목적

---

30 미주과(1967), 「김 국방장관과 맥나마라 미국 국방장관 및 브라운 미국 공군장관과의 회의록」, 『정일권총리미국방문, 1967.3.10-19』, 한국외무부외교문서(Microfilm 번호: C-0021-01, 프레임번호: 130).

이었다.

이하에서는 미국정부가 박정희 정권에 유리한 상황을 만들기 위해 선거기간을 타깃으로 삼아 수행한 정책적 정황을 보여주는 메모를 검토하고자 한다. 첫 번째, 1967년 4월 15일 윌리엄 거드(William Gard)는 존슨 대통령에게 보낸 메모에서 "이 개발차관은 한국의 정치적 측면에서 승인 타이밍이 대단히 중요하다. 대통령선거가 5월 3일로 예정되어 있고 국회의원선거도 그 1개월 후에 치러진다. 따라서 미국 국무부는 5월 3일 선거 전에 이 차관을 공표해야 한다"고 권고하고 있다.[31] 두 번째, 같은 해 4월 21일 존슨 대통령에게 보낸 메모에서 찰스 L. 슐츠(Charles L. Schultze, 행정관리예산국 국장)는 "박정희 대통령은 5월 3일로 예정되어 있는 대통령선거 전에 이 차관의 승인이 공표되기를 강력하게 원하고 있다. 이 차관은 한국의 장래에 대한 확실한 투자라고 간주된다"고 조언했다.[32] 세 번째는 존슨 대통령에게 보낸 로스토 보좌관의 메모인데, 그는 "한국대사관은 차관의 승인을 대통령선거(5월 3일) 이후에 공표해달라고 강하게 요구했다. 그들은 선거 전에 공표하면 박정희 대통령이 얻는 것보다 잃는 게 더 많을 것이라고 판단하고 있다. 선거 이후에 공표를 하는 것이 다가올 국회의원선거에서 여당의 지지를 강화시킬 것"이라고 권고했다.[33] 어느 외교문서든 차관공여의 발표시점까지 배려하고 있는데, 이는 미국정부가 박정희 정권의 유지·강화를 위해 분주히 움직이고 있었음을 말해준다.

셋째, 미국정부는 한국정부요인들과 경제사절단의 방미를 통해 관민일

---

31 *New Project Approvals: Korean Development Loans*, MEMORANDUM FOR THE PRESIDENT, Korea memos and cables Vol. Ⅳ (1/67-8/67). Korea, Box 255, NSF, LBJ Library, April 15. 1967.

32 *Power projects loans for Korea*, MEMORANDUM FOR THE PRESIDENT, Korea memos and cables Vol. Ⅳ (1/67-8/67). Korea, Box 255, NSF, LBJ Library, April 21. 1967.

33 *Loans to Korea for Power Development*, MEMORANDUM FOR THE PRESIDENT, Korea memos and cables Vol. Ⅳ (1/67-8/67). Korea, Box 255, NSF, LBJ Library, May 1. 1967.

체의 경제외교를 전개함으로써 양국의 긴밀하고 우호적인 관계를 국민들에게 각인시키고 박정희 대통령의 재선이 탄력을 받을 수 있게 하려는 목적을 가지고 있었다. 1967년 3월, 한국정부가 정일권 총리, 김성은 국방장관, 박충훈 상공부장관, 이후락 대통령비서실장 등 정부요인들뿐 아니라 경제계를 포함한 대규모 '대미경제사절단'을 파견한 것이 그 예이다. 미국정부의 지원을 받아 미국을 방문한 사절단이 파격적인 대우를 받았다는 것은 앞에서도 언급한 바 있다.[34]

대미경제사절단이 한국의 양대 선거를 앞둔 시점에서 미국에 파견되었다는 사실도 특별히 주목해야 한다. 이와 관련된 로스토의 메모는 미국정부가 박정희 대통령의 재선을 지원하려는 의도를 가지고 있었음을 보여준다. 1967년 3월, 대미경제사절단의 방미 당시 로스토 보좌관은 존슨 대통령에게 "이번 방문을 통해서 얻을 수 있는 것은 한국과 긴밀하고 우호적인 관계를 유지하고, 한국정부요인들과 베트남에 대한 협의를 지속할 수 있으며, 그들에게 우리의 지속적인 경제적·군사적 지원을 확신시키는 것이다. 이번 방문은 다음 달의 선거를 겨냥해 박정희 정권에 대한 우리의 지지를 암묵적으로 과시하는 역할도 수행한다"는 내용의 메모를 건넸다.[35]

더구나 미국정부가 미국경제계 대표들로 구성된 '볼 미션'을 한국에 파견한 것은 1967년 3월이었다.(3월 18일~24일) 당초 1967년 6월 예정이었던 방한을 3월로 급히 변경한 것이다. 주목해야 할 사실은 한국정부로부터 '한국 대통령선거 전에'라는 요청이 있었고, 이 요청에 대해 미국정부가

---

34 전국경제인연합회40년사편찬위원회(2001), 310~316쪽 참조.

35 *Our Meeting with Korean Minister il kwon Chung*, MEMORANDUM FOR THE PRESIDENT, Korea PM Chung Il-Kwon Visit Briefing Book, Asia and Pacific, Box 257, NSF, LBJ Library, Mar. 11. 1966.

재빠르게 대응하여 조기방한을 실현시켰다는 점이다.[36] 박정희 대통령의 재선을 지원하려는 '미국정부의 배려'가 여기서도 돋보인다.

이상에 언급한 사실들을 고려하면, 박정희 정권의 장기적 안정화란 곧 한국의 경제발전을 촉진함과 동시에 '개발독재체제'를 확립하려는 미국 정부의 일거양득 책략에 지나지 않음을 알 수 있다. 사실 한국의 위상이 미국의 외교사상 가장 높은 수준까지 격상된 것도 발전도상국들 중 한국 만이 누린 특혜였다.

2. 원조의존경제와 대한국제경제협의체

어째서 1960년대 후반부터 한국의 외자도입에 박차가 가해졌는지에 대해 생각해볼 필요가 있다. 그 배경으로 흔히 지적되는 것이 1966년 제정된 '외자도입법'이다. 이 '외자도입법'은 차관에 대한 정부의 지불보증절차 등을 개선해 외국인직접투자를 원활히 유치할 목적으로 새롭고 포괄적인 형태로 제정된 법률이었다. 외자도입법을 배경으로 보는 견해는 이 법률이 제정되면서 외국인투자 장려정책이 실시되었고, 국내외의 금리차 등 유인효과가 커져서 한국의 외자도입이 현저하게 증가했다는 것이다. 물론 법률의 정비가 유인효과를 발휘해 외자유치에 상당한 영향을 끼쳤을 수도 있다. 그러나 1960년대 전반 비슷한 종류의 조치가 강구되었음에도 불구하고 효과가 충분히 발휘되지 못해 외자도입이 좌절되었던 경험에 비추어 보면, 이 점을 해명해볼 필요가 있을 것이다. 1960년 제정된 외자촉진법을 비롯해 1962년 시행된 차관에 대한 지불보증에 관한 법률 등

---

36 *U.S. Trade and Investment Mission to Korea*, MEMORANDUM FOR HONORABLE WILLIAM JORDEN(The White House), Korea memos Vol. Ⅲ 65.11~66.12. KOREA, Box 255, NSF, LBJ Library, November 30. 1966.

의 정책들은 충분한 유인효과를 발휘할 수 없었던 반면, 60년대 후반부터
는 제2차 개발계획에 필요한 차관계획을 훨씬 뛰어넘는 규모의 외자가 도
입되었다는 사실을 상기해야 한다. 이 의문은 또한 한국정부의 정책방침
과는 상반된 외자의존도의 심화, 목표의 의도치 않은 대폭적 초과달성이
라는 결과와 관련지어 해명되어야만 한다.

　한국의 외자도입 요인을 고찰할 때 특히 눈여겨보아야 할 점은 외자의
공급측면이다. 한국이 두 가지 큰 위험요소를 안고 있었는데도 거액의 차
관이 공여되고 있었기 때문이다. 첫째는 경제적인 요인으로 '빈곤의 악순
환'이라는 문제이다. 한국의 제1차 계획이 막다른 골목에 처해 목표를 하
향조정한 '축소수정계획'을 단행하지 않으면 안 되었던 상황이 이를 보여
준다. 더구나 무상원조를 받는 가난한 나라였던 만큼 국제금융시장에서
의 신용도도 대단히 낮았다. 외자도입의 정체로 만성적인 국제수지 적자
를 피할 수 없었던 데다, 외화준비고 역시 위기적 상황에 빠져 있었다. 외
자의 거의 전부를 차지하는 차관은 결국 대출금이었고, 대출자에게 중요
한 대출조건은 당연히 상환능력이었다. 그러나 한국정부가 차관에 대한
지불보증과 같은 조치를 실시한다고 해도 그것이 기업의 위기관리에는
도움이 될 수 있을지언정, 국제금융시장에서 국가신인도(country risk)에 대
한 염려를 불식시킬 정도의 효과를 기대하기란 어려웠기 때문에 이 문제
를 피하기는 현실적으로 어려웠다.

　또 하나는 분단국가인 한국이 북한과의 항상적인 긴장관계를 유지하
고 있다는 지정학적 문제이다. 특히 60년대 후반은 한반도에 긴장관계가
심화되어 국가위험도가 한층 높아지던 시기이기도 했다. 동서냉전의 와
중에 한국군이 참전한 베트남전쟁에 빗대어 '제2전선'이라고 불릴 만큼
북한과의 긴장관계가 고조되고 있었기 때문이다. 휴전선에서의 무력충
돌 외에도 북한에 의한 미국정보수집함 푸에블로호 피랍사건, 대한항공
기 납북사건 등 긴장관계를 조장하는 뉴스는 헤아릴 수 없이 많았다. 특히

1968년 1월 북한의 무장게릴라들이 서울에 침투해 청와대를 습격하려했다는 사실은 무엇보다도 당시의 상황을 잘 말해준다. 북한의 무장게릴라 31명이 미군이 경비하는 휴전선지역을 통과해 서울에, 더구나 대통령관저까지 공격을 시도했던 사건이었다. 이런 상황들을 감안해보면 한국의 국가위험도가 얼마나 심각했는지 추측해볼 수 있다. 그러나 이처럼 심각한 상황에서 대규모 차관이 한국에 공여되었다는 사실은 공여하는 측이 만족할 만한 이점 혹은 필요성이 존재했기 때문일 것이다. 이런 이유에서 차관 공여국에게 어떠한 '추진 요인'이 있었는지를 검토하고자 한다. 이는 한국의 외화도입 촉진 요인을 해명함에 있어 무엇보다도 중요한 요소이다.

이제 주목해야 할 것은 한국에 대한 원조조정기관인 '원조그룹'의 역할이다. 1966년 12월 12일 세계은행에 의해 설립된 이 그룹은 미국, 일본, 오스트레일리아, 벨기에, 캐나다, 프랑스, 독일, 이탈리아, 대만 등 9개 나라와, 세계은행, 국제통화기금(IMF), 국제연합개발계획(UNDP) 등 3개의 국제기관으로 이루어졌다. 정식명칭은 '대한국제경제협의체(International Economic Consultative Organization for Korea, 이하 IECOK)'이다. IECOK는 한국경제 및 한국경제개발계획에 대한 협력을 목적으로 결성된 원조그룹이다. IECOK는 설립 후 공동성명에서 당시 한국경제의 로드맵이었던 제2차 경제개발 5개년계획의 의의를 강조하고 그 지원을 위해 다각적인 협조를 제공하겠다는 의사를 분명히 했다. IECOK의 이 같은 설립 목적과 설립 이후 한국경제의 발전이 일치하고 있다는 점에도 당연히 유의해야 할 것이다.

국제적으로 볼 때 인도, 파키스탄 등과 같은 몇몇 발전도상국에도 원조그룹이 설립되었던 것이 사실이다. IECOK의 설립은 한국경제에 상징적인 사건이기도 했다. 한국정부가 대인도 및 대파키스탄 원조그룹과 같이 선진국들로 구성된 원조그룹의 결성을 미국정부에 제의한 것은 1962년이었다. 원조그룹의 설립은 제1차 계획을 실시하는 데 필요한 외국자본을 원활하게 조달하기 위해 한국정부가 염원했던 과제였다. 대통령비서실이 박정희 대통령에게 건의한 「대한국제경제협의기구(가칭)의 구성에 관한 경위 및 건의」는 설립의 목적을 한국에 대한 원조확대, 차관조건의 개선, 기술협력 강화, 통상진흥의 확대 등 다각적인 경제협력에 있다고 기록하고 있다.[37]

1962년 5월 한국정부는 당시 AID 극동담당차관보였던 제이노(Janow)에게 한국정부의 의사를 설명하고 미국의 협력을 요청했다. 그러나 미국정부의 반응은 아주 냉담했고, 도무지 진전될 기미가 보이지 않았다. 심지어 1964년 8월 한·미 양국 회의에서 미국 측은 "이러한 기구의 구성은 사실상 전혀 도움이 되지 않는다"고 일침을 놓았다. 이로써 미국정부의 협력을 얻겠다는 희망은 사실상 무너졌다. 그러나 1965년 들어 상황은 180도 달라졌다. IECOK 설립안을 제의한 것이 다름 아닌 미국정부였기 때문이다. 박정희 대통령에게 보낸 「대한국제경제협의기구(가칭)의 구성에 관한 경위 및 건의」라는 보고서에는[38] 1965년 4월 미국정부가 IECOK의 설립계획을 한국정부에 제안했으며, 그것이 한국경제에 미칠 효과에 대해 보고했다고 기록되어 있다. 이전까지 부정적인 입장을 취했던 미국의 입장이 적극적인 자세로 변화된 것을 분명히 알 수 있다. 더구나 1965년 5월 한·미정상회담을 위한 사전협의에서 미국정부는 한국의 경제발전과 외국원조프로그램에 관한 의제를 둘러싸고 IECOK의 설립과 그 주요 멤버인 일본, 서독 그리고 세계은행 등을 적극적으로 움직이게 할 방안 등에

---

37 대통령비서실(1966), 「대한국제경제협의기구(가칭)의 구성에 관한 경위 및 건의」, 국가기록원대통령기록관; 김태동(1967), 18~20쪽 참조.

38 대통령비서실(1966), 「대한국제경제협의기구(가칭)의 구성에 관한 경위 및 건의」, 국가기록원대통령기록관.

대해 한국 측과 합의했다.[39]

미국의 후원에 의해 세계은행 등 국제금융기관이 멤버로 참여하는 IECOK 체제가 확립되었다. IECOK는 세계은행이 주재하는 원조그룹의 형식으로 창립되었고, 미국정부의 제안대로 세계은행 내부에 설립되었다. 세계은행은 여러 차례에 걸쳐 한국에 조사단을 파견했고, 한국정부와 긴밀하게 연락 및 협의를 하면서 제2차 개발계획과 경제정책을 충분히 검토했으며, 특히 제2차 개발계획 기간 중 필요한 외국원조총액을 책정하고 원조조건을 분석했다. IECOK 체제에 의한 경제협력은 한국이 개발계획을 실시할 수 있게 된 전제였다. IECOK 체제는 이른바 컨프런테이션(confrontation) 방식을 채택해 정기적으로 원조액 및 원조조건을 상호 검토하고 매년 필요한 원조액과 분담금액을 조정했다. 경제협의그룹이라는 형식은 한국처럼 국제신용도가 낮은 나라에서 중요한 역할을 수행했을 뿐만 아니라 대한원조의 거의 대부분이 IECOK로부터 공여되었다는 점도 강조해두어야 한다.

표 8-5는 IECOK 참가국들로부터의 차관도입액을 공여국별로 나타낸 것이다. 제2차 개발계획 기간의 차관목표액은 7억 3600만 달러였는데, 이 가운데 IECOK 회원국들이 공여한 실적액은 19억 4800만 달러였다. 영국 등 IECOK 비회원국들로부터의 차관도입액도 2억 9900만 달러에 이르렀기 때문에, 이 기간 중 차관도입총액은 22억 4700만 달러에 달했다. 대한국 차관의 주역은 말할 것도 없이 미국이었다. 그러나 두 번째로 규모가 컸던 나라는 일본이었다. 제2차 개발계획 기간 중 미국은 차관총액의 43%를, 일본은 23%를 제공했고 양국의 비중이 전체의 3분의 2 이상을 차지할 정도로 압도적이었다. 차관 도입에서 미·일 두 나라에 대한 의존이 두드러지기는 했지만 서독, 프랑스, 이탈리아, 벨기에, 캐나다 등 그 밖의

---

39 *ROK Economic Development and Foreign Economic Assistance Programs*, Korea Park Visit Briefing Book(5/17-19/1965) Asia and Pacific, Box 256,NSF, LBJ Library, May 12,1966.

표 8-5 경제개발계획과 IECOK 참가국별 차관도입액

(단위: 100만 달러)

	제1차 개발계획 (1962~66)	제2차 개발계획 (1967~71)	
	금액	금액	점유율
미국	133	972	43.3%
일본	75	547	24.3%
서독	46	160	7.1%
프랑스	44	145	6.5%
이탈리아	0	64	2.8%
벨기에	0	17	0.8%
캐나다	0	3	0.1%
세계은행	0	40	1.8%
IECOK소계	298	1,948	86.7%
합계액	**317**	**2,247**	**100.0%**

* 재무부 · 한국산업은행(1993), 66~68쪽, 110~116쪽.

IECOK 회원국들의 공여도 대폭 증가해 이 5개 나라를 합한 차관도입액은 3억 8900만 달러에 달했다. 이는 같은 기간 총액의 17.3%를 차지하는 규모였고, 제1차 계획 기간의 도입액 9000만 달러의 4배에 해당하는 금액이었다. IECOK의 설립은 이처럼 한국의 차관도입에서 중요한 역할을 수행했다.

덧붙여 말하면 제2차 개발계획 기간 중 일본으로부터 제공받은 차관실적은 상업차관 3억 6800만 달러와 공공차관 1억 7900만 달러를 합해서 총 5억 4700만 달러에 달했는데, 이 금액은 차관총액의 약 4분의 1에 해당한다. 당초 일본에게서 제공될 것으로 예상된 청구권자금과 차관 예상액이 매년 5000만 달러였던 것을 감안하면 기대했던 액수의 2배 이상을 공헌한 것이다. 주목해야 할 것은 한·일국교정상화를 위한 기본조약이 체결된

해가 1965년이었다는 사실이다. 1965년을 기점으로 '성장의 트라이앵글'
이라는 경제시스템이 구축되었기 때문이다.

3. 성장의 트라이앵글 형성과 한·일국교정상화

한국과 일본이 '정상적인' 관계를 맺는 데 결정적인 역할을 한 것은 미국
이었다. 한·일교섭은 1951년부터 시작되어 14년 동안 몇 번에 걸쳐 중단
되었지만, 미국이 영향력을 행사하면서 조약이 체결될 수 있었다. 미국의
개입은 아이젠하워 정권에서 시작되었고, 이후에도 여러 가지 방법으로
조정과 관여가 이루어졌다. 특히 60년대에 들어 한·일교섭이 중대한 파행
국면에 접어들자 케네디 정권과 미국은 교섭의 진전을 위해 분명한 성명
과 지원의사 등을 표명하고 공식적인 개입의 길로 들어섰다.

이 시기 한국에 대한 미국의 전략은 한국을 반공의 방파제로 삼고 일본
과의 연대를 강화하여 한국경제를 어떻게 자립시킬 것인가에 중점을 두
고 있었기 때문에, 존슨 정권은 1964년 말까지 한·일기본조약이 체결되도
록 한다는 것을 최우선 과제로 삼았다.[40] 당시 미국은 국제수지의 악화로
인해 동맹국들에게 군사적·경제적인 역할 분담을 요구하고 있었는데, 일
본에게도 역할 분담을 강력하게 요구하고 있었다. 미국이 이 같은 목적을
달성하기 위해서는 반드시 한·일국교정상화를 실현시켜 일본의 역할을
강화시켜야 했다. 이러한 점에서 한·일관계의 개선은 미국의 외교정책 목
표 가운데 하나일 수밖에 없었다.

그러나 '평화라인', 어업권, 재일한국인의 법적지위 등이 암초가 되었

---

40 *Memorandum for Mr. McGeorge Bundy*, Korea memos Vol. Ⅰ (11/1963-6/1964), KOREA,
Box 254, NSF, LBJ Library, June 30. 1964 및 "Memorandum for the President",KOREA memos
Vil.2(1964/7-1965/8), KOREA, Box 254, NSF, LBJ Library, July 31. 1964.

고, 그 해결의 길은 결코 순탄치 않았다. 역사관의 차이에서 비롯된 문제겠지만, 식민지 지배를 찬미하는 일본 측의 거듭된 발언이 불씨가 되어 한국에서는 협상반대운동이 점점 고조되고 있었다. 그런데 65년에 상황이 급변하여 14년에 걸쳐 난항을 계속했던 교섭이 타결되기에 이르렀다. 교섭이 타결되었다는 사실도 사실이지만, 어째서 1965년에 갑자기 한·일교섭이 종지부를 찍고 국교회복이 이루어질 수 있었는지 그 이유가 더 중요할 것이다. 여기에는 1965년 1월에 이루어진 미·일정상회담이 하나의 전기가 되었음을 부정할 수 없다. 1월 12일 미국을 방문한 사토 수상은 존슨 대통령과의 회담에서 한·일조약의 조기 체결을 약속했고, 이를 계기로 일본은 한·일회담의 조기 타결에 박차를 가했다. 미국에서 귀국한 사토 수상은 이듬해 2월 6일 한국의 정일권 총리와 회담을 가진 뒤, 2월 17일 시이나 에쓰사부로(椎名悦三郎) 외상을 한국에 파견하여 한·일조약의 가협정을 체결했다. 미·일정상회담이 있은 후 겨우 1개월 남짓이라는 짧은 시간이었다는 것이 모든 것을 말해준다. 한·일조약은 6월 22일 정식으로 조인되었고, 8월 14일 한국국회에서 비준되었다.

한·일국교정상화를 고찰할 때에 또 한 가지 염두에 두어야 할 점은 베트남전쟁이다. 베트남전쟁을 수행하는 미국에게 한·일조약의 조기 체결은 미국 안보전략의 일환이었다. 첫째, 아시아에 대한 개발 및 기술원조에서 일본의 역할을 증대시켜야 했다. 1965년 1월에 열린 미·일정상회담에서 아시아에 불안을 야기하고 평화를 위협하는 정세, 특히 베트남정세에 대해 아주 강한 우려가 표명되었고, 일본은 아시아 나라들의 번영과 사회복지의 발전을 위해 이들 나라들에 대한 경제협력을 더욱 강화할 것에 합의했다. 헌법에 따라 일본은 베트남전쟁에서 직접적인 군사적 역할을 수행할 수 없었기 때문에 이를 고려해 일본이 경제적인 측면에서 일정한 역할을 수행해 미국의 부담을 경감하든가 떠맡아 담당하기로 의견이 모아졌던 것이다.

둘째, 베트남전쟁이 확대됨에 따라 동아시아 안전보장체제의 강화, 특히 한·일 양국의 정치적 및 경제적인 관계를 시급하게 강화해야 할 필요가 있었다. 미국은 일본이 한국에 대해 경제적으로 중요한 역할을 수행해줄 것을 기대했다. ① 한국의 공업화를 위해 '대한국제차관단'을 구성하는 데 있어 일본이 중심적인 역할을 수행한다, ② 한·일국교정상화에 따라 두 나라 사이의 무역을 진흥시켜 새로운 시장을 확보한다, ③ 한국군의 베트남파병과 한·일국교정상화를 동시에 추진해야 한다는 것이 미국의 입장이었다. 베트남전쟁을 정당화해야 하는 미국의 입장에서는 한국의 전투부대를 시급히 베트남으로 파병해야만 했고, 그를 위해서라도 한·일국교를 조기에 정상화할 필요가 있었다. 미국은 한국 내에서 베트남파병 문제가 새로운 쟁점이 되면 한·일국교정상화에 장애가 될 위험이 있다고 판단했다.[41] 이 때문에 먼저 한·일국교정상화조약을 체결하고 이후 베트남파병을 추진한다는 계획이 제안되었다. 그 결과 6월에 한·일조약을 체결하고, 이어 7월에 열리는 한국국회에서 전투부대 파병안을 가결시킨다는 일정이 수립되었다. 한·일조약을 6월에 체결시키려고 한 이유는 대학의 여름방학이 7월 초부터 시작되어 한·일조약반대 등과 같은 사회적 혼란이 초래될 위험성을 줄일 수 있으리라 기대했기 때문이었다.[42]

한·일국교정상화가 이루어지면서 한·미·일의 안전보장 트라이앵글이 강력하게 형성되었고, 동아시아에서 미국이 주도하는 안전보장네트워크의 기반이 공고해졌을 뿐만 아니라, 경제적으로는 국제분업을 통한 '성장의 트라이앵글'이 구축될 수 있었다. 이전까지 한국의 무역상대국이었던

41 *Memorandum for the President*, Korea Park Visit Briefing Book(5/17-19/1965) Asia and Pacific, Box 256,NSF, LBJ Library, May 13.1965.

42 *Visit of President Park*, Korea Park Visit Briefing Book(5/17-19/1965) Asia and Pacific, Box 256,NSF, LBJ Library, May 7.1965.

미국이 일본으로 교체된 것도 아주 큰 의미가 있었다. 일본으로부터의 수입은 원자재나 자본재를 중심으로 대폭 증대되었고, 그것을 국내의 값싼 노동력을 이용해 조립하고 가공한 뒤 최종소비재를 미국으로 수출하는 '성장의 트라이앵글'이 형성되었다. 미국의 안전보장전략의 변화를 계기로 미국, 일본과의 국제적 분업관계가 형성되었고, 한국은 소위 한·미·일 삼각무역구조 속에서 고도경제성장과 수출지향공업화의 조건을 정비할 수 있게 된 것이다.

65년 1월 미·일정상회담이 한·일회담의 조기 타결에 중요한 계기가 되었다는 것은 앞에서 기술한 대로지만, 사토 수상이 존슨 대통령과의 회담에서 한·일조약의 조기 타결을 약속했다는 사실에는 당연히 주의를 기울여야 할 것이다. 한·일조약의 체결은 일본이 한국에게 막대한 청구권자금·차관을 제공함과 동시에 조선에 대한 식민지 지배의 역사를 반성하는 모습을 보여주어야 한다는 것을 의미했다. 이것은 일본에게 정치·경제적으로 부정적인 의미를 갖는 것이며, 당연히 한·일국교정상화의 걸림돌이기도 했다. 그러나 '큰 부담'이 명백했음에도 불구하고 일본이 적극적으로 나선 것은 그만한 '이점'이 있었기 때문이다. 이에 대해 논하려면 사토 수상과 한국의 정일권 총리 간의 회담에 주목할 필요가 있다. 이 회담은 미·일정상회담이 개최된 이후인 2월 6일 한·일조약의 조기 타결을 논의하기 위해서 열렸다. 미국정부는 이 회담에 커다란 관심을 보였고, 그 진행 상황을 주의 깊게 검토하고 있었다. 미국 외교문서는 이 회담이 "아주 성공적"이었다고 기록했고, "한·일국교정상화의 전망도 낙관적"이라고 판단했다.[43] 아울러 이 회담이 끝난 후 "30명의 기생들과 야단법석"을 떨었다는 사실에 대해서도 높이 평가하고 있다.

산적해 있는 곤란한 문제들, 그중에서도 청구권 문제, '평화라인' 및 어

---

43 *Visit by President Park of Korea*, Korea Park Visit Briefing Book(5/17-19/1965) Asia and Pacific, Box 256, NSF, LBJ Library, February 12.1965.

업권 문제, 재일한국인의 법적지위 문제 등은 구체적으로 검토하지도 않은 채 "야단법석"을 떨었다는 데는 놀라지 않을 수 없지만, 이 사실만 보더라도 일본정부가 조기 타결에 대한 명확한 의사를 표현하고 있음을 짐작할 수 있다. 더구나 "야단법석"을 떤 실태를 보면, 일본 측 역시 그에 대한 기대감이 높았음을 알 수 있다. 2월 17일 한국을 방문할 당시 시이나 외상이 도착 직후 성명을 내고 '반성' 의사를 표명한 것이나 2월 20일 가협정에 조인했던 것도 그 때문이었을 것이다. 시이나 외상이 식민지 지배 옹호론자였음을 고려하면 한·일국교정상화가 일본에게 있어서도 얼마나 중요한 과제였는지를 이해할 수 있다. 또한 미·일정상회담에서도 양국이 일본의 '부담'과 그에 대한 '보상'에 합의를 했을 것이라 생각된다. 이와 관련해서는 "한·일조약의 체결은 한·일 양국에게 있어 정치적·경제적으로 커다란 이익일 뿐만 아니라 자유세계 전체에도 이익"이라고 평가한 미국문서에서 확인할 수 있다.

한·일 양국 모두, 정부와 여당은 국회에서 야당의 반대를 묵살하고 한·일조약의 비준을 강행했다. 더구나 65년 한·일조약은 종래의 절차와는 달리 선합의 후조문화 작업이라는 특이한 방식을 고안하여 진행되고 있었다. 조약 체결을 그렇게까지 급하게 서둘렀던 것도 미국의 안보전략을 우선시하지 않을 수 없었다는 이유에서였다. 그 대가로 한·일 양국에게 강력한 정치적·경제적 이익이 보장되었는데, 두 나라 모두 이를 더 중요한 결정요인으로 고려했다는 것도 주목할 만한 점이다. 조약 체결을 기회로 일본은 64년의 불황에서 '이자나기경기'(일본의 고도성장기-편집자)로, 한국은 고도경제성장의 길을 내딛게 되었다는 사실이 최상의 증거라 할 수 있다. 일본에서는 사토 내각이 전후 최장의 안정된 정권을, 한국에서는 박정희 대통령이 장기독재정권을 구축했던 것도 결코 우연이 아닐 것이다. 일본이 60년대 후반부터 엄청난 성장을 달성할 수 있었던 것은 우연이 아니라 '미국의 안전보장전략'과의 유기적인 관계가 강화된 결과였다. 하지만 이 문제를 더 파고들어가는 것은 본서의 목적이 아니므로 잠시 옆으로 미뤄두고, 두 개의 연구를 지적하는 것으로 그치도록 한다.

일본은 미·일안보조약에 의거해 미국의 베트남전쟁에 협력했는데, 그것은 미국으로부터 '책임 분담'의 압력을 받아서만은 아니었다. 미국외교사의 전문가이기도 한 마이클 샬러(Michael Schaller)는 일본이 베트남전쟁에 협력함으로써 미국으로부터 강력한 정치적·경제적 이익을 보증받았다고 지적했다. 그는 "어떤 점에서 일본을 위한 싸움이기도 했던 베트남전쟁은 한국전쟁에 필적할 만한 큰 충격을 미·일관계에 던져주었고, 군사적·정치적 영향을 통해 일본은 빠른 시간에 세계적인 경제대국으로 대두할 수 있게 되었다"고 강조하면서 구체적으로 미국시장으로의 진입, 오키나와 반환 가능성, 중국과의 무역실현 등을 사례로 들었다.[44] 이무라 기요꼬(井村喜代子)는 일본의 경제대국화가 미국의 베트남전쟁 강행과 깊은 관련이 있으며, 그 특징은 수출의존적 '경제대국화'였다고 지적했다. "일본은 미국의 베트남전쟁에 아주 적극적으로 협력해가는 과정에서 베트남전쟁의 여러 조건들을 최대한 활용하여 (중략) 수출규모의 급격한 증가와 중화학공업화, 무역수지·국제수지의 흑자기조로의 전환과 흑자폭의 확대, 전 세계 수출에서의 점유율 확대(1960년 3.2% → 1970년 6.2%)를 실현했다"는 결론을 내렸다.[45] 60년대 후반 이른바 '이자나기경기'가 출현한 결과, GNP 규모가 급속히 확대되어 67년 서독을 제치고 일본이 세계 2위로 올라섰다는 것과, 일본이 베트남전쟁을 정당화하고 미국에 대한 지지·협력을 강화했다는 것은 떼어놓을 수 없는 사실이다.

---

44 마이클 샬러(2004), 323쪽.

45 이무라 기요꼬(1993), 263쪽.

4. 미국정부의 자체평가

1960년대 내내 한국은 경제적으로나 정치적으로 미국의 안전보장전략 아래 놓여 있었다. 다만 한국이 '미국의 불안정한 의붓자식'이었던 관계는 1965년 한국군의 베트남전 참전을 통해 '기브앤테이크' 관계로 이행했다. 따라서 한·미관계의 분기점은 한국의 베트남전 참전이었고, 이를 경계로 미국의 한국정책은 명백히 전환되었다. 미국에게 한국의 전략적 중요성이 커지면서 한국을 공산권진영에 대한 경제적 우위의 증거로 삼으려는 '한국모델' 전략이 행해졌다. 이를 위해 미국이 만든 경제시스템 속에서 개발모델이 된 한국은 우대조치를 받았고, 최대의 수혜자가 되었다. 요컨대 미국이 '한국모델' 정책을 공들여 추진한 결과, 1965년부터 한국의 고도성장이 본격적으로 시작되었다고 말할 수 있다.

1969년, 포터(William J. Porter) 주한미국대사는 한·미안보위원회 회의석상에서 다음과 같이 증언했다. "나와 나의 친구들 그리고 나의 전임자들에게 1964년까지의 한국은 장래의 경제성장 가능성이 전무에 가까운 암흑천지로밖에 비추어지지 않았다. 그러나 그 시대에서 드디어 해방되어 한국이 오늘날 우리와 우호적인 관계를 맺고 공동의 이익을 추구하게 된 것, 그리고 유망하고 자립적인 희망에 찬 국가로 변모한 모습을 눈으로 직접 보니 감개무량하다." 이 발언은 1965년이 '암흑'과 '희망'의 분기점이었다는 인상을 다시 한 번 확인시켜준다.[46]

미국정부 또한 1960년대 후반의 가장 중요한 성과 가운데 하나로 한국의 경제발전에서 수행했던 자신들의 역할을 강조하고 있다. 이 점에 관해서는 1968년 존슨 대통령에게 보낸 '미국의 대외관계(1963~68)' 보고서

---

46 북미2과(1969), 「주한미국대사 윌리엄 포터 씨의 보고서」, 『안보관련자료, 1969』, 한국외교부외교문서(Micofilm 번호: G0012-10, 프레임번호: 21). 윌리엄 포터의 재임기간은 1967년 7월에서 1971년 10월까지였다.

를 참조하도록 한다. 이 보고서는 "미국은 한국에게 대규모 경제·기술 원조를 제공했을 뿐 아니라 경제정책의 입안과 실시에도 영향을 주었고 직접적인 역할을 했다"고 자평했다. 주목해야 할 구절은 "직접적인 역할"이다. 미국정부가 한국의 경제정책의 입안과 실시에 "직접적인 역할"을 했다는[47] 사실이야말로 특히 중요한 요점이다. 이는 한국정부가 경제개발에 아주 큰 힘을 발휘한 것이 사실이라고 하더라도, 결국 그 정책의 입안이나 집행에 있어서는 미국정부가 직접적인 역할을 담당하고 있었음을 시사해 주기 때문이다.

박정희 대통령 역시 1968년 4월, 존슨 대통령에게 보낸 '한·미 간의 현안문제에 관한 친서'에서 미국의 역할을 강조하고 있다. 친서의 내용은 다음과 같다. "이제까지 한국은 미국정부의 직간접적인 또 관대한 경제·기술원조에 의해 큰 은혜를 받아왔습니다만, 현재 새로운 단계를 맞이한 한국경제는 비약적인 발전을 지향하고 있습니다. 이에 미국정부가 경제적 지원과 아울러 미국 민간기업들에게 직접투자 혹은 합작투자를 독려해 한국의 경제발전에 한층 더 참여할 수 있게 되기를 절실히 바라고 있는 바입니다. 한·미 간의 무역이 확대일로를 걷고 있는 것은 매우 다행스러운 일이고 특히 한국 상품의 미국시장 진출은 괄목한 만합니다. 이것은 각하의 특별한 배려와 미국정부의 관민협력의 결과라고 생각합니다. (후략)" 친서라는 것이 외교의례적인 성격을 갖는 것이라고 해도 "직간접적인 또 관대한 경제·기술원조" 또는 "관민협력의 결과"라는 구절은 미국의 자평과 일치하는 것이며, 친서 역시 이 점을 강조했음에 틀림없다.

47 *Memorandum for the President: U.S. Relations with Foreign Countries 1963-1968*, Foreign Affairs Data Sheets 12/1967-6/1968, Subject File, Box 19, NSF, LBJ Library, June 24. 1968.

한국의 고도성장을 어떻게 볼 것인가?

1. 한국경제의 전환점

(1) 역동적인 경제발전

한국경제의 고도성장을 고찰할 때 무엇보다 중요한 것은 어느 시기를 전환점으로 보아야 하는가이다. 따라서 한국경제가 이룩한 성과의 규모와 속도는 국제적인 비교를 통해 살펴보아야 한다.

1960년대는 흔히 남북문제의 시대라 불리는 시기였고, 국제연합이 '국제연합개발 10년'을 채택해 발전도상국들의 연평균경제성장률 5% 달성을 목표로 국제연합무역개발회의(UNCTAD)나 세계은행, OECD 등과 함께 선진국들과 개발도상국들의 격차를 줄이고자 많은 노력을 기울였던 시기였다. 그 결과, 1960년대 세계 GNP 성장률은 4.6%를 기록했고, 발전도상국들의 GNP 성장률도 5.8%로 목표를 초과 달성했다. 많은 발전도상국들이 1960년대를 지나면서 목표로 삼았던 연평균성장률 5%를 달성하는 커다란 성과를 거두었던 것이다. 그러나 선진국들과의 격차는 좁혀지지 못했고 도리어 확대되고 있었다. 그와 함께 발전도상국들 간의 격차도 증대되어 이른바 '남남문제'라는 새로운 문제에 봉착하게 되었다. 동아시아 나라

그래프 종-1 동아시아 나라들의 GDP 추이

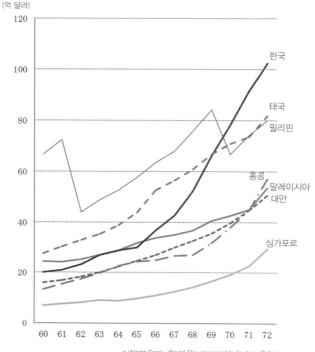

(억 달러)

120

100 .... 한국

80 .... 태국
필리핀

60 .... 홍콩
말레이시아
대만

40 ....

싱가포르

20 ....

0

60 61 62 63 64 65 66 67 68 69 70 71 72

* World Bank, World Development Indicators Online;
통계청(1995): 315쪽, 미조구치 토시유키 편(2008), 393쪽.

들은 다른 발전도상국들에 비해 경제성장률이 상당히 높았고, 경제발전의
격차 또한 현저했다. '동아시아의 기적'은 바로 이를 두고 한 말이었다.

1960년대 아시아 나라들의 GDP 성장률을 보면, 홍콩(10.0%), 대만
(9.6%), 싱가포르(8.8%), 한국(8.6%), 태국(8.4%) 등은 모두 8%를 넘고 있었
고 말레이시아(6.5%), 필리핀(5.1%) 등도 5%를 초과하고 있었는데, 인도네
시아(3.9%)만이 목표를 달성하지 못하고 있었다.[01] 동아시아 나라들의 거
의 대부분이 높은 경제성장을 이룩하고 있었다. 동아시아 나라들의 GDP
추이를 나타낸 그래프 종-1을 보면, 60년대 후반 한국의 GDP 성장은 매

01 U.N. (1971), p.77; World Bank(1985), World Development Report 참조.

우 놀라울 정도이다. 1960년대 전반에는 말레이시아와 거의 비슷한 수준이었지만 66년부터는 말레이시아를 따돌리기 시작해 70년에는 태국을, 71년에는 필리핀을 단번에 뛰어넘었고, 72년에는 그 격차가 더욱 크게 벌어졌다. 60년대 후반 이후 한국경제가 얼마나 빠른 속도로 성장하고 있었는지 알 수 있다.

(2) 경제 격차의 축소

남북문제라는 관점에서 보면, 경이적인 성장만이 아니라 한국이 선진국과의 소득 격차를 어느 정도까지 줄일 수 있었는가가 중요하다. 그래프 종-2는 한국의 1인당GDP를 미국과 비교한 것으로 60년대 후반 이후 차이가 급속하게 축소되고 있음을 알 수 있다. 한국은 유례없는 경이적인 성장으로 1965년 겨우 105달러에 지나지 않았던 1인당GDP가 72년에는 319달러로 3배 이상 증가했다. 미국의 1인당GDP는 65년 2563달러로 한

그래프 종-2 한국의 1인당GDP와 미국과의 격차 추이

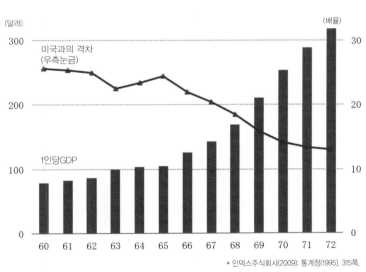

* 인덱스주식회사(2009); 통계청(1995), 315쪽.

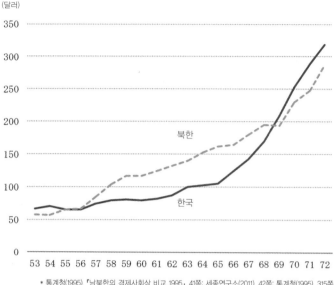

그래프 종-3 1인당GNP 추이(한국과 북한 비교)

(달러)

북한

한국

53 54 55 56 57 58 59 60 61 62 63 64 65 66 67 68 69 70 71 72

* 통계청(1995), 『남북한의 경제사회상 비교 1995』, 41쪽; 세종연구소(2011), 42쪽; 통계청(1995), 315쪽.

국의 24배 이상이었지만 72년에는 4140달러로 한국과의 차이가 13배로
축소되었다. 1965년 이후 양국 간의 격차는 상대적으로 감소되는 방향으
로 전환되었다.

또한 북한과의 대립적인 관계를 감안하면, 북한과의 경제적 격차도 중
요하게 살펴보아야 한다. 그래프 종-3에서 알 수 있듯 북한의 1인당GNP
는 1957년 이후 순조롭게 증가하고 있었다. 이에 반해 한국의 1인당GNP
는 1960년대 전반까지는 점진적인 증가 경향을 보이다 65년 이후 급속하
게 증대되기 시작했다. 북한의 1인당GNP를 100으로 하고 한국과 비교
하면, 한국의 지수는 57년 100에서 65년 65로 크게 하락하다 이후 증가세
로 돌아서 69년에는 북한을 추월했다. 한국경제는 1965년 이후 가속적인
성장을 달성하며 북한의 경제수준을 빠른 속도로 추격하고 앞질렀던 것

이다.

 이상의 논의를 바탕으로 한국경제의 전환점에 대해 생각해본다면, 한
국경제의 성장이 가속화되기 시작했고, 미국과의 경제규모 차이도 상대
적으로 축소되었으며, 북한을 급속하게 따라잡아 앞서나가기 시작했던
1965년 이후 한국경제가 가장 밝게 빛나 보이는 것은 지극히 당연하다. 그
런 의미에서 한국경제의 전환점은 1965년이라고 볼 수 있을 것이다.

2. 정책 없는 고도성장

(1) 수출지향형 공업화와 바이 코리아 정책

한국의 고도성장과 관련해 오늘날 공통적으로 인정되고 있는 바는 정부
가 수행했던 역할이 컸다는 것이다. 확실히 최고권력집단이 독단적으로
경제정책을 강제 실시하게 되면 의사결정이 신속하게 이루어지고, 정책
이 민첩하게 실행되는 등 효율성이 일정 정도 높아지게 되는 것이 사실이
다. 그러나 경제적 변화는 이러저러한 정책에만 좌우되는 것이 아니다. 특
히 발전도상국들에게 최대 과제인 외자의 확보, 수출의 확대라는 대외관
계적 측면에서 보면 더욱 그렇다. 1960년대 초 한국정부가 적극적인 경
제정책을 실시했지만 특별히 자금원으로 기대했던 외자도입이 무산되
면서 63년에는 계획 목표를 '하향수정'하지 않으면 안 되었고, 이러한 상
황을 수습해야 할 처지에 놓이게 되었다. 한국은 1965년을 경계로 이른바
한·미·일 삼각무역구조 속에서 고도경제성장과 수출지향형 공업화를 달
성할 수 있는 조건을 마련할 수 있었는데, 이러한 '성장의 트라이앵글'의
형성 역시 경제정책만으로는 충분히 설명되지 않는다.

 더욱이 경제개발계획의 결과를 살펴보면, 목표와 실적 간에 격차가 크
게 벌어지고 있었을 뿐 아니라 정책방침과도 엇갈리는 경우가 허다하게

나타나는 등, 경제정책과의 인과관계가 성립되지 않는다. 제2차 개발계획에서 '자립경제' 달성이라는 슬로건을 내걸고 추진되었던 자금조달계획 역시 대외의존적인 양상에 휩쓸리면서 경제정책과는 반대로 대외의존적인 경향이 심화되었다. 제1차 3개년수출계획도 마찬가지로 수출특화산업의 육성과 수출시장의 다각화, 수출상품의 다양화를 지향하고 있었지만 정부의 의도와는 반대로 미국과 수출상품에 대한 집중도가 더욱 높아졌다. 요컨대 한국의 수출계획 결과를 올림픽 경기에 비유해 말하자면, 한국 정부는 특기인 태권도, 레슬링, 유도, 양궁, 복싱 등의 종목에서 5개의 금메달을 기대하며 이들 종목을 집중적으로 육성하는 정책을 실시했지만, 중점적으로 육성한 종목들에서는 금메달을 따지 못하고 오히려 축구나 육상, 수영, 승마, 농구, 요트 등 '예상 밖'의 종목들에서 6개의 금메달을 획득하게 된 것과 다름없는 것이다.

　이러한 '예상 밖'의 결과는 당연히 미국의 '바이 코리아 정책'에서 비롯된 것이었다. 한국의 몇몇 특정 품목들이 미국시장에서만 다른 경쟁국들의 수출품목을 제치고 기적적인 성장을 이룩했다는 사실이 이를 잘 보여준다. 거의 모든 아시아 나라들이 한결같이 수출촉진정책이라는 메뉴를 내걸고 있었지만 한국만이 다른 나라들과 비교할 수 없을 정도의 놀라운 성과를 거두었던 것은 바로 미국의 '바이 코리아 정책' 때문이었다.

(2) 전자산업의 발전과 바텔기념연구소

정부의 역할과 관련하여 또 한 가지 주목해야 할 것은 산업정책이다. 고도성장시대의 산업정책은 그야말로 다방면에 걸쳐 실행되었다. 산업육성정책의 중심에는 정부계금융기관을 통한 정책금융과 우대세제, 특정산업 육성 및 지원, 외자법·외환법에 의한 규제 등이 자리해 있었다. 특히 국제적으로 주목을 받았던 것은 특정산업 육성 및 지원이었다. 한국은 발전도상국들 가운데 유일하게 철강, 조선, 석유화학, 자동차, 전자 등 중화학공업을 육성한 나라였고, 이러한 산업들이 한국의 경제를 이끌어나가는 주력산업이 되었다. 무엇보다 특징적인 것은 국제경쟁력이 매우 약하다고 평가되었던 전자산업이 수출산업으로 육성되어 세계시장에서 그 존재감을 높여왔다는 점이다.

한국에서 전자부품을 포함해 전자 및 전기기기가 수출주력상품으로 두각을 나타냈다는 것은 산업구조의 고도화 혹은 고부가가치화가 동시에 진행되었음을 의미하는데, 이 점에 특히 유의해야 한다. 다른 발전도상국들을 보더라도 전자산업이 주력산업으로 성장한 사례는 극히 찾아보기 어렵다. 발전도상국의 산업발전이라는 관점에서 이를 어떻게 해석해야 하는가라는 문제는 흔히 경험법칙으로 다루어지고 있는 '산업발전 안행형태론'이나 '제품수명주기이론'으로 완전하게 해명되지 않는다. 아시아에서도 전자제품이 수출주력상품이었던 나라가 없었던 것은 아니지만 한국과 대만을 제외하면 전자제품이 기간산업으로 발전한 나라는 찾아볼 수 없다. 전자산업의 특성상 가공수출이라는 형태로 발전한 경험은 있을지라도 독자적인 기술혁신시스템을 구축하고 지식기반산업으로 발전한 사례는 보기 드물다. 바꾸어 말하면, 한국과 대만의 전자산업은 가공제품 수출에서 반도체 등 첨단산업기술을 담당하는 지식기반산업으로 발전할 수 있었던 희귀 케이스라고 할 수 있다.

한국의 전자산업 육성을 지원하고, 선진국과의 커다란 기술격차를 메우는 데 특히 중요한 역할을 했던 것은 바텔기념연구소였다. 먼저 지적해 둘 것은 산업진흥과 관련하여 한국정부가 생산능력을 중시해 중화학산업 등을 우선시했던 반면, 바텔기념연구소는 산업연쇄효과나 혁신역량을 키우기 위해 고도의 기술을 필요로 하는 지원산업을 중시하고 있었다는 점이다. 바텔기념연구소의 경험과 노하우를 바탕으로 산업기술에 대한 접근방식이 한국정부의 생산력지상주의에서 산업연쇄효과나 혁신역량의 강화를 중시하는 방향으로 전환되었다. 이는 한국정부가 지향했던 중화학공업화와는 분명히 다르고, 많은 발전도상국들이 지향했던 수입대체공업화와도 뚜렷하게 구별되는 것이었다. 또한 고도의 기술과 지식을 기반으로 하는 기술집약적 색채가 강한 산업이라는 점에서 당시 한국의 역량으로는 지나치게 야심찬 계획이었고, 발전도상국들에게는 '새로운 실험'이었다.

일반적으로 발전도상국들에게 기술혁신은 산업진흥의 걸림돌로 작용했는데, 전자산업의 발전과 기술혁신이 특히 이러한 문제와 관련이 깊었다. 한국의 전자산업이 선진국의 새로운 기계·설비 및 기술 등에 크게 의존하고 있었으면서도 한국산업의 발전을 지탱하고 동시에 선진국을 따라잡는 데 중요한 역할을 수행할 수 있었던 것은 전자산업이 기술혁신에 성공했기 때문이라고 생각한다. 예컨대 전자산업이 국제경쟁력을 갖출 수 있었던 요인으로 대개 전자산업의 노동집약적 성격과 저렴한 노동력의 적극적인 활용이 거론되곤 하지만, 한국의 전자산업은 노동비용의 상승에 따라 저임금이라는 우위성이 약화되고 있었음에도 수출시장에서 존재감을 높이는 데 성공했다. 또한 한국의 전자산업이 대단히 놀라운 속도로 발전을 이룩했다는 사실을 보더라도 기술혁신이라는 문제에 더욱 주목해야 할 것이다.

한국의 기술개발투자가 다른 발전도상국들에 비해 상당히 높은 수준이었다는 사실은 다시 언급할 필요가 없지만, 이러한 투자가 1960년대 후반부터 적극적으로 실시되고 있었다는 사실은 거의 지적된 바가 없다. 이는 산업발전이 노동집약적인 경공업부문에서 자본집약적인 중화학공업부문으로, 그리고 기술집약적인 하이테크산업의 순서로 진행되어왔다고 하는 역사적 경험만으로는 설명하기 어렵지 않느냐는 두려움에서 비롯된 것이다. 또한 선진국의 자본과 발달된 기술이 발전도상국의 저렴한 노동력과 결합해 노동집약적인 제품에서 점차 자본 및 기술집약적인 제품으로 이행한다는 산업발전단계론의 배후에는 기술개발역량이나 인재활용

등과 같이 '기술집약적 성격이 강한 요인들'을 사상해야 한다는 편견이 강력하게 자리 잡고 있었기 때문이기도 하다. 1965년 이후 공업화가 발전하던 시기에 한국에서는 미국과 일본으로부터 새로운 설비가 도입되고 기술이 이전되는 한편, 새로운 기술개발과 인재육성이 동시에 진행되었다. 1960년대 후반부터 노동집약적 산업부문이 크게 발전하면서 동시에 연구·기술개발역량이 눈에 띄게 강화되고 있었다는 사실은 다른 발전도상국들에서는 찾아볼 수 없는 한국만의 특유한 경험이었다고 할 수 있다.

바텔기념연구소의 특별한 지원, 즉 ① 한국 최초의 산업실태조사, ② 한국판 바텔기념연구소 설립 지원, ③ 연구개발 및 혁신시스템 구축, ④ 경제정책 싱크탱크 구축 등이 없었다면, 한국의 기술혁신은 기대할 수 없었다. 특히 연구개발 및 혁신시스템 구축은 민간의 R&D시스템이 비약적으로 발전하는 데에도 지대한 영향을 미쳤다. 첫째, KIST를 모델로 삼아 1970년대에 많은 정부출연연구기관들이 계속해서 설립된 것은 KIST로부터의 분화(spinout)에 의한 파급효과라고 볼 수 있다. 둘째, 이러한 정부출연연구기관들은 연구수준이 높았고, 반도체나 통신시스템 등 당시 민간부문에서 충분한 연구개발성과를 기대하기 어려웠던 첨단기술을 담당하는 역할을 수행하고 있었다. 셋째, 인재 육성의 결과, 대학이나 민간기업 등에 연구자들을 공급할 수 있게 되었고, 활발한 인적교류가 이루어짐에 따라 민간부문의 R&D시스템 발전에도 커다란 기여를 했다.

본서에서는 다루지 않았지만 대만행정원경제부 역시 주력산업을 육성한다는 목표 아래 1973년 대만공업기술연구소(Industrial Technology Research Institute, 이하 ITRI)를 설립했다. ITRI는 연구개발 및 제반 서비스를 제공하는 재단법인이다. 한국의 KIST보다 7년 늦게 설립되었지만 KIST와 유사한 점이 많다는 특징이 있다. 산업기술의 고도화를 위해 연구개발과 기술서비스를 제공하고, 신산업 육성을 위한 기술개발 및 사업화 등을 추진함과 동시에 인재를 양성해 산업계로 환원하는 인재양성센터의 역할도 하고 있다는 점에서 그렇다. "바텔은 대만산업의 새로운 요구에 보다 잘 대응할 수 있도록 여러 연구소를 어떻게 재조직해 활성화하면 좋을지 연구해달라는 요청을 정부로부터 받았다"는 바텔기념연구소 부이사장 클라이드 R. 팁튼의 말에 따르면,[02] 대만의 연구체제를 확립하는 데에도 바텔기념연구소의 지원이 있었음을 유추해볼 수 있다. 바텔기념연구소가 대만의 정책에 실제로 어떻게 관여했는지에 대해서는 아직 공개된 바가 없다. 그러나 발전도상국들 가운데 특히 한국과 대만의 전자산업이 눈에 띄게 성장할 수 있었던 데에 KIST와 ITRI의 역할이 대단히 컸다는 사실은, NIES의 전자산업을 고찰할 때 놓쳐서는 안 되는 점이다.

1965년 11월에 발표된 미국정부의 『국가정책요강 한국편』에는 "아시아에서는 대만과 마찬가지로 한국을 비공산주의국가의 성공 사례로 입증하는 것"이라는 기록이 있다. 이는 대만 또한 한국과 같은 '쇼윈도' 모델로 자리매김되어 있었음을 의미하는 것이므로, 이러한 사실에도 주목해야 한다.[03]

3. 성장신화와 보이지 않는 손

1960년대 전반까지 인도는 한국의 경험에 비해 훨씬 빠른 속도로 '압축적인 공업발전'을 달성하고 있었다. 인도경제는 중공업 우선 정책에 따라 자본재를 중심으로 순조롭게 출발했지만 1965년을 기점으로 성장률이 감소했고, 그 이후에도 쉽사리 회복되지 못하면서 장기침체의 늪에 빠지게 되었다. 한편, 미국정부가 '최대의 실패 가운데 하나'로 낙인찍었던 한국은

---

02 클라이드 R. 팁튼(1982), 124쪽.

03 도널드 스톤 맥도널드(Donald Stone MacDonald)(2001), 63쪽.

외향적인 개발전략을 통해 급속하고 지속적인 성장과 수출확대를 실현해나가고 있었다. 이것이 전 세계의 주목을 받았고 논의의 대상이 되었던 '인도의 공업화 정체'와 '한강의 기적'이다.

현재까지 이러한 성장의 명암에 대한 지배적인 평가는 정부의 '외부 충격에 대한 정책적 대응'의 차이라는 것이다. 그러나 외향적 전략을 채택한 것은 양국 모두 IMF·세계은행이나 미국정부에 의해 유도된 바가 컸고, 미국의 대외전략이 '인도 중시'에서 '한국 중시'로 전환되었다는 사정 등을 비추어 보면, 미국의 안보전략에 크게 좌우되고 있었던 측면을 부정할 수 없다. 1960년대 전반 인도는 미국을 중심으로 한 '인도컨소시엄' 체제를 통해 세계 최대 규모의 외국원조를 받으면서 경제개발에 대한 원조의존도와 무역의존도가 높아지고 있었다. 그러나 인도컨소시엄으로부터 '버림을 받게 된' 인도는 외화부족상태에 빠져 계획산업을 위한 설비나 기계의 수입을 축소할 수밖에 없었고, 이로 인해 계획이 파탄에 이르러 경제위기가 구조적인 문제로 고착되었다. 이와 대조적으로 한국은 1966년 미국을 중심으로 한 '한국원조그룹'이 결성되어 적극적으로 원조가 공여되었고 자본재 및 수출용 원자재 수입이 급증하는 등 경제개발에 있어서 원조의존도와 무역의존도가 높아지고 있었다. 이러한 극적인 변화는 미국정부라는 보이지 않는 손이 작동한 결과라고 보아야 할 것이다.

요컨대 1960년대 전반까지 미국의 안보전략은 미국과 소련이 경제적 영향력을 다투는 방식으로 진행되었고, 미·소에 의한 '개발모델 경쟁'을 매개로 국제관계의 중심에 놓이게 되었다. 이 때문에 '선택과 집중'이라는 정책방침이 수립되었고, 지역 간에 상충관계가 나타나지 않을 수 없었다. 또한 아시아의 경제개발은 미국의 안보전략에 크게 좌우되기 쉽다는 구조적인 문제를 안고 있었다. 미국이 남아시아를 중시했던 것, 특히 '인도모델'에 강하게 집중했던 것은 바로 이러한 이유에서였다.

그러나 베트남전쟁이 확대되면서 한국은 미국의 안보전략에서 반공주

의의 보루라는 대단히 중요한 변수가 되었고, '비공산주의국가의 쇼윈도'
의 위상을 갖게 되었다. 이른바 '외향적 개발정책전략'이라는 방향으로 발
전해나가기 시작한 것이다. 이는 '인도모델'에서 '한국모델'로 경제개발모
델이 전환된 것을 의미하기도 했다. 미국과 일본 간의 국제적 분업관계 역
시 이로 인해 형성된 것이었으며, 한국은 소위 한·미·일 삼각무역구조 속
에서 고도경제성장과 수출지향형 공업화를 위한 조건들을 정비할 수 있
었다. 그러나 이러한 요인은 박정희 대통령의 개발독재체제를 강화하는
데 기여했을 뿐 아니라 장기집권의 기반을 만드는 데 있어서도 중요한 계
기가 되었다. 세계적으로 그 유례를 찾아볼 수 없을 만큼 긴밀했던 한·미
간의 정책협조는 한국을 반공주의의 '쇼윈도'로 삼기 위한 미국의 수단이
었던 것이다.

　일본에 대한 깊이 있는 분석은 본서의 목적이 아니지만 '미국의 국가안
전보장 문제'는 일본의 고도성장을 해명하는 데 있어서도 중요한 과제가
될 것이다. 미국은 일본을 아시아 지역의 중심축으로 삼아 아시아의 비공
산주의국가들을 하나의 지역으로 묶고 군사적·경제적 측면에서 유기적
으로 통합시키는 것을 중점적인 전략의 하나로 여기고 있었기 때문이다.
베트남전쟁이 확산되면서 미국은 한·일경제관계를 아시아의 주요 축으
로 보고 한·일국교정상화에도 적극적으로 개입했다. 이는 아시아에서 미
국이 주도하는 안전보장네트워크의 기반이 견고해지는 계기가 되었을 뿐
만 아니라 경제적인 면에서도 '성장의 트라이앵글'이라는 국제분업이 구
축되는 계기가 되었다. 한국과 일본은 이러한 상황들을 배경으로 미국시
장에서 기회를 확대시켜 고도성장을 이룩할 수 있었다.

　또 한 가지 지적해두어야 할 것은 최고경영자들로 구성된 '톱 매니지먼
트시찰단'이다. 미국이 동서냉전기에 영국과 일본을 국가안보전략의 요
체로 삼고 있었다는 사실에 비추어 보면, 양국에 대한 지원이 국가안보전
략의 일환으로 실시된 것임을 짐작할 수 있기 때문이다. 미국정부가 한국

과 일본의 '톱 매니지먼트시찰단'을 지원했던 것 역시 우연이 아니라 '미국국가안전보장전략'에 따라 이루어졌던 것이다. 그런 의미에서 본다면, 한국과 일본이 미국과 긴밀한 정책협조를 취했던 것 또한 단순히 양국 간의 경제교류를 위해서가 아니라 '미국국가안전보장전략'의 일부였다고 해도 과언이 아니다. 시기적으로 미국정부가 '톱 매니지먼트시찰단'을 지원하고 있었을 때, 즉 일본은 1950년 후반 이후에 '일본의 기적'을, 한국은 1960년대 후반 이후에 '한강의 기적'을 이루어냈다는 사실, 그 시기가 이렇게 훌륭하게 일치한다는 것만 보아도 미국의 경제적 지원은 '미국국가안전보장전략'과 떼어놓을 수 없는 것이었다고 생각된다.

참고문헌

한국어 문헌

경제개발계획평가교수단 편(1967)『제1차 경제개발 5개년계획(1962~1966) 평가보고서(평가교수단)』, 기획조정실.

경제기획원(1966)『제1차 경제개발 5개년계획』.

경제기획원(1982)『개발년대의 경제정책:경제기획원 20년사』, 경제기획원『주요경제지표』, 각 연도 판.

국방부군사편찬연구소(2007)『통계로 본 베트남전쟁과 한국군』.

국제협력부(1967)「조지 볼 미션과 그 활동」, 『경협』, 4월호.

국제상사주식회사(1979)『국제상사 30년사 1949~1979』, 국제상사.

국회도서관입법조사국(1965)『네이산 보고서(상권)』, 입법참고자료 제42호.

국회도서관입법조사국(1966)『네이산 보고서(중권)』, 입법참고자료 제51호.

국회도서관입법조사국(1971)『전후 미국의 대한정책-사이밍턴위원회 청문록』, 한국국회도서관.

금성사(1985)『금성사 25년사』.

기미야 다다시(木宮正史)(2008)『박정희정부의 선택』, 후마니타스.

김광석·박애경(1979)『한국경제의 고도경제성장요인』, 한국개발연구원.

김근배(1989)「한국과학기술연구소(KIST) 설립과정에 관한 연구 : 미국의 원조와 그 영향을 중심으로」, 『한국과학사학회지』, 제12권 제1호.

김석희 외(1989)『국내전자산업에 있어서의 외국인직접투자의 효과』, 산업연구원.

김영섭 외 15명『과학대통령박정희와 리더십』, MSD미디어.

김옥(1967)「대미경제사절단의 방미성과」, 『무역진흥』, 5월호(제6권 제45호).

김정렴(2006) (김정렴 회고록)『최빈국에서 선진국 문턱까지 : 한국경제정책 30년사』, 랜덤하우스 코리아.

김태동(1967)「대한국제경제협의체 구성이 의미하는 것」, 『무역진흥』, 2월호(제6권 제42호).

김흥기(1999)『비사 경제기획원 33년 : 영욕의 한국경제』, 매일경제신문사.

내각기획조정실 편(1969)『한국경제발전의 이론과 현실(Ⅱ)』, 내각기획조정실.

대한메리야스공업협동조합연합회(1966), 『한국메리야스공업 총람』.

대한메리야스공업협동조합연합회(1968), 『메리야스공업연보 68』.

대한메리야스공업협동조합연합회(1971), 『메리야스공업연보 71』.

대한무역진흥공사(1965)『수출특화산업 업종별 현황조사』.

대한무역진흥공사(1968)『포화 및 합판의 미국시장』(해외시장조사시리즈 상품별).

대한무역진흥공사(1971)『신발류』.

대한무역진흥공사(1971)『전자부품』.

대한무역진흥공사(1992)『한국의 수출진흥 30년』.

대한무역진흥공사조사부 편(1965)『한국의 수출상품』.

대한무역진흥공사수출진흥위원회사무국(1965)『제2차 5개년수출계획 해설』.

대한민국공보부(2011)『박정희 대통령 방미일기』, 코러스.

대한방직협회(1966)『섬유연보 1966』.

대한상공회의소(1969)『월남휴전과 한국경제』.

동아출판사편집부(1966)『성년한국 외국인의 견해』.

무역진흥편집부(1965)「(인터뷰) 대미수출증대를 위한 문제점들 - 당공사로사장, 미실업가사절단
　　　　의 초청활동을 위한 방미를 마치면서」,『무역진흥』12월호.

무역진흥편집부(1966)「미실업가무역사절단의 방미성과와 그 내용」,『무역진흥』1월호.

무역진흥편집부(1967)「제2차 수출진흥확대회의 보고」,『무역진흥』2월호.

무역진흥편집부(1967)「볼 사찰단의 방한성과-수원에서 통상으로」,『무역진흥』4월호.

무역지편집부(1967)「제5차 수출진흥확대회의」,『무역지』5월호.

무역지편집부(1967)「제6차 수출진흥확대회의 보고」,『무역지』6월호.

무역지편집부(1967)「(자료) 대미수출증진방안과 문제점」,『무역지』6월호.

무역지편집부(1967)「제7차 수출진흥확대회의 보고」,『무역지』7월호.

무역지편집부(1967)「67년도 상반기 수출실적의 분석과 그 전망」,『무역지』7월호.

무역지편집부(1967)「제2차 5개년수출계획」,『무역지』8월호.

무역지편집부(1968)「미국의류시장 동태」,『무역진흥』6월호.

문만용(2006)「한국의 '두뇌유출' 변화와 한국과학기술연구소(KIST)의 역할」,『한국문화』제37집.

문만용(2010)『한국의 현대적 연구체제의 형성 : KIST의 설립과 변천, 1966~1980』, 선인.

문정인 편(2004)『1950년대 한국사의 재조명』, 선인.

박태균(2006)『우방과 제국, 한미관계의 두 신화 : 8·15에서 5·18까지』, 창비.

박태균(2007)『원형과 변용 : 한국경제개발계획의 기원』, 서울대학교출판국.

부산지방국세청제4조사담당관실(1986)『신발제조업연구소보고』.

상공부(1965)『상공백서』.

상공부(1971 a)『통상백서』.

상공부(1971 b)『수출통계 1971』.

상공부(1974)『통상연보 1973』(상권·하권).

상공부『상공통계연보』, 각 연도 판.

세종연구소(2011)『통계로 보는 남북한 변화상 연구 : 북한연구자료집』, 세종연구소.

안병직(1989)「중진자본주의로서의 한국경제」,『사상문예운동』가을호.

안병직 편(2001)『한국경제성장사 : 예비적 고찰』, 서울대학출판부.

연세대학교산업경영연구소(1972)『한국전자제품의 대미마케팅전략분석』, 연세대학교산업경영연구소.

오원철(1996)『한국형 경제건설-엔지니어링 어프로치(제1권~제7권)』, 기아경제연구소.

오원철(2006)『박정희는 어떻게 경제대국을 만들었나』, 동서문화사.

외교부(1971)『60년대 한국외교』.

외교부(1973)『한국군의 월남파병 관련 문헌집』.

외교부(1979)『한국외교 30년 1948~1978』.

외교부·대한무역진흥공사(1967)『북미지역공관의 통상확대회의보고』, 대한무역진흥공사.

육성으로 듣는 경제기적 편찬위원회(2013)『코리안 미러클』, 나남.

이광균(1968)「〈특별르포〉월남전장의 한국신흥재벌」,『중앙』 8월호.

이기홍(1999)『경제근대화의 숨은 이야기 : 국가 장기 경제개발 입안자의 회고록』, 보이스사.

이대근(1987)『한국전쟁과 1950년대의 자본축적』, 까치사.

이대근 외(2005)『새로운 한국경제발전사 : 조선 후기부터 20세기 고도성장까지』, 나남출판.

이동원(1991)「원로 교우기」,『주간매경』, 매일경제신문사, 91년 3월 13일호~ 92년 2월 26일호.

이병천 편(2003)『개발독재와 박정희시대 : 우리 시대의 정치경제적 기원』, 창비.

이천균(1981)『수출주도형 성장경제의 외환정책』, 한국개발연구원.

임정덕·박재운(1993)『한국신발산업』, 산업연구원.

재무부관세국『무역통계연보』각 연도 판.

재무부·한국산업은행(1993)『한국외자도입 30년사』.

전국경제인연합회조사부(1971)『전자산업의 현황과 개발정책』, 전국경제인연합회.

전국경제인연합회(1976)『한국경제의 현황과 과제』.

전국경제인연합회(1986)『한국경제정책 40년사』.

전국경제인연합회(1987)『한국경제개발개관』.

전국경제인연합회『한국경제연감』, 각 연도 판.

全 전국경제인연합회40년사편찬위원회(2001)『전경련 40년사(상권)』.

정만영(1973)「KIST 전기전자분야의 연구활동」,『전신전화연구』(한국전기통신산업연구소) Vol. 2-10.

조갑제(1998)『내 무덤에 침을 뱉어라 - 근대화 혁명가 박정희의 비장한 생애』, 조선일보사.

조이제·카터 에커트 편저(2005)『한국근대화, 기적의 과정』, 월간조선사.

조순(1991)「압축성장의 시발과 개발전략의 정착 : 1960년대」; 구본호 편『한국경제의 역사적 조
        명』, 한국개발연구원.

조희연(2007)『박정희와 개발독재시대 : 5·16에서 10·26까지』, 역사비평사.

주대영(1989)『우리나라 전자산업의 OEM수출현황과 발전방향』, 산업연구원.

최상오(2010)「한국의 수출지향공업화와 정부의 역할 1965~1979 : 수출진흥확대회의를 사례로」,
        『경영사학』, 제25집 제4호.

최용호(2004)『베트남전쟁과 한국군』, 국방부군사편찬연구소.

통계청『남북한 경제사회상 비교』, 각 연도 판.

통계청(1995)『통계로 본 한국의 기적』.

한국개발연구원(1978)『외자도입의 국민경제적 효과분석』.

한국과학기술연구소(KIST)(1967)『전자공업 조사보고서』.

한국과학기술연구소(KIST)(1967)『요업공업 조사보고서』.

한국과학기술연구소(KIST)(1968)『포장공업 조사보고서』.

한국과학기술연구소(KIST)(1968)『전자공업육성책 수립을 위한 국내전자공업 및 관련분야 조사
        보고서』.

한국과학기술연구소(KIST)(1969)『휴대용통신기의 스타트』, 과학기술처.

한국과학기술연구소(KIST)편집위원회(1977)『한국과학기술연구소 10년사』.

한국과학기술연구원(2006)『KIST 40년사 : 1966~2006』.

한국무역협회(1971)『한국의 산업 및 무역정책사(1945~1970)』.

한국무역협회『무역연감』, 각 연도 판.

한국산업경제연구소(1967)『한국의 통신·전자기기공업의 실태 - 투자시장으로서 각광을 받고 있는 한국의 전자공업부문』.

한국산업은행조사부(1967)『한국의 산업 1966년(상·중·하)』.

한국산업은행조사부(1968)『우리나라 공업의 발전과 과제』.

한국산업은행조사부(1970 a)『공업요람』.

한국산업은행조사부(1970 b)『전자공업의 현황과 개발방향』, 한국산업은행.

한국산업은행조사부(1971)『한국의 산업 1971년(상·중·하)』.

한국상공회의소(1971)『한국경제의 제문제』.

한국생산성본부생산성연구소 편(1965)『수출특화산업의 실태와 육성 계획에 관한 조사보고』, 한국 생산성본부.

한국생산성본부 편(1967)『번영하는 미국의 산업사회와 최고경영자의 역할 : 제1차 한국 탑매니지 먼트 미국시찰보고서』, 한국생산성본부생산성연구소.

한국생산성본부 편(1968)『미국의 산업발전과 경영 비결 : 제2차 한국 탑매니지먼트 미국시찰보고 서』, 한국생산성본부.

한국생산성본부 편(1987)『한국생산성운동30년사』, 한국생산성본부.

한국섬유단체연합회『섬유연보』, 1969, 1972, 1973년 판.

한국신발수출조합(1990)『한국신발수출통계』.

한국신발연구소(1991)『한국신발산업』.

한국역사정치연구회·김용직 편(2005)『사료로 본 한국의 정치와 외교 : 1945~1979』, 성신여자대 학교출판부.

한국은행(1970)『나라별 상품별 무역총계 1965~1969』.

한국은행(1971)『한국산업구조의 재편성』.

한국은행『경제통계연보』1964~1979년 판.

한국은행조사부(1966)『수출전략상품에 대한 기초조사』, 한국은행.

한국전자공업진흥회(1981)『전자공업 20년사』, 한국전자공업진흥회

한국전자공업진흥회(1989)『전자공업 30년사』, 한국전자공업진흥회.

한국전자공업진흥회(1997)『한국전자공업협동조합 30년사』 한국전자공업협동조합.

한국정밀기기센터 편(1970)『전자공업편람 1970』.

한국정밀기기센터 편(1972)『전자공업편람 1972』, 한국정밀기기센터 편.

한국정신문화연구원 편(1999)『1960년대 한국의 공업화와 경제구조』, 백산서당.

한국정신문화연구원 편(2002)『박정희 시대 연구』, 백산서당.

한국중앙정보부(1965)『박정희 대통령 방미의 의의 및 성과』, 7월 20일.

한국학중앙연구원 편(2009)『박정희 시대의 한미관계』, 백산서당.

함택영, 남궁곤(2010) 『한국외교정책 : 역사와 쟁점』, 사회평론.

허수열(2005) 『개발 없는 개발 : 일제하 조선경제 개발의 현상과 본질』, 은행나무.

현원복(2005) 『대통령과 과학기술』, 과학사랑.

홍익대학부설경영연구소 편(1969) 「한국보세공장의 실태 분석과 가공수출증대전략」, 『홍대논총』 (인문과학 편).

황인정(1985) 『행정과 경제개발』, 서울대학출판부.

Udell, Jerom I(1966) 「한국 남자용 피복공장에 대한 조사보고서(상)」, 『방적월보』 No.183.

Udell, Jerom I(1967) 「한국 남자용 피복공장에 대한 조사보고서(하)」, 『방적월보』 No.184.

W. W. Rostow(1965) 「한국의 경제개발과 그 문제점」, 『우의와 신의의 가교』, 동아출판사.

국가기록원대통령기록관 소장(연차순)

대통령비서실(1964) 「군사원조에 관한 대책」 대통령보고서(분류번호 제944-54호) 1964. 3. 2, 국가기록원대통령기록관.

대통령비서실(1964) 「외자도입촉진(차관과 건설)」 대통령보고서(분류번호 제320-136호) 1964. 5. 14, 국가기록원대통령기록관.

대통령비서실(1964) 「외자(획득과 절약)」 대통령보고서(분류번호 대비정 제31011-142호) 1964. 5. 16, 국가기록원대통령기록관.

경제기획원총무과(1964) 「수출진흥을 위한 시책보완」 일반문서(관리번호 BA0138603) 1964, 국가기록원대통령기록관.

경제기획원총무과(1964) 「수출목표액 달성을 위한 대책」 일반문서(관리번호 BA0138604) 1964. 10, 국가기록원대통령기록관.

대통령비서실(1964) 「수출촉진과 신시장 개척」 대통령보고서(분류번호 제1312.11-302호) 1964.12.1, 국가기록원대통령기록관.

외교부미주국심의관(1965) 「1965년도 대월남군수요물자 수출」 일반문서(관리번호 CA0005004) 1965, 국가기록원대통령기록관.

경제기획원총무과(1965) 「수출진흥시책에 관한 네이산고문단의 평가보고서」 일반문서(관리번호 BA0138609) 1965, 국가기록원대통령기록관.

경제기획원총무과(1965) 「1965년도 수출진흥종합시책」 일반문서(관리번호 BA0138607) 1965. 1, 국가기록원대통령기록관.

대통령비서실(1965) 「종합수출진흥시책」 대통령보고서(관리번호 대비정1313.1-14) 1965. 1. 20, 국가기록원대통령기록관.

대통령비서실(1965) 「IMF차관」 대통령보고서(보고번호 제65-59호) 1965. 2. 22, 국가기록원대통령기록관.

대통령비서실(1965) 「각하 방미 참고자료」 대통령보고서(관리번호 제65-99호) 1965. 4. 20, 국가기록원대통령기록관.

경제기획원총무과(1965) 「수출진흥종합시책의 보완」 일반문서(관리번호 BA0138609) 1965. 5, 국가기록원대통령기록관.

재무부국제금융국국제금융과(1965)「변동환율제의 실시 이후, 수출부진의 타개건의」일반문서(관리번호 BA0145914) 1965.5.6, 국가기록원대통령기록관.

대통령비서실(1965)「미국의 대월남원조물자조달」대통령보고서(관리번호 65-167) 1965. 7. 2, 국가기록원대통령기록관.

총무처(1965)「3억불수출계획」국무회의록(관리번호 BG000461) 1965. 7. 31, 국가기록원대통령기록관.

대통령비서실(1965)「주미대사와 Killen 주월USOM처장의 합의내용에 관한 보고」대통령보고서(관리번호65-？) 1965. 8. 2, 국가기록원대통령기록관.

대통령비서실(1965)「William Bundy 국무차관보의 연설」대통령보고서(관리번호 65-253) 1965. 9. 29, 국가기록원대통령기록관.

대통령비서실(1965)「금리 현실화 현황」대통령보고서(분류번호 제65-305호) 1965. 10. 21, 국가기록원대통령기록관.

대통령비서실(1965)「주미대사의 전문 보고」대통령보고서(분류번호 제65-378호) 1965. 12. 1, 국가기록원대통령기록관.

대통령비서실(1965)「주미대사의 전문 보고」대통령보고서(분류번호 제65-392호) 1965. 12. 6, 국가기록원대통령기록관.

대통령비서실(1965)「대월군납촉진을 위한 미국방성시찰단방한」대통령보고서(분류번호 제65-428호) 1965. 12. 15, 국가기록원대통령기록관.

외교부미주국심의관(1966)「1966년도 대월남군수요물자수출」일반문서(관리번호 CA0005004) 1966, 국가기록원대통령기록관.

대통령비서실(1966)「IMF조사단중간보고」대통령보고서」(분류번호 제66-35호) 1966. 1. 20, 국가기록원대통령기록관.

대통령비서실(1966)「과학기술연구소설치추진상황」대통령보고서(분류번호 제66-40호) 1966. 1. 21, 국가기록원대통령기록관.

대통령비서실(1966)「IMF조사단 제2차 중간보고」대통령보고서」대통령보고서(분류번호 제66-41호) 1966. 1. 22, 국가기록원대통령기록관.

대통령비서실(1966)「IMF조사단 제3차 보고」대통령보고서(분류번호 제66-51호) 1966. 1. 29, 국가기록원대통령기록관.

대통령비서실(1966)「재정안정계획 및 IMF협정」대통령보고서(분류번호 제66-94호) 1966. 2. 18, 국가기록원대통령기록관.

대통령비서실(1966)「한국과학기술연구소의 설치 경과 및 현황」대통령보고서(분류번호 제66-137호) 1966.3.5, 국가기록원대통령기록관.

대통령비서실(1966)「대월남군납」대통령보고서(분류번호 제66-139호) 1966.3.7, 국가기록원대통령기록관.

대통령비서실(1966)「대한국제경제협의기구(가칭)의 구성에 관한 경위 및 건의」대통령보고서(분류번호 제66-214호) 1966. 4. 1, 국가기록원대통령기록관.

대통령비서실(1966)「전자공업용부분품공장(Fairchild)」대통령보고서(분류번호 제66-607호)

1966. 5. 24, 국가기록원대통령기록관.

대통령비서실(1966) 「제2차 경제개발 5개년계획(총량계획)의 문제점」 대통령보고서(관리번호 0A00000000028938) 1966. 5. 25, 국가기록원대통령기록관.

대통령비서실(1966) 「최고경영자시찰단〈미국〉파견」 대통령보고서(분류번호 제66-759호) 1966. 7. 8, 국가기록원대통령기록관.

대통령비서실(1966) 「한국군월남증파에 의한 미국의 대한협조상황」 대통령보고서(분류번호 제66-998호) 1966. 7. 8, 국가기록원대통령기록관.

대통령비서실(1966) 「최근의 수출부진상황과 그 원인」 대통령보고서(분류번호 제66-1018호) 1966. 10. 6, 국가기록원대통령기록관.

대통령비서실(1966) 「외자도입사업의 추진상황」 대통령보고서(분류번호 제66-1026호) 1966. 10. 8, 국가기록원대통령기록관.

대통령비서실(1966) 「세계은행(IBRD)의 제2차 5개년계획평가보고」 대통령보고서(분류번호 제66-1155호) 1966. 11. 25, 국가기록원대통령기록관.

대통령비서실(1967) 「월남증파에 의한 미국의 대한협조방안에 대한 종합검토보고」 대통령보고서(분류번호 제67-23호) 1967. 1. 17, 국가기록원대통령기록관.

대통령비서실(1967) 「수출공업단지 조성의 업무추진을 위한 조치 결과」 대통령보고서(분류번호 제67-58호) 1967. 2. 1, 국가기록원대통령기록관.

경제과학심의회의사무국(1967) 「외자도입효율화방안」(분류번호 0A00000000041492) 1967. 2. 16, 국가기록원대통령기록관.

경제과학심의회의사무국(1967) 「전자공업육성방안」(기록물 생산ID EA0023116) 1967. 3. 3, 국가기록원대통령기록관.

대통령비서실(1967) 「월남 증파에 의한 미국의 대한협조방안에 대한 실천현황보고(67. 4. 10 현재)」 대통령보고서(분류번호 제67-253호) 1967. 4. 20, 국가기록원대통령기록관.

대통령비서실(1967) 「USOM처장의 보고내용」 대통령보고서(분류번호 제67-442호) 1967. 7. 23, 국가기록원대통령기록관.

대통령비서실(1967) 「전자공업육성과 김완희박사의 초빙」 대통령보고서(분류번호 제67-506호) 1967.8.12, 국가기록원대통령기록관.

대통령비서실(1967) 「김완희박사의 예비조사계획」 대통령보고서(분류번호 제67-700호) 1967.9.23, 국가기록원대통령기록관.

대통령비서실(1967) 「브라운각서에 관한 한·미 실무작업반활동상황」 대통령보고서(분류번호 제67-760호) 1967. 10. 19, 국가기록원대통령기록관.

대통령비서실(1967) 「무역확대회의 때의 지시사항 및 조치 결과」 대통령보고서(분류번호 제67-855호) 1967. 11. 17, 국가기록원대통령기록관.

대통령비서실(1968) 「"브라운" 각서 이행도에 관한 한·미 공동작업반의 보고」 대통령보고서(분류번호 제68-37호) 1968. 1. 16, 국가기록원대통령기록관.

대통령비서실(1968) 「귀국과학자의 한국과학기술연구소에서의 활동상황」 대통령보고서(분류번호 제68-186호) 1968. 2. 19, 국가기록원대통령기록관.

대통령비서실(1968) 「전자공업진흥원(가칭)설립을 위한 예비조사 중간보고」 대통령보고서(분류번호 제68-286호) 1968. 3. 12, 국가기록원대통령기록관.

대통령비서실(1968) 「한국과학기술연구소의 소요 외산에 관한 보고」 대통령보고서(분류번호 제
68-76호) 1968. 6. 7, 국가기록원대통령기록관.

대통령비서실(1968) 「전자공업조사연구현황」 대통령보고서(분류번호 제68-183호) 1968. 6. 12, 국
가기록원대통령기록관.

대통령비서실(1968) 「주미대사의 경제관계 특별 보고의 처리상황 보고」 대통령보고서(분류번호
제68-488호) 1968. 7. 15, 국가기록원대통령기록관.

대통령비서실(1968) 「현대자동차공장의 건설추진현황 보고」 대통령보고서(분류번호 제68-310호)
1968. 8. 1, 국가기록원대통령기록관.

대통령비서실(1968) 「한국과학기술연구소의 외자 예산의 일부전용추진 건의」 대통령보고서(분류
번호 제68-214호) 1968. 11. 21, 국가기록원대통령기록관.

외교부(1968) 「한미 현안문제에 관한 미 측과의 면담」 대통령보고서(분류번호 제68-689호) 1968.
12. 9, 국가기록원대통령기록관.

대통령비서실(1968) 「과학기술연구소의 현황 및 문제점의 보고」 대통령보고서(분류번호 제68-244
호) 1968. 12. 13, 국가기록원대통령기록관.

대통령비서실(1969) 「전자공업진흥 기본 계획」 대통령보고서(분류번호 제69-8호) 1969. 1. 16, 국
가기록원대통령기록관.

대통령비서실(1969) 「도시바전자공업의 대한투자의 추진 현황」 대통령보고서(분류번호 제69-122
호) 1969. 3. 4, 국가기록원대통령기록관.

대통령비서실(1969) 「IECOK제3차 년 차 총회중간보고전문 요약」 대통령보고서(분류번호 제69-
232호) 1969. 4. 22, 국가기록원대통령기록관.

대통령비서실(1969) 「도시바전자공업의 투자 확정 보고」 대통령보고서(분류번호 제69-342호)
1969. 6. 10, 국가기록원대통령기록관.

대통령비서실(1969) 「한국과학기술연구소의69년도 사업실적 및 70년도 사업계획보고」 대통령보
고서(분류번호 제69-758호) 1969. 12. 24, 국가기록원대통령기록관.

대통령비서실(1969) 「제3차 경제개발 5개년 계획의 작성 지침(안)에 대한 의견」 대통령보고서(분
류번호 제69-22호) 1969. 12. 3, 국가기록원대통령기록관.

대통령비서실(1970) 「"브라운" 각서의 공개 문제(외무장관보고)」 대통령보고서(분류번호 제70-29
호) 1970. 1. 29, 국가기록원대통령기록관.

대통령비서실(1970) 「"브라운" 각서의 공개문제에 대한 한국정부의 입장(외무장관보고)」 대통령
보고서(분류번호 제70-55호) 1970. 2. 17, 국가기록원대통령기록관.

대통령비서실(1972) 「미국의 산국신발류의 상계관세적용에 관한 대책 교섭 중간보고」 대통령보고
서(분류번호 제72-228호) 1972. 7. 14, 국가기록원대통령기록관.

한국외교사료관 소장(연차순)

경무대(1958) 『미국의 대한 원조, 1956~58』 한국외교부외교문서(등록번호 337, 분류번호

761.52US, Microfilm번호 Re-0033-16), 한국외교사료관.

아중동과(1965)『한국의 외교정책, 1965』한국외교부외교문서(등록번호 1425, 분류번호 721.1XX, Microfilm번호 C-0010-02), 한국외교사료관.

구미과(1965)『박정희대통령 미국방문, 1965. 5. 16-등록번호 25, 전2권(V.1 기본문서집)』한국외교부외교문서(등록번호 1482, 분류번호 724.11US, Microfilm번호 C-0011-07), 한국외교사료관.

북미과(1965)『이동원외교부장관 미국방문1965』한국외교부외교문서(등록번호 1488, 분류번호 724.31US, Microfilm번호 C-0012-01), 한국외교사료관.

동남아주과(1965)『한국의 대월남군사원조, 1965』한국외교부외교문서(등록번호 1517, 분류번호 729.17VT, Microfilm번호 G-0003-01), 한국외교사료관.

미주·구미통상과(1965)『대월남군수요물자수출교섭, 1965』한국외교부외교문서(등록번호 1677, 분류번호 765.54VT, Microfilm번호 N-0004-05), 한국외교사료관.

안보담당관실(1966)『Brown각서(한국군월남증파), 1966』한국외교부외교문서(등록번호 1867, 분류번호 729.13US, Microfilm번호 G-0004-04), 한국외교사료관.

안보담당관실(1966)『Brown각서에 관한 실천현황보고, 1966』한국외교부외교문서(등록번호 1869, 분류번호 729.22, Microfilm번호 G-0004-06), 한국외교사료관.

미주과(1966)『Humphrey,Hubert H.미국부대통령의 방한, 1966』한국외교부외교문서(등록번호 1824, 분류번호 724.12US, Microfilm번호 C1-0017-11), 한국외교사료관.

미주과(1966)『Johnson,Lyndon B.미국대통령 방한, 1966. 10. 31～11. 2』한국외교부외교문서(등록번호 1826, 분류번호 724.12US, Microfilm번호 C-0017-10), 한국외교사료관.

미주과(1966)『Rusk,Dean미국무장관의 방한, 1966. 7. 8-9』한국외교부외교문서(등록번호 1833, 분류번호 724.32US, Microfilm번호 C-0017-17), 한국외교사료관.

안보담당관실(1967)『Brown각서에 관한 실천현황보고, 1967』한국외교부외교문서(등록번호 2187, 분류번호 729.22, Microfilm번호 G-0005-03), 한국외교사료관.

안보담당관실(1967)『Clifford-Taylor미국특사의 방한, 1967. 8. 2～3』한국외교부외교문서(등록번호 2161, 분류번호 724.42US, Microfilm번호 C1-0023-03), 한국외교사료관.

통상2과(1967)『한·미 상공장관 회담, 제1차, 서울, 1967. 10. 28～11.1』한국외교부외교문서(등록번호 2424, 분류번호 765.31US), 한국외교사료관.

북미과(1967)『Humphrey,Hubert H.미국부대통령의 방한, 제3차, 1967. 6. 29～30』한국외교부외교문서(등록번호 2156, 분류번호 724.12US, Microfilm번호 C1-0018), 한국외교사료관.

북미과(1967)『정일권총리 미국방문, 1967. 3. 10-19』한국외교부외교문서(등록번호 2135, 분류번호 724.21US, Microfilm번호 C-0021-01), 한국외교사료관.

북미과(1967)『최규하외무장관의 미국방문, 1967. 11. 12～20』한국외교부외교문서(등록번호 2137, 분류번호 724.31US), 한국외교사료관.

안보담당관실(1968)『Brown각서에 관한 실천현황보고, 1968』한국외교부외교문서(등록번호 2638, 분류번호 729.22, Microfilm번호 G-0008-10), 한국외교사료관.

안보담당관실(1968)『Brown각서의 실천에 관한 한·미 공동실무작업반 보고, 1966～68』한국외교부외교문서(등록번호 2635, 분류번호 729.22, Microfilm번호 G-0008-07), 한국외교사료관.

안보담당관실(1968)『한·미 외무장관 회담, Wellington(뉴질랜드), 1968. 4. 4』한국외교부외교문서
(등록번호 2566, 분류번호 723.1US, Microfilm번호 Re-0026-03), 한국외교사료관.

조약과(1968)「한국과학기술연구소시설도입을 위한 AID차관협정체결」『한·미 (수출입은행)간의
인공위성지구국 건설을 위한 차관협정, 1968』한국외교부외교문서(등록번호 2735, 분류
번호 741.24, Microfilm번호 J-0050-08), 한국외교사료관.

동남아2과·미주과(1968)『월남참전 7개국외상 회담, 제2차, Wellington(뉴질랜드), 1968. 4. 4』한국
외교부외교문서(등록번호 2567, 분류번호 723.3XB, Microfilm번호 C1-0020-04), 한국외교
사료관.

북미1과(1968)『Bundy,William P. 米国務省東アジア及び太平洋担当次官補の訪韓, 1968. 7. 22～
24』한국외교부외교문서(등록번호 2605, 분류번호 724.62US, Microfilm번호 C-0028-19),
한국외교사료관.

북미1과(1968)『최규하외무장관의 미국방문, 1968. 12. 3～7』한국외교부외교문서(등록번호 2579,
분류번호 724.31US), 한국외교사료관.

북미1과(1968)『박정희대통령 미국방문, 1968. 4. 17～9, 전2권(V.1 기본문서집)』한국외교부외교
문서(등록번호 2577, 분류번호 724.11US, Microfilm번호 C-0026-06), 한국외교사료관.

북미2과(1968)『미국의 대한군사원조 현황, 1968』한국외교부외교문서(등록번호 2636, 분류번호
729.22, Microfilm번호 G-0008-08), 한국외교사료관.

북미2과(1968)『한·미 안보문제관련자료, 1968』한국외교부외교문서(등록번호 2639, 분류번호
729.29, Microfilm번호 Re-0030-01), 한국외교사료관.

북미2과(1968)『한·미 안보문제관련자료, 1968』한국외교부외교문서(등록번호 2639, 분류번호
729.29, Microfilm번호 Re-0030-10), 한국외교사료관.

북미2과(1968)『한국의 대미군사원조교류, 1968』한국외교부외교문서(등록번호 2637, 분류번호
729.22, Microfilm번호 Re-0029-07), 한국외교사료관.

안보담당관실(1969)『Brown각서에 관한 실천현황보고, 1969』한국외교부외교문서(등록번호 3102,
분류번호 729.22, Microfilm번호 G-0012-13), 한국외교사료관.

안보담당관실(1969)『한국군사력증강계획, 1969』한국외교부외교문서(등록번호 3090, 분류번호
729.11, Microfilm번호 Re-0028-06), 한국외교사료관.

통상2과(1969)『미국의 섬유제품수입제한조치, 1969』한국외교부외교문서(등록번호 3307, 분류번
호 765.01US, Microfilm번호 N-0008-01), 한국외교사료관.

통상2과(1969)『한·미 상공장관회담, 제3차, 서울, 1969. 5. 13～15』한국외교부외교문서(등록번호
3311, 분류번호 765.31US, Microfilm번호 N-0008-05), 한국외교사료관.

동남아2과(1969)『한·월남 경제협력, 1968～69』한국외교부외교문서(등록번호 2382, 분류번호
761.2VT, Microfilm번호 M-0014-03), 한국외교사료관.

북미과(1969)『Green, Marshall 미국무성 동아시아 및 태평양담당부차관보의 방한, 1969. 4. 11.～
13』한국외교부외교문서(등록번호 3057, 분류번호 724.62US, Microfilm번호 Re-0026-28),
한국외교사료관.

북미과(1969)『박정희대통령 미국방문, 1969. 8. 20～25, 전3권(V.1 기본문서집)』한국외교부외교
문서(등록번호 3017, 분류번호 724.11US, Microfilm번호 C-0033-01), 한국외교사료관.

북미과(1969)『한·미 국방관료회담, 제3차, Honolulu,1970. 7. 21~22, 전 2권(V.2자료집)』한국외교
　　부외교문서(등록번호 3635, 분류번호 729.21US), 한국외교사료관.
북미2과(1969)『안보관계자료, 1969』한국외교부외교문서(등록번호 3099, 분류번호 729.19,
　　Microfilm번호 G-0012-10), 한국외교사료관.
북미2과(1969)『최규하 외무장관의 미국방문, 1969. 11. 4~21』한국외교부외교문서(등록번호
　　3022, 분류번호 724.31US), 한국외교사료관.
북미2과(1969)『미국의 국방관계, 1969』한국외교부외교문서(등록번호 3096, 분류번호 729.14US,
　　Microfilm번호 G-0012-07), 한국외교사료관.
북미2과(1969)『미국의 대한군사원조 현황, 1969』한국외교부외교문서(등록번호 3101, 분류번호
　　729.22, Microfilm번호 G-0012-12), 한국외교사료관.
북미2과(1969)『한국의 대미군사원조교섭, 1969』한국외교부외교문서(등록번호 3103, 분류번호
　　729.22, Microfilm번호 G-0012-14), 한국외교사료관.
북미2과(1970)『Symington청문회, 1970. 전 2권(V.1기본문서집)』한국외교부외교문서(등록번
　　호 3629, 분류번호 729.13US, Microfilm번호 G-0017-06), 한국외교사료관.
북미2과(1970)『Symington청문회, 1970. 전 2권(V.2자료집)』한국외교부외교문서(등록번호 3630,
　　분류번호 729.13US, Microfilm번호 G-0017-07), 한국외교사료관.
북미2과(1970)『국군현대화계획, 1970』한국외교부외교문서(등록번호 3624, 분류번호 729.11,
　　Microfilm번호 Re-0028-09), 한국외교사료관.
구주과·북미1과(1974)『청와대안보정세보고회담자료, 1972~74』한국외교부외교문서(등록번호
　　7123, 분류번호 729.19, Microfilm번호 Re-0028-14), 한국외교사료관.
북미1과(1972)『Brown,Winthrop G. 미국무부 동아시아 및 태평양담당부차관보의 방한, 1972. 5. 16
　　~18』한국외교부외교문서(등록번호 5022, 분류번호 724.62US, Microfilm번호 Re-0026-
　　29), 한국외교사료관.
북미2과(1972)『한국의 외교정책, 1972』한국외교부외교문서(등록번호 4844, 분류번호 721.1,
　　Microfilm번호 C-0051-01), 한국외교사료관.

영어 문헌

Alice H. Amsden(1989), Asia's Next Giant : South Korea and Late Industrialization, Oxford University
　　Press.
Anthony S. Campagna(1991), The Economic Consequences of the Vietnam War, Praeger Paperback.
Balassa Bela(1981), The Newly Industrializing Countries in the World Economy, Pergamon Press.
Battelle Memorial Institute(1965), "Report on the Establishment and Organization of a Korean
　　Institute of Industrial Technology and Applied Science", Battelle Memorial Institute.
Battelle Memorial Institute(1968), "Research Report : Korean Institute of Science and Technology,
　　September 1,1967, to December 31, 1967", February 26, Battelle Memorial Institute.
Battelle Memorial Institute(1971), "Report on Battelle's Assistance to the Korea Institute of Science

and Technology 1966-1971", Battelle Memorial Institute.

Battelle Memorial Institute Team(1966), "Status Report : Korean Institute of Science and Technology, June 1 to September 1, 1966", Battelle Memorial Institute.

Bruce Cumings(1984), "The Origins and Development of The Northeast Asian Political Economy : Industrial Sectors, Product Cycles, and Political Consequence", International Organization, Vol.38, No.7.

Bruce Cumings(1997), Korea's Place in the Sun : A Modern History, W.W. Norton & Company. (横田安司·小林知子訳 (2003)『現代朝鮮の歴史−世界のなかの朝鮮−』明石書店).

Bureau of International Commerce (1967), "Special Report Mission finds trade, investment openings in Korea" International Commerce, August 7(Vol.73-32).

Carter J. Ecker(1991), Offspring of Empire : The Koch'ang Kims and the Colonial Origins of Korean Capitalism, 1986-1945,Washington University Press.

Claude A. Buss(1982), The United States and The Republic of Korea : Background for Policy, Stanford : Hoover Institute Press.

Cole David C. and Princeton N. Lyman(1971), Korean Development : The Interplay of Politics and Economics,Cambridge : Harvard University Press.

Cole David C.(1980), "Foreign Assistance and Korean Development", in David C. Cole, Youngil Lim, Paul W. Kuzunets, The Korean Economy−Issues of Development, Center for Korean studies, Korea Research Monograph No.1, University of California, Berkeley.

David Milne(2009), America's Rasputin : Walt Rostow and the Vietnam War, Hill and Wang.

Diane and Michael Jones(1976), "Allies Called Koreans", Bulletin of Concerned Asian Scholars,Vol.8, No.2.

Donald D. Evans(1971), "The Korea Institute of Science and Technology : A Brief Description and Rationale", Battelle Memorial Institute.

Donald Stone MacDonald(1992), U.S.-Korean Relation from Liberation to Self-Reliance The Twenty-Year Record, Westview Press.((2001)『한미관계 20년사(1945-1965년) 해방에서 자립까지』한국역사연구회 1950년대 공역, 한울)

ELECTRONIC NEWS(1967), "Battelle Business Planners See Bright Korean Outlook", ELECTRONIC NEWS, Monday, March 20.

Evans Peter(1979), Dependent Development : The Alliance of Multinationals, States and Local Capital in Brazil, Princeton University Press.

Evans Peter(1987), "Dependency and the State in Recent Korean Development : Some Comparisons with Latin American NICs", in Kyong-Dong Kim ed., Dependency Issues in Korean Development, Seoul National University Press.

Frank Baldwin, G. Breidenstein(1975), Without Parallel : The American-Korean Relationship Since 1945, Pantheon.

Frank Baldwin(1975), "America's Rented Troops : South Koreans In Vietnam", Bulletin of Concerned Asian Scholars, Vol.7-4, October-December.

Frederic C. Deyo(1987), The Political Economy of the New Asian Industrialism, Cornell University Press.

Gregg Andrew Brazinsky(2005), "From Pupil to Model : South Korea and American Development Policy during the Early Park Chung Hee Era", Diplomatic History, Vol.29 : 1.

Gregg Andrew Brazinsky(2007), Nation building in South Korea : Koreans, Americans, and the making of a democracy, University of North Carolina Press.

Han Sung-Joo(1978), "South Korea's Participation in the Vietnam Conflict : an Analysis of the U.S.-Korean Alliance", Orbis,Vol.21 : 4.

Harriet Ann Hentges(1975), "The repatriation and utilization of high-level manpower : a case study of the Korea Institute of Science and Technology", Paper of PH.D, Johns Hopkins University.

Havens Thomas R.H(1987), Fire Across the Sea : The Vietnam War and Japan 1965-1975, Princeton University Press.

Hirschman, Albert O.(1958), The Strategy of Economic Development. Yale University Press.

Hong Kyudok(1991), "Unequal Partners : ROK-US Relations during The Vietnam War (South Korea, Korean-United States Relations)", Paper of PH.D, University of South Carolina.

House of Representative(1978), Investigation of Korean-American Relation, Report of the Subcommittee on International Organizations of the Committee on International Relations, 95th Congress, 2nd Session, Washington D.C. : U.S. Government Printing Office(서울대학 한미관계연구소 역(1986)『프레이저보고서』, 실천문학사).

John Lie (1998), Han Unbound : The Political Economy of South Korea, Stanford University Press.

Johnson Chalmers(1986), "The Neosocialist NICS : East Asia", International Organization, Vol.40-2, spring.

Jung-en Woo(1991), Race to the Swift : State and Finance in Korean Industrialization, Columbia University Press.

K. Ali Akkemik(2009), Industrial development in East Asia : a comparative look at Japan, Korea, Taiwan, and Singapore, Baskent University, Turkey.

Kim Hyun-Dong(1990), Korea's Involvement in The Vietnam War, Korea and The United States, Research Center for Peace and Unification of Korea.

Kim Hyung-A(2003), Korea's Development Under Park Chung Hee : Rapid industrialization, 1961-79, Rout ledge.

Kim Joungwon(1966), "Korean Participation in Vietnam War", World Affairs, Apr. May. June.

Kim Se-Jin(1970), "South Korea's Involvement in Vietnam and Its Economic and Political Impact", Asian Survey, Vol.10 : 6, June.

Kimber Charles Pearce(2001), Rostow, Kennedy, and the Rhetoric of Foreign Aid, Michigan State University Press.

Kreuger Anne O.&Corbo V.(1985), Export-Oriented Development Strategies : The Success of Five Newly Industrializing Countries, Westview Press.

Kreuger Anne O.(1979), The Developmental Role of the Foreign Sector and AID, Harvard University

Press.

Kuznet Paul W.(1977), Economic Growth and Structure in the Republic of Korea, Yale University Press.

Kuznets, S.(1956), "Quantitative aspects of the economic growth of nations", Economic Development and Cultural Change, No.5.

Kwak Tae-Hwan(1982), U.S.-Korean Relations 1882~1982, Kyungnam University Press.

Leroy P. Jones and Il Sakong(1980), Government, Business, and Entrepreneurship in Economic Development : The Korean Case, Harvard University Press(司空壹·L.P. ジョーンズ(1981) 『經濟開發と政府及び企業家の役割』韓國開發研究員).

Lloyd C. Gardner & Ted Gittinger (2000), International perspectives on Vietnam, Texas A&M University Press.

M Lee, JS Shim(2008), The Korean economic system : governments, big business and financial institutions, Ashgate.

Michael Schaller(1997), Altered States : The United States and Japan since the Occupation, Oxford University Press.

Max F. Millikan and W. W. Rostow(1957), A proposal : key to an effective foreign policy, New York : Harper & Brothers.

Min Yong Lee(2011), "The Vietnam War : South Korea's Search for National Security", THE PARK CHUNG HEE ERA : The Transformation of South Korea, Harvard University Press.

Myrdal, Gunnar (1957), Economic Theory and Under-Developed Regions,London : Gerald Duckworth & Co. Ltd. (グーナル・ミュルダール『經濟理論と低開發地域』小原敬士訳, 東洋経済新報社).

Naya Seiji(1971),"The Vietnam War and Some Aspects of its Economic Impact on Asian Countries", The Developing Economies,Vol.9 : 1.

Nicholas Evan Saratakes (1999), "In the Service or Pharaoh? The United States and the Deployment of Korean Troops in Vietnam, 1965-1968," Pacific Historical Review, Vol.68 : 3.

OECD(1979), The Impact of the Newly Industrializing Countries on Production and Trade in Manufactures, Paris: OECD.

Park Joon-Young(1981), "The Political and Economic Implications of South Korea's Vietnam Involvement 1964-1973", Korea &World Affairs, Vol.5:3.

Paul Poast(2005), The Economics of War, McGraw-Hill/Irwin.

Princeton N. Lyman(1968), "Korea's Involvement in Vietnam," Orbis, Vol.16-2.

Robert M. Blackburn(1994), Mercenaries and Lyndon Johnson's "More flags" : The Hiring of Korean, Filipino, and Thai Soldiers in the Vietnam War, Jefferson, N.G.

Stephan Haggard(1990), Pathways from the Periphery : The politics of Growth in the Newly Industrializing Countries, Cornell University Press.

U.N., Economic Survey of Asia and the Far East, 각 연도 판.

U.N., Economic and Social Survey of ASIA and the PACIFIC, 각 연도 판.

U.N., Statistical Yearbook for Asia and The Far East, 각 연도 판.

U.N., Yearbook of International Trade Statistics, 각 연도 판.

U.S. Department of Commerce, Statistical Abstract of the United State 각 연도 판.

Victor D. Cha(2000), Alignment Despite Antagonism : The United States-Korea-Japan Security Triangle, Stanford University Press.

W.W. Rostow(1985), Eisenhower, Kennedy, and foreign aid, University of Texas Press.

W.W. Rostow(1986), The United States and the Regional Organization of Asia and the Pacific, 1965~1985, University of Texas Press.

W.W. Rostow(1996),"Vietnam and Asia", Diplomatic History, Vol.20 : 3.

W.W. Rostow(2003), Concept and Controversy: sixty years of taking ideas to market, University of Texas Press.

World Bank(1993), The East Asian Miracle : Economic Growth and Public Policy, New York : Oxford University Press).

World Bank, World Development Report,New York, Oxford University Press, 각 연도 판.

World Bank, World Development Indicators Online (http ://data.worldbank.org/indicator).

LBJ Library 소장 자료(연차순)

"Memorandum of conversation between the President and the Prime Minister of Korea", Korea memos Vol.1(11/1963-6/1964), KOREA, Box 254, NSF, LBJ Library, April 13, 1964.

"Memorandum for Mr. McGeorge Bundy", Korea memos Vol.1 (11/1963-6/1964), KOREA, Box 254, NSF, LBJ Library, June 3, 1964.

"Memorandum for the President", Korea memos Vol.2(7/1964-8/1965), KOREA, Box 254, NSF, LBJ Library, July 31, 1964.

"Memorandum for Mr. McGeorge Bundy", Korea memos Vol.1(11/1963-6/1964), KOREA, Box 254, NSF, LBJ Library, June 3, 1964及び, "Memorandum for the President", Korea memos Vol.2(1964/7-1965/8), KOREA, Box 254, NSF, LBJ Library, July 31, 1964.

"CINCPAC FOR POLAD", Korea cables Vol.2(7/1964-8/1965),KOREA, Box 254, NSF, LBJ Library, December 17, 1964.

"Position Paper on Southeast Asia", Memo to the President, McGeorge Bundy 10/1 - 12/31 Vol.7(1of2), NSF, December 2, 1964.

"Third Country Assistance to Vietnam (SECRET)", Memo to the President, McGeorge Bundy 10/1 - 12/31 Vol.7(1of2), NSF, December 4, 1964.

"CINCPAC FOR POLAD", Korea cables Vol.2(7/1964-8/1965), KOREA, Box 254, NSF, LBJ Library, December 17, 1964.

"SAIGON PASS COMUSMACV PRIORITY UNN", Korea cables Vol.2 (7/1964-8/1965), KOREA, Box 254, NSF, LBJ Library, December 19, 1964.

"Schedule of Foreign Visitors for 1965", Memo to Mr. Benjamin H. Read Executive Secretary Department of State, Chron File 1-14 January 1965(2 of 2), Files of McGeorge Bundy, Box 6,NSF, LBJ Library, January 2, 1965.

"Visit by President Pak of Korea", Korea Park Visit Briefing Book (5/17~19/1965), Asia and Pacific, Box256, NSF, LBJ Library, February 12, 1965.

"Memorandum for the President", Korea Park Visit Briefing Book(5/17~19/1965), Asia and Pacific, Box256,NSF, LBJ Library, March 1, 1965.

"Under Secretary Ball said that we were grateful for Korea's assistance in South Vietnam", Memorandum of Conversation, Korea memos vol. 2(7/1964- 8/1965) , Korea, Box 254, NSF, LBJ Library, March 16,1965.

"Call on the President by the Korean Foreign Minister Tong Won Lee", MEMORANDUM FOR MARVIN WATSON THROUGH McGeorge BUNDY, Chron File 13-31 March 1965(2 of 2) , Files of McGeorge Bundy ,Box 7, NSF, LBJ Library, March 16, 1965.

"Memorandum of Conversation", Korea memos Vol.2 (1964/7-1965/8), Korea, Box 254, NSF, LBJ Library, Mar.17, 965.

"KEY ELEMENTS FOR DISCUSSION, THURSDAY, APRIL 1, at 5:30 PM", Memo to the President, McGeorge Bundy March 4/14/65 Vol.9(2of3), NSF, LBJ Library, April 1,1965.

"For Ambassador from the Secretary", Memo to the President, McGeorge Bundy, 4/15~ 5/31/65 Vol.10 (3of3), NSF, LBJ Library, April 14, 1965.

"Memorandum of Conversation", Korea memos Vol.2(7/1964-8/1965),KOREA, Box 254, NSF, LBJ Library, April 16, 1965.

"Foreign Policy Questions and Answers other than Vietnam", Memo to the President, McGeorge Bundy, March 4/14/65 Vol.9 (2of3), NSF, LBJ Library, April 27, 1965.

"Visit of President Park", Korea Park Visit Briefing Book(5/17~19/1965), Asia and Pacific, Box256, NSF, LBJ Library, May 7, 1965.

"ROK Economic Development and Foreign Economic Assistance Programs", Korea Park Visit Briefing Book (5/17-19/1965), Asia and Pacific, Box256, NSF, LBJ Library, May 12, 1965.

"Memorandum for the President", Korea Park Visit Briefing Book (5/17-19/1965), Asia and Pacific, Box256, NSF, LBJ Library, May 13, 1965.

"Joint Communique", Visit of President Park, Korea Park Visit Briefing Book 5/17-19/1965, Asia and Pacific, Box 256, NSF, LBJ Library, May 16, 1965.

"U.S.-Korean Relations", Memorandum of Conversation, Korea memos Vol.2(1964/7-1965/8), Korea, Box 254, NSF, LBJ Library, May.17, 1965.

"Cabinet and Review: Summary", Cabinet Committee on Aid, Files of McGeorge Bundy, Box 15, NSF, LBJ Library, November 3, 1965.

"A UNITED STATES ASSISTANCE STRATEGY FOR INDIA", AID Meeting "Thursday", Files of McGeorge Bundy, Box 16, NSF, LBJ Library, November 8, 1965.

"KOREA", Non Committee, Files of McGeorge Bundy, Box 15, NSF, LBJ Library, December 22,

1965.

"Cable : For the President from the Vice President", Korea Cable Vol.3, Korea, Box 255, NSF, LBJ Library. Jan.1, 1966.

"Cable : ROK Forces for RVN", Cable to the President, Files of McGeorge Bundy 1/19-2/4 1966,Vol.19 (1 of 3), NSF, LBJ Library, February 1, 1966.

"Korean Institute for Industrial Technology and Applied Science", Memorandum for the President:, Korea, Name File, Box 225, NSF, LBJ Library, February 9, 1966.

"U.S. Trade and Investment Mission to Korea", MEMORANDUM FOR HONORABLE WILLIAM "Korean Institute of Science and Technology", Memorandum for Walt Rostow Special Assistant, Korea memos Vol.3(11/1965-12/1966), Korea, Box 225, NSF, LBJ Library, August 23, 1966.

"Troop Strengths in Vietnam as Percentage of National Populations", Asian Trip Cys of memos, Files of Walt W. Rostow, Box 8, NSF, LBJ Library, October 10, 1966.

"CIA Report : The Situation in the Republic of Korea", Korea memos vol.3, Korea, Box255, National Security File, LBJ Library, October 12, 1966.

"SUMMARY PROPOSAL FOR ECONOMIC DEVELOPMENT OF KOREA", WWR memorandum of conversation on Korean economy, Asian Trip Cys of memos. etc., Files of Walt W. Rostow, Box 8, NSF, LBJ Library, Nov.1,1966.

WWR memorandum of conversation on Korean economy, Asian Trip Cys of memos, Files of Walt W. Rostow, Box 8, NSF, LBJ Library, Nov.1, 1966.

"Meeting between President Johnson and President Park", WWR memorandum of conversation on Korean economy, Asian Trip Cys of memos. etc., Files of Walt W. Rostow, Box 8, NSF, LBJ Library, Nov.7, 1966.

"U.S. Trade and Investment Mission to Korea", MEMORANDUM FOR HONORABLE WILLIAM JORDEN The White House, Korea memos Vol.III 65.11-66.12 ,KOREA, Box 255, NSF, LBJ Library, November 30, 1966.

"U.S. Trade and Investment Mission to Korea"(TO THE PRESIDENT FROM WALT ROSTOW), Korea memos Vol.III 65.11-66.12 ,KOREA, Box 255, NSF, LBJ Library, December 2, 1966.

"Public Law 480 Program with the Republic of Korea", MEMORANDUM FOR THE PRESIDENT, Korea Filed by the LBJ Library, KOREA, Box 256, NSF, LBJ Library, March 6, 1967.

"Our meeting with Korean Prime Minister il kwon Chung", MEMORANDUM FOR THE PRESIDENT, Korea PM Chung Il-Kwon Visit Briefing Book, Asia and Pacific, Box 257, NSF, LBJ Library, Mar.11.1967.

"P.L. 480 Program for Korea", MEMORANDUM FOR THE PRESIDENT, Korea Filed by the LBJ Library, KOREA, Box 256, NSF, LBJ Library, March 11, 1967.

"U.S. Private Investment and Trade Exploratory Mission to Korea", MEMORANDUM FOR THE PRESIDENT, Korea Filed by the LBJ Library, KOREA, Box 256, NSF, LBJ Library, March 15, 1967.

"MAP TRANSFER PROGRAM", (Report) VISIT OF PRIME MINISTER IL KWON CHUNG OF THE REPUBLIC OF KOREA Marchi14-15, 1967, Korea PM Chung Il-Kwon Visit Briefing Book, Asia and Pacific, Box 257, NSF, LBJ Library, Mar. 15, 1967.

"New Project Approvals; Korea Development Loans", MEMORANDUM FOR THE PRESIDENT, Korea memos and cables Vol.IV(1/67-8/67/, KOREA, Box 255, NSF, LBJ Library, April 15, 1967.

"Power projects loans for Korea", MEMORANDUM FOR THE PRESIDENT, Korea memos and cables Vol.IV(1/67-8/67/, KOREA, Box 255, NSF, LBJ Library, April 21, 1967.

"Loans to Korea for Power Development", MEMORANDUM FOR THE PRESIDENT, Korea memos and cables Vol.IV(1/67-8/67/, KOREA, Box 255, NSF, LBJ Library, May 1, 1967.

"Letter : Dear Mr. President," Korea, Special Head of State Correspondent Files, Box 33, NSF, LBJ Library, May 16, 1967.

Memorandum for the President : U.S. Relations with Foreign Countries 1963-1968, Foreign Affairs Data Sheets 12/1967-6/1968, Subject File, Box 19, NSF, LBJ Library, June 24, 1968.

"Authorization for FY 1969 Program Assistance and P.L. 480 Program for Korea", MEMORANDUM FOR THE PRESIDENT, Korea memos and cables Vol.VI(4/68-12/68/, KOREA, Box 256, NSF, LBJ Library, October 31, 1968.

일본어 문헌

青木昌彦・金瀅基・奥野(藤原)正寛(1997)『東アジアの経済発展と政府の役割』白鳥正喜監訳, 日本経済新聞社.

アジア経済研究所(1971)『発展途上国の経済統計(1970年版)』96ページ.

アジア経済研究所(1975)『1960年代韓国製造業の発展―その統計的分析―』アジア経済研究所.

アジア経済研究所経済協力調査室監訳(1973)『DAC加盟国の開発援助：1970年年次審査』アジア経済研究所.

アジア経済研究所経済成長調査部編(1974)『発展途上国経済統計要覧』.

アジア経済研究所編(1972)『韓国の主要商品別主要相手別輸出入表(1960-1970)』アジア経済研究所.

アジア経済研究所編(1975)『1960年代韓国製造業の発展―その統計的分析―』.

アジア経済研究所編(1981)『発展途上国の電氣・電子産業』アジア経済研究所

アメリカ合衆国商務省編(1986)『アメリカ歴史統計：植民地時代～1970年〈第1巻〉』斎藤眞・鳥居泰彦監訳, 原書房.

アメリカ合衆国商務省編(1986)『アメリカ歴史統計：植民地時代～1970年〈第2巻〉』斎藤眞・鳥居泰彦監訳, 原書房.872～875頁より作成.

アメリカ合衆国商務省編(1986)『アメリカ歴史統計：1971～1985年の主要統計&全3巻総索引〈別巻〉』斎藤眞・鳥居泰彦監訳, 原書房.1316-1317頁.

荒川英·矢野誠也編(1968)『アジア諸国の経済成長と開発計画(上)』アジア経済研究所.

荒川英·矢野誠也編(1969)『アジア諸国の経済成長と開発計画(下)』アジア経済研究所.

安秉直(2005)「キャッチ·アップ過程としての韓国経済成長史」『歴史学研究』6月号.

井草邦雄編(1988)『アセアンの経済計画―歴史的課題と展望―』アジア経済研究所.

池尾和人·黄圭燦·飯島高雄(2001)『日韓経済システムの比較制度分析』日本経済新聞社.

伊藤健市(2009)「トップ·マネジメント視察団は何をアメリカから学んだのか(1)―日本生産性本
　　　部海外視察団からの教訓―」『關西大学商学論集』第54巻3号.

井上隆一郎·浦田秀次郎·小浜裕久(1990)『東アジアの産業政策―新たな開発戦略を求めて』日本
　　　貿易振興会.

今岡日出紀(1985)「複線型成長の論理と背景」『中進国の経済発展』アジア経済研究所.

今川瑛一(1991)『アメリカ大統領のアジア政策』アジア経済研究所.

井村喜代子(1993)『現代日本経済論』有斐閣.

インデックス株式会社(2009)『アジア経済統計年鑑CD―ROM版2008』.

インデックス株式会社(2009)『米国経済統計年鑑CD―ROM版2009』.

インド経済協力調査団(1971)『インド経済協力調査報告』外務省経済協力局.

インド政府計画委員会(1962)『インドの第3次5ヵ年計画Ⅰ』アジア経済研究所.

浦田秀次郎(1995)『貿易自由化と経済発展―途上国における生産性分析―』アジア経済研究所.

絵所秀紀(1987)『現代インド経済研究』法政大学出版局.

絵所秀紀(1991)『開発経済学―形成と展開』法政大学出版局.

絵所秀紀(1994)「インド·モデルから韓国モデルへ」『講座現代アジア3民主化と経済発展』東京
　　　大学出版会.

絵所秀紀(1994)『開発と援助―南アジア·構造調整·貧困―』同文館.

絵所秀紀(2002)『開発経済学とインド――独立後インドの経済思想』日本評論社.

エズラ.F.ヴォーゲル(1993)『アジア四小龍』渡辺利夫訳, 中公公論社.

大江志乃夫·小林英夫他編(1993)『近代日本と植民地3　植民地化と産業化』岩波書店.

大坂府立商工経済研究所(1968)『韓国中小企業の経営分析：メリヤス肌着, 皮革, 電動機製造業
　　　の実態』(海外資料紹介No.6).

大杉一雄編(1968)『インド　経済と投資環境』アジア経済研究所.

大坪滋·木村広恒·伊東早苗(2009)『国際開発学入門』勁草書房.

岡崎淳·加藤正明·小西勝之(2009)「KEYNOTE 照明用LEDの現状と将来」『シャープ技報』99号.

小此木政夫·文正仁編(2001)『日韓共同研究叢書4　市場·国家·国際体制』慶應義塾大学出版会.

カーター·J·エッカート(1994)「植民地末期朝鮮の総力戦·工業化·社会変化」『思想』7月号.

外務省経済局アジア課(1968)『韓国繊維工業の現状と展望』.

外務省経済局スターリング地域課訳(1960)『インド国民経済の分析および展望』外務省経済局.

郭洋春(1990)「戦後世界経済と東アジア：東アジア経済圏の開発とその経済的·政治的意味」
　　　『立教経済学研究』第43巻第4号.

鹿島平和研究所編(1973)『対外経済協力大系』第6巻.

梶村秀樹(1983)「韓国経済における政府の役割―1960~70年代―」『韓国経済試論』白桃書房.

片野彦二(1966)『インドにおける経済計画の理論』アジア経済研究所.

加藤長雄編(1966)『インド経済発展の諸問題Ⅰ』アジア経済研究所.

河合和男・尹明憲(1991)『植民期の朝鮮工業』未来社.

川口融(1980)『アメリカの対外援助政策』アジア経済研究所.

川田順造・岩井克人・鴨武彦・恒川惠市・原洋之介・山内昌之(1998)『開発と政治』岩波書店.

菅英輝(2010)『冷戦史の再検討』法政大学出版局.

韓国産業経済研究所(1967)『韓国の通信・電子機器工業の実態―投資市場として脚光を浴びて
　　　いる韓国の電子工業部門―』.

木宮正史(2008)「韓国外交史料館」『現代韓国朝鮮研究』8号.

金俊行(2006)『グローバル資本主義と韓国経済発展』御茶の水書房.

金正濂(1991)『韓国経済の発展：「漢江の奇跡」と朴大統領』サイマル出版会.

金泳鎬著(1988)『東アジア工業化と世界資本主義』東洋経済新報社.

木村光彦(1999)『北朝鮮の経済　起源・形成・崩壊』創文社.

金立三(2007)『韓国経済の奇跡：礎を築いた民間経済人の熱き思い』花房征夫訳, 晩声社.

クライド・R.ティプトン(1982)『バテルは世界を創る―知られざる技術開発機関の軌跡』加山幸
　　　浩・竹本正男訳, 東洋経済新報社.

倉沢愛子他編(2006)『20世紀の中のアジア・太平洋戦争』岩波書店.

栗本弘(1970)「韓国経済の進歩と停滞」『調査資料月報』日本エカフェ協会, 8月号.

黒沢一晃(1983)『インド経済概説』中央経済社.

経済企画庁調査局編(1995)『アジア経済95』大蔵省印刷局.

経済協力開発機構(1986)『開発援助25年の歩み：OECD開発援助委員会(DAC) 1985年議長報
　　　告』外務省経済協力局.

経済産業省(1969)『通商白書』.

国際連合『世界統計年鑑』1965年～1973年版.

国際連合編『アジア経済年報』(日本エカフェ協会訳)東洋経済新報社, 各年度版.

小島清(1962)『東南アジア経済の将来構造』アジア経済研究所.

小島眞(1993)『現代インド経済分析』勁草書房.

小浜裕久(1992)『直接投資と工業化―日本・NIES・ASEAN』日本貿易振興会.

小林英夫(1983)『戦後日本資本主義と「東アジア経済圏」』お茶の水書房.

小原敬士・新川健三郎訳(1972)『経済学・平和・人物論』河出書房新社.

小宮隆太郎・奥野正寛・鈴村興太郎編(1984)『日本の産業政策』東京大学出版会.

ゴム報知新聞社編(1965)『韓国ゴム工業レポート』ゴム報知新聞社.

ゴム報知新聞社編(1967)『ゴム年鑑1967』ゴム報知新聞社.

ゴム報知新聞社編(1968)『ゴム年鑑1968』ゴム報知新聞社.

ゴム報知新聞社編(1973)『韓国ゴム年報1973』ゴム報知新聞社.

ゴム報知新聞社編(1975)『韓国ゴム年報1975』ゴム報知新聞社.

高龍秀(2000)『韓国の経済システム』東洋経済新報社.

近藤憲平(1970)『韓国・台湾・香港輸出雑貨産業の発展：わが国雑貨産業との関連について』ア

ジア経済研究所.

斉藤修(2008)『比較経済発展論—歴史的アプローチ』岩波書店.

坂本正弘·滝田賢治(1999)『アメリカ外交の研究』中央大学出版部.

司空壹(1994)『韓国経済—新時代の構図』宇山博訳, 東洋経済新報社.

佐々木隆雄(1997)『アメリカの通商政策』岩波書店.

佐藤元彦·平川 均(1998)『第四世代工業化の政治経済学』新評論.

佐藤宏(1991)『南アジア経済』アジア経済研究所.

澤田貴之(2002)『インド経済と開発』創成社.

ジョージ·R·パッカード(2009)『ライシャワーの昭和史』森山尚美訳, 講談社.

末廣昭(1994)「アジア開発独裁論」中兼和津次編『講座現代アジア·第2巻近代化と構造変動』東京大学出版会.

末廣昭(1998)「東南アジア経済論」『20世紀システム4 開発主義』東京大学出版会.

末廣昭(2000)『キャッチアップ型工業化論』名古屋大学出版会.

鈴木長年編(1974)『アジアの経済発展と輸出指向工業化』アジア経済研究所.

世界銀行(1997)『世界開発報告1997—開発における国家の役割』海外経済協力基金開発問題研究会訳, 東洋経済新報社.

総合研究開発機構(1988)『日韓経済発展比較論』総合研究開発機構.

総理府統計局編『国際統計要覧』各年度版.

高崎宗司(1996)『検証日韓会談』岩波書店.

高中公男(2000)『外国貿易と経済発展』(東アジア長期貿易統計第9巻)勁草書房.

高橋基樹·福井清一(2008)『経済開発論 研究と実践のフロンティア』勁草書房.

滝沢秀樹(1988)『韓国社会の転換』御茶の水書房.

武田晴人(1995)『日本産業発展のダイナミズム』東京大学出版社.

谷浦孝雄(1989)『韓国の工業化と開発体制』アジア経済研究所.

谷浦孝雄(1991)『アジア工業化の軌跡』アジア経済研究所.

谷光太郎(2002)『日米韓国台半導体産業比較』白桃書房.

S.チャクラヴァルティー(1989)『開発計画とインド—理論と現実—』黒沢一晃·脇村孝平訳, 世界思想社.

趙淳(2005)『韓国経済発展のダイナミズム』藤川昇悟訳, 法政大学出版局.

趙利済·渡辺利夫·カーター·J·エッカート編(2009)『朴正煕の時代—韓国の近代化と経済発展—』東京大学出版会.

通商産業省通商産業政策史編纂委員会(1990)『通商産業政策史(第6巻) 第II期 自立基盤確立期(2)』.

通商産業省貿易振興局『経済協力の現状と問題点』各年度版.

蔦川正義(1972)『韓国の貿易と産業·市場構造』アジア経済研究所.

鶴田俊正·伊藤元重(2001)『日本産業構造論』NTT出版.

電子経済研究所(1973)『電子工業の東南亜地域進出企業調査報告書』.

電子経済研究所電子情報編集部編(1973)『電子工業の東南亜地域進出企業調査報告書：電子情報』電子経済研究所.

涂照彦(1990)『東洋資本主義』講談社.

永野周志(2002)『台湾における技術革新の構造』九州大学出版社.

中村哲·安秉直編(1993)『近代朝鮮工業化の研究』日本評論社.

中村平治編(1972)『インド現代史の展望』青木書店.

西口章雄·浜口恒夫編(1990)『インド経済』世界思想社.

西口章雄(1998)「インド：経済開発戦略の転換と展望」『新版世界経済―市場経済のグローバル化―』ミネルヴァ書房.

西崎文子(2004)『アメリカ外交とは何か』岩波書店.

日本関税協会『貿易年鑑』各年度版.

日本銀行調査局(1970)「ベトナム特需とアジア経済」『調査月報』4月号.

日本銀行調査局(1973)「ベトナム特需について」『ベトナム戦後復興開発と日本の役割』経済発展協会.

日本銀行統計局『アジア·大洋州主要国の国際比較統計』1967～69年版.

日本銀行統計局『日本経済を中心とする国際比較統計』各年度版.

日本経済調査協議会(1968)『対対韓外国人投資企業実態調査報告書』日本経済調査協議会.

日本電子工業振興協会(1969)『東南アジア地域電子工業化基礎調査報告書』.

日本貿易振興会(1968)『東南アジア諸国における貿易と工業化の進展(NO.1 韓国編)』日本貿易振興会.

日本貿易振興会(1969)『米国のケミカルシューズ·ゴム履物市場調査』(市場動向シリーズ391).

日本貿易振興会『海外市場白書(概観·地域編)』65～75年度.

朴一(1992)『韓国NIES化の苦悩―経済開発と民主化のジレンマ―』同文館.

朴根好(1993)『韓国の経済発展とベトナム戦争』御茶の水書房.

橋本寿朗(1995)『戦後の日本経済』岩波新書.

服部民夫(1987)『発展の構図―韓国の工業化』アジア経済研究所.

服部民夫·佐藤幸人編(1996)『韓国·台湾の発展メカニズム』アジア経済研究所.

花房征夫(1978)「韓国輸出衣服業の発展過程と成長要因」『アジア経済』7月号.

林一信(1980)「韓国」アジア経済研究所編『発展途上国の繊維産業』アジア経済研究所.

V.N.バラスブラマニヤム(1988)『インド経済概論』古賀正則·長谷安郎·松井和久·山崎孝治訳』東京大学出版会.

原朗·宣在源(2013)『韓国経済発展への経路』日本経済評論社.

原覚天(1967)『現代アジア経済論』勁草書房.

原覚天(1970)『韓国経済の奇跡：高度経済成長と日韓経済協力』日本国際問題研究所.

原覚天(1975)『アジア経済発展論』日本経済新聞社.

原覺天編(1966)『経済援助の研究』アジア経済研究所.

原覺天編(1967)『経済援助と経済成長』アジア経済研究所.

原洋之介(1994)『東南アジア諸国の経済発展―開発主義的政策体系と社会の反応―』リブロポート.

原洋之介(1996)『開発経済論』岩波書店.

原洋之介(2000)『アジア型経済システム』中央公論新社.

東茂樹(2000)『発展途上国の国家と経済』アジア経済研究所.

平川均(1992)『NIES一世界システムと開発一』同文舘.

平山龍水(1997)「朝鮮半島と日米安全保障条約一日米韓連鎖構造の形成」『国際政治・日米安保体制一持続と変容』第115号.

ファーイースタン・エコノミック・レビュー(1964)「アメリカの対アジア経済関係」『エカフェ通信』9月1日号(NO.383).

深沢宏(1972)『インド社会経済史研究』東洋経済新報社.

藤高明・清田治史訳(1988)『朴正熙時代』朝日新聞社.

藤本一美(2004)『ジョンソン大統領とアメリカ政治』つなん出版.

藤森英男(1990)『アジア諸国の産業政策』アジア経済研究所.

藤森英男(1991)『アジア産業政策の事例研究』アジア経済研究所.

プラナブ・バルダン(2000)『インドの政治経済学—発展と停滞のダイナミクス—』(近藤則夫訳)勁草書房.

堀和生・中村哲編(2004)『日本資本主義と朝鮮・台湾』京都大学学術出版会.

本多健吉編(1990)『韓国資本主義論争』世界書院.

松山幸雄(1965)「朴大統領に"破格の優遇"一韓国に利したベトナム戦争一」『朝日ジャーナル』6月6日号.

松本厚治・服部民夫(2001)『韓国経済の解剖一先進国移行論は正しかったのか一』文眞堂.

マリ=シモーヌ・ルヌー(1985)『インド亜大陸の経済』白水社.

丸山静雄(1966)『アメリカの援助政策』アジア経済研究所.

溝口敏行編(2008)『アジア長期経済統計1台湾』東洋経済新報社.

ミリカン・ブラックマー編(1962)『低開発諸国の近代化一その過程と対策一』石沢元晴訳,日本外政学会.

宮崎義一著(1986)『世界経済をどう見るか』岩波新書.

H・ミント(1965)『低開発国の経済学』結城司郎次・木村修三訳,鹿島研究所出版会.

H・ミント(1973)『低開発国の経済理論』渡辺利夫・小島真・高梨和紘・高橋宏訳,東洋経済新報社.

村上敦(1967)『インドの工業発展と日印貿易』アジア経済研究所.

森野勝好(1987)『発展途上国の工業化』ミネルヴァ書房.

M・F・モンテス・坂井秀吉編(1990)『フィリピンの経済政策とマクロ経済展望』アジア経済研究所.

矢野誠也(1967)『アジア経済の20年の展望』アジア経済研究所.

山岡喜久男(1971)『アジア開発のメカニズム-工業編』アジア経済研究所.

山口博一(1982)『現代インド政治経済論』アジア経済研究所.

山澤逸平・平田章編(1987)『発展途上国の工業化と輸出促進政策』アジア経済研究所.

山中一郎(1988)『南アジア諸国の経済開発計画』アジア経済研究所.

山本鉄太郎編(1969)『ゴム年鑑69〜70』ゴム報知新聞社.

山本登編(1964)『アジア諸国経済開発の比較研究』アジア経済研究所.

山本登編(1971)『アジアの貿易』東洋経済新報社.

柳澤悠(2014)『現代インド経済』名古屋大学出版社.

山岡喜久男(1971)『アジアの工業(アジア経済講座第4巻)』東洋経済新報社.

吉沢南(1990)「ベトナム戦争と日韓条約」歴史学研究会編『日本同時代史④高度成長の時代』青木書店.

吉原久仁夫(1991)『第八巻東南アジアの経済』弘文堂.

李祥雨(1988)『朴正熙時代ーその権力の内幕』藤高明・清田治史訳, 朝日新聞社.

李種元(1996)『東アジア冷戦と韓米日関係』東京大学出版会.

李鍾元(2008)「米国公文書館と米韓関係資料」『現代韓国朝鮮研究』第8号.

李鍾元(2009)「日韓の新公開外交文書に見る日韓会談とアメリカ」(1)『立教法学』第76号.

李鍾元・木宮正史・浅野豊美(2011)『歴史としての日韓国交正常化Ⅱ脱植民地化編』法政大学出版局.

李鍾元・木宮正史・浅野豊美(2011)『歴史としての日韓国交正常化Ⅰアジア冷戦編』法政大学出版局.

李庭植(1989)『戦後日韓関係史』(小此木政夫・吉田博司訳) 中央公論社.

李素玲(1985)「韓国の官僚制ー朴体制下の政治構造との関連において」大内穂・下山瑛二編『開発途上国の官僚制と経済発展』アジア経済研究所.

W.W.ロストウ(1961)『経済成長の諸段階』ダイヤモンド社.

ロバート・ウェード(2000)『東アジア資本主義の政治経済学―輸出国と市場誘導政策―』長尾伸一・畑島宏之・藤縄徹・藤縄純子訳, 同文館.

和田春樹・後藤乾一・木畑洋一・山室信一・趙景達・中野聡・川島真(2011)『東アジア近現代通史第7巻アジア諸戦争の時代1945-1960年』岩波書店.

渡辺利夫(1982)『現代韓国経済分析』勁草書房.

渡辺利夫(1986)『韓国―ヴェンチャー・キャピタリズム―』講談社現代新書.

도표 목록

제3장 고도성장의 시대로

338

본서는 박근호『한국경제발전론—고도성장의 보이지 않는 손』(『韓國經濟發展論-高度成長の見えざる手-)』御茶の水書房, 2015)을 우리말로 옮긴 것이다.

우리나라는 60년대 후반 이후 '절대적 빈곤'의 늪에서 빠져나와 수출주도형의 공업화라는 노선으로 비약적인 경제성장을 이루어냈다. 사람들은 이를 '한강의 기적'이라고 말하고 또 보수라고 자처하는 많은 사람들은 이 '한강의 기적'이 박정희의 '탁월한 영도력'에 의한 적극적인 산업정책을 통해서 이루어졌다고 믿고 있다. 이런 믿음은 대개 산업정책에 대한 단편적인 정보나 당시의 산업정책을 긍정적으로 혹은 과대평가한 당시 관료들의 회고록이나 증언에 바탕을 두고서 생겨난 것들이다. 그리고 이러한 믿음은 "산업정책의 전체적인 모습을 정확하게 파악하거나 정책형성 절차를 분석하고 의의를 평가하는 작업"을 방해하고 있다. 이런 믿음으로 인해 생겨난 박정희의 신화는 이른바 한국 보수의 이데올로기적 지주가 되고 있다.

저자는 본서에서 "한국의 산업정책이 구체적으로 어떻게 수립되었고, 행정적 결정이 어떠한 절차에 따라 이루어졌는지를 실증적으로 분석한 연구"를 통해서 한국의 기적이라는 수수께끼를 풀고자 한다. 이를 위해 저자는 한국외교사료관 소장의 외교문서 및 베트남전쟁 관련 문서 외에 국가기록원대통령기록관 소장 박정희대통령기록물(대통령비서실 문서, 경제과학심의회 문서, 경제기획원 문서, 재무부 문서, 상공부 문서, 총무처 문서) 등을 면밀히 검토하였고, 미국정부의 공간외교문서집 외에 미국국립공문서관(NARA) 소장 국무성 문서(RG59)의 정치국방문서, 경제문서, 극동국의 한국 관련 문서(RECORDS RELATING TO KOREA, 1952~1969), 존슨대통령도서관 소장 국가안전보장회의 문서(존슨 파일, 번디 파일, 로스토 파일, 코마 파일), 주제별 파일(정상회담 파일, 대외원조 파일), 기타 나라별 문서(한국 파일, 베트남 파일, 일본 파일, 필리핀 파일, 인도 파일, 태국 파일) 등도 참고로 삼아 박정희 대통령 시대의 경제발전과정을 연구해내고 있다.

이렇게 해서 본서는 한국의 경제발전이 '미국의 국가안전보장 문제'와 관련해서 고찰되어야만 이른바 '한강의 기적'의 전체상을 그릴 수 있다는 것을 보여주고 있다. 말하자면 미국의 국가안전보장이라는 관점에서 "미국과 일본 간의 국제적 분업관계 역시 이로 인해 형성된 것이었으며, 한국은 소위 한·미·일 삼각무역구조 속에서 고도경제성장과 수출지향형 공업화를 위한 조건들을 정비할 수 있었다. 그러나 이러한 요인은 박정희 대통령의 개발독재 체제를 강화하는 데 기여했을 뿐 아니라 장기집권의 기반을 만드는 데 있어서도 중요한 계기가 되었다. 세계적으로 그 유례를 찾아볼 수 없을 만큼 긴밀했던 한·미 간의 정책협조는 한국을 반공주의의 '쇼윈도'로 삼기 위한 미국의 수단이었던 것이다."

2016년 10월 박근혜 대통령의 비선실세 최순실 게이트를 발단으로 촛불혁명이 일어나 해방 이후 청산되지 못한 적폐를 청산하고 부패하고 부정의한 세력을 몰아내기 위한 싸움이 진행되고 있다. 부패하고 부정의한 세력들은 자칭 보수라는 간판을 내걸고, 광화문의 촛불혁명에 맞서 서울 광장에 모여 태극기와 성조기를 들고 단상에는 박정희와 박근혜의 사진을 걸어놓은 채, 부패하고 무능하며 부정하기까지 한 박근혜를 위해 외처대고 있다. 그들은 촛불혁명을 종북좌파라고 오도하면서 민중의 뜻을 왜곡하고 있다. 그들이 성조기를 흔드는 것은 자기들이 어려웠을 때 미국이 구해주었던 것처럼, 지금도 미국이 자기들을 도와줄 것이라는 기대의 표현이다. 이제까지 미국은 개발도상국들에 부패하고 부정의한 정권을 세우고 그 정권을 지지하면서 자국의 이익을 실현해왔고, 자주와 민주 그리고 정의를 외치는 개발도상국 민중들의 권리를 유린하고 짓밟아온 정권들과 손을 잡고 민중을 유린하는 데에 동참해왔다. 이런 미국의 앞잡이 역할을 했던 사람들이 이른바 '보수'세력을 이루어 성조기를 흔들고 있다.

번역 일을 전문으로 하지 않는 사람에게 번역이라는 것은 사명감이 없으면 불가능한 일이다. 나는 박근혜 대통령이 당선될 당시부터 박정희라는 망령을 쫓아내지 않으면, 노동자계급과 민중이 사람답게 사는 사회를 건설하기 위해 나아갈 수 없을 것이라는 생각을 떨칠 수 없었고, 나이 50이 넘어 박정희 시대의 경제발전과정을 다시 학습하고 연구하기 시작했다. 하지만 박정희 시대의 정권과 경제를 다룬 책들에는 주로 박정희 정권의 폭압적인 지배 아래서의 민중의 삶과 운동이라는 관점에서 연구가 이루어진 것들이 많았고, 박정희 시대의 경제발전을 한국과 미국 간의 관계에서 다룬 자료들과 책들은 거의 찾기 어려웠다. 우연히 본서를 발견하고 밤을 새워 읽은 뒤에는 본서를 번역해야겠다고 마음먹었다. 우리나라의 출판 사정으로 보아 본서를 번역, 출판하기는 어려울 것 같아 처음에는 시간이 나는 대로 번역하여 인터넷 카페 등에 올려야겠다고 생각했었다.

본서가 번역, 출판되는 데 도서출판 회화나무의 도움이 컸다. 회화나무

편집부는 본서의 가치를 충분히 이해했고 이 책의 번역을 나에게 적극 권유했으며 나의 난잡한 번역문체를 독자들이 읽기 쉽도록 윤문하는 일까지 맡아주었다. 이 자리를 빌려 감사드린다.

2017년 3월 7일

김성칠

지은이 박근호

1962년 목포 출생
현재 일본 시즈오카대학교 인문사회과학부 경제학과 교수

학력 및 경력

1984년 조선대학교 경상대학 졸업
1993년 일본 가나가와대학원 경제학연구과 박사과정 졸업
1994년 일본 시즈오카대학교 인문학부경제학과 준교수
1998년~99년 미국 워싱턴대학교 방문교수
2007년 4월~현재 일본 시즈오카대학교 인문사회과학부 경제학과 교수

주요 저서

『한국의 경제발전과 베트남전쟁』(1993년), 오차노미즈 출판.
『아시아NIES－전환기의 한국·대만·홍콩·싱가폴－』(1994년), 세계사상사(공저).
『IMF가다가왔다: 아시아경제위기와 얼터네티브』(1998년), 아시아태평양자료센
　터(공저).
『NIKE: Just DON'T do it』(1998년), 아시아태평양자료센터(공저).
『총력전체제에서 세계화로』(2003년), 평범사(공저).
『20세기 속의 아시아태평양전쟁』(2006년), 이와나미서점(공저).
『현대의 기업윤리』(2007년), 대학교육 출판(공저).
『문화의 변용과 변모』(2007년), 미네르바 출판(공저).

옮긴이 김성철

1980년대에 전남대학교 독어독문과를 졸업하였고 도서출판 새날에서 번역기획
을 했다. 현재는 평화, 환경 그리고 사회진보에 관한 이론적 연구에 전념하고 있
다. 출판된 번역서로는 케네스 헤이건·이안 비커튼의 『의도하지 않은 결과—미
국과 전쟁 1775～2007』(삼화, 2013)이 있다.

* * *

이 책의 주제는 이른바 '한강의 기적'이라고 불리기도 하는 박정희의 경제신화에 대한 실증적 비판입니다. 그리고 이 비판은 우리로 하여금 2016년 10월부터 2017년 3월까지 한국사회가 겪어야 했던 몸살의 근본적 기원을 되짚어볼 기회를 제공해주고 있습니다. 도서출판 회화나무가 이런 책을 출판할 기회를 가질 수 있었던 것은 크나큰 행운일 것입니다. 이 책이 출판될 수 있도록 많은 분들이 후원해주셨습니다. 이분들의 도움이 없었다면 이 책은 출판되기 힘들었을지도 모릅니다. 지면을 빌려 깊은 감사의 말씀을 전하고자 합니다. 고맙습니다.

도움 주신 분들

강범석(강구연) 강선주 고재용 권선영 권순석 권율 권혁민 김경남 김경수 김민재 김병찬 김보라 김상범 김석호 김선 김성복 김소라 김수영 김승호 김애선 김영률 김영주 김자영 김지형 김진남 김창걸 김태완 김태환 김향우 김현정 나경채 남궁균 남기현 노학동 민성진 박근태 박남준 박마지아 박석모 박승만 박인호 박장흠 박재준 박지성 방진관 배동윤 백권익 백승연 봉재석 서세동 손성우 손혜경 송승곤 송승엽 송형선 신양희 안현주 양성우 염수웅 오고운 오재우 오효근 우자현 위성수 윤종필 이경환 이기혁 이대열 이두영 이미나 이민구 이상훈 이선호 이성은 이수현 이은철 이재욱 이종민 이지원 이창현 이청호 이한길 이한나 이해관 장용준 정경호 정문규 정우성 정인환 정주영 정협 조경희 조현선 주혜진 지지성 지해나라 채희국 최수진 최승원 최원석 최한중 태경섭 하만조 하상수 하수정 한봉화 허나경 현정훈 홍지운 황여정 황지현 황현하 sunshin****

박정희 경제신화 해부 : 정책 없는 고도성장

1판 1쇄 인쇄 | 2017년 3월 27일
1판 1쇄 발행 | 2017년 4월 5일

지은이 박근호
옮긴이 김성칠
펴낸이 강지영
편 집 권 율

펴낸곳 회화나무(주)
주소 04072 서울시 마포구 합정동 독막로8길 16 302호
전화 02-334-9266 | **팩스** 02-2179-8442 | **이메일** hoewhanamoo@gmail.com
출판신고번호 제2016-000248호 | **신고일자** 2016년 8월 24일

ISBN 979-11-960556-1-5 03320